《公司理财》习题与解析
（第三版）

Corporate Finance
Exercises and
Solutions

刘淑莲　主编

图书在版编目(CIP)数据

《公司理财》习题与解析/刘淑莲主编. —3 版. —北京:北京大学出版社,2021.8
21 世纪经济与管理规划教材. 财务管理系列
ISBN 978-7-301-32367-0

Ⅰ. ①公⋯　Ⅱ. ①刘⋯　Ⅲ. ①公司—财务管理—高等学校—题解　Ⅳ. ①F276.6-44

中国版本图书馆 CIP 数据核字(2021)第 154755 号

书　　　名	《公司理财》习题与解析(第三版)
	《GONGSI LICAI》XITI YU JIEXI(DI-SAN BAN)
著作责任者	刘淑莲　主编
责 任 编 辑	任京雪　贾米娜
标 准 书 号	ISBN 978-7-301-32367-0
出 版 发 行	北京大学出版社
地　　　址	北京市海淀区成府路 205 号　100871
网　　　址	http://www.pup.cn
微信公众号	北京大学经管书苑(pupembook)
电 子 信 箱	em@pup.cn
电　　　话	邮购部 010-62752015　发行部 010-62750672　编辑部 010-62752926
印 　刷　者	北京圣夫亚美印刷有限公司
经 　销　者	新华书店
	787 毫米×1092 毫米　16 开本　26.5 印张　704 千字
	2008 年 5 月第 1 版　2013 年 6 月第 2 版
	2021 年 8 月第 3 版　2021 年 8 月第 1 次印刷
定　　　价	69.00 元

未经许可,不得以任何方式复制或抄袭本书之部分或全部内容。
版权所有,侵权必究
举报电话: 010-62752024　电子信箱: fd@pup.pku.edu.cn
图书如有印装质量问题,请与出版部联系,电话: 010-62756370

丛书出版说明

教材作为人才培养重要的一环，一直都是高等院校与大学出版社工作的重中之重。"21世纪经济与管理规划教材"是我社组织在经济与管理各领域颇具影响力的专家学者编写而成的，面向在校学生或有自学需求的社会读者；不仅涵盖经济与管理领域传统课程，还涵盖学科发展衍生的新兴课程；在吸收国内外同类最新教材优点的基础上，注重思想性、科学性、系统性，以及学生综合素质的培养，以帮助学生打下扎实的专业基础和掌握最新的学科前沿知识，满足高等院校培养高质量人才的需要。自出版以来，本系列教材被众多高等院校选用，得到了授课教师的广泛好评。

随着信息技术的飞速进步，在线学习、翻转课堂等新的教学/学习模式不断涌现并日渐流行，终身学习的理念深入人心；而在教材以外，学生们还能从各种渠道获取纷繁复杂的信息。如何引导他们树立正确的世界观、人生观、价值观，是新时代给高等教育带来的一个重大挑战。为了适应这些变化，我们特对"21世纪经济与管理规划教材"进行了改版升级。

首先，为深入贯彻落实习近平总书记关于教育的重要论述、全国教育大会精神以及中共中央办公厅、国务院办公厅《关于深化新时代学校思想政治理论课改革创新的若干意见》，我们按照国家教材委员会《全国大中小学教材建设规划（2019—2022年）》《习近平新时代中国特色社会主义思想进课程教材指南》和教育部《普通高等学校教材管理办法》《高等学校课程思政建设指导纲要》等文件精神，将课程思政内容融入教材，以坚持正确导向，强化价值引领，落实立德树人根本任务，立足中国实践，形成具有中国特色的教材体系。

其次，响应国家积极组织构建信息技术与教育教学深度融合、多种介质综合运用、表现力丰富的高质量数字化教材体系的要求，本系列教材在形式上将不再局限于传统纸质教材，而是会根据学科特点，添加讲解重点难点的视频音频、检测学习效果的在线测评、扩展学习内容的延伸阅读、展示运算过程及结果的软件应用等数字资源，以增强教材的表现力和吸引力，有效服务线上教学、混合式教学等新型教学模式。

为了使本系列教材具有持续的生命力,我们将积极与作者沟通,争取按学制周期对教材进行修订。您在使用本系列教材的过程中,如果发现任何问题或者有任何意见或建议,欢迎随时与我们联系(请发邮件至 em@pup.cn)。我们会将您的宝贵意见或建议及时反馈给作者,以便修订再版时进一步完善教材内容,更好地满足教师教学和学生学习的需要。

最后,感谢所有参与编写和为我们出谋划策提供帮助的专家学者,以及广大使用本系列教材的师生。希望本系列教材能够为我国高等院校经管专业教育贡献绵薄之力!

北京大学出版社
经济与管理图书事业部

21世纪经济与管理规划教材
财务管理系列

第三版前言

本书作为《公司理财》的配套学习指导书,旨在帮助学生巩固所学知识,深刻理解公司理财的基本理论和基本方法,把握公司理财研究的重点和难点,消化财务决策的各种模型、影响因素和分析方法,通过刻意练习,提高学生进行财务决策的实际操作技能。

本书与主教材的篇章内容完全一致,根据教材内容设置单项选择题、多项选择题、判断题、计算分析题、案例分析题以及参考答案和解题思路。各种题型既设有基本题,又设有综合题,前者反映了各章基本的知识点、重点和难点,后者突出了各章基本知识点的综合应用和相互连接。本书对于学生理解公司理财研究的内容,提高练习和自我测试效率,掌握理财技术是一个必要的辅助资料。

- 本书特点

第一,知行合一、躬行实践。本书中各种练习题的设计大多是根据各种财务理论和决策模型,将实际工作中的各种财务问题(例如投资决策、融资决策、营运资本管理、资产定价、风险管理等)融入各种题型中。通过大量的虚拟和真实案例将各章的前后概念与财务术语联系起来,通过反复的刻意练习,逐步由浅入深、由易到难,以便达到财务理论和实务"知行合一"的目的。

第二,实际操作、逐步解析。为了使学生尽快掌握各种财务模型,对书中的计算分析题和案例分析题,设置了 Excel 解析过程,运用电子表格表现一般财务模型的具体操作过程,学生通过"Step by Step"地操练,可以加深对各种财务理论和实务的理解。

第三,前后贯通、综合分析。公司理财研究的内容是以财务估值、财务决策、价值管理为主线设计的,配套的习题与解析也与此相呼应。不仅如此,在习题设计中注意各章知识的融合和贯通,易于学生把握财务知识的总体框架。这一设计方式可以使学生利用前章的学习和练习指导后章的练习,用后章的练习巩固前章的相关内容。学生在完成各章练习后,能够系统掌握公司理财的基本理论和基本方法;熟练运用理财技术进行财务决策;能够以上市公司的真实数据为依据,撰写价值评估报告。

本书的框架与主教材基本相同,以有效市场等理论为基础,以管理资产负债表为主体,以风险和收益为决策依据,以财务分析和预测为手段设计各章练习题。为了帮助学生完成价值评估等案例分析题,本书对主教材涉及相对较少的内容(如财务报表整合、财务预测、经济增加值分析等)在案例设计中先行进行说明或介绍,以拓展学生对价值评估和价值分析的理解与运用。

● 学习建议

"公司理财"是一门理论性和实务性较强的课程。本书设置了不同类型的练习题,希望通过大量练习,使学生加深对所学内容的理解。学生在学习过程中,应注意以下几个问题:

第一,在进入练习之前,学生应仔细阅读主教材及参考资料,掌握各章的理论、概念、模型和分析方法,了解各章的重点和难点。

第二,本书各章设置的练习题,一般能够提供计算分析所需要的全部数据和信息,学生只要掌握并运用本章的某一公式、定理或模型,即可计算出答案,而且一般只有一个标准答案。但某些后续章节的练习题可能涉及前面章节的有关内容,学生不但需要掌握各章的内容,而且需要了解各章之间的相互关系,这样才能融会贯通,提高计算分析问题的能力。为了方便学生学习,各章的计算分析题附有参考答案及 Excel 形式表现的解析过程,但请学生先尝试自行练习,再核对答案。

第三,本书各章包括一些案例分析题(包括虚拟案例和真实案例)。案例分析题与练习题的共同之处在于,两者都要运用公司理财的理论或方法,对某一事项进行计算或分析。但案例分析题向学生提供的资料、信息往往较为复杂;反映的情节具有一定的拟真性或真实性;提出的问题带有较多的思考性和启发性;案例分析的方法一般会因人而异,没有标准答案。在案例分析中,学生首先需认真阅读案例的内容,掌握其中的要点和重点,如组织名称、事件背景、数据资料、问题症结及各要素之间的相互关系;其次,从主教材中找出用来解释相关问题的理论、方法或模型,确定思考问题和分析问题的角度;最后,根据这些理论、方法或模型的要求,整理、加工和筛选案例提供的数据,找出解决问题的方法,并以自己的观点进行阐述。需特别注意的是,案例分析题通常没有唯一正确的答案(也可能会有多种"正确"答案),书中所附的答案只能作为参考。

此外,书中的练习题与案例分析题中的数据及其计算是采用 Excel 函数完成的,其计算结果与手工计算结果有稍许偏差。

感谢北京大学出版社的支持,感谢李娟、任京雪等老师在本书编辑出版过程中所付出的辛勤劳动,她们的支持和帮助使本书增色许多并得以顺利出版。

在本书编写过程中,编者虽然对书中内容几经推敲和审校,但因时间仓促,加之水平有限,本书可能会有疏漏和错误,恳请各位读者批评指正。

刘淑莲

2021 年 5 月

目 录

第一篇 财务估值基础理论

第一章 公司理财概述 ················· 3
习题与案例 ················· 3
参考答案 ················· 6

第二章 财务报表分析 ················· 8
习题与案例 ················· 8
参考答案 ················· 15

第三章 证券价值评估 ················· 60
习题与案例 ················· 60
参考答案 ················· 79

第四章 风险与收益 ················· 106
习题与案例 ················· 106
参考答案 ················· 114

第二篇 财务决策

第五章 资本成本 ················· 129
习题与案例 ················· 129
参考答案 ················· 137

第六章 投资决策 ················· 148
习题与案例 ················· 148
参考答案 ················· 164
附录：模拟分析 ················· 190

第七章　资本结构 …… 194
　　习题与案例 …… 194
　　参考答案 …… 209

第八章　股利政策 …… 230
　　习题与案例 …… 230
　　参考答案 …… 241

第九章　长期融资 …… 253
　　习题与案例 …… 253
　　参考答案 …… 260

第十章　营运资本管理 …… 273
　　习题与案例 …… 273
　　参考答案 …… 280

第三篇　公司理财专题

第十一章　经济增加值与价值管理 …… 291
　　习题与案例 …… 291
　　参考答案 …… 297

第十二章　期权定价与公司财务 …… 307
　　习题与案例 …… 307
　　参考答案 …… 314

第十三章　公司战略与实物期权 …… 339
　　习题与案例 …… 339
　　参考答案 …… 345

第十四章　衍生工具与风险管理 …… 357
　　习题与案例 …… 357
　　参考答案 …… 365

第十五章　公司并购与资产剥离 …… 383
　　习题与案例 …… 383
　　参考答案 …… 392

附录　公司理财模拟题 …… 405
　　模拟题（A） …… 405
　　模拟题（A）答案 …… 409
　　模拟题（B） …… 412
　　模拟题（B）答案 …… 415

21世纪经济与管理规划教材
财务管理系列

第一篇

财务估值基础理论

第一章　公司理财概述
第二章　财务报表分析
第三章　证券价值评估
第四章　风险与收益

第一章 公司理财概述

[关键知识点]

财务管理内容、财务经理职责、独资企业、合伙企业、股份公司、财务管理目标、所有权与控制权、风险分担、代理关系、公司治理、金融市场功能、金融市场类型、金融资产价值、弱式效率性、半强式效率性、强式效率性。

习题与案例

一、单项选择题

1. 下列各项中,关于公司财务管理研究的内容论述错误的是(　　)。
   A. 公司财务管理主要遵循公认会计准则,满足外部人对投资、筹资管理的要求
   B. 筹资管理主要侧重于资本来源、筹措方式、资本结构、股利政策管理
   C. 营运资本管理主要侧重于流动资产和流动负债管理
   D. 投资管理主要侧重于公司长期资产的投向、规模、构成及使用效果管理

2. 公司是企业形态中一种最高层次的组织形式,下列各项中不属于公司特征的是(　　)。
   A. 股东对公司的债务只承担有限责任
   B. 公司收入要征税,分配给股东的红利也要征税
   C. 公司股份可以随时转让给新的所有者
   D. 公司的存续期受制于公司所有者的生命期

3. 按照索取权获得方式分类,股东对公司收益的索取权是(　　)。
   A. 法定索取权　　　　　　　B. 固定索取权
   C. 剩余索取权　　　　　　　D. 或有索取权

4. 股东通常用来协调与经营者利益的方法主要是(　　)。
   A. 激励和接收　　　　　　　B. 解聘和激励
   C. 激励和约束　　　　　　　D. 解聘和接收

5. 无论是从市场功能上还是从交易规模上看,构成整个金融市场核心部分的都是(　　)。
   A. 外汇市场　　　　　　　　B. 商品期货市场
   C. 期权市场　　　　　　　　D. 有价证券市场

6. 下列各项中,不符合股东财富最大化理财目标特点的是(　　)。
   A. 考虑了获取收益的时间因素和风险因素
   B. 追求单期市场价值最大化

C. 能够充分体现所有者对资本保值与增值的要求

  D. 克服了追求利润的短期行为

7. 下列各项中,不属于委托人与代理人之间产生矛盾或冲突的动因是( )。

  A. 双方的目标函数不同   B. 双方法律意识不同

  C. 双方风险分担不均衡   D. 双方信息不对称

8. 如果资本市场是完全有效的,则下列各项中正确的是( )。

  A. 股价可以真实反映公司股东财富的价值

  B. 运用会计手段改善公司业绩可以提高股价

  C. 公司的财务决策会影响股价的波动

  D. 在证券市场上,任何股票投资者都不能赚得超额收益

9. 债权人为了防止其利益被损害,下列各项措施中错误的是( )。

  A. 降低贷款利率   B. 规定资金的用途

  C. 提高贷款利率   D. 限制筹资条款和约束条款

10. "所有包含过去证券价格变动的资料和信息都已完全反映在证券的现行市价中,证券价格的过去变化和未来变化是不相关的。"下列各项中符合这一特征的是( )。

  A. 弱式效率性的市场   B. 半强式效率性的市场

  C. 强式效率性的市场   D. 以上都不是

二、多项选择题

1. 下列各项中,有关货币市场表述正确的有( )。

  A. 货币市场是指期限在1年以上的金融资产交易市场

  B. 货币市场是短期债务工具交易市场,交易的证券期限不超过1年

  C. 货币市场的主要功能是保持金融资产的流动性

  D. 货币市场要求的收益率较高,其风险也较大

2. 下列各项中,可用于协调股东与经营者矛盾的措施有( )。

  A. 股东任免或解聘经营者   B. 股东向公司派遣 CFO

  C. 股东向公司派遣审计人   D. 股东给经营者以"股票选择权"

3. 对公司来说,金融市场的作用主要有( )。

  A. 资本筹措与投放   B. 分散风险   C. 转售市场   D. 降低交易成本

4. 与合伙制和公司制企业相比,独资企业的特点有( )。

  A. 以出资额为限,承担有限责任

  B. 不允许发行股票、债券或以企业名义发行任何可转让证券

  C. 以企业的收入向政府缴纳个人所得税

  D. 更容易筹集资金

5. 股东与经营者之间产生矛盾和冲突的原因主要是( )。

  A. 资本的所有权与经营权相分离   B. 股东与经营者之间存在信息不对称

  C. 股东与经营者的目标函数不相同   D. 股东与经营者承担的社会责任不同

6. 下列金融工具在货币市场中交易的有( )。

  A. 股票   B. 银行承兑汇票

  C. 期限为3个月的政府债券   D. 期限为12个月的可转让定期存单

7. 以股东财富最大化为财务管理的目标,其隐含的假设是( )。
   A. 存在一个有效反映信息的金融市场
   B. 股票市场价值等于其真实价值
   C. 有关公司的信息可以及时、真实地传递到金融市场
   D. 股东与债权人之间的合约是完全对等的
8. 金融资产价值的基本特征主要表现为( )。
   A. 客观性　　　B. 确定性　　　C. 时间性　　　D. 不确定性
9. 公司在经营过程中形成的各种委托代理关系主要表现在( )。
   A. 公司与政府、社区之间　　　B. 股东与债权人之间
   C. 股东与经营者之间　　　D. 股东与供应商和客户之间
10. 在半强式效率性的市场上,证券的价格包含的信息有( )。
    A. 历史交易量和交易价格　　　B. 公开财务报表信息
    C. 经济和政治形势的变化　　　D. 股票分割、股票股利信息

三、判断题

1. 金融资产是对未来现金流量的索取权,其价值取决于它所能带来的现金流量的现值。
   （　）
2. 在任何情况下,债权人只是一个"默默无闻"的商业伙伴,没有投票权。（　）
3. 与独资企业或合伙企业相比,公司制企业最大的优点是有限责任、股权容易转让、易于获得外部资本、经营寿命周期长、纳税低。（　）
4. 债务契约中的限制条款通常包含限制生产或投资条款、限制股利支付条款、限制融资条款和约束条款等。（　）
5. 在金融市场交易中形成的各种参数,如市场利率、汇率、证券价格和证券指数等,只能用于金融资产价值评估。（　）
6. 时间价值反映了投资者延期消费要求的补偿,影响这一价值的主观因素是投资者个人对收入进行消费的风险偏好。（　）
7. 从某种意义上说,股东与债权人之间是一种"不平等"的契约关系。股东对公司资产承担无限责任,对公司价值享有剩余索取权。（　）
8. 风险补偿价值主要是指与宏观经济有关的预期通货膨胀溢价和与证券特征有关的风险。（　）
9. 从事新证券和票据等金融工具买卖的转让市场,又称为发行市场或一级市场。
   （　）
10. 在半强式效率性的市场上,证券的现行市价反映了所有已公开的或未公开的信息,即全部信息。因此,任何人甚至内线人都无法在证券市场上获得超额收益。（　）

四、案例分析题

宏伟公司是一家从事 IT 产品开发的企业。由三位志同道合的朋友共同出资 100 万元（三人平均分配股权比例）创立。在企业发展初期,创始股东都以企业的长远发展为目标,关注企业的持续增长能力,所以,他们注重加大研发力度,不断开发新产品,这些措施有力地提高了企业的竞争力,使企业实现了营业收入的高速增长。

在开始的几年间，企业销售业绩以每年60%的速度递增。然而，随着利润的不断快速增长，三位创始股东在收益分配上产生了分歧。股东王力、张伟倾向于分红，而股东赵勇则认为应将企业取得的收益用于扩大再生产，以提高企业的持续增长能力，实现长远利益的最大化。由此产生的矛盾不断升级，最终导致坚持企业长远发展的赵勇被迫退出，出让持有的1/3股份而离开企业。但是，此结果引起了与企业有密切联系的一些供应商和分销商的不满，因为他们的业务发展壮大都与宏伟公司密切相关，他们深信宏伟公司的持续增长能力将为他们带来更多的机会。于是，他们威胁如果赵勇离开企业，那么他们将断绝与企业的业务往来。面对这一情况，王力和张伟提出他们可以离开企业，条件是赵勇必须收购他们的股份。赵勇的长远发展战略需要较多投资，这样做将导致企业陷入没有资金维持生产的困境。这时，众多供应商和分销商伸出了援助之手，他们或者主动延长应收账款期限，或者预付货款，最终赵勇重新回到企业，成为企业的掌门人。经历了股权风波后，宏伟公司在赵勇的领导下，不断加大投入，实现了企业规模化发展，在同行业中处于领先地位，企业的竞争力和价值不断提升。

根据上述资料，回答下列问题：

1. 赵勇坚持企业长远发展，而其他股东要求更多分红，你认为赵勇的目标是否与股东财富最大化目标相矛盾？

2. 拥有控制权的大股东与供应商和分销商等利益相关者之间的利益是否存在矛盾，如何协调？

3. 对于初创企业来说，如何保持主要创始人对企业的控制权一直是实践中急需解决的问题之一。请上网查询相关资料，分析企业在初创时应如何分配股权，以保证创始人对企业的控制权。

4. 重要利益相关者能否对企业的控制权产生影响？

参 考 答 案

一、单选题

1. A 2. D 3. C 4. C 5. D
6. B 7. B 8. D 9. A 10. A

二、多选题

1. BC 2. ABCD 3. ABCD 4. BC 5. ABC
6. BCD 7. ABC 8. CD 9. ABCD 10. ABCD

三、判断题

1. √ 2. × 3. × 4. √ 5. ×
6. × 7. × 8. √ 9. √ 10. ×

四、案例分析题

1. 赵勇坚持企业长远发展的目标，恰是股东财富最大化目标的具体体现。

2. 拥有控制权的股东王力、张伟与供应商和分销商等利益相关者之间的利益取向不同，可以通过股权转让或协商的方式解决。

3. 创业之初的股权比例分配是一个非常重要的问题，企业在初创时分配股权应注意以下四个问题：

第一，避免股权绝对对等或相互制约的情形。企业僵局常见于股东股权(表决权)绝对对等(如50%:50%或33.3%:33.3%:33.3%或25%:25%:25%:25%)或相互制约(如40%:60%或40%:40%:20%等)的情形。这将导致股东会全部表决事项或重大表决事项实质上需要全体股东一致表决通过，而股东之间存在分歧和矛盾，甚至在正常经营情况下，要求所有股东对表决事项意见完全一致是根本不现实的。于是，企业僵局就出现了。

第二，维持对股东会、董事会的控制权。创始人团队控股，这是最直接有效的办法。在股东会层面，对企业的控制分为绝对控制型(67%以上)、相对控制型(51%以上)与消极防御型(34%以上)三种，创始人团队应根据实际情况和发展阶段对股权进行前述比例的控制。

第三，双层股权结构。为了保持企业创始人的控制权，一些国家和地区的企业通常设置双层股权结构，即股票分为A/B两个层次，普通投资者持有的A股每股有1票投票权，而创始人持有的B股每股有N票投票权(假设每股有10票投票权，则创始人有10倍于其持股比例的投票权)，这使得采用双层股权结构的企业创始人牢牢掌控对企业的管理事宜，普通投资者很难掌握话语权。

第四，合理设计合伙人退出机制。实践中，应该着重提前设计、考虑好合伙人的退出机制，让其他合伙人感到公平。首先，将合伙人的股权份额与服务期限相挂钩，约定股权成熟期，并逐步兑现给合伙人；其次，设定股权强制回购机制，在合伙人中途退出时，其他合伙人或企业有权按照约定方式受让或回购相应的未成熟、已成熟股权；最后，对于中途离开不愿退股的行为，约定一定比例的违约金。

4. 重要的利益相关者可能会对企业的控制权产生一定影响，只有当企业以股东财富最大化为目标，增加企业的整体财富时，利益相关者的利益才会得到有效满足；反之，利益相关者则会为维护自身利益而对控股股东施加影响，从而可能导致企业的控制权发生变更。

第二章　财务报表分析

[关键知识点]

财务报表的勾稽关系、财务报表的相关性与可靠性、财务报表分析方法、获利能力比率、营运能力比率、偿债能力比率、增长能力比率、市场状况比率、净资产收益率五因素分析、杜邦财务比率分析、现金流量分析、信用风险分析。

习题与案例

一、单项选择题

1. 下列各项中关于利润表、资产负债表和现金流量表相互关系的说法错误的是(　　)。
   A. 现金的变化最终会反映到资产负债表中"现金及现金等价物"项目的变动
   B. 利润表中的净利润会影响资产负债表中"未分配利润"项目的变动
   C. 净利润经过经营、投资、筹资三项重要的现金变动转变为最终的现金变化
   D. 利润表主要用于评价公司的资产配置结构和财务状况

2. 某公司2020年税后利润为210万元，所得税税率为25%，利息费用为40万元，则该公司2020年利息保障倍数为(　　)。
   A. 6.45　　　　B. 6.75　　　　C. 8.00　　　　D. 8.25

3. 公司通过利润表与资产负债表之间的比率关系(　　)。
   A. 反映公司收入与费用的对比关系　　B. 反映公司财务杠杆变动情况
   C. 反映公司的资产使用效率　　　　　D. 反映公司的可持续增长能力

4. 下列各项中关于财务报表分析有关指标的说法错误的是(　　)。
   A. 速动比率很低的公司不可能偿还到期的流动负债
   B. 权益乘数是资产负债率的另一个替代指标
   C. 销售毛利率是衡量公司初始获利能力的最重要指标
   D. 现金周转率是存货周转率、应收账款周转率和应付账款周转率的函数

5. 某公司2019年销售净利率为5.73%，总资产周转率为2.17；2020年销售净利率为4.89%，总资产周转率为2.88。若公司两年的资产负债率相同，则2020年的净资产收益率与2019年相比的变化趋势为(　　)。
   A. 上升　　　　B. 不变　　　　C. 下降　　　　D. 难以确定

6. 关于财务成本比率的分析，在其他因素一定的情况下，下列说法中错误的是(　　)。
   A. 公司负债越多，这一比率就越低
   B. 公司负债越多，净资产收益率就越低

C. 如果公司全部为股权筹资,则这一比率等于1

D. 只有在财务费用等于1的情况下,这一比率才大于1

7. 在杜邦分析体系中,假设其他情况相同,下列说法中错误的是(　　)。

　　A. 权益乘数大则财务风险大　　　　B. 权益乘数大则净资产收益率大

　　C. 权益乘数反映公司股东权益大小　D. 权益乘数小则净资产收益率小

8. 影响公司现金的因素与资产负债表和利润表有关,下列说法中错误的是(　　)。

　　A. 非现金资产类项目变化与现金呈反方向变化

　　B. 负债与股东权益类项目变化与现金呈反方向变化

　　C. 负债与股东权益类项目变化与现金呈同方向变化

　　D. 留存收益项目变化与现金呈同方向变化

9. 假设不考虑非经常损益,下列关于税后净经营利润(NOPAT)的说法中正确的是(　　)。

　　A. NOPAT 等于净利润加上利息费用

　　B. NOPAT 等于净利润加上税后利息费用

　　C. NOPAT 等于息税前利润加上利息费用

　　D. NOPAT 等于税后利润加上税后利息费用

10. 标准普尔利用财务比率进行公司信用评级时,其基本程序为(　　)。

　　A. 根据各种财务比率和信用评级标准对公司进行风险信用等级分类

　　B. 根据公司的商业风险调整财务风险

　　C. 确定公司的信用级别

　　D. 包括以上各项内容

二、多项选择题

1. 根据我国现行的财务报告体系,下列各项中属于财务报告内容的有(　　)。

　　A. 资产负债表　　　　　　　　B. 利润表

　　C. 现金流量表　　　　　　　　D. 报表附注

　　E. 股东权益变动表

2. 在其他条件不变的情况下,公司过度提高现金比率,可能导致的结果有(　　)。

　　A. 机会成本增加　　　　　　　B. 财务风险加大

　　C. 获利能力提高　　　　　　　D. 营运效率降低

　　E. 破产风险加大

3. 以资产负债表和利润表为基础的财务比率主要有(　　)。

　　A. 资产负债表各项目之间的存量比率

　　B. 利润表各项目之间的流量比率

　　C. 利润表中某一流量项目与资产负债表中某一存量项目之间的比率

　　D. 利润表中某一存量项目与资产负债表中某一流量项目之间的比率

　　E. 现金流量表中某一流量项目与资产负债表中某一流量项目之间的比率

4. 会计分析是指根据公认会计准则对财务报表的可靠性和相关性进行分析,主要包括(   )。
　　A. 确认关键因素的会计政策　　　B. 评价会计政策的灵活性
　　C. 评价会计信息披露策略　　　　D. 识别和评价危险信号
　　E. 调整财务报表

5. 投入资本收益率中的投入资本,一般是指(   )。
　　A. 资产总额　　　　　　　　　　B. 负债和股东权益总额
　　C. 有息债务、普通股和优先股价值之和　D. 普通股和优先股价值之和
　　E. 资产总额减去商业信用之后的余额

6. 已知 A 公司 2020 年年末负债总额为 400 万元,资产总额为 1 000 万元,流动资产为 240 万元,流动负债为 160 万元,2020 年利息费用为 40 万元,净利润为 200 万元,所得税为 60 万元,则(   )。
　　A. 2020 年年末资产负债率为 40%　　B. 2020 年年末权益乘数为 1.677
　　C. 2020 年年末资产负债率为 60%　　D. 2020 年年末流动比率为 1.5
　　E. 2020 年利息保障倍数为 7.5

7. 下列各项中有关应收账款周转天数的表述正确的有(   )。
　　A. 提取应收账款减值准备越多,应收账款风险越小
　　B. 计算应收账款周转天数时应考虑由销售引起的应收票据
　　C. 应收账款周转天数与公司的信用政策有关
　　D. 用于业绩评价时,应收账款的余额最好使用多个时点的平均数
　　E. 如果公司应收账款周转天数低于行业平均数,则一般表明公司信用风险较小

8. 增加速动资产,对公司经营业绩和财务状况的影响主要有(   )。
　　A. 降低公司的机会成本　　　　　B. 提高公司的机会成本
　　C. 增加公司的财务风险　　　　　D. 降低公司的财务风险
　　E. 提高资产收益率

9. 市盈率是投资者评价股票价值的重要尺度,下列关于市盈率的说法中正确的有(   )。
　　A. 这一指标已成为股票市场评价股票投资价值最常用的估价模型
　　B. 这一指标的数学意义是每 1 元净利润对应的股票价格
　　C. 这一指标越高,投资者面临的风险就越小
　　D. 如果公司未来各年的收益不变,则市盈率倍数也可被作为回收最初投资的年数
　　E. 这一指标越高,投资者的预期收益率就越高

10. 为了判断各种财务比率是否恰当,还需要注意(   )问题。
　　A. 财务比率有效性和相关性　　　B. 财务比率可比性
　　C. 财务信息可靠性　　　　　　　D. 财务比率比较方式
　　E. 财务比率极端值

三、判断题

1. 公司一般会在报表附注中对财务报表的编制基础、依据、原则和方法做出说明,并对主要项目(如公司合并、分立、重大投资、筹资等)作以解释。　　　　　　　(   )

2. 结构百分比分析是指通过将两个有关的会计项目数据相除,从而得到各种财务比率

以揭示同一张财务报表中不同项目之间,或不同财务报表不同项目之间内在关系的一种分析方法。（　　）

3. 与同行业比较,如果公司的毛利率显著高于行业平均水平,则说明公司或存在成本上的优势,或产品质量好、价格高,竞争力较强。（　　）

4. 市净率指标可以反映公司没有计入资产负债表中的资产或负债,如商标、高新技术、品牌、良好的管理、未决诉讼、过时的生产线、低劣的管理等。（　　）

5. 经营性营运资本为正数,表明有部分长期资产由流动负债提供资金来源。（　　）

6. 某公司今年与上年相比,销售收入增长10%,净利润增长8%,资产总额增加12%,负债总额增加9%。可以判断,该公司净资产收益率比上年上升了。（　　）

7. 净资产收益率不仅反映了为股东创造的收益,而且反映了公司各种经营活动的效率。（　　）

8. 同一行业里的不同公司之间,无论所在地的所得税税率有多大差异,或是财务杠杆有多大差异,采用息税前利润(EBIT)可以更为准确地比较公司的盈利能力。（　　）

9. 息税折旧摊销前利润(EBITDA)指标可以剔除不同公司间的财务杠杆、折旧政策、税收政策的差异,主要用于衡量公司主营业务产生现金流的能力。（　　）

10. 财务危机预警分析既可以根据单一财务比率进行分析,又可以从多个财务比率中筛选出能提供较多信息的变量,建立判别函数,对公司的财务状况所属类别进行判别。（　　）

四、计算分析题

1. 根据下列资料,填充资产负债表画线项目(资产类平均占用额采用期末数代替):
（1）长期负债与股东权益比率为0.5∶1;
（2）总资产周转率为2.5次;
（3）应收账款平均收现期(假设全年为360天,且所有的销售均为赊销)为18天;
（4）存货周转率为9次;
（5）销售毛利率为10%;
（6）速动比率为1∶1。

简易资产负债表　　　　　　　　　　　　　　　　　　　　单位:万元

资产	金额	负债和股东权益	金额
现金	____	应付账款	100 000
应收账款	____	长期负债	____
存货	____	普通股	100 000
固定资产	____	留存收益	100 000
资产总计	____	负债和股东权益总计	____

2. AA公司2020年年末流动比率为2,负债与股东权益比率为0.6,存货周转率为10次,年初存货金额为2万元,公司当年的销售收入为100万元,销售毛利率为60%。

要求:根据已知数据和资料,完成公司2020年资产负债表(该公司全部账户均已包括在下表中)。

AA 公司 2020 年资产负债表 单位:万元

资产	金额	负债和股东权益	金额
货币资金	5	短期借款	5
应收账款净额	——	应付账款	——
存货	——	长期负债	——
固定资产原值	60	股本	50
累计折旧	10	未分配利润	——
资产总计	85	负债和股东权益总计	——

3. 假设你到 XYZ 公司实习,公司的首席财务官(CFO)给了你一份公司未来五年(2021—2025 年,2020 年为基期)的预计财务报表,如表 1 和表 2 所示。CFO 要求你据此评价公司预计的经营成果和财务状况,以便为公司进行价值评估提供依据。

表 1　XYZ 公司预计利润表 单位:万元

项目	2020 年	2021 年	2022 年	2023 年	2024 年	2025 年
销售收入	4 000	4 400	4 840	5 324	5 856	6 442
销售成本	3 000	3 300	3 630	3 993	4 392	4 832
毛利	1 000	1 100	1 210	1 331	1 464	1 610
销售及管理费用	600	630	662	695	730	767
其中:折旧	300	330	363	399	439	483
息税前利润	400	470	548	636	734	843
利息(6%)	48	54	60	66	72	78
利润总额	352	416	488	570	662	765
所得税(25%)	88	104	122	143	166	191
净利润	264	312	366	427	496	574
股利(66.67%)	176	208	244	285	331	383
留存收益	88	104	122	142	165	191

表 2　XYZ 公司预计资产负债表(12 月 31 日) 单位:万元

项目	2020 年	2021 年	2022 年	2023 年	2024 年	2025 年
资产						
现金	80	88	97	106	117	129
应收账款	320	352	387	426	468	516
存货	400	440	484	532	586	644
流动资产合计	800	880	968	1 064	1 171	1 289
固定资产净值	1 600	1 760	1 936	2 130	2 342	2 577
资产总计	2 400	2 640	2 904	3 194	3 513	3 866
负债和股东权益						
应付账款	400	440	484	532	586	644
长期借款	800	896	994	1 094	1 194	1 298
股本	1 100	1 100	1 100	1 100	1 100	1 100
累计留存收益	100	204	326	468	633	824
负债和股东权益总计	2 400	2 640	2 904	3 194	3 513	3 866

要求：

(1) 根据表1和表2,采用间接法编制XYZ公司预计现金流量表。

(2) 计算预测期的息税折旧摊销前利润(EBITDA)、投入资本(IC)、税后净经营利润(NOPAT)、有息债务指标。

(3) 计算预测期的主要财务比率:获利能力比率,偿债能力比率,营运能力比率,增长能力比率及每股比率。假设公司目前流通在外的普通股股数为300万股,当前市场价格为12.5元/股。

(4) 采用五因素法分析净资产收益率(ROE)变动的影响因素。

(5) 计算预测期的Z-Score值。

4. 下表列示了贵州茅台2013—2018年的营业收入与营业成本。

贵州茅台(600519)营业收入与营业成本(2013—2018年) 　　　　单位:亿元

项目	2013年	2014年	2015年	2016年	2017年	2018年
营业收入	309.22	315.74	326.60	388.62	582.18	736.39
营业成本	21.94	23.39	25.38	34.10	59.40	65.23

要求：

(1) 计算贵州茅台营业收入同比增长率、在此期间的平均增长率及复合增长率。上网查询贵州茅台产品类型,说明贵州茅台酒在全部产品营业收入中所占的比重。

(2) 分析贵州茅台产品毛利和毛利率及其变动趋势。

(3) 选择至少5家同行业公司比较2018年的销售毛利率。

(4) 说明毛利率的主要影响因素。

5. 表1和表2列示了贵州茅台2013—2018年关于货币资金、财务杠杆的相关数据。

表1　贵州茅台资产负债表主要项目(12月31日) 　　　　单位:亿元

项目	2013年	2014年	2015年	2016年	2017年	2018年
货币资金	251.85	277.11	368.01	668.55	878.69	1 120.75
资产总计	554.54	658.73	863.01	1 129.35	1 346.10	1 598.47
流动负债	113.07	105.44	200.52	370.20	385.75	424.38
非流动负债	0.18	0.18	0.16	0.16	0.16	0.00
所有者权益	441.29	553.12	662.34	758.99	960.20	1 174.08

表2　贵州茅台现金流量表主要项目 　　　　单位:亿元

项目	2013年	2014年	2015年	2016年	2017年	2018年
经营活动现金流入量	367.13	354.88	400.14	672.79	673.69	893.46
经营活动现金流出量	240.58	228.55	225.78	298.28	452.16	479.60
经营活动现金净流量	126.55	126.33	174.36	374.51	221.53	413.86
投资活动现金流入量	7.59	1.25	1.06	0.06	0.21	0.11
投资活动现金流出量	60.99	47.05	21.55	11.08	11.42	16.40
投资活动现金净流量	-53.40	-45.80	-20.49	-11.02	-11.21	-16.29

（单位：亿元）（续表）

项目	2013 年	2014 年	2015 年	2016 年	2017 年	2018 年
筹资活动现金流入量	0.06	1.02	0.22	0.16	0.06	0.00
筹资活动现金流出量	73.92	51.44	56.10	83.51	89.05	164.41
筹资活动现金净流量	-73.86	-50.42	-55.88	-83.35	-88.99	-164.41
现金净流量	-0.71	30.11	97.99	280.14	121.33	233.16
期初现金及现金等价物余额	220.62	219.92	249.97	347.80	627.95	749.28
期末现金及现金等价物余额	219.91	250.03	347.96	627.94	749.28	982.44

要求：

（1）进行货币资金时间序列分析和货币资金结构分析，结构分析包括货币资金/营业收入、货币资金/资产总额、货币资金/流动负债。

（2）关注两类货币资金，即使用受到限制的货币资金（例如存放中央银行法定存款准备金、存放中央银行超额存款准备金、不能随时支取的定期银行存款、银行承兑汇票保证金）、使用不受限制的货币资金（例如库存现金、银行存款和其他货币资金等）。

（3）将资产负债表的"货币资金"项目与现金流量表中的"现金及现金等价物余额"项目进行比较，说明现金及现金等价物净增加额的来源。

（4）分析贵州茅台负债情况，说明其财务风险。

五、案例分析题

格力电器财务报表分析

格力电器股份有限公司（以下简称"格力电器"）于1991年在珠海市成立，是一家主要从事空调研发、生产、销售、服务的家电公司；2013年起，公司相继进军智能装备、通信设备、模具等领域，目前格力智能装备已为家电、汽车、食品、3C数码、建材卫浴等众多行业提供服务，公司已经从专业的空调生产企业迈入多元化的高端技术产业时代。

要求：

（1）分析格力电器利润表。以2010—2019年（以下称"分析期"）的数据为依据，关注公司营业收入及收入结构、毛利及毛利率、成本费用、利润结构及利润率。在分析时既要进行时间序列分析，又可选择同行业（至少1家）公司进行比较分析。

（2）分析格力电器资产负债表。资产负债表分析主要关注公司资产结构、货币资金、经营性营运资本、固定资产与总资产之比和偿债能力等。

（3）分析格力电器现金流量表及信用风险。现金流量表分析主要是分析现金流量及其结构，可以了解公司现金的来龙去脉和现金收支构成，评价公司经营状况、创现能力、筹资能力和资金实力。计算 Z-Score 值，了解格力电器的信用风险情况。

（4）选择5—10家公司，以2019年财务报表为基础，比较公司总收入、净利润、总资产、总负债、股东权益、现金净流量等财务数据，并与行业中位值进行比较分析；比较公司销售毛利率、营业利润率（营业利润/营业收入）、总资产收益率、净资产收益率、资产负债率、总资产周转率等财务比率，并与行业中位值进行比较分析。

（5）对格力电器财务报表进行总体评价，列示关键财务比率。

参 考 答 案

一、单项选择题

| 1. D | 2. C | 3. C | 4. A | 5. A |
| 6. D | 7. C | 8. B | 9. B | 10. D |

二、多项选择题

| 1. ABCDE | 2. AD | 3. ABC | 4. ABCDE | 5. CE |
| 6. ABDE | 7. BCDE | 8. BD | 9. ABD | 10. ABCDE |

三、判断题

| 1. √ | 2. × | 3. √ | 4. × | 5. × |
| 6. × | 7. × | 8. √ | 9. √ | 10. √ |

四、计算分析题

1. 解：

简易资产负债表   单位：万元

资产	金额	负债和股东权益	金额
现金	50 000	应付账款	100 000
应收账款	50 000	长期负债	100 000
存货	100 000	普通股	100 000
固定资产	200 000	留存收益	100 000
资产总计	400 000	负债和股东权益总计	400 000

（1）长期负债/股东权益 = 长期负债/(100 000 + 100 000) = 0.5/1

长期负债 = 0.5 × 200 000 = 100 000（万元）

（2）销售收入/资产总额 = 销售收入/400 000 = 2.5（次）

销售收入 = 400 000 × 2.5 = 1 000 000（万元）

销售毛利/销售收入 = 销售毛利/1 000 000 = 10%

销售毛利 = 1 000 000 × 10% = 100 000（万元）

（3）360 × 应收账款期末余额/销售收入 = 18（天）

应收账款期末余额 = (销售收入/360) × 18 = (1 000 000/360) × 18 = 50 000（万元）

（4）(销售收入 − 销售毛利)/存货余额 = (1 000 000 − 100 000)/存货余额 = 9（次）

存货期末余额 = 900 000/9 = 100 000（万元）

（5）(现金 + 应收账款)/应付账款 = (现金 + 50 000)/100 000 = 1/1

现金 = 100 000 − 50 000 = 50 000（万元）

2. 解:

AA 公司 2020 年资产负债表　　　　　　　　　　　　　　　　单位:万元

资产	金额	负债和股东权益	金额
货币资金	5.00	短期借款	5.00
应收账款净额	24.00	应付账款	12.50
存货	6.00	长期负债	14.37
固定资产原值	60.00	股本	50.00
累计折旧	10.00	未分配利润	3.13
资产总计	85.00	负债和股东权益总计	85.00

(1) 期末存货:

销售成本 = 销售收入 × (1 − 销售毛利率) = 100 × (1 − 60%) = 40(万元)

存货周转率 = 销售成本 ÷ [(期初存货 + 期末存货)/2] = 40 ÷ [(2 + 期末存货)/2] = 10(次)

期末存货 = 6(万元)

(2) 应收账款净额:

应收账款净额 = 85 − 6 − 5 − 50 = 24(万元)

(3) 应付账款:

负债和股东权益总计 = 资产总计 = 85(万元)

流动比率 = 流动资产 ÷ 流动负债 = 35 ÷ 流动负债 = 2

流动负债 = 35 ÷ 2 = 17.5(万元)

应付账款 = 17.5 − 5 = 12.5(万元)

(4) 未分配利润:

负债总额 ÷ 股东权益总额 = 0.6

股东权益总额 = 资产总额 − 负债总额 = 资产总额 − 0.6 × 股东权益总额

1.6 × 股东权益总额 = 资产总额 = 85(万元)

股东权益总额 = 85 ÷ 1.6 = 53.13(万元)

未分配利润 = 股东权益总额 − 股本 = 53.13 − 50 = 3.13(万元)

(5) 长期负债:

负债总额 = 负债和股东权益总计 − 股东权益总额 = 85 − 53.13 = 31.87(万元)

长期负债 = 负债总额 − 流动负债 = 31.87 − 17.5 = 14.37(万元)

3. 解:

(1) 根据预计利润表和预计资产负债表,编制预计现金流量表,如表 1 所示。

表 1　XYZ 公司预计现金流量表　　　　　　　　　　　　　　　　单位:万元

项目	2021 年	2022 年	2023 年	2024 年	2025 年
经济活动现金流量					
净利润	312	366	427	496	574
税后财务费用	41	45	50	54	59
税后净经营利润	353	411	477	550	633
折旧与摊销	330	363	399	439	483

(单位:万元)(续表)

项目	2021年	2022年	2023年	2024年	2025年
应收账款(增加)减少	-32	-35	-39	-42	-48
存货(增加)减少	-40	-44	-48	-54	-58
应付账款增加(减少)	40	44	48	54	58
经营活动现金净流量	651	739	837	947	1 068
投资活动现金流量					
固定资产支出	-160	-176	-194	-212	-235
固定资产更新支出	-330	-363	-399	-439	-483
投资活动现金净流量	-490	-539	-593	-651	-718
融资活动现金流量					
长期借款增加	96	98	100	100	104
支付股利	-208	-244	-285	-331	-383
税后财务费用	-41	-45	-50	-54	-59
融资活动现金净流量	-153	-191	-235	-285	-338
现金净流量	8	9	9	11	12

(2)预测期的利润、有息债务指标如表2所示。

表2 利润指标、有息债务   单位:万元

指标	2020年	2021年	2022年	2023年	2024年	2025年
EBIT	400	470	548	636	734	843
EBITDA	700	800	911	1 035	1 173	1 326
IC	2 000	2 200	2 420	2 662	2 927	3 222
NOPAT	300	353	411	477	550	633
有息债务	800	896	994	1 094	1 194	1 298

EBITDA = EBIT + 折旧

IC = 经营性营运资本 + 固定资产净值

其中,经营性营运资本计算方式如表3所示。

表3 经营性营运资本   单位:万元

项目	2020年	2021年	2022年	2023年	2024年	2025年
假设:						
最低现金余额	80	88	97	106	117	129
流动资产	800	880	968	1 064	1 171	1 289
减:超额现金	0	0	0	0	0	0
减:交易性金融资产	0	0	0	0	0	0
经营性流动资产	800	880	968	1 064	1 171	1 289
流动负债	400	440	484	532	586	644
短期借款	0	0	0	0	0	0

(单位:万元)(续表)

项目	2020年	2021年	2022年	2023年	2024年	2025年
交易性金融负债	0	0	0	0	0	0
经营性流动负债	400	440	484	532	586	644
经营性营运资本	400	440	484	532	585	645
经营性营运资本增量		40	44	48	53	60

NOPAT = 净利润 + 利息 × (1 – 所得税税率)

有息债务 = 短期银行借款 + 长期银行借款

(3) 预测期的主要财务比率如表4所示。

表4 主要财务比率

财务比率	2021年	2022年	2023年	2024年	2025年
获利能力					
销售利润率	10.68%	11.32%	11.95%	12.53%	13.09%
销售净利率	7.09%	7.56%	8.02%	8.47%	8.91%
净资产收益率	24.92%	26.81%	28.56%	30.05%	31.39%
总资产收益率	18.65%	19.77%	20.86%	21.89%	22.85%
投入资本收益率	16.81%	17.79%	18.77%	19.68%	20.59%
偿债能力					
资产负债率	50.61%	50.90%	50.91%	50.67%	50.23%
利息保障倍数	8.7037	9.1333	9.6364	10.1944	10.8077
流动比率	2	2	2	2	2
速动比率	1	1	1	1	1
营运能力					
总资产周转率	1.746	1.746	1.746	1.746	1.746
应收账款周转率	13.10	13.10	13.10	13.10	13.09
存货周转率	7.86	7.86	7.86	7.86	7.86
应付账款周转率	7.86	7.86	7.86	7.86	7.86
增长能力					
销售收入增长率	10.00%	10.00%	10.00%	9.99%	10.01%
总资产增长率	10.00%	10.00%	9.99%	9.99%	10.05%
EBIT增长率	17.50%	16.60%	16.06%	15.41%	14.85%
净利润增长率	18.18%	17.31%	16.67%	16.16%	15.73%
市场状况					
每股收益	1.0400	1.2200	1.4233	1.6533	1.9133
股利支付率	66.67%	66.67%	66.67%	66.67%	66.67%
市盈率	12.0192	10.2459	8.7824	7.5606	6.5332
市净率	2.8758	2.6297	2.3916	2.1639	1.9491

(4) 采用五因素法分析ROE变动的影响因素如表5所示。

表5 ROE影响因素分析

项目	2021年	2022年	2023年	2024年	2025年
ROE(净利润/净资产平均余额)	24.92%	26.81%	28.56%	30.08%	31.38%
ROE的影响因素					
EBIT/销售收入	10.68%	11.32%	11.95%	12.53%	13.09%
销售收入/资产平均余额	1.7460	1.7460	1.7460	1.7460	1.7460
ROA(EBIT/资产平均余额)	18.65%	19.77%	20.86%	21.89%	22.85%
税前利润/息税前利润	88.51%	89.05%	89.62%	90.19%	90.75%
权益乘数(资产平均余额/股东权益平均余额)	2.0128	2.0308	2.0367	2.0318	2.0178
净利润/税前利润	75.00%	75.00%	74.91%	74.92%	75.03%

（5）预测期的Z-Score值计算如表6和表7所示。

表6 相关比率

项目	系数	2021年	2022年	2023年	2024年	2025年
净营运资本/资产总额	1.2	16.67%	16.67%	16.66%	16.65%	16.68%
留存收益/资产总额	1.4	3.94%	4.20%	4.45%	4.70%	4.94%
息税前利润/资产总额	3.3	17.80%	18.87%	19.91%	20.89%	21.81%
普通股市场价值/负债账面价值(按流通股计算)	0.6	280.69%	253.72%	230.63%	210.67%	193.10%
销售收入/资产总额	1	1.6667	1.6667	1.6669	1.6670	1.6663

表7 Z-Score值

项目	2021年	2022年	2023年	2024年	2025年
净营运资本/资产总额	0.2000	0.2000	0.1999	0.1998	0.2002
留存收益/资产总额	0.0552	0.0588	0.0623	0.0658	0.0692
息税前利润/资产总额	0.5874	0.6227	0.6570	0.6894	0.7197
普通股市场价值/负债账面价值(按流通股计算)	1.6841	1.5223	1.3838	1.2640	1.1586
销售收入/资产总额	1.6667	1.6667	1.6669	1.6670	1.6663
Z-Score值	4.1934	4.0705	3.9699	3.8860	3.8140

4.解：

（1）贵州茅台营业收入及增长率分析。图1描述了2014—2018年贵州茅台营业收入及同比增长率。从图1中可以看出，贵州茅台的营业收入在2015—2017年间增长较快，随后增长率下降；2013—2018年，贵州茅台营业收入的平均增长率为20.17%，复合增长率为18.95%。

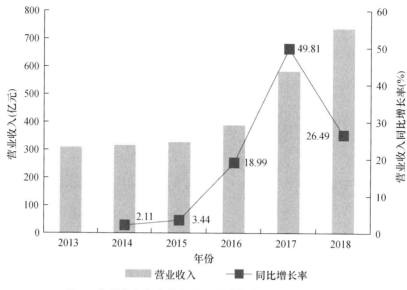

图1 贵州茅台营业收入及同比增长率(2013—2018年)

图2描述了2013—2018年贵州茅台营业收入构成及茅台酒营业收入占比。从图2中可以看出,贵州茅台的营业收入主要由茅台酒、系列酒和其他业务构成,其中茅台酒营业收入占全部营业收入的比重在分析期平均值为90.8%,最高值为95.1%,最低值为84.8%。2018年,茅台酒营业收入占比为84.8%,说明茅台酒火爆,一瓶难求,才能带动茅台王子酒、茅台迎宾等系列酒销售。

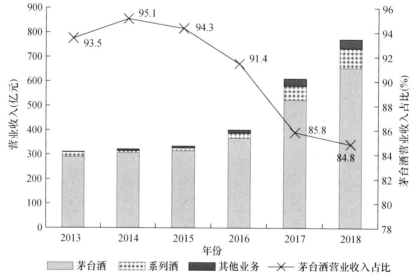

图2 贵州茅台营业收入构成及茅台酒营业收入占比(2013—2018年)

(2)贵州茅台毛利和毛利率及其变动趋势。图3描述了2013—2018年贵州茅台毛利和毛利率的变动趋势。从图3中可以看出,贵州茅台的毛利逐年上升,毛利率最高值为92.9%,最低值为89.8%,平均值为91.65%。

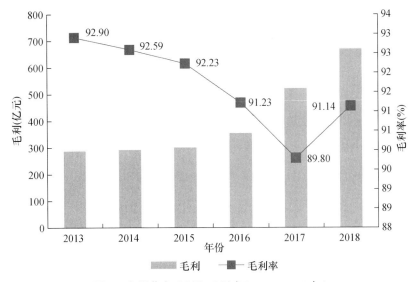

图3 贵州茅台毛利和毛利率（2013—2018年）

图4描述了2013—2018年贵州茅台茅台酒、系列酒和其他业务毛利率。从图4中可以看出，2013—2018年，茅台酒毛利率的平均值为93.7%，系列酒毛利率的平均值为60.7%，其他业务毛利率的平均值为98.9%。

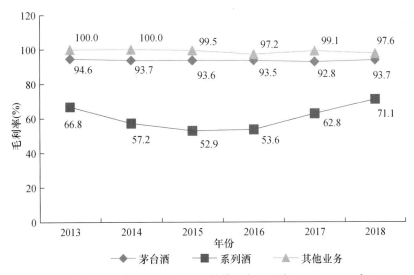

图4 贵州茅台茅台酒、系列酒和其他业务毛利率（2013—2018年）

（3）2018年同行业销售毛利率。图5描述了2018年同行业销售毛利率，贵州茅台销售毛利率远高于同行业销售毛利率水平。2018年，所选择的同行业销售毛利率中位值为69.05%，贵州茅台销售毛利率为89.54%（这与按报表计算的有一点偏差）。

（4）毛利率的影响因素。一般来说，影响毛利率的因素主要是产品价格和产品成本。贵州茅台是中国白酒龙头，主要生产和销售茅台酒及茅台系列酒。公司主导产品"贵州茅台酒"是世界三大蒸馏名酒之一，也是集国家地理标志产品、有机食品和国家非物质文化遗产于一

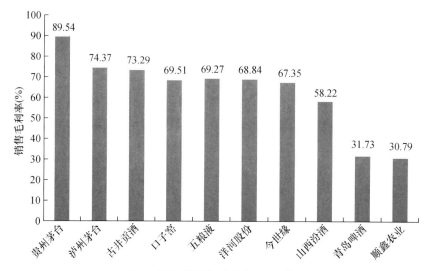

图 5　同行业销售毛利率 (2018 年)

资料来源：Wind 金融数据库。

身的白酒品牌。作为全国白酒行业领军企业，贵州茅台具有较强的产品定价权，2013—2018年，茅台酒的销售均价如图 6 所示，在此期间销售均价为 1.155 百万元/吨。

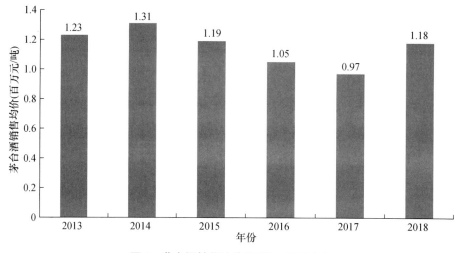

图 6　茅台酒销售均价 (2013—2018 年)

  茅台酒超高毛利率的另一个原因是较低的生产成本。公司的经营模式为：采购原料—生产产品—销售产品；原料采购根据公司生产和销售计划进行；产品生产工艺流程为：制曲—制酒—贮存—勾兑—包装；销售模式为：以扁平化的区域经销为主，公司直销为辅。2013—2018年，茅台酒营业成本占营业收入比重的平均值为 8.35%，如图 7 所示。

  如何分析影响产品毛利率的主要因素？其中一条主线是根据哈佛商学院著名教授迈克尔·波特提出的五力模型进行分析。五力模型要表达的意思是，企业在市场上，任何时候都存在五种力量的角逐，企业产品最终的定价取决于这五种力量的平衡。这五种力量如图 8 所示。

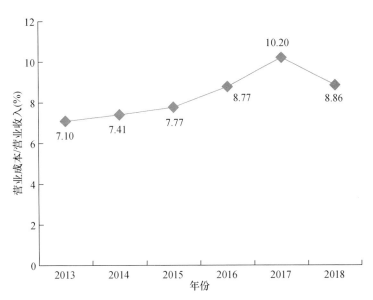

图7　茅台酒营业成本占营业收入比重变动趋势(2013—2018年)

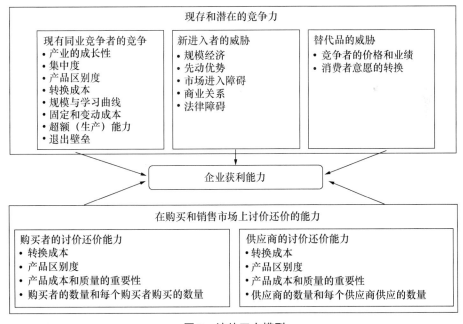

图8　波特五力模型

在通常情况下,企业的毛利率既体现了与购买者及供应商的讨价还价能力,又体现了相较于竞争者的比较优势,还体现了与新进入者及替代品生产商之间力量的平衡关系。因此,毛利率对一家企业来说,代表了企业的竞争能力与结果,隐含了企业的技术研发能力、议价能力或行业地位、成本管控能力和建立准入门槛的高低等因素。

5. 解：

货币资金分析思维导图如图 1 所示。

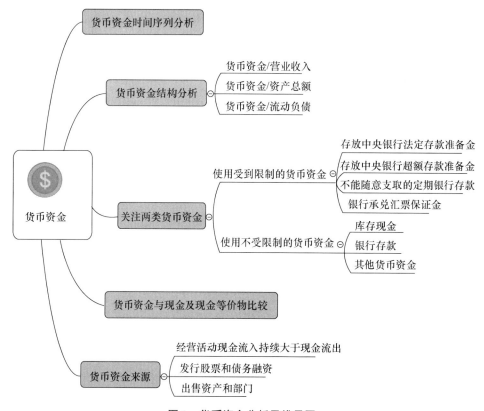

图 1　货币资金分析思维导图

根据货币资金分析思维导图，对茅台货币资金分析如下：

(1) 图 2 描述了 2013—2018 年贵州茅台货币资金及其占比变动趋势。从图 2 中可以看出，2013—2018 年贵州茅台货币资金逐年上升，到 2018 年年末，公司持有的货币资金达到 1 120.75 亿元，比 2017 年增长了 27.55%，这一持有额相当于当年营业收入的 1.4518 倍，当年资产总额的 0.7011 倍，当年流动负债的 2.6409 倍。从分析期来看，2013—2018 年，贵州茅台货币资金均值为 594.16 亿元，相当于营业收入均值的 1.22 倍，资产总额均值的 0.54 倍，流动负债均值的 2.24 倍。一般来说，持有的货币资金越多，公司资产的流动性越好，支付能力越强，但也会带来一定的机会成本。从贵州茅台的利润表中可知，公司各年的利息收入很少，这在一定程度上表明公司并未有效地利用闲置资金，例如购买理财产品或进行短期投资。

(2) 根据贵州茅台 2018 年年报附注，受限制资金占货币资金的比例为 12.34%，如表 1 所示。这一比值表明，贵州茅台 2018 年年末持有的货币资金大部分都是可以随时使用的，这意味着公司资产的流动性较强。

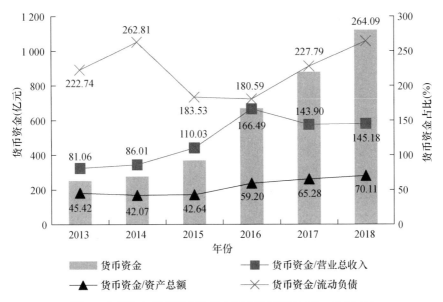

图 2　贵州茅台货币资金及其占比变动趋势(2013—2018 年)

资料来源：Wind 金融数据库。

表 1　贵州茅台货币资金附注(2018 年年报)　　　　　　　　金额单位：万元

项目	金额
现金	1.06
银行存款	11 207 478.09
其中：存放中央银行法定存款准备金	663 150.31
存放中央银行超额存款准备金	18 587.94
其他货币资金	0.00
合计	11 207 479.15
使用受到限制的货币资金	
存放中央银行法定存款准备金	663 150.31
不能随时支取的定期银行存款	720 000.00
银行承兑汇票保证金	0.00
合计	1 383 150.31
受限制资金占货币资金比例	12.34%

此外，还需要关注的是资产负债表中"货币资金"项目与期末现金及现金等价物余额两者是否存在差额，若存在差额则表明公司有不可随时变现的货币资金，两者差额悬殊的话则需要特别留意，在计算偿债能力指标时需扣除。

（3）图 3 描述了 2013—2018 年贵州茅台期末货币资金与现金及现金等价物的变动趋势。从图 3 中可以看出，2013—2018 年，两者的变动趋势基本一致，2013—2015 年两者差距非常小，2016—2018 年两者呈现一定的差距，表明贵州茅台货币资金中限制性情况呈上升趋势。

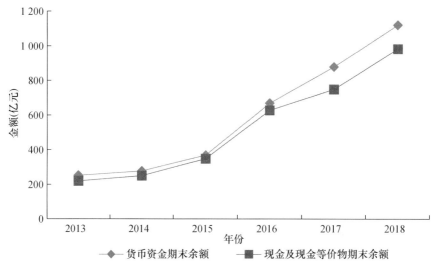

图 3　贵州茅台期末货币资金与现金及现金等价物金额变动趋势（2013—2018 年）

如果期末货币资金与现金及现金等价物余额差距较小，那么根据现金流量表，分析现金净流量的变动也可以说明货币资金的来源。图 4 描述了 2013—2018 年贵州茅台不同现金流入量占现金流入量总额的比率。从图 4 中可以看出，2013—2018 年，贵州茅台经营活动现金流入量占现金流入量总额的均值为 99.49%，投资活动现金流入量占现金流入量总额的均值为 0.45%，筹资活动现金流入量占现金流入量总额的均值仅为 0.06%。这表明贵州茅台的现金流量充沛，质量较高。

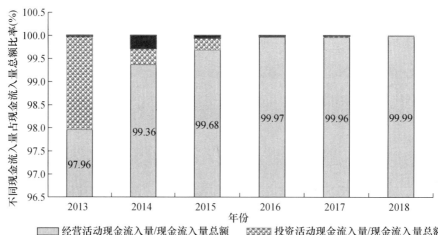

图 4　贵州茅台不同现金流入量占现金流入量总额比率（2013—2018 年）

（4）图 5 描述了 2013—2018 年贵州茅台负债比率变动趋势。从图 5 中可以看出，2013—2018 年，贵州茅台的负债几乎全部为流动负债，在此期间流动负债/负债总额的均值为 99.92%，资产负债率的均值为 24.62%。这表明贵州茅台的财务风险较小。

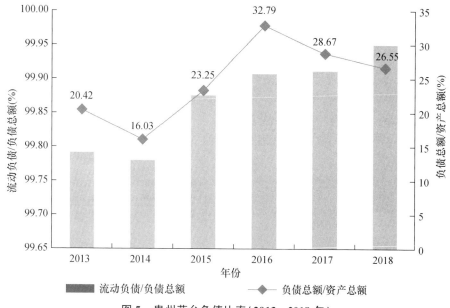

图 5　贵州茅台负债比率（2013—2018 年）

五、案例分析题

财务报表分析思维导图可以帮助分析者更快地掌握三张财务报表分析的要点。对格力电器财务报表进行分析，主要采用时间序列分析、结构分析、比率分析、因素分析及同业比较分析等。财务报表分析思维导图如图 1 所示。

（1）利润表分析。利润表分析主要关注三个因素：收入、成本、利润。

营业收入及收入结构分析

利润表中最重要的项目是收入，这是公司赖以生存的基础，也是利润的来源。在收入分析中，主要关注主营业务收入、收入结构、收入增长率。

图 2 描述了格力电器分析期营业总收入及增长率的时间序列分布。从图 2 中可知，格力电器营业总收入整体上呈 V 形变化。由于空调行业易受到天气等不确定性因素的影响，叠加房地产行业的调控周期，2014 年之后，渠道的库存逐步累积。2015 年，格力电器与行业一起迎来了较为痛苦的去库存周期，当年格力电器的收入下滑 28.17%，直到 2017 年因房地产行业复苏及炎夏才重回增长趋势。2010—2019 年，格力电器营业总收入年均增长率为 18.75%，复合增长率为 14.18%。从近两年来看，公司 2018 年营业总收入为 2 000.24 亿元，比 2017 年增长了 33.33%，但 2019 年营业总收入比 2018 年仅增长了 0.24%。

格力电器的收入到底是如何构成的？又是哪块业务主要推动其增长的？根据利润表，格力电器主营业务主要分为空调、小家电、智能装备、其他主营业务、其他业务五大块。2010—2019 年，按 10 年平均值计算，在五项主营业务中，空调业务占比高达 81.58%，如图 3 所示。

通过对格力电器年报数据进行整理可以发现，2010—2019 年，公司空调业务以年复合增长率 10.8% 快速增长，这表明格力电器收入增长主要是靠空调业务拉动的。

根据格力电器 2020 年年报，2019 年格力电器上榜《财富》世界 500 强，居榜单第 414 位，在上榜的 129 家中国公司中，格力电器的净资产收益率（ROE）第一；根据《暖通空调资讯》发

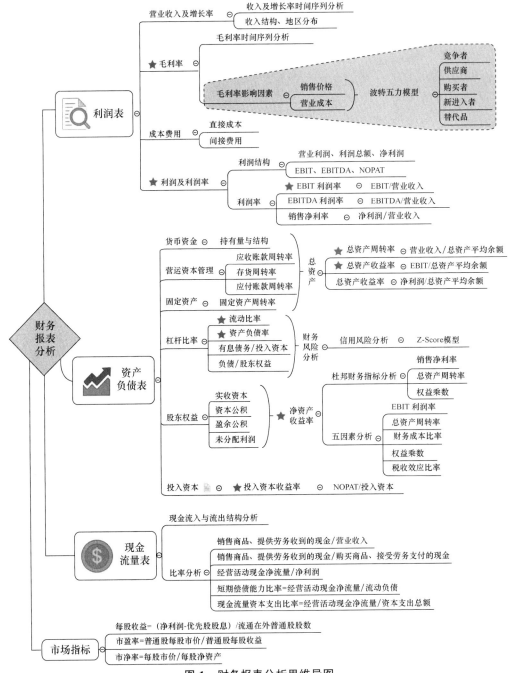

图 1 财务报表分析思维导图

布的数据,格力中央空调以 14.7% 的市场占有率稳居行业龙头地位,实现国内市场"八连冠";根据奥维云网市场数据,2019 年格力电器在中国家用空调线下市场中份额位列第一,零售额占比 36.83%,在家用空调机型线下市场零售额前二十中,格力电器产品有 12 个,占比达 60%;根据日本经济新闻社 2019 年发布的数据,格力电器以 20.6% 的全球市场占有率位列家用空调领域榜首。

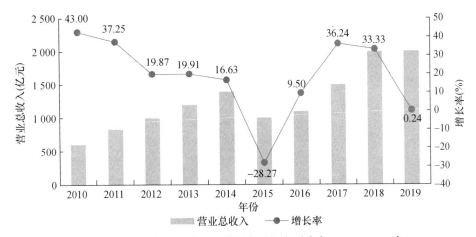

图 2　格力电器营业总收入及增长率时间序列分布（2010—2019 年）

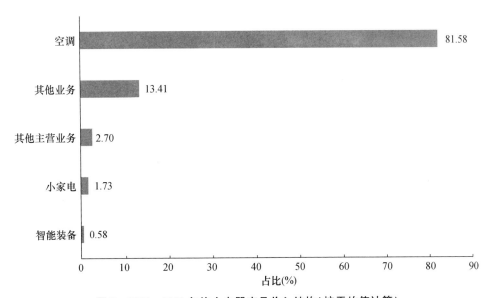

图 3　2010—2019 年格力电器产品收入结构（按平均值计算）

从收入的地区分布来看，2010—2019 年，格力电器主营业务收入内销占比为 73.86%，外销占比为 12.73%，其他业务占比为 13.41%，如图 4 所示。为便于比较，图 4 还列示了美的集团营业收入的地区分布。2010—2019 年，美的集团主营业务收入内销和外销的占比分别为 54.89%、40.88%。相比美的集团外销比例，格力电器整体外销比例偏低。

从海外生产基地布局来看，截至 2018 年 12 月，美的集团在越南、白俄罗斯、埃及、巴西、阿根廷、印度、日本等国家共有 15 个生产基地，而格力电器的生产基地主要在巴西和巴基斯坦。根据格力电器 2018 年年报，公司产品已远销 160 多个国家和地区。2018 年，格力电器在北美推出超低温制热全系列产品，在欧盟推出环保冷媒 R32 U Match 和 R32 多功能热水器等一系列拳头产品。

根据格力电器 2020 年年报，2019 年格力电器先后中标毛里求斯体育馆、马尔代夫外交部办公楼、加蓬国民会议中心、斯里兰卡变电站、尼泊尔博卡拉机场等大型工程，同时也协助当

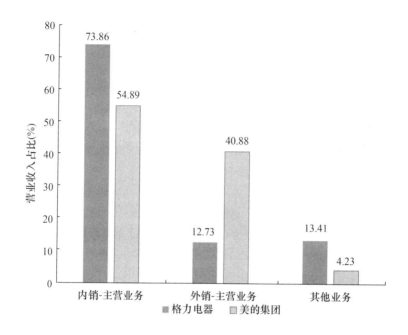

图 4　格力电器、美的集团营业收入地区分布（2010—2019 年）

地政府进行库克岛档案馆、纽埃议会大楼、纽埃机场等援助项目。同时，格力电器在海外市场继续坚持高端引领策略，品牌影响力持续扩大。未来，格力电器将继续加强海外战略规划和全球市场整体布局，坚持以自主品牌为中心，进行新发展模式的探索；保持对海外品牌建设的长期投入，将格力制造、技术、文化真正扎根于世界各个角落，实现品牌、文化、管理经验等软实力的输出；做好业务整合、品牌建设、渠道布局及产业链协同，健全海外全价值链。综上可以看出，格力电器的产品有非常强大的市场竞争力，但公司的业务仍以本土为主，海外市场所占份额仍较低，在国际市场上的竞争力还需要加强。

如果不考虑并购式的增长，公司收入的增长通常有三种途径，即潜在需求增长、市场份额扩大和价格提升。其中，潜在需求增长在行业内不会产生受损者（仅受益程度不同），不会遭遇反击，增长的可靠性最高；市场份额扩大是以竞争对手受损为代价的，势必遭受竞争对手的反击，因而需要评估竞争对手的反击力度及反击下增长的可持续性；价格提升是以客户付出更多为代价的，可能迫使客户减少消费或寻找替代品，需要评估消费的替代性强弱。此外，需要根据波特的五力模型，分析供应商的讨价还价能力、购买者的讨价还价能力、新进入者的威胁、替代品的威胁、同业竞争者的竞争。从竞争战略的视角，分析格力电器营业收入增长的原因。

在分析中，不仅要看营业收入绝对数的增长，还要看增速是否高于行业平均水平。只有营业收入增速高于行业平均增速，才能证明公司市场份额在扩大，证明公司是行业中的强者；反之，营业收入萎缩、持平或增速低于行业平均增幅，都表明公司的市场份额在缩小。

主营产品毛利及毛利率分析

图 5 描述了格力电器分析期营业收入及毛利率的时间序列分布。从图 5 中可以看出，2010—2019 年，格力电器全部产品毛利率最高为 36.10%，最低为 18.07%，平均值为

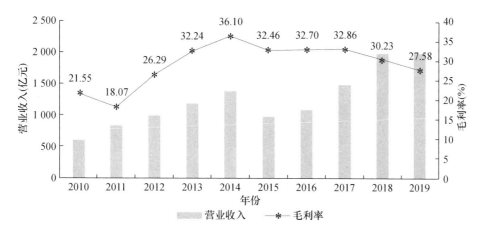

图5　格力电器营业收入及毛利率时间序列分布(2010—2019年)

装备、其他业务、其他主营业务的毛利率10年间的平均值分别为32.81%、19.88%、6.09%、19.37%、9.56%。这表明格力电器的利润大部分是由空调业务创造的。

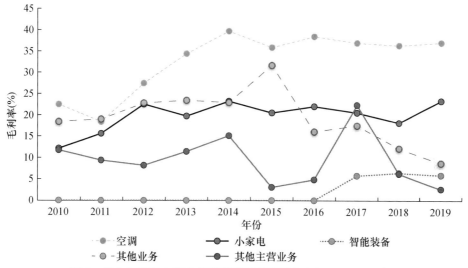

图6　格力电器各主营业务毛利率时间序列分布(2010—2019年)

毛利率是衡量公司产品差异化程度或竞争优势的重要指标。通常来说,公司的产品在市场中竞争优势越明显,产品所能获得的市场溢价就越高,这种高溢价反映到公司财务指标上就是较高的毛利率。提高毛利率的途径主要有两个:提高产品价格和降低产品成本,前者来自产品的品牌、质量,后者取决于公司的经营情况和竞争优势。如果公司具有持续竞争优势,其毛利率就处在较高的水平,公司就可以对其产品或服务自由定价,让售价远远高于其产品或服务本身的成本。如果公司缺乏持续竞争优势,其毛利率就处在较低的水平,公司就只能根据产品或服务的成本来定价,赚取微薄的利润。

图7列示了格力电器、美的集团分析期毛利率的时间序列分布。从整体上看,2010—2019年,格力电器和美的集团产品毛利率的平均值分别为29.86%、24.59%,相差5.27%。如果分产品进行分析,就会发现格力空调的毛利率高于美的空调的毛利率,由此表明格力空

调的竞争力强于美的空调,这个"核心科技"带来的毛利率不止 5%。当然在小家电领域,美的集团无论是规模还是毛利率都高于格力电器,这也是在小家电领域美的集团得以称王的表现。

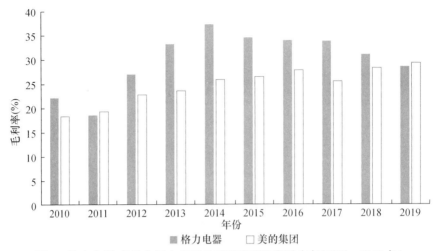

图 7　格力电器、美的集团全部产品毛利率时间序列分布(2010—2019 年)

在毛利率的分析上,还可以按地域、季度等进行,从数据背后得出公司产品竞争力(毛利率)变动、公司收入变动(各产品收入的占比及毛利率变动)的驱动因素等问题,只有了解了这些情况,才能够对公司未来的发展有更准确的展望。除了从财务报表数据分析毛利率外,还要从公司经营活动、行业竞争态势等方面分析影响毛利率的因素。一般来说,本行业及其上、下游行业构成了整个产业链,上游是供应商,下游是客户,本行业在产业链中的地位决定了是否具有足够的议价能力。如果上、下游属于充分竞争市场,公司数量众多且规模较小,那么在这种情况下,本行业地位越强势,越有可能享受较高的毛利率。

成本费用分析

图 8 描述了格力电器和美的集团分析期收入成本率(营业总成本/营业总收入)的时间序列分布。从图 8 中可以看出,在两家公司中,格力电器的收入成本率 10 年平均值为 70.14%,美的集团这一比率的平均值为 75.41%,这一差额刚好是两家公司毛利率之差,但两家公司收入成本率的差异在逐渐缩小。

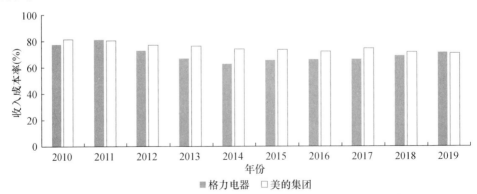

图 8　格力电器、美的集团收入成本率时间序列分布(2010—2019 年)

一般来说,制造业的营业成本是由料、工、费三项构成的。根据格力电器 2020 年年报,格力电器营业成本主要由原材料构成,如图9所示。2018年和2019年,格力电器原材料占营业成本的比率分别为87.23%、86.66%,人工工资、折旧、能源等占比都比较低。因此,原材料成本是分析营业成本的关键因素,可进一步结合供应链、技术水平、生产工艺等方面进行详细分析。

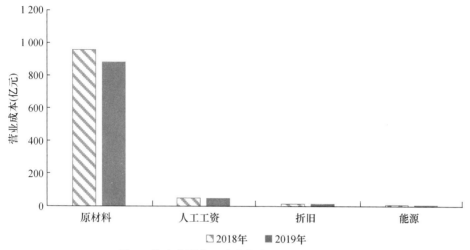

图 9　格力电器营业成本构成(2018—2019年)

图10描述了格力电器分析期三项费用的时间序列分布。从三项费用构成来看,2010—2019年,格力电器的三项费用主要由销售费用构成且波动幅度较大,管理费用变动较为平稳,财务费用均为负数(利息收入大于利息支出)。

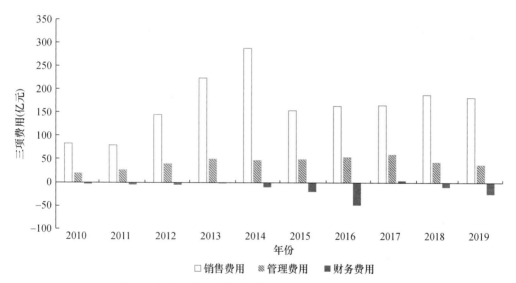

图 10　格力电器三项费用时间序列分布(2010—2019年)

图11描述了格力电器分析期三项费用占营业总收入比率、三项费用占销售毛利比率的时间序列分布。从图11中可以看出,三项费用占营业总收入比率、三项费用占销售毛利比率总体上呈下降趋势。

在计算费用率时,如果利润表中财务费用是正数(利息收支相抵后,是净支出),就把它和销售费用、管理费用加总计算费用率;如果财务费用是负数(利息收支相抵后,是净收入),就

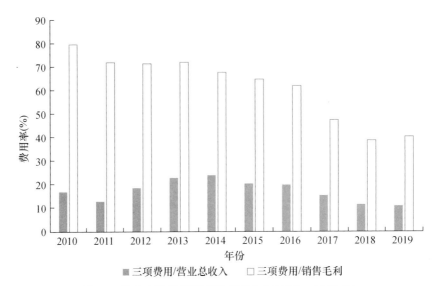

图11 格力电器费用率时间序列分布(2010—2019年)

只用(销售费用+管理费用)÷营业总收入计算费用率。本例中的费用率主要指销售费用和管理费用占营业总收入的比率。

为了扣除生产成本的影响,也可以分析三项费用占毛利的比率。如果三项费用能够控制在毛利的30%以内,就算是优秀的公司了;在30%—70%,仍然是具有一定竞争优势的公司;如果超过毛利的70%,则通常而言,公司关注价值不大。根据格力电器年报数据,2010—2019年,公司三项费用占营业总收入比率的均值为17.43%、三项费用占毛利比率的均值为61.70%。

在费用分析中要注意以下两个问题:

第一,销售费用比较高的公司,产品或服务自身没有"拉力",必须依靠营销的"推力"才能完成销售。特别是在公司扩张过程中,不仅需要扩大产品或服务的生产能力,同时还需要不断配套新的团队、资金和促销方案。这对公司的管理能力边界要求极高,稍有不慎,公司可能就会在规模最大时暴露出系统性问题,导致严重后果。而销售费用比较低的公司,通常其产品或服务本身容易引起购买者的重复购买,甚至是自发分享、传播。就格力电器而言,1997年,为了整合各方资源,消除空调业的价格"内斗",格力电器创立了"区域性销售公司"模式,统一销售网络,统一批发价格对外供货,从而不但保护了良好的品牌形象,还有效地提高了市场占有率。

第二,管理费用增长通常应该等于或小于营业收入增长。如果出现大于营业收入增幅的变化,分析者就需要查明或挖掘究竟是什么发生了变化,尤其注意已经连续出现小额净利润的公司。

利润结构及利润率分析

图12描述了格力电器分析期营业利润、利润总额、净利润的时间序列分布。从图12中可以看出,2010—2019年,格力电器各年营业利润(经营活动创造)、利润总额(经营活动和非经营活动创造)、净利润(扣除所得税、其他非经常性损益等)的差异较小,这表明格力电器的

利润主要是由经营活动创造的,非经营活动损益、非经常性损益的份额较少,格力电器的盈利质量相对较高。

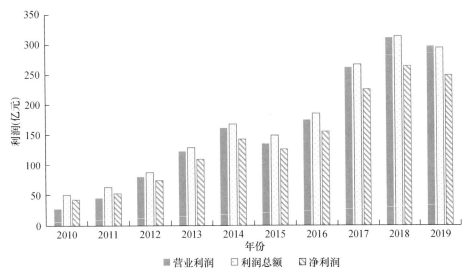

图 12　格力电器利润时间序列分布(2010—2019 年)

图 13 描述了格力电器分析期营业利润、净利润和营业总收入各年增长率的时间序列分布。从图 13 中可以看出,2010—2019 年,格力电器营业总收入平均增长率为 18.79%,营业利润、净利润平均增长率分别为 29.54% 和 25.55%。利润的增长率均大于收入的增长率,表明公司的成本费用增长率相对较低。从整体来看,格力电器利润和收入增长率的变动趋势基本一致。

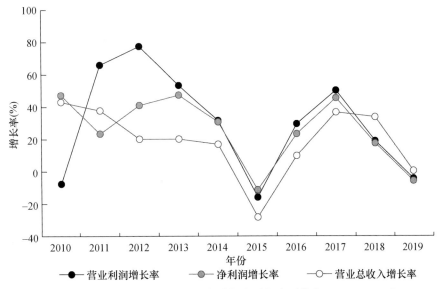

图 13　格力电器营业总收入与利润增长率时间序列分布(2010—2019 年)

为了计算利润率指标,还需要息税前利润(EBIT)、息税折旧摊销前利润(EBITDA)。

EBIT与净利润的主要区别在于,剔除了资本结构和所得税政策的影响。如此,同一行业中的不同公司之间,无论所在地的所得税税率有多大差异,或是资本结构有多大差异,都能够通过EBIT指标更为准确地比较盈利能力。而同一公司在分析不同时期的盈利能力变化时,使用EBIT也较净利润更具可比性。

EBITDA主要用于衡量公司主营业务产生现金流的能力。EBITDA剔除摊销和折旧,是因为摊销中包含的是以前会计期间取得无形资产时支付的成本,并非投资人更关注的当期的现金支出;折旧本身是对过去资本支出的间接度量,将折旧从利润计算中剔除后,投资者能更方便地关注对未来资本支出的估计,而非过去的沉没成本。

表1列示了格力电器分析期EBIT和EBITDA的计算过程。本例中直接从利润表中的营业利润开始,加上与经营活动无关的费用或损失,减去与经营活动无关的投资收益等,计算EBIT。在EBIT的基础上,加上固定资产折旧、无形资产摊销、长期待摊费用摊销等,计算EBITDA。

表1 格力电器EBIT和EBITDA(2010—2019年)   单位:亿元

项目	2010年	2011年	2012年	2013年	2014年	2015年	2016年	2017年	2018年	2019年
营业利润	27.47	45.42	80.26	122.63	160.89	135.16	174.56	261.27	309.97	296.05
加:财务费用	-3.09	-4.53	-4.61	-1.37	-9.42	-19.29	-48.46	4.31	-9.48	-24.27
资产减值损失	1.00	-0.21	0.66	1.92	3.98	0.86	-0.01	2.64	2.62	11.22
减:公允价值变动净收益	0.69	-0.58	2.47	9.91	-13.82	-10.10	10.93	0.09	0.46	2.28
投资净收益	0.62	0.91	-0.20	7.17	7.24	0.97	-22.21	3.97	1.07	-2.27
资产处置收益	0.00	0.00	0.00	0.00	0.00	0.00	0.00	-0.01	0.01	0.05
其他类金融业务利息净收入	3.11	3.44	5.63	9.23	15.45	21.66	17.17	15.37	18.55	22.44
EBIT	20.96	36.91	68.41	96.87	146.58	104.20	120.20	248.80	283.02	260.50
加:固定资产折旧	4.29	5.83	8.83	11.46	12.76	12.45	17.35	19.48	28.60	29.77
无形资产摊销	0.15	0.31	0.69	0.49	0.55	0.59	0.73	0.85	2.50	2.16
长期待摊费用摊销	0.05	0.19	0.27	0.35	0.26	0.14	0.09	0.00	0.01	0.02
EBITDA	25.45	43.24	78.20	109.17	160.15	117.38	138.37	269.13	314.13	292.45

从表1中可以看出,格力电器分析期的EBIT和EBITDA总体呈上升趋势,10年间的复合增长率分别为32.31%和31.17%,这表明格力电器主营业务的盈利能力较强。

通过对EBIT、EBITDA和净利润三个指标进行比较可以发现,EBIT与EBITDA没有包含公司非经营业务的利得和损失,也没有包含优先股股息和税收;而净利润将计算这些项目(作为加减项)。公司股东通常更重视净利润指标,因为净利润既可用于发放现金红利,又可留存公司用于扩大再生产;债权人和政府更关注EBIT、EBITDA指标,因为它们能够反映公司的总体价值。

表2列示了格力电器分析期税后净经营利润(NOPAT)的计算过程。从表2中可以看出,NOPAT呈逐年上升趋势,10年间的复合增长率为21.73%。

表 2　格力电器 NOPAT(2010—2019 年)　　　　　　　　　　金额单位:亿元

项目	2010年	2011年	2012年	2013年	2014年	2015年	2016年	2017年	2018年	2019年
净利润	43.03	52.97	74.46	109.36	142.53	126.24	155.25	225.09	263.79	248.27
减:税后非经常性损益	2.49	1.31	3.84	19.63	0.10	2.19	-1.80	12.31	6.22	5.25
加:税后利息	-2.63	-3.79	-3.92	-1.16	-8.01	-16.33	-40.60	3.64	-8.00	-20.53
所得税税率	14.89%	16.29%	15.03%	15.17%	14.92%	15.33%	16.23%	15.44%	15.65%	15.42%
NOPAT	37.91	47.87	66.70	88.57	134.42	107.72	116.45	216.42	249.57	222.49

图 14 描述了格力电器分析期以利润表为基础计算的利润率指标的时间序列分布。从图 14 中可以看出,2010—2019 年,三种利润率的平均值分别为 9.82%、11.83%、10.74%;息税前利润率(除 2014—2016 年)与其他两个指标总体上呈上升趋势且变动趋势基本一致,这表明格力电器在此期间的盈利水平较为稳定。从变动幅度来看,息税前利润率的波动率稍高于其他两个利润率的波动率。

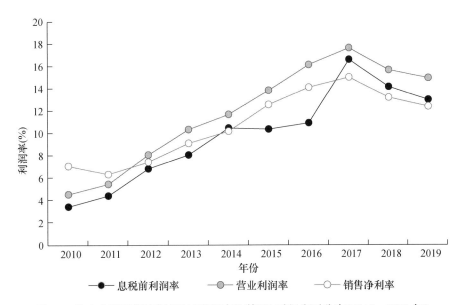

图 14　格力电器利润率指标(以利润表为基础)时间序列分布(2010—2019 年)

图 15 描述了格力电器分析期以利润表和资产负债表为基础计算的利润率指标的时间序列分布。从图 15 中可以看出,2010—2019 年,总资产收益率、净资产收益率、投入资本收益率的平均值分别为 8.17%、32.13% 和 28.10%;总资产收益率呈缓慢上升,但净资产收益率和投入资本收益率呈下降趋势,特别是在 2014—2015 年、2017—2019 年间净资产收益率和投入资本收益率下降幅度较大。

表 3 列示了格力电器分析期净资产收益率的五因素时间序列分布。其中,息税前利润率和总资产周转率两个因素主要与经营活动有关。在此期间,息税前利润率在 3.45% 至 16.58% 之间变动,总体呈上升趋势;总资产周转率在 0.633 至 1.108 之间变动;反映举债影响的税前利润/EBIT,其变化趋势较为平稳,但权益乘数呈下降趋势;此外,反映税收影响的净利润/税前利润变化幅度很小,这表明在分析期税收的影响很小。

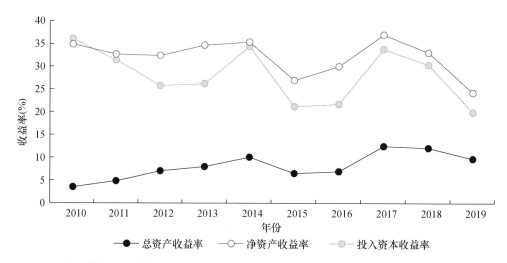

图 15　格力电器利润率指标(以利润表和资产负债表为基础)时间序列分布(2010—2019 年)

表 3　净资产收益率五因素分析

项目	2010 年	2011 年	2012 年	2013 年	2014 年	2015 年	2016 年	2017 年	2018 年	2019 年
息税前利润率(%)	3.45	4.42	6.83	8.07	10.47	10.36	10.92	16.58	14.15	12.99
总资产周转率	1.038	1.108	1.039	0.995	0.966	0.633	0.640	0.755	0.858	0.751
总资产收益率(%)	3.58	4.89	7.10	8.03	10.11	6.56	6.99	12.52	12.14	9.76
税前利润/EBIT	2.412	1.715	1.281	1.331	1.143	1.431	1.542	1.070	1.105	1.127
权益乘数	4.749	4.656	4.195	3.827	3.597	3.393	3.325	3.263	2.922	2.609
净利润/税前利润	0.851	0.837	0.850	0.848	0.851	0.847	0.838	0.846	0.843	0.846
净资产收益率(%)	34.90	32.75	32.43	34.69	35.37	26.98	30.03	36.98	33.04	24.28

格力电器净资产收益率的杜邦分析,可参阅主教材图 2-3 所示。

综上所述,2010—2019 年,格力电器利润表的特点如下:① 利润(营业利润、利润总额、净利润)增长率大于收入增长率。② 营业总成本增长率小于营业总收入增长率,从而使毛利率增长率大于营业总收入增长率,且毛利率处于同行业较高水平。③ 从费用构成来看,公司的费用主要由销售费用构成,且 2010—2019 年的波动幅度较大,这可能与格力电器的营销策略有关。④ 公司利润主要来源于营业利润,投资收益、营业外收入对公司净利润贡献极少。⑤ 格力电器产品的市场竞争力较强,但公司的业务仍以本土为主,海外市场所占份额较小,在国际市场上的竞争力还需加强。

(2) 资产负债表分析。如果说利润表描述的是收入、成本、利润三大要素,那么资产负债表描述的就是资产、负债、股东权益三大要素。这六大要素的关系可描述为:

期末资产=(期末负债+期初股东权益)+(收入－费用)=(期末负债+期初股东权益)+利润

这个等式说明,公司创造的利润最终归属于公司的所有者,股东是公司剩余收益的索取者。因此,在资产负债表分析中,不仅要单独分析资产、负债和股东权益,还要将资产负债表和利润表相结合,分析资产运营效率,衡量股东财富的增加。在指标量化上,最终反映为净资产收益率的大小。

资产负债表分析主要关注资产结构、运营效率、偿债风险、股东收益。从资产负债视角分析股东收益,主要是分析公司的总资产收益率、净资产收益率和投入资本收益率,有关的分析见利润表分析。

资产结构分析

从公司规模来看,格力电器的资产总额从 2010 年的 656.04 亿元上升到 2019 年的 2 829.72 亿元,复合增长率为 17.63%。与一般制造业不同,格力电器的资产构成以流动资产为主,在流动资产中,货币资金占有较大比重。格力电器分析期主要资产项目占资产总额的比重如表 4 所示。

表 4　格力电器主要资产项目占资产总额的比重(2010—2019 年)　　　　　单位:%

项目	2010 年	2011 年	2012 年	2013 年	2014 年	2015 年	2016 年	2017 年	2018 年	2019 年
货币资金	23.12	18.82	26.91	28.83	34.91	54.93	52.43	46.34	45.01	44.32
应收账款(票据)	35.45	40.95	33.25	36.01	34.02	10.98	18.05	17.71	17.36	12.98
存货	17.62	20.54	16.02	9.82	5.50	5.86	4.95	7.71	7.97	8.51
流动资产	83.12	84.21	79.10	77.59	76.90	74.80	78.36	79.80	79.49	75.40
固定资产	8.43	9.05	11.81	10.50	9.57	9.56	9.72	8.13	7.32	6.76

根据表 4 的数据,在分析期,格力电器货币资金占资产总额的比重 10 年间平均值为 37.56%,这意味着公司总资产中货币资金占 1/3 以上;应收账款(票据)占资产总额的比重 10 年间平均值为 25.68%;存货占资产总额的比重 10 年间平均值为 10.45%;流动资产占资产总额的比重 10 年间最大值为 84.12%,最小值为 74.80%,平均值为 78.88%;固定资产占资产总额的比重 10 年间平均值为 9.09%。从资产结构来看,格力电器 74% 以上的资产由流动资产构成,这表明公司是一家轻资产型制造业企业。

货币资金分析

货币资金主要从两个方面进行分析:货币资金时间序列分布和货币资金与现金及现金等价物的关系。图 16 描述了格力电器分析期货币资金及其占比的时间序列分布。从图 16 中可以看出,2010—2019 年,格力电器期末货币资金呈上升趋势,年复合增长率为 26.46%;货币资金与营业总收入之比的年平均值为 50.48%,货币资金与资产总额之比的年平均值为 37.56%,两个比率的变动趋势基本一致。

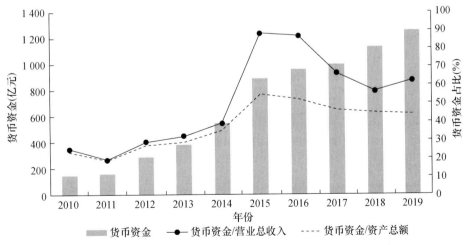

图 16　格力电器货币资金及其占比时间序列分布(2010—2019 年)

2019 年年末,格力电器货币资金余额为 1 254.01 亿元,货币资金与营业总收入之比为

62.54%,货币资金与资产总额之比为44.32%,这表明公司的货币资金较为充裕。然而,公司为什么还需要159.44亿元左右的短期借款呢?其原因可能是:第一,格力电器货币资金存在部分限制性情况,根据报表附注,在货币资金中有133.29亿元使用受到限制的存款(其中法定存款准备金有近30.14亿元,票据和信用证等保证金超过103.15亿元),不属于现金及现金等价物范畴的定期存款有856.99亿元。期末可自由支配的货币资金仅有263.73亿元,但这一数额大于年末短期借款,意味着公司的现金偿债能力较强。第二,格力电器通过集权化管理,利用母公司融资能力强的优势,将自身作为融资平台通过短期借款为子公司提供资金支持。

图17描述了格力电器分析期货币资金与现金及现金等价物的时间序列分布。从图17中可以看到,2010—2015年,两者的变动趋势基本一致,且差距较小;2015年后现金及现金等价物呈下降趋势,2017年后有所回升,但两者的差距仍然较大,这表明格力电器货币资金中限制性情况呈上升趋势。以2019年为例,2019年年末,格力电器货币资金与现金及现金等价物的关系为:

期末现金及现金等价物余额

= 货币资金 − 使用受到限制的存款

− 不属于现金及现金等价物范畴的定期存款 + 其他现金等价物

= 1 254.01 − 133.29 − 856.99 + 0 = 263.73(亿元)

期末货币资金与现金及现金等价物的差额为990.28亿元,这意味着格力电器在货币资金中有78.97%(=990.28/1 254.01)的资金为不能随时使用的资金。

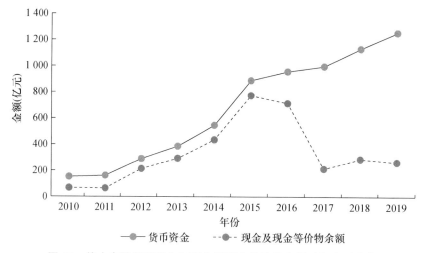

图17 格力电器货币资金与现金及现金等价物余额时间序列分布

经营性营运资本分析

经营性营运资本反映了公司为满足经营需要投入的垫支的增量资本,等于经营性流动资产与经营性流动负债之间的差额。经营性流动资产主要有应收账款(票据)、预付账款、存货;经营性流动负债主要有应付账款(票据)、预收账款等。

第一,应收账款(票据)与预收款项分析。图18描述了格力电器分析期应收账款、应收票据(包括应收账款融资)、预收款项的时间序列分布。从图18中可以看出,2010—2019年,格力电器应收票据远远高于应收账款,假设2019年公司的应收账款融资视为应收票据,则10

年间应收票据平均值相当于应收账款平均值的 89.11 倍。以 2019 年为例,与过千亿元的销售额相比,格力电器只有 85.13 亿元的应收账款,却有 282.26 亿元的应收账款融资(从应收票据转化),并且绝大多数为银行承兑票据。这说明了什么? 一般而言,应收票据的安全性远远大于应收账款,尤其是银行承兑票据,到期后银行会无条件兑付,坏账风险微乎其微,从而保证了公司的预期效益。此外,格力电器在 2019 年还有 82.26 亿元的预收款项,说明了格力产品的畅销性,公司对市场的控制力是很强的,下游客户不预付货款就拿不到货。这表明格力电器的资产构成是较为健康的。

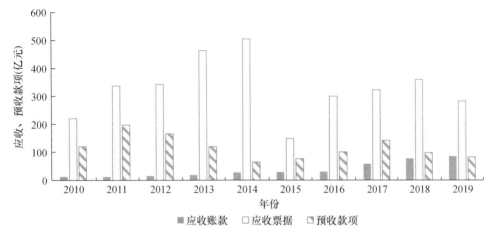

图 18　格力电器应收、预收款项时间序列分布(2010—2019 年)

图 19 描述了格力电器分析期应收账款(票据)与营业总收入及其比率的时间序列分布。从应收账款(票据)/营业总收入来看,应收账款(票据)占营业总收入的比重越低,说明公司对下游公司的议价能力越强。2010—2019 年,格力电器这一比率的平均值为 31.68%,从整体上看呈下降趋势,但在 2018 年又开始上升。从增长率指标来看,2010—2019 年,格力电器应收账款(票据)平均增长率为 29.34%,营业总收入平均增长率为 18.75%。收入增长率略大于应收款项增长率,表明公司收入增长较为合理。

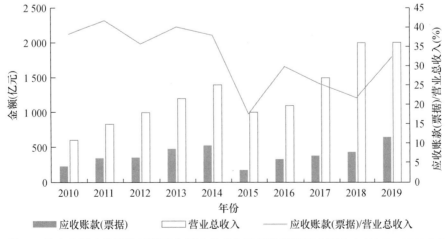

图 19　格力电器应收账款(票据)与营业总收入及其比率时间序列分布(2010—2019 年)

第二,应收账款(票据)与应付账款(票据)议价能力分析。将应收账款(票据)和应付账款(票据)相结合进行分析,包括公司在上下游的议价能力分析;应收账款(票据)的账龄和客户分析,如欠账的客户是集中还是分散,客户有什么特点,是什么原因形成的应收账款(票据),应收账款(票据)坏账准备的计提标准是什么;应收账款(票据)和应付账款(票据)的比例关系分析,一般来说,应收账款(票据)反映了对下游的议价能力,应付账款(票据)反映了对上游的议价能力。应付账款(票据)/应收账款(票据)为议价能力比率,该数值大于1,表示公司整体议价能力较强(该收的都收回来了,该付的却欠着);该数值小于1,可以理解为公司整体议价能力较弱(该收的没收回来,该付的却都付了)。图20描述了格力电器分析期议价能力比率的时间序列分布。从图20中可以看出,2010—2014年公司的应收账款(票据)大于应付账款(票据),2015—2019年公司的应付账款(票据)大于应收账款(票据)。从议价能力分析,2010—2019年,格力电器议价能力比率最大值为1.81,最小值为0.63,平均值为0.97。如果不考虑应收账款融资(即公司应收票据转化为应收账款融资),格力电器2010—2019年议价能力比率平均值为1.13,这表明公司上下游议价能力基本相当。

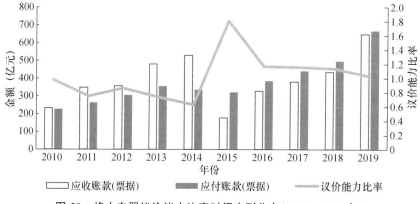

图20 格力电器议价能力比率时间序列分布(2010—2019年)

应收账款和应付账款不仅是资产负债表的两个科目,反映出公司在行业内的竞争力,还是一种创新的商业模式。在现金流为王的年代,选择应收账款低的行业本身就有很大的优势,然而即使是在应收账款低的行业里,公司之间的差异也非常大,不能简单判断出谁最优秀,还需要具体分析。

第三,存货占比分析。图21描述了格力电器分析期存货及其占比的时间序列分布。2010—2019年,格力电器存货平均值为147.18亿元,存货/营业总收入的平均值为12.49%,这一比率整体呈下降趋势。

第四,经营性营运资本周转率与周转天数分析。图22描述了格力电器分析期经营性营运资本周转率指标的时间序列分布。2010—2019年,格力电器应收账款(票据)周转率平均值为3.48次,存货周转率平均值为8.22次,应付账款(票据)周转率平均值为3.08次。从图22中可以看出,存货周转率在分析期波动较大,应收账款(票据)周转率和应付账款(票据)周转率在分析期波动较小。

根据周转率指标可以计算现金周转天数指标,结果如表5所示。

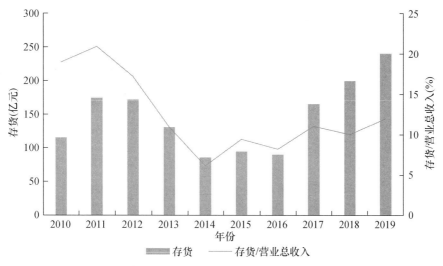

图 21　格力电器存货及其占比时间序列分布(2010—2019 年)

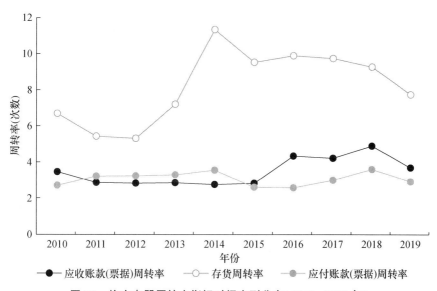

图 22　格力电器周转率指标时间序列分布(2010—2019 年)

表 5　格力电器现金周转天数　　　　　　　　　　　　　　　　　　　　　　单位:天

周转天数	2010 年	2011 年	2012 年	2013 年	2014 年	2015 年	2016 年	2017 年	2018 年	2019 年
应收账款(票据)	105.19	127.18	128.98	127.62	132.25	128.52	83.91	86.29	74.49	98.92
存货	54.48	67.10	68.74	50.62	32.16	38.30	36.87	37.47	39.37	47.16
应付账款(票据)	134.19	113.35	112.65	110.61	102.53	139.85	141.47	121.26	101.39	125.00
现金	25.48	80.93	85.07	67.63	61.88	26.97	-20.69	2.50	12.47	21.08

表中现金周转天数按下式计算:

现金周转天数 = 应收账款(票据)周转天数 + 存货周转天数 - 应付账款(票据)周转天数

根据表 5 的数据,2010—2019 年,格力电器应收账款(票据)周转天数平均值为 109.34

天,存货周转天数平均值为47.23天,应付账款(票据)周转天数平均值为120.23天,现金周转天数平均值为36.33天。根据经营性营运资本的定义,也可以将现金周转天数称为经营性营运资本周转天数。

从理论上说,现金周转天数为零最好,这样不需要动用公司的流动资金就能赚钱。事实上,有一些公司的现金周转天数不仅能做到零甚至能做到负数。假设不考虑应收票据,格力电器的现金周转天数各年几乎为负数,显示了格力电器对经销商和供应商资金的占用能力。这在一定程度上表明,由于现金周转快,格力电器可以做一些短期理财,即使用供应商的钱来赚钱、发展。

固定资产与总资产分析

固定资产是公司现有产能的体现,而在建工程则代表了公司未来产能的提升空间。2010—2019年,格力电器固定资产复合增长率为16.62%,固定资产占营业总收入的比例呈下降趋势,在建工程复合增长率为25.79%。2019年,格力电器的在建工程仅为24.31亿元,固定资产则高达191.22亿元,相当于在建工程的7.87倍。因此可以判断2019年公司收入增长的主要驱动因素只是产品的提价,而不是产能的增加。当然,对于在建工程的具体项目建议结合报表附注进行深入分析。公司无形资产从2010年的10.49亿元增加到2019年的53.06亿元,10年间复合增长率为29.59%。图23描述了格力电器分析期固定资产、在建工程、无形资产及固定资产/营业总收入的时间序列分布。

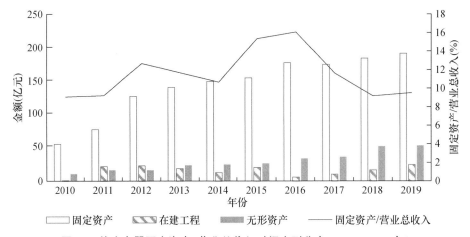

图23 格力电器固定资产/营业总收入时间序列分布(2010—2019年)

图24描述了格力电器分析期固定资产周转率和总资产周转率的时间序列分布。2010—2019年,格力电器固定资产周转率最大值为12.62次,最小值为6.62次,平均值为9.66次,波动较大;总资产周转率最大值为1.11次,最小值为0.63次,平均值为0.89次,波动较小。

固定资产周转率主要用于分析对厂房、设备等固定资产的利用效率,其数值越高,说明固定资产的利用效率越高,管理水平越好。如果固定资产周转率与同行业平均水平相比偏低,则说明公司对固定资产的利用效率较低,从而可能影响公司的获利能力。

一般而言,影响总资产周转率的因素包括公司所处的行业及经营背景、公司经营周期的长短、公司资产的构成及质量、资产的管理力度和公司采取的财务政策等。

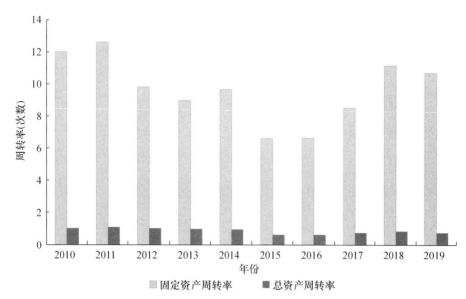

图 24　格力电器固定资产周转率、总资产周转率时间序列分布（2010—2019 年）

从公司所处的行业及经营背景分析。不同的行业有不同的资产占用,例如制造业可能需要占用大量的原材料、在产品、产成品、设备、厂房等,其资产占用量越大,资产周转速度相对越慢;而对于服务业,尤其是劳动密集型和知识密集型的服务业,公司除了人力资源,几乎很少有其他资产,按照当前的会计制度,人力资源没有按照资产进行处理,因此这类公司资产占用量非常小,其资产周转速度较快。公司的经营背景不同,其资产周转也会呈现不同的趋势:在落后传统的经营管理中,资产周转速度一般较慢;在现代经营管理背景下,各种先进的技术手段和理念的运用可有效地提高资产利用效率,加速资产的周转。

从公司经营周期的长短分析。经营周期主要指经营性营运资本周转期或现金周转期,经营性营运资本周期越短,资产流动性越强,在同样的期间内实现的销售次数越多,销售收入的累计额越大,从而资产周转的速度越快。

从公司的资产构成及质量分析。公司资产可以分为流动资产和非流动资产,流动资产的数量和质量决定了公司的流动性,而非流动资产的数量和质量决定了公司的生产经营能力。在一定时间内,固定资产或不良资产比率较高时,往往会造成资产流动性不足、资金积压的现象,从而影响资产周转的速度。

从资产的管理力度和公司采取的财务政策分析。公司资产的管理力度越大,拥有越合理的资产结构和越优良的资产质量,资产周转速度越快,反之则越慢。不同的财务政策会导致资产账面价值的不同。例如,公司采取快速折旧政策可以减少固定资产账面净值,从而提高资产周转速度。又如,公司采取比较宽松的信用政策则会导致应收账款的资产占用增加,资产的周转速度相应变慢。

偿债能力分析

图 25 描述了格力电器分析期短期偿债能力指标的时间序列分布。从图 25 中可以看出,2010—2019 年,格力电器流动比率和速动比率呈小幅上升趋势,且变化趋势基本相同;现金比率先上升后下降,波动较大(最大值为 0.69,最小值为 0.1,平均值为 0.29)。

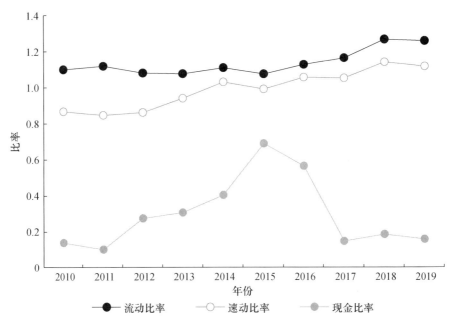

图 25 格力电器短期偿债能力指标时间序列分布（2010—2019 年）

图 26 描述了格力电器分析期应付账款、应付票据、预收账款占流动负债比重的时间序列分布。从图 26 中可以看出，应付账款、应付票据、预收账款占流动负债的比重 2010—2014 年逐渐下降，2014—2019 年比较稳定，波动较小。在商业信用中，构成最多的是应付账款，在分析期，格力电器应付账款/流动负债的平均值为 25.2%，其他两项比率的平均值分别为 10.18% 和 12.97%。整体上看，商业信用占流动负债的比重平均值为 48.35%。

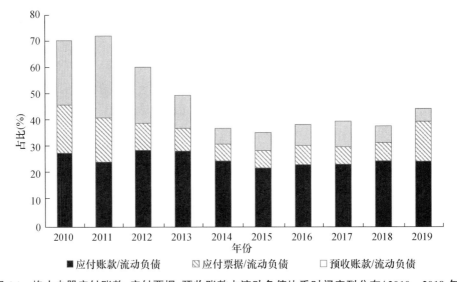

图 26 格力电器应付账款、应付票据、预收账款占流动负债比重时间序列分布（2010—2019 年）

反映公司长期偿债能力的指标主要有债务的期限结构（流动负债/负债总额）、资产负债率（负债总额/资产总额）、有息负债率（有息负债/投入资本），有关指标的时间序列分布如图

27所示。

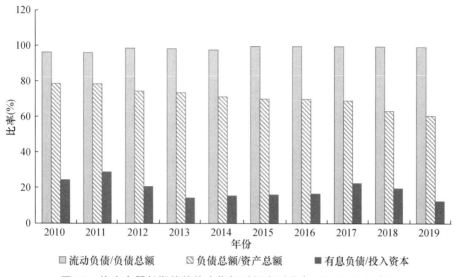

图27　格力电器长期偿债能力指标时间序列分布(2010—2019年)

2010—2019年,格力电器的流动负债/负债总额的平均值为98.4%,这意味着格力电器的负债几乎是流动负债,长期负债占比很小,10年平均不足2%;根据图26,在流动负债中,应付账款、应付票据和预收账款占比几乎达到50%,这表明格力电器的负债构成中商业信用占比较大,即占用下游经销商的资金较多。进一步分析发现,虽然格力电器资产负债率较高,但从有息负债率来看,10年间这一比率平均值仅为19.23%。

此外,资产负债表中股东权益反映了股东对公司控制权和剩余收益索取权的大小。一般来说,实收资本是指投资者对公司投入资本的价值,是公司据以向投资者进行利润或股利分配的主要依据;资本公积反映投入资本本身的增值;盈余公积和未分配利润是公司经营过程中的资本增值,如果公司的留存收益比率大,则意味着公司自我发展的潜力大;股东权益扣除少数股东权益是指归属于母公司所有者的权益。根据格力电器资产负债表,2010—2019年,公司实收资本从28.18亿元上升至60.16亿元,复合增长率为8.79%;资本公积从1.91亿元下降至0.93亿元,复合增长率为-7.69%;盈余公积金从22.36亿元上升至35.00亿元,复合增长率为5.1%;未分配利润从80.30亿元上升至937.95亿元,复合增长率为31.40%。这表明格力电器的股东权益逐年上升。

综上所述,2010—2019年,格力电器资产负债表的特点如下:① 公司资产总额中近80%由流动资产构成;② 货币资金占资产总额的比重超过30%,但货币资金与现金及现金等价物的差额在扩大;③ 应收票据和应收账款合计大于应付账款和应付票据合计,公司对行业上下游的议价能力较强;④ 短期负债金额大、比重高,长期负债和短期负债的比例严重失调。

(3) 现金流量表及信用风险分析。

现金流量结构分析

现金流量表分析主要是分析现金流量及其结构,据此可以了解公司现金的来龙去脉和现金收支构成,评价公司经营状况、创现能力、筹资能力和资金实力。

现金流入量表明公司的现金从哪里来。根据格力电器现金流量表,2010—2019年,公司经营活动现金流入量占全部现金流入量比重的平均值为86.45%,投资活动现金流入量占全部现金流入量比重的平均值为2.67%,筹资活动现金流入量占全部现金流入量比重的平均值为10.88%。一般来说,经营活动现金流入量占全部现金流入量比重大的公司,生产经营状况较好,财务风险较低,现金流入结构较为合理。

现金流出量表明公司的现金用到哪里去了。根据格力电器现金量表,2010—2019年,公司经营活动现金流出量占全部现金流出量比重的平均值为71.26%,投资活动现金流出量占全部现金流出量比重的平均值为13.15%,筹资活动现金流出量占全部现金流出量比重的平均值为13.84%。一般来说,经营活动现金流出量比重大的公司,生产经营状况正常,现金流出结构较为合理。

上述分析表明,格力电器在这一期间的现金流入量和流出量主要来自或用于经营活动。这表明公司自身创现能力较强,财力基础稳固,偿债能力和对外筹资能力较强。

在分析中,还需要关注现金及现金等价物净增加额的构成。一家公司在生产经营正常、投资和筹资规模不变的情况下,现金及现金等价物净增加额越大,公司活力越强。换言之,如果公司的现金及现金等价物净增加额主要来自经营活动产生的现金流量,则可以反映出公司创现能力强,坏账风险小,其营销能力一般比较强;如果公司的现金及现金等价物净增加额主要来自投资活动产生的现金流量,甚至是因处置固定资产、无形资产和其他长期资产而增加的,则可能反映出公司生产经营能力削弱,通过处置非流动资产以缓解资金矛盾,但也可能是公司为了走出困境而调整资产结构;如果公司现金及现金等价物净增加额主要来自筹资活动产生的现金流量,则意味着公司将支付更多的利息或股利,其未来的现金及现金等价物净增加额必须更大,才能满足偿付的需要,否则公司就可能承受较大的财务风险。

从现金流出量分析,如果公司经营活动产生的现金流量净额是正数且数额较大,而公司整体上现金流量净减少主要是构建固定资产、无形资产或其他长期资产引起的,或主要是对外投资引起的,这一般是由于公司进行设备更新或扩大生产能力或投资开拓市场,那么这种现金流量净减少并不意味着公司经营能力不佳,而是意味着公司未来可能有更大的现金流入。如果公司现金流量净减少主要是偿还债务及利息引起的,这就意味着公司未来用于满足偿付需要的现金可能减少,公司财务风险变小,只要公司营销状况正常,公司就不一定走向衰退。当然,短时期内使用过多的现金用于偿债,可能引起公司资金周转困难。

图28描述了格力电器分析期经营活动、投资活动、筹资活动产生的现金流量净额的时间序列分布。从图28中可以看出,公司的现金流量净额主要是经营活动创造的,这表明公司自身创现能力较强,尽管公司可以通过对外筹资等途径取得现金,但公司债务的偿还主要依靠经营活动产生的现金流量。投资活动产生的现金流量净额基本上是负数,特别是2017年由于"支付其他与投资活动有关的现金"数额较大(514.12亿元),导致该年公司现金流量净额出现较大的缺口。

比率分析

经营活动现金流量是现金流量表的核心部分,在分析中把主要关注点放在"销售商品、提供劳务收到的现金"和"经营活动产生的现金流量净额"上即可,主要关注以下比率:

第一,销售商品、提供劳务收到的现金/营业收入。将销售商品、提供劳务收到的现金与营业收入进行比较,可以大致说明公司销售回收现金的情况及公司销售的质量。图29描述了格力电器分析期这一比率的时间序列分布。2010—2019年,这一比率的最大值为1.1030,最小值为0.5849,平均值为0.7078。在应收票据比较多的情况下,可以将销售商品、提供劳务收到

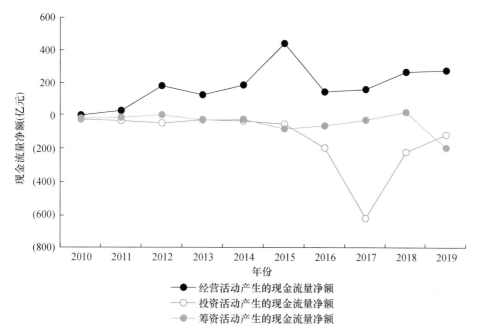

图 28　格力电器现金流量净额时间序列分布（2010—2019 年）

的现金与应收票据中的银行承兑汇票相加后再与营业收入比较。这一比率表明格力电器收现数所占比重大,销售收入实现后所增加的资产转换现金速度快、质量高。

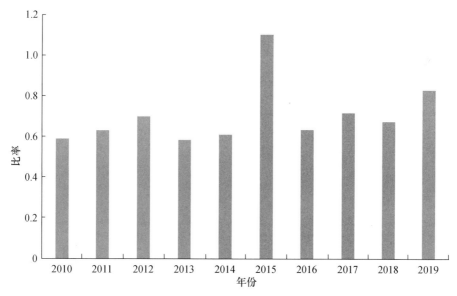

图 29　格力电器销售商品、提供劳务收到的现金/营业收入时间序列分布（2010—2019 年）

第二,销售商品、提供劳务收到的现金/购买商品、接受劳务支付的现金。将销售商品、提供劳务收到的现金与购买商品、接受劳务支付的现金进行比较,在公司经营正常、购销平衡的情况下,二者比较是有意义的。这一比率大,说明公司的销售利润大,销售回款良好,创现能力强。图 30 描述了格力电器分析期这一比率的时间序列分布。2010—2019 年,这一比率的最大值为 2.6073,最小值为 1.0531,平均值为 1.7689。

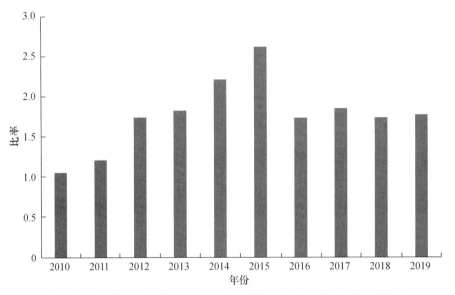

图 30　格力电器销售商品、提供劳务收到的现金/购买商品、接受劳务支付的现金时间序列分布(2010—2019 年)

第三,经营活动产生的现金流量净额/净利润。经营活动产生的现金流量净额与净利润之比若大于 1 或等于 1,则说明净利润的收现能力较强,利润质量较好;若小于 1,则说明净利润可能受人为操纵或存在大量应收账款,利润质量较差。2010—2019 年,格力电器这一比率的最大值为 3.5154,最小值为 0.1432,平均值为 1.3108,表明公司产品具有较强的收现能力,利润质量较好。但在此期间,这一比率的波动很大,如图 31 所示。

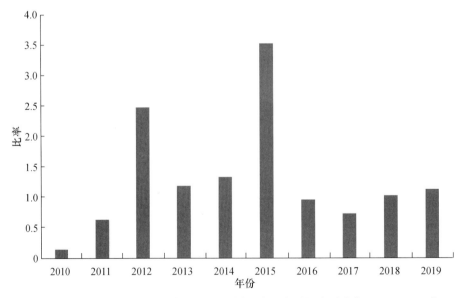

图 31　格力电器经营活动产生的现金流量净额/净利润时间序列分布(2010—2019 年)

第四,偿债能力比率。在市场经济条件下,公司现金流量在很大程度上决定着公司的生存和发展能力。即使公司有盈利能力,但若现金周转不畅、调度不灵,也将严重影响公司正常的生产经营。偿债能力的弱化直接影响公司的信誉,最终影响公司的生存。以现金流量表为基础计算的偿债能力指标主要有:

公司短期偿债能力比率 = 经营活动产生的现金流量净额/流动负债

分配现金股利、利润和利息比率

= 经营活动产生的现金流量净额/分配股利、利润或偿付利息支付的现金

上述两个比率越大,说明公司的偿债能力和支付现金股利能力越强。

第五,现金流量资本支出比率。其计算公式为:

现金流量资本支出比率 = 经营活动产生的现金流量净额/资本支出总额

式中,资本支出总额是指公司为维持或扩大生产能力购建固定资产或无形资产而发生的支出。这一比率越大,说明公司支付资本支出的能力越强,资金自给率越高;当比率等于1时,说明公司可以依靠自身经营来满足扩张所需的资金;当比率小于1时,说明公司需要依靠外部融资来补充扩张所需的资金。

图32、图33、图34描述了格力电器分析期从现金流量视角度量的偿债能力和资本支出能力的时间序列分布。根据图32,格力电器在此期间短期偿债能力比率的最大值为0.3940,最小值为0.0124,平均值为0.1565,这表明公司经营活动产生的现金流量净额偿付短期债务的能力较弱。根据图33,格力电器在此期间分配现金股利、利润和利息比率的最大值为31.2178,最小值为0.6390,平均值为6.4293,这一比率的平均值虽然比较高,但在此期间波动较大,或者说这一比率不够稳定。根据图34,格力电器在此期间现金流量资本支出比率的最大值为15.3823,最小值为0.2482,平均值为6.1590,这表明公司可以通过经营活动创造的现金流量满足投资需求。

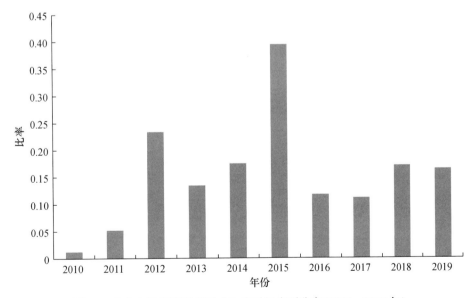

图32　格力电器短期偿债能力比率时间序列分布(2010—2019年)

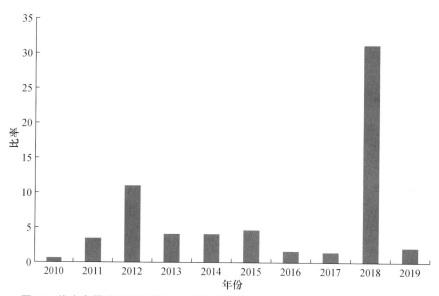

图 33　格力电器分配现金股利、利润和利息比率时间序列分布（2010—2019 年）

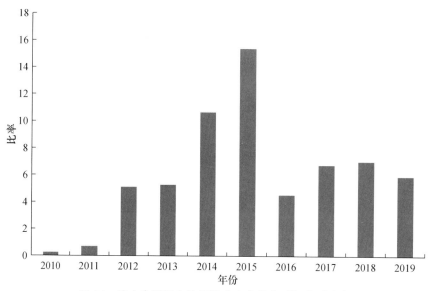

图 34　格力电器现金流量资本支出比率时间序列分布

信用风险分析

Z-Score 值计算结果如表 6 所示。

表 6　格力电器 Z-Score 值（2010—2019 年）

项目	2010 年	2011 年	2012 年	2013 年	2014 年	2015 年	2016 年	2017 年	2018 年	2019 年
净营运资本/资产总额	0.0741	0.0888	0.0582	0.0542	0.0752	0.0515	0.0879	0.1118	0.1673	0.1548
留存收益*/资产总额	0.1565	0.1720	0.1909	0.2121	0.2419	0.2550	0.2609	0.2756	0.3401	0.3438
EBIT/资产总额	0.0319	0.0433	0.0636	0.0725	0.0938	0.0644	0.0659	0.1157	0.1127	0.0921
股票市价/负债账面值	0.3594	0.2867	0.3618	0.3922	0.4142	1.0322	1.0947	1.7512	1.3363	2.3082
营业收入/资产总额	0.9269	0.9801	0.9307	0.8978	0.8961	0.6219	0.6038	0.6979	0.7962	0.7086
Z-Score 值	1.5558	1.6424	1.6948	1.7344	1.8831	1.8725	1.9488	2.6504	2.6468	3.0645

* 留存收益 = 未分配利润 + 盈余公积金。

从表 6 中数据可知，格力电器的 Z-Score 值在 2017 年以后大于 2.64，表明公司财务状况开始改善，信用风险逐年降低。

综上所述，2010—2019 年，格力电器现金流量表的特点如下：① 现金流入量和流出量主要来自或用于经营活动，这表明公司自身创现能力较强，财力基础较稳固，偿债能力和对外筹资能力较强。② 经营活动产生的现金流量净额与净利润之比平均值大于 1，表明公司产品收现能力较强，利润质量较好。③ 公司现金流量资本支出比率较高，但现金偿债能力比率相对较低。④ 从 Z-Score 值来看，分析期大部分年份低于 2，从 2017 年开始逐渐上升，公司的信用风险逐渐下降。

（4）同行业比较分析。

根据 Wind 金融数据库，选择 10 家家用电器业公司，以 2019 年度数据为基础，进行同行业比较分析，如图 35 至图 46 所示。比较的主要财务数据包括总收入、净利润、总资产、总负债、股东权益、现金流量净额；主要财务比率包括销售毛利率、营业利润率、总资产收益率、净资产收益率、资产负债率、总资产周转率。

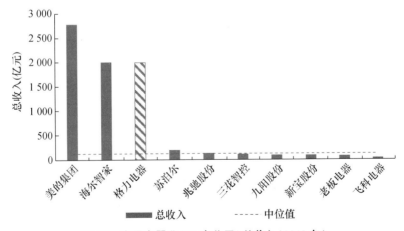

图 35　家用电器业（10 家公司）总收入（2019 年）

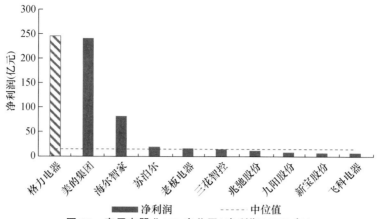

图36 家用电器业(10家公司)净利润(2019年)

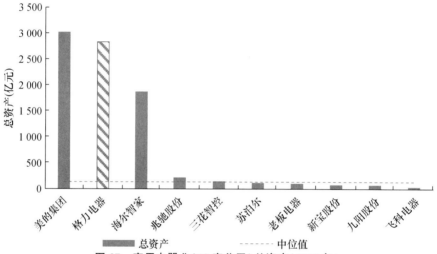

图37 家用电器业(10家公司)总资产(2019年)

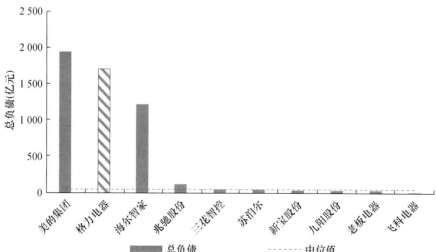

图38 家用电器业(10家公司)总负债(2019年)

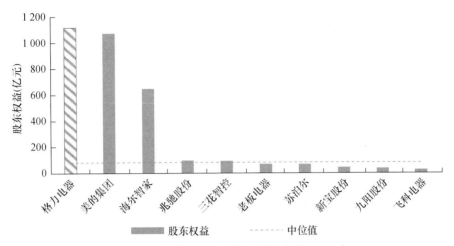

图 39　家用电器业(10 家公司)股东权益(2019 年)

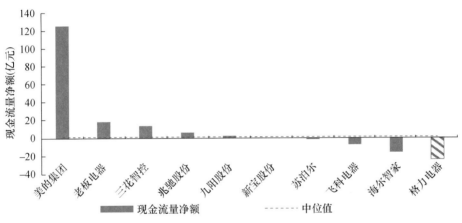

图 40　家用电器业(10 家公司)现金流量净额(2019 年)

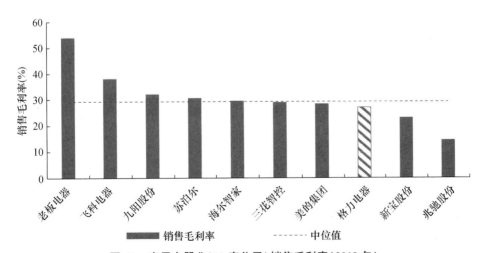

图 41　家用电器业(10 家公司)销售毛利率(2019 年)

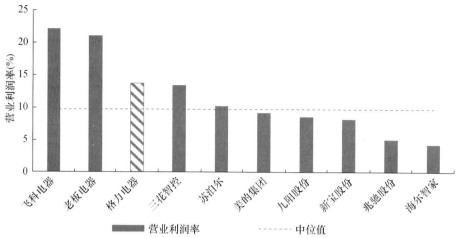

图 42　家用电器业(10 家公司)营业利润率(2019 年)

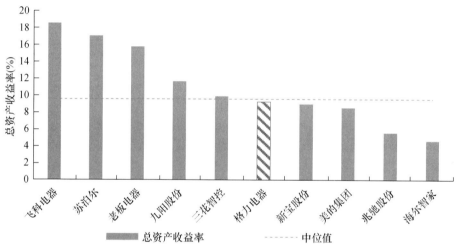

图 43　家用电器业(10 家公司)总资产收益率(2019 年)

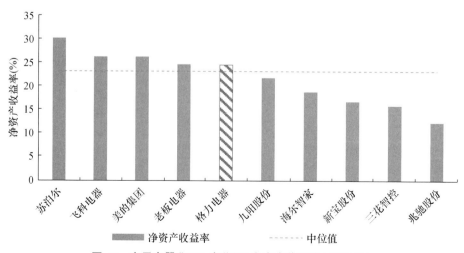

图 44　家用电器业(10 家公司)净资产收益率(2019 年)

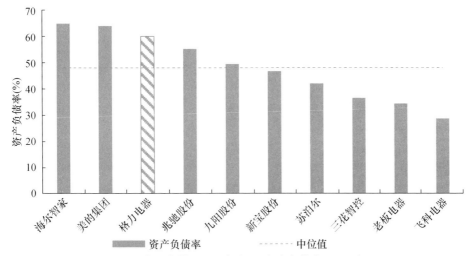

图 45　家用电器业(10家公司)资产负债率(2019年)

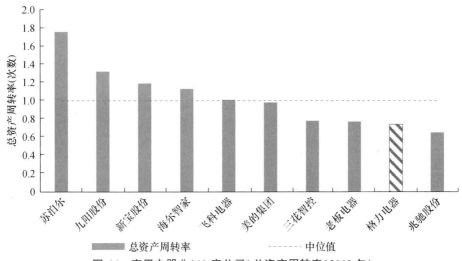

图 46　家用电器业(10家公司)总资产周转率(2019年)

总体来说,在所选择的10家公司中,从规模指标来看,格力电器总收入、净利润、总资产、总负债、股东权益均排在前三位,现金流量净额排在第十位,低于行业中位值。从利润率指标来看,格力电器营业利润率排在前三位,净资产收益率排在第五位,但销售毛利率、总资产收益率低于行业中位值。在家用电器业中,从收入和利润水平的绝对数来看,格力电器处于行业领先地位,但从相对数来看,有些指标低于行业中位值,这种现象也反映在美的集团和海尔智家两家公司规模与利润率水平的关系上。与此不同,老板电器的收入和净利润规模相对较小,但利润率指标相对较高,这些都反映了规模对利润率水平的影响。从其他两项指标来看,格力电器的资产负债率高于行业中位值,总资产周转率低于行业中位值。通过同行业比较分析,找出差异,可以进一步分析关键指标发生差异的原因或影响因素。

(5)格力电器财务报表总体评价。格力电器在分析期财务报表的主要特点如下：

第一,盈利能力分析。分析期格力电器利润(营业利润、利润总额、净利润)增长率大于收入增长率,表明公司主营业务的盈利能力较强;分析期公司销售毛利率、销售净利率、总资产收益率和净资产收益率等指标整体呈上升趋势;经营活动现金流量净额/净利润大于1,公司盈利质量和盈利结构健康。

第二,营运能力分析。分析期格力电器应收账款(票据)周转率平均值为3.48次,存货周转率平均值为8.22次,应付账款(票据)周转率平均值为3.08次。从周转率波动性分析来看,存货周转率在分析期波动较大,应收账款(票据)周转率和应付账款(票据)周转率在分析期波动较小。固定资产周转率平均值为9.66次,在分析期波动较大;总资产周转率平均值为0.89次,在分析期波动较小。

第三,资产结构分析。分析期格力电器货币资金/资产总额的平均值为37.56%,应收账款(票据)/资产总额的平均值为25.68%,流动资产/资产总额的平均值为78.88%,固定资产/资产总额的平均值为9.09%,这在一定程度上表明格力电器是一个轻资产型的制造业企业。

第四,负债结构分析。分析期格力电器流动负债占负债总额的比例平均值为98.4%,在流动负债中,应付账款、应付票据和预收账款占比几乎达到50%,这表明格力电器的负债构成中几乎全部为流动负债,在流动负债中商业信用占比较大。资产负债率平均值为70.83%,但有息负债率(有息负债/投入资本)平均值仅为19.23%。

第五,现金流量表与信用风险分析。分析期格力电器现金流入量和流出量主要来自或用于经营活动。现金及现金等价物净增加额主要来自经营活动产生的现金流量净额,这表明公司自身创现能力较强,现金流量结构较为合理。从Z-Score值来看,大部分年份较低,但在2017年以后开始上升,公司信用风险逐年降低。

表7至表10列示了格力电器分析期增长率、盈利能力、营运能力、偿债能力等关键财务比率和每股指标。

表7　格力电器增长率比率(2010—2019年)　　　　　　　　　　　　　　　　　单位:%

项目	2010年	2011年	2012年	2013年	2014年	2015年	2016年	2017年	2018年	2019年
营业收入增长率	43.00	37.35	19.87	19.91	16.63	−28.17	9.50	36.24	33.33	0.24
营业利润增长率	−7.66	65.34	76.71	52.79	31.20	−15.99	29.15	49.67	18.64	−4.49
净利润增长率	46.76	23.10	40.57	46.87	30.33	−11.43	22.98	44.99	17.19	−5.88
总资产增长率	27.31	29.89	26.23	24.30	16.85	3.50	12.78	17.87	16.87	12.63
净资产增长率	31.53	31.15	50.08	28.60	27.25	7.61	13.09	21.69	38.72	20.85

表8　格力电器盈利能力比率(2010—2019年)　　　　　　　　　　　　　　　　单位:%

项目	2010年	2011年	2012年	2013年	2014年	2015年	2016年	2017年	2018年	2019年
销售毛利率	22.03	18.42	26.88	33.04	37.13	34.35	33.81	33.63	30.89	28.43
销售净利率	7.08	6.34	7.44	9.11	10.18	12.55	14.10	15.00	13.19	12.38
息税前利润率	3.45	4.42	6.83	8.07	10.47	10.36	10.92	16.58	14.15	12.99
总资产收益率	3.58	4.89	7.10	8.03	10.11	6.55	6.99	12.52	12.14	9.75
投入资本收益率	36.09	31.38	25.79	26.22	34.44	21.21	21.75	33.82	30.35	19.97
净资产收益率	34.89	32.71	32.40	34.69	35.37	26.95	30.00	36.97	33.07	24.25
归属于母公司股东净资产收益率	36.75	33.89	33.28	35.45	35.96	27.34	30.42	37.51	33.40	24.52

表 9 格力电器营运能力和偿债能力比率（2010—2019 年）

项目	2010年	2011年	2012年	2013年	2014年	2015年	2016年	2017年	2018年	2019年
营运能力比率:										
应收账款周转率	3.47	2.87	2.83	2.86	2.76	2.84	4.35	4.23	4.90	3.69
存货周转率	6.70	5.44	5.31	7.21	11.35	9.53	9.90	9.74	9.27	7.74
应付账款周转率	2.72	3.22	3.24	3.30	3.56	2.61	2.58	3.01	3.60	2.92
总资产周转率	1.04	1.11	1.04	1.00	0.97	0.63	0.64	0.76	0.86	0.75
偿债能力比率:										
流动比率	1.10	1.12	1.08	1.08	1.11	1.07	1.13	1.16	1.27	1.26
速动比率	0.87	0.85	0.86	0.94	1.03	0.99	1.06	1.05	1.14	1.12
资产负债率(%)	78.64	78.43	74.36	73.47	71.11	69.96	69.88	68.91	63.10	60.40
有息负债率(%)	24.61	29.00	20.78	14.39	15.55	16.21	16.72	22.68	19.81	12.59
权益乘数	4.68	4.64	3.90	3.77	3.46	3.33	3.32	3.22	2.71	2.53

表 10 格力电器每股指标（2010—2019 年）

项目	2010年	2011年	2012年	2013年	2014年	2015年	2016年	2017年	2018年	2019年
流通股股数(亿股)	18.79	28.18	30.08	30.08	30.08	30.08	60.16	60.16	60.16	60.16
每股收益(元)	2.29	1.88	2.48	3.64	4.74	4.20	2.58	3.74	4.38	4.13
每股净资产(元)	7.46	6.52	9.17	11.79	15.00	16.15	9.13	11.11	15.41	18.63
每股营业收入(元)	32.36	29.64	33.28	39.91	46.54	33.43	18.30	24.94	33.25	33.33
每股经营现金净流量(元)	0.33	1.19	6.12	4.31	6.30	14.75	2.47	2.72	4.48	4.64

第三章 证券价值评估

[关键知识点]

货币时间价值、现值、终值、年金、名义利率、有效利率、真实利率、债券价值评估模型、到期收益率模型、利率决定因素、利率期限结构、零息债券、股利折现模型、稳定增长模型、股权自由现金流量、公司自由现金流量、市盈率乘数、公司价值乘数、销售收入乘数、市净率乘数。

习题与案例

一、单项选择题

1. 假设以 10% 的年利率从银行借入资金 30 000 元,期限为 10 年,银行要求每年等额支付借款的本金和利息,则每年至少应支付的现金数额为(　　)。
   A. 6 000 元　　　B. 3 000 元　　　C. 4 882 元　　　D. 5 374 元

2. 盛大资产拟建立一项基金,每年年初投入 500 万元,若利率为 10%,则 5 年后该项基金本利和将为(　　)。
   A. 3 358 万元　　B. 3 360 万元　　C. 4 000 万元　　D. 2 358 万元

3. 若债券每半年复利一次,则其有效利率(　　)。
   A. 大于名义利率　　　　　　　　B. 小于名义利率
   C. 是名义利率的 2 倍　　　　　　D. 是名义利率的 50%

4. 年利率为 8% 的一笔贷款,当按月复利计算时,年有效利率为(　　)。
   A. 8%　　　　　B. 8.12%　　　　C. 8.2%　　　　D. 8.3%

5. 如果一家公司在 10 年后要偿付面值为 100 万元的债券,假设利率为 8%,那么公司应每年向偿债基金账户存入(　　)。
   A. 67 529 元　　B. 69 029 元　　C. 79 234 元　　D. 89 235 元

6. 假设持有现金 1 200 元,拟进行一项收益率为 8% 的投资,那么经过(　　)年可使资金增加一倍。
   A. 8.28　　　　B. 8.51　　　　C. 9.01　　　　D. 9.51

7. 假设年初以 10% 的年利率从银行借入本金 12 000 元,期限为 6 年,银行要求每年年初等额支付借款的本金和利息,则每年年初应支付的现金金额为(　　)。
   A. 2 500 元　　　B. 2 505 元　　　C. 2 600 元　　　D. 2 605 元

8. 假设有一个投资机会,要求现在投资 1 000 元,6 年后将得到 2 000 元,则这一投资机会隐含的预期收益率为(　　)。
   A. 12.05%　　　B. 12.10%　　　C. 12.20%　　　D. 12.25%

9. 假设某公司今后 20 年对一座金矿拥有所有权,并打算在此期间每年提炼 5 000 盎司黄金。黄金的现行价格为每盎司200美元,并预期每年增长3%。假设折现率为10%,那么从该金矿获取黄金的现值为( )。

A. 10 763 987 元　　　　　　　　B. 10 750 234 元

C. 10 750 548 元　　　　　　　　D. 10 745 548 元

10. 假设要计算面值为100元、期限为15年、年利率为10.75%的债券的价值,同等风险水平的债券的现行年利率为8.5%,则债券的价值为( )。

A. 120 元　　　B. 119 元　　　C. 116 元　　　D. 115 元

二、多项选择题

1. 下列关于名义利率与有效利率的说法中,正确的有( )。

   A. 按年计息时,名义利率等于有效利率

   B. 有效利率真实地反映了货币时间价值

   C. 名义利率真实地反映了货币时间价值

   D. 名义利率相同时,计息周期越短,与有效利率差值越大

   E. 名义利率越小、计息周期越短,与有效利率差值越大

2. 下列关于股票估价模型与债券估价模型的表述中,正确的有( )。

   A. 股票和债券的价值等于期望未来现金流量的现值

   B. 普通股价值取决于持续到永远的未来期望现金流量

   C. 普通股未来现金流量必须以对公司未来盈利和股利政策的预期为基础进行估计

   D. 股票股利与债券利息相同,在预测公司价值时均应使用税后值

   E. 债券利息与股票股利不同的是债券利息可以税后支付

3. 下列关于零息债券的论述中,正确的有( )。

   A. 零息债券持有者可以避免再投资风险

   B. 任何一只附息债券都可分解为几只不同期限零息债券的组合

   C. 附息债券价值应当等于零息债券价值之和

   D. 零息债券一般折价发行

   E. 折价发行的零息债券可以通过折价摊销获得税收优惠

4. 市场利率反映了债券投资者要求的最低收益率,影响这一收益率的因素主要有( )。

   A. 纯利率　　　　　　　　　　B. 预期通货膨胀率

   C. 流动性风险溢价　　　　　　D. 违约风险溢价

   E. 期限风险溢价

5. 股票价值评估的稳定增长模型,其基本假设条件主要有( )。

   A. 股利支付是永久性的　　　　B. 股利增长率为一常数

   C. 折现率小于股利增长率　　　D. 股利增长率大于名义经济增长率

   E. 折现率大于股利增长率

6. 计算股权自由现金流量时,在净利润的基础上,需加上的调整项目有( )。

   A. 非现金支出　　　　　　　　B. 资本支出

   C. 追加的经营性营运资本　　　D. 债务净增加额

   E. 优先股股息和优先股净增加额

7. 下列关于公司自由现金流量(FCFF)的描述中,正确的有(   )。
   A. FCFF 包括归属于股东的现金流量和优先股股东的现金流量
   B. 采用 FCFF 估价时不需要考虑与债务相关的现金流量
   C. 采用 FCFF 估价时折现率需采用加权平均资本成本
   D. FCFF 是满足公司再投资需要之后的"剩余现金流量"
   E. FCFF 是支付所有财务支出后的"剩余现金流量"

8. 乘数估价法中的乘数是指股价与财务报表上某一指标的比值,常用的报表指标有(   )。
   A. 每股收益   B. 息税折旧摊销前利润
   C. 现金流量   D. 销售收入
   E. 账面价值

9. 下列关于市盈率(P/E)乘数的描述中,正确的有(   )。
   A. P/E 乘数的数学意义为每 1 元税后利润对应的股票价格
   B. P/E 乘数是按市场价格购买公司股票回收投资需要的年份
   C. P/E 乘数可以表示为收益率的倒数
   D. 对投资者来说,P/E 乘数越大,投资价值越大
   E. P/E 乘数指标将公司当前股票价格与其盈利能力联系在一起

10. 销售收入乘数估价模型的特点包括(   )。
    A. 只能用于盈利公司的价值评估
    B. 可以消除折旧、存货和非经常性支出所采用的会计政策的影响
    C. 比较稳定、可靠,不容易被操纵
    D. 只适用于销售成本率趋同的传统行业的公司
    E. 无法识别各个公司在成本控制、利润等方面的差别

三、判断题

1. 在利率和计息期相同的条件下,复利现值系数与复利终值系数互为倒数。   (   )
2. 当各期现金流量不相等时,可使用 RATE 或 IRR 函数计算收益率或折现率。   (   )
3. 如果各期发生的现金流量间隔期不相等,则可根据 XNPV 函数和 XIRR 函数计算净现值与内部收益率。   (   )
4. 债券到期收益率是指债券预期利息和到期本金的现值与债券现行市场价格相等时的折现率。   (   )
5. 债券价值是市场利率或投资者要求的收益率的单调减函数,且呈线性关系。   (   )
6. 名义无风险利率与真实无风险利率之间的差异主要与预期的通货膨胀率有关。
                                                                        (   )
7. 不同期限债券与利率之间的关系,称为利率的期限结构。   (   )
8. EBITDA 这一指标减少了折旧与摊销会计处理方法对净利润和经营收益的影响程度,不利于同行业比较分析。   (   )
9. 经营性流动资产是指在流动资产中剔除与经营活动无关的超额现金、交易性金融资产以及短期借款等筹资性流动负债。   (   )
10. 估计股权自由现金流量(FCFE)时不需要考虑与债务相关的现金流量。   (   )

四、计算分析题

1. 假设你打算每年年末向银行账户存入 10 000 元,连续存 5 年,如果存款年利率为 6%,则 5 年后存款账户的余额为多少?

   要求:请采用时间线(不同时点现金流量)、公式、Excel 中的 FV 函数三种方法计算年金终值。

2. 假设 ABC 公司以分期收款方式向 XYZ 公司出售一台大型设备,合同规定 XYZ 公司在 5 年内每年年末支付 5 000 元设备款。ABC 公司为马上取得现金,将合同金额向银行折现。假设银行同意以 12% 的利率对合同金额进行折现,这笔金额的现值为多少?

   要求:请采用时间线、公式、Excel 中的 PV 函数三种方法计算年金现值。

3. 假设有一个投资项目,初始投资 600 万元,项目预期在未来 5 年内每年年末的现金流量为 180 万元。

   要求:

   (1) 假设该项目的折现率(必要收益率)为 8%,公司是否应该投资?请采用时间线和 NPV 函数两种方法计算项目的净现值。

   (2) 该项目的内部收益率是多少?请采用 Excel 中的 IRR 函数和 RATE 函数两种方法计算项目的内部收益率。

4. 假设有一个投资项目,初始投资 600 万元,项目预期在未来 5 年内每年年末的现金流量分别为 180 万元、200 万元、210 万元、160 万元、130 万元,第 1 期至第 5 期折现率分别为 8%、7.6%、7.3%、7.0%、7.0%。

   要求:计算项目的净现值和内部收益率。

5. 假设有一个投资项目,初始投资 600 万元,项目预期在未来 5 年内每年年末的现金流量分别为 180 万元、200 万元、210 万元、160 万元、130 万元,第 1 期至第 5 期真实折现率分别为 5%、5.5%、6.0%、6.5%、6.5%,预期通货膨胀率由第 1 期时的 3% 降至第 5 期时的 2.2%。

   要求:计算项目的净现值和内部收益率。

6. 假设你准备按揭贷款 30 万元购买一套房子,贷款期限为 20 年,每月末还款一次,贷款的年利率为 6%。

   要求:计算这笔贷款每年的还款额,并将每年还款额分为利息和本金两部分。

7. 你希望购买一辆汽车,汽车经销商提供了两种方案供你选择:

   (1) 一次性付款,即一次性支付 15 万元现金。

   (2) 分期付款,即首付 25 000 元,在接下来的 30 个月,每个月支付 5 200 元。

   作为经销商融资的替代方案,银行愿意以 1.25% 的月利率贷给你 12.5 万元用于购买汽车。

   要求:假设银行贷款月利率 1.25% 是机会成本,计算采用经销商分期付款计划所有还款现值和经销商收取的年利率,并分析哪种方案更好。

8. 假设某种债券面值为 100 元,息票率为 5%,期限为 4 年,每年付息两次,同类债券到期收益率(折现率)为 9%。

   要求:

   (1) 请分别采用时间线、债券现值公式、PV 函数、NPV 函数计算债券价值。

   (2) 图示债券价值与债券到期收益率之间的关系,假设债券到期收益率(折现率)从 0 到

12%变化。

(3) 图示债券价值与息票率的关系,假设息票率从 0 到 14% 变化。

(4) 图示债券价值与债券每年付息次数的关系,假设债券每年付息从 1 次到 12 次变化。

9. 假设有三种债券,面值均为 100 元,息票率均为 5%,债券期限分别为 1 年、10 年和 30 年。

要求:计算到期收益率为 1%,2%,…,10% 时三种债券价值和不同到期收益率下的债券价值波动率;图示债券价值与债券到期收益率之间的关系。

10. 远洋控股集团(中国)有限公司 2015 年 9 月 17 日发行公司债券"15 远洋 03"(122401. SH),债券条款和相关信息如下表所示。

"15 远洋 03"(122401. SH)债券条款和相关信息

当前余额(亿元)	15	债券类型	一般公司债
质押券代码	104401 15 远质 03	折合标准券(元)	89
上市日期	2015-09-17	摘牌日期	2025-08-18
交易市场	122401. SH(上海)	海外评级	无
最新债项评级	AAA(维持,2019-05-09)	评级机构	中诚信证券评估有限公司
票面利率(当期)	5	发行价格(元)/最新面值(元)	100/100
利率类型	固定利率	息票品种	附息
付息频率	每年付息 1 次	下一付息日	2020-08-19
利率说明	5.00%	距下一付息日(天)	326
计息基准	A/365F	票息类型	附息
剩余期限(年)	5.8907	期限(年)	10
起息日期	2015-08-19	到期日期	2025-08-19
发行规模(亿元)	15	发行方式	公募
发行人	远洋控股集团(中国)有限公司	担保人	—
缴款日期	2015-08-21	主承销商	国信证券股份有限公司,瑞银证券有限责任公司,高盛高华证券有限责任公司

要求:假设现在是 2019 年 9 月 28 日,债券剩余年限为 5.8907 年,当日债券市场价格(净价)为 98.70030 元,全价为 99.26194 元,应计利息为 0.561644 元。你准备在当日购买此债券,请分别按照净价和全价计算债券到期收益率。

11. XYZ 公司最近支付的每股股利为 3.55 元,最近几年公司一直以 4% 的增长率稳定增长,但分析人士认为公司今后的经营会更好,并预期以后的增长率为 5% 左右。公司股票的当前售价为每股 75 元,与 XYZ 公司具有相似风险的股票投资必要收益率在 8%—10%。

要求:

(1) 分别以股票投资必要收益率 8%、9%、10% 计算 XYZ 公司股票价值。

(2) 分析长期投资(10 年以上)XYZ 公司股票是否是一种好的投资方式。

(3) 分析短期投资(1 年或更短的时间)XYZ 公司股票是否是一种好的投资方式。

(4) 分别以 4% 和 3% 两个增长率替换原预期的 5% 的增长率,重复计算(1)。

(5) 评述(1)和(4)中计算出来的估价范围。

12. ABC 公司 2019 年的每股收益为 2.40 元,每股股利为 1.05 元。公司收益预计每年增长 6%。股票必要收益率为 12.775%。

要求:

(1) 计算公司股票价格和市盈率。

(2) 假设当前公司股票交易价格为每股收益的 10 倍,其他因素保持不变,试计算市盈率所隐含的长期增长率。

13. ABC 公司 2021 年每股收益为 4 元,支付的每股股利为 2 元,每股账面价值为 40 元,预期收益和股利每年增长 6%,且长期保持不变。公司股票 β 系数为 0.85,国债利率为 7%,市场风险溢价为 5.5%。

要求:

(1) 根据稳定增长模型估计公司股票价值,据此计算股票价值/账面价值。

(2) 假设当前公司股票交易价格为 60 元/股,根据稳定增长模型,试计算其隐含的增长率。

(3) 假设股利支付率保持不变,公司未来的净资产收益率(ROE)为多少时才能达到这一增长率? 公司目前的股票价格是否合理? 为什么?

14. 假设你到一家资产评估所实习,领导要求你对尚品公司进行价值评估,与价值评估有关的数据如下:

(1) 基期数据:2019 年的营业收入为 112 880 万元,息税前利润为 9 905 万元,资本性支出为 3 560 万元,折旧费用为 1 200 万元;营运资本占营业收入的比重为 25%;所得税税率为 25%;债务价值为 32 000 万元;流通在外的普通股股数为 1 000 万股。

(2) 高速增长期数据:高速增长期为 5 年,营业收入、息税前利润、资本性支出、折旧费用的预期增长率均为 9%。公司股权资本成本为 15%,税后债务资本成本为 8.1%,资产负债率为 50%,加权平均资本成本为 11.55%。

(3) 稳定增长期数据:营业收入、息税前利润的预期增长率为 5%,资本性支出与折旧费用相互抵消。公司股权资本成本为 13%,税后债务资本成本为 6.4%,资产负债率为 40%,加权平均资本成本为 10.36%。

要求:根据上述数据,预测高速增长期和稳定增长期公司自由现金流量现值,最后确定股票价值。

15. 假设你正考虑购买 ACC 公司的股票,预期下一年度每股收益为 5 元,留存收益比率为 40%,股利为 3 元/股(该股利预计在可预见的将来以每年 8% 的速度增长),再投资收益率 (ROE)为 20%;当前无风险利率为 4%,公司股票 β 系数为 1.231,市场风险溢价为 6.5%,投资者要求的最低收益率为 12%。

要求:根据稳定增长模型推导出的市盈率公式(主教材第 77 页),分析影响市盈率的因素。

$$\frac{P_0}{\text{EPS}_1} = \frac{1-b}{r_e - g} = \frac{1 - g/\text{ROE}}{r_e - g}$$

(1) 分析股利增长率从 0 到 11% 变动时对市盈率的影响,假设其他因素保持不变。

(2) 分析股权资本成本从 9% 到 15% 变动时对市盈率的影响,假设其他因素保持不变。

(3) 分析再投资收益率从 10% 到 28% 变动时对市盈率的影响,假设其他因素保持不变。

16. 假设你所在公司拟收购 XYZ 公司,CFO 需要你计算 XYZ 公司股票价值,有关评估的预计利润表、预计资产负债表、预计资本成本分别见表 1、表 2 和表 3。

表 1 XYZ 公司预计利润表 单位:万元

项目	基期	2020 年	2021 年	2022 年	2023 年	2024 年	2025 年
销售收入	4 000	4 480	4 928	5 421	5 855	6 323	6 639
销售成本	3 000	3 360	3 696	4 066	4 391	4 742	4 979
毛利	1 000	1 120	1 232	1 355	1 464	1 581	1 660
管理费用	600	630	662	695	730	766	790
折旧	300	330	363	399	439	483	531
息税前利润	100	160	207	261	295	332	339
利息(6%)	48	60	69	79	87	95	102
税前利润	52	100	138	182	208	236	237
所得税(25%)	13	25	35	46	52	59	59
净利润	39	75	103	136	156	177	178
股利	16	30	41	54	62	89	125
留存收益	23	45	62	82	94	88	53

表 2 XYZ 公司预计资产负债表 单位:万元

项目	基期	2020 年	2021 年	2022 年	2023 年	2024 年	2025 年
资产							
现金	80	90	99	108	117	126	133
应收账款	320	358	394	434	468	506	531
存货	400	448	493	542	586	632	664
流动资产合计	800	896	986	1 084	1 171	1 264	1 328
固定资产净值	1 600	1 792	1 971	2 168	2 342	2 529	2 656
资产总计	2 400	2 688	2 957	3 252	3 513	3 793	3 984
负债和股东权益							
应付账款	400	448	493	542	586	632	664
长期负债	800	995	1 157	1 321	1 444	1 590	1 696
股本	1 100	1 100	1 100	1 100	1 100	1 100	1 100
累计留存收益	100	145	207	289	383	471	524
负债和股东权益总计	2 400	2 688	2 957	3 252	3 513	3 793	3 984

表 3 XYZ 公司预计资本成本

项目	基期	高速增长期					稳定增长期
		2020 年	2021 年	2022 年	2023 年	2024 年	2025 年
无风险利率		4%	4%	4%	4%	4%	4%
β 系数		1.05	1.05	1.05	1.05	1.05	1.00
风险溢价		7.00%	7.00%	7.00%	7.00%	7.00%	6.00%
股权资本成本		11.35%	11.35%	11.35%	11.35%	11.35%	11.00%
所得税税率		25%	25%	25%	25%	25%	25%

(续表)

项目	基期	高速增长期					稳定增长期
		2020年	2021年	2022年	2023年	2024年	2025年
长期借款利率		6.00%	6.00%	6.00%	6.00%	6.00%	6.00%
税后债务成本		4.50%	4.50%	4.50%	4.50%	4.50%	4.50%
有息债务/投入资本	40.00%	44.42%	46.96%	48.75%	49.33%	50.30%	51.08%
股东权益/投入资本	60.00%	55.58%	53.04%	51.25%	50.67%	49.70%	48.92%
加权平均资本成本		8.31%	8.13%	8.01%	7.97%	7.90%	7.68%

要求：

（1）采用间接法编制 XYZ 公司预计现金流量表。

（2）计算预测期与价值评估有关的其他指标，包括息税折旧摊销前利润（EBITDA）、调整后税后净经营利润（NOPAT）、经营性营运资本、投入资本、有息债务。

（3）假设当前 XYZ 公司股票市场价格为 9 元/股，流通在外的普通股股数为 200 万股。试采用两阶段法分别采用股权自由现金流量（FCFE）模型、股利折现（DDM）模型、公司自由现金流量（FCFF）模型估计 XYZ 公司股票价值，2020—2024 年为高速增长期，2025 年开始进入稳定增长期，增长率为 5%。

（4）采用乘数法计算价值评估的各种乘数。

17. FSA 公司价值评估相关数据如下：

（1）FAS 公司 2020 年利润表、资产负债表如表 1、表 2 所示。

表1　FAS 公司 2020 年利润表　　　　　　　　　　　单位：万元

项目	金额
营业收入	31 836
减：营业成本	14 581
毛利	17 255
减：销售与管理费用	11 206
其中：折旧	1 673
减：其他经营费用	141
减：非经常性经营损失	0
经营利润	5 908
加：利息收入	91
减：利息费用	204
加：其他收益或利得	411
税前利润	6 206
减：所得税费用	1 552
加：非持续经营收益	0
净利润	4 654
股利	2 094
留存收益	2 560

表 2　FAS 公司 2020 年 12 月 31 日资产负债表　　　　　单位：万元

项目	金额
资产	
流动资产：	
现金	1 337
交易性金融资产	2 382
应收账款	3 281
存货	1 664
其他流动资产	596
流动资产合计	9 260
非流动资产：	
长期证券投资	3 573
固定资产原始价值	17 522
减：累计折旧	9 454
固定资产净值	8 068
商誉	5 268
其他非流动资产	2 693
非流动资产合计	19 602
资产总计	28 862
负债和股东权益	
流动负债：	
应付账款	1 895
短期借款	298
一年内到期的长期借款	361
其他流动负债	4 506
流动负债合计	7 060
非流动负债：	
长期负债	2 680
递延税款	1 191
其他非流动负债	4 460
非流动负债合计	8 331
负债合计	15 391
股东权益：	
普通股	5 236
资本公积	650
累计留存收益	7 585
股东权益合计	13 471
负债和股东权益总计	28 862

(2) 预计报表基本假设如表 3 和表 4 所示。

表3 预计利润表假设

项目	2021年	2022年	2023年	2024年	2025年	2026年
营业收入增长率	9.0%	8.0%	7.0%	7.0%	6.0%	4.0%
营业成本/营业收入	45.8%	45.8%	45.8%	45.8%	45.8%	45.8%
销售和管理费用/营业收入	30.0%	30.0%	30.0%	30.0%	30.0%	30.0%
折旧率	10.0%	10.0%	10.0%	10.0%	10.0%	10.0%
其他经营费用/营业收入	0.5%	0.5%	0.5%	0.5%	0.5%	0.5%
交易性金融资产投资利率	4.0%	4.0%	4.0%	4.0%	4.0%	4.0%
债务利率	6.0%	6.0%	6.0%	6.0%	6.0%	6.0%
其他收益或得利/营业收入	1.2%	1.2%	1.2%	1.2%	1.2%	1.2%
所得税税率	25.0%	25.0%	25.0%	25.0%	25.0%	25.0%

表4 预计资产负债表假设

项目	2021年	2022年	2023年	2024年	2025年	2026年
现金周转期(天)	15.00	15.00	15.00	15.00	15.00	15.00
交易性金融资产/资产总额	8.0%	8.0%	8.0%	8.0%	8.0%	8.0%
应收账款周转期(天)	45.00	45.00	45.00	45.00	45.00	45.00
存货周转率(次)	9.10	9.10	9.10	9.10	9.10	9.10
其他流动资产/资产总额	2.0%	2.0%	2.0%	2.0%	2.0%	2.0%
长期证券投资/资产总额	12.0%	12.0%	12.0%	12.0%	12.0%	12.0%
固定资产原值增长率	9.0%	8.0%	7.0%	7.0%	6.0%	4.0%
商誉增长率	6.0%	6.0%	6.0%	6.0%	6.0%	6.0%
其他非流动资产增长率	5.0%	5.0%	5.0%	5.0%	5.0%	5.0%
应付账款周转期(天)	45.00	45.00	45.00	45.00	45.00	45.00
短期借款/资产总额	2.0%	2.0%	2.0%	2.0%	2.0%	2.0%
一年内到期的长期借款/资产总额	5.0%	5.0%	5.0%	5.0%	5.0%	5.0%
其他流动负债/资产总额	14.0%	14.0%	14.0%	14.0%	14.0%	14.0%
长期负债/资产总额	6.0%	6.0%	6.0%	6.0%	6.0%	6.0%
递延税款/资产总额	4.0%	4.0%	4.0%	4.0%	4.0%	4.0%
其他非流动负债增长率	9.0%	8.0%	7.0%	7.0%	6.0%	4.0%
资本公积增长率	15.0%	15.0%	15.0%	15.0%	15.0%	15.0%

预计报表中的其他项目假设如下：

各年折旧按各年固定资产原值平均值计算。

各年利息收入按各年交易性金融资产平均值计算。

各年利息费用按各年借款平均值计算。

本期股利 =（本期负债总额 + 本期少数股东权益 + 本期优先股 + 本期普通股和资本公积 + 前期留存收益 + 本期净利润 − 本期普通股股利 − 本期优先股股利 + 本期其他综合收益 + 本期库存股）− 本期资产总额。

普通股各年保持不变。

累计留存收益 = 期初留存收益 + 本期净利润 - 本期股利。

（3）预测期各年资本成本如表 5 所示。

表 5　预测期资本成本

项目	2021 年	2022 年	2023 年	2024 年	2025 年	2026 年
无风险利率	4.00%	4.00%	4.00%	4.00%	4.00%	4.00%
β 系数	85.00%	85.00%	85.00%	85.00%	85.00%	80.00%
风险溢价	6.50%	6.50%	6.50%	6.50%	6.50%	6.00%
股权资本成本	9.53%	9.53%	9.53%	9.53%	9.53%	8.80%
所得税税率	25.00%	25.00%	25.00%	25.00%	25.00%	25.00%
长期借款利率	6.00%	6.00%	6.00%	6.00%	6.00%	6.00%
税后债务成本	4.50%	4.50%	4.50%	4.50%	4.50%	4.50%

要求：

（1）根据上述资料编制公司预计利润表、预计资产负债表，按间接法编制公司预计现金流量表。

（2）计算公司股权自由现金流量、债务现金流量、公司自由现金流量。

（3）根据公司自由现金流量计算公司价值和股权价值及每股股票预测价格。

（4）假设以 2020 年股东权益为股东的初始投资，2026 年股东权益账面价值能准确反映市场价值，考虑预测期公司发放的股利，计算预测期股权收益率。

五、案例分析题

格力电器股票价值评估与分析

价值评估主要包括五个方面：重构格力电器历史财务报表，预测格力电器预计财务报表，预测格力电器资本成本，评估格力电器股票价值，比较家用电器业的价值和风险。

1. 重构格力电器历史财务报表

上市公司财务报表披露内容庞杂，在进行财务报表预测前首先要对财务报表进行重构。财务报表重构的基本目标是在价值评估基本框架下构造出简明的主业持续经营报表。这里的"主业持续经营"，是指财务报表只考虑主营业务的收支，不考虑投资收益、营业外收支等非经营项目损益。

对于利润表来说，主要的项目是经营活动的收入、成本、费用和利润。根据我国的会计准则，非现金的成本项目，如折旧、摊销按照资产的用途被分别记录在"主营业务成本""管理费用"等科目，但在财务报表中并未进行详细披露。基于价值评估的需要，需要计算息税前利润（EBIT）及息税折旧摊销前利润（EBITDA）。

对于资产负债表来说，公司的投资者包括股权投资者和债权投资者，前者对公司的投资形成了公司的股东权益，后者对公司的投资形成了公司的有息债务；投入资本主要包括有息债务和股东权益。从投入资本的运用来看，主要表现为现金（一般指经营活动最低需要量，即从货币资金中扣除超额现金）、经营性营运资本和固定资产等长期资产。

财务报表重构主要采取两种方法：一是整合报表项目，例如将固定资产、生物资产、油气资产整合为一个项目"固定资产"，使报表项目更加简洁；二是忽略非经营项目损益，例如投资收益、营业外收支等,使报表主要反映经营性资产创造的价值。遵循重要性原则,在重构财务报表时,重点关注项目如图1所示。

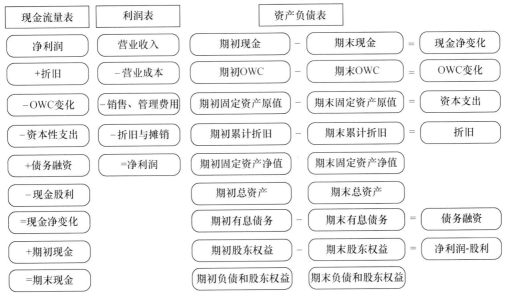

图 1　财务报表重构关键项目

在图 1 中,OWC 表示经营性营运资本,是指经营性流动资产与经营性流动负债的差额。在财务预测时,如果一个项目占营业收入的比重较大,或占资产总额的比重较大,或对利润的影响较大,就需要单独预测。

2. 预测格力电器预计财务报表

格力电器财务报表预测期分为两个阶段:2020—2024 年为第一阶段,2025 年及以后为第二阶段。2011—2019 年格力电器营业收入复合增长率为 14.1%,考虑到 2020 年的特殊经营环境,假设 2020—2024 年格力电器营业收入增长率分别为 6%、10%、12%、11%、10%,2025 年及以后为稳定增长期,营业收入增长率为 5%。格力电器预计财务报表假设如表 1 和表 2 所示。

表 1　预计利润表假设

项目	假设	依据
营业成本/营业收入	69.78%	近三年报表项目平均值
税金及附加/营业收入	0.89%	近三年报表项目平均值
销售费用/营业收入	10.01%	近三年报表项目平均值
管理费用/营业收入	2.74%	近三年报表项目平均值
研发费用/营业收入	3.25%	近二年报表项目平均值
折旧率	9.00%	近三年报表项目平均值
无形资产摊销率	4.00%	近三年报表项目平均值
利率	5.10%	近三年报表项目平均值(7.87%),假设利率下跌
所得税税率	15.00%	2019 年最新税率 15.42%,假设税率下降

(续表)

项目	假设	依据
少数股东损益/净利润	0.56%	近三年报表项目平均值
股利支付率(前5年)	51.15%	2019年股利支付率
股利支付率(第6年以后)	60.00%	假设稳定增长期股利支付率上升
其他项目	0.00	其他经营损益、非经营项目损益、非经常性项目损益

表2　预计资产负债表假设

项目	假设	依据
营业收入/应收票据(账款)平均值	4.65	近三年报表项目平均值
营业成本/预付账款平均值	48.66	近三年报表项目平均值
营业成本/存货平均值	7.28	近三年报表项目平均值
其他流动资产/营业收入	9.00%	近三年报表项目平均值
固定资产净值/营业收入	10.24%	近三年报表项目平均值
无形资产净值/营业收入	2.64%	近三年报表项目平均值
开发支出和商誉年增长率	5.00%	根据报表项目预测
短期借款/营业收入	0.10	根据报表项目预测
营业成本/应付票据(账款)平均值	2.60	近三年报表项目平均值
营业收入/预收款项平均值	16.94	近三年报表项目平均值
应交税费/营业收入	0.02	近三年报表项目平均值
其他金融类流动负债	0.00	不考虑

表2中没有列示的项目均假设预测期等于最新年报数据。

资产负债表中的货币资金为报表调整项目，其计算公式：

货币资金 = 负债和股东权益 − 非现金流动资产 − 非流动资产

为简化，对主营业务损益的预测，以近三年报表项目平均值为依据，即各项目占营业收入的比例近三年平均值。其他经营损益、非经营项目损益、非经常性项目损益在预测期均假设为0。格力电器预计利润表如表3所示，其中2019年为基期，2020—2025年为预测期，以下各表亦同。

表3　预计利润表　　　金额单位：亿元

项目	2019年	2020年	2021年	2022年	2023年	2024年	2025年
营业收入增长率	0.02%	6.00%	10.00%	12.00%	11.00%	10.00%	5.00%
经营活动损益							
营业收入	1 981.53	2 100.42	2 310.46	2 587.72	2 872.37	3 159.61	3 317.59
营业总成本	1 706.12	1 829.87	2 013.75	2 255.28	2 503.42	2 753.85	2 891.89
营业成本	1 434.99	1 465.67	1 612.24	1 805.71	2 004.34	2 204.78	2 315.01
税金及附加	15.43	18.69	20.56	23.03	25.56	28.12	29.53
销售费用	183.10	210.25	231.28	259.03	287.52	316.28	332.09
管理费用	37.96	57.55	63.31	70.90	78.70	86.57	90.90

(金额单位:亿元)(续表)

项目	2019年	2020年	2021年	2022年	2023年	2024年	2025年
研发费用	58.91	68.26	75.09	84.10	93.35	102.69	107.82
财务费用	-24.27	9.45	11.27	12.51	13.95	15.41	16.54
其他经营损益	22.44	0.00	0.00	0.00	0.00	0.00	0.00
税前经营利润	297.85	270.55	296.71	332.44	368.95	405.76	425.70
所得税费用	45.93	40.58	44.51	49.87	55.34	60.86	63.86
税后经营利润	251.92	229.97	252.20	282.57	313.61	344.90	361.84
非经营业务损益	-3.65	0.00	0.00	0.00	0.00	0.00	0.00
利润分配							
税后利润	248.27	229.97	252.20	282.57	313.61	344.90	361.84
减:少数股东损益	1.31	1.29	1.41	1.58	1.76	1.93	2.03
归属于母公司股东净利润	246.96	228.68	250.79	280.99	311.85	342.97	359.81
减:普通股股利	126.33	116.97	128.28	143.73	159.51	175.43	215.89
本期留存收益	120.63	111.71	122.51	137.26	152.34	167.54	143.92

表3中非经营项目损益主要包括投资净收益、公允价值变动净收益、资产减值损失、资产处置收益、汇兑净收益、营业外净收益及非经常性损益等项目。由于这些项目属于非经营项目损益,且对公司的利润影响很小,因此根据重要性原则,在预测期均假设等于零。

表4列示了格力电器预测期EBIT、EBITDA、NOPAT的计算过程,以便为价值评估提供依据;其中,表中的折旧与摊销是根据表5数据填列的。

表4 预测期EBIT、EBITDA、NOPAT　　　　　　　　　　　　　　　　单位:亿元

项目	2019年	2020年	2021年	2022年	2023年	2024年	2025年
EBIT、EBITDA:							
税前经营利润	297.85	270.55	296.71	332.44	368.95	405.76	425.70
加:利息费用	-24.27	9.45	11.27	12.51	13.95	15.41	16.54
EBIT	273.58	280.00	307.98	344.95	382.90	421.17	442.24
加:折旧与摊销	31.93	36.08	41.64	48.02	55.38	63.47	71.62
EBITDA	305.51	316.08	349.62	392.97	438.28	484.64	513.86
NOPAT:							
税后利润合计	248.27	229.97	252.20	282.57	313.61	344.90	361.84
减:非经常性损益(税后)	5.25	0.00	0.00	0.00	0.00	0.00	0.00
加:利息费用(税后)	-20.53	8.03	9.58	10.63	11.86	13.10	14.06
NOPAT	222.49	238.00	261.78	293.20	325.47	358.00	375.90

表5 预测期折旧与摊销　　　　　　　　　　　　　　　　　　　　　单位:亿元

项目	2019年	2020年	2021年	2022年	2023年	2024年	2025年
固定资产:							
固定资产原值	343.18	400.51	460.78	533.93	614.77	703.50	786.74
期初累计折旧	122.19	151.96	185.43	224.19	268.95	320.64	379.96
预计折旧	29.77	33.47	38.76	44.76	51.69	59.32	67.06

(单位:亿元)(续表)

项目	2019年	2020年	2021年	2022年	2023年	2024年	2025年
期末累计折旧	151.96	185.43	224.19	268.95	320.64	379.96	447.02
期末固定资产净值	191.22	215.08	236.59	264.98	294.13	323.54	339.72
无形资产:							
无形资产原值	62.67	67.67	76.10	86.68	97.88	109.61	118.34
期初累计摊销	7.45	9.61	12.22	15.10	18.36	22.05	26.20
预计摊销	2.16	2.61	2.88	3.26	3.69	4.15	4.56
期末累计摊销	9.61	12.22	15.10	18.36	22.05	26.20	30.76
期末无形资产净值	53.06	55.45	61.00	68.32	75.83	83.41	87.58
折旧与摊销	31.93	36.08	41.64	48.02	55.38	63.47	71.62

表5中2019年数据来自格力电器财务报表附注,假设预测期固定资产减值准备、无形资产减值准备为零,预测期其他数据根据基本假设计算。

根据基本假设、预计利润表、预测期折旧与摊销,格力电器预计资产负债表如表6所示。

表6 预计资产负债表

单位:亿元

项目	2019年	2020年	2021年	2022年	2023年	2024年	2025年
流动资产:							
货币资金	1 254.01	1 124.95	1 457.30	1 337.44	1 692.25	1 601.69	1 960.00
交易性金融资产	10.47	0.00	0.00	0.00	0.00	0.00	0.00
应收票据(账款)	367.39	536.02	457.73	655.27	580.16	778.81	648.11
预付款项	23.96	36.28	29.99	44.23	38.15	52.47	42.68
其他应收款(合计)	1.59	1.59	1.59	1.59	1.59	1.59	1.59
应收股利	0.00	0.00	0.00	0.00	0.00	0.00	0.00
应收利息	0.00	0.00	0.00	0.00	0.00	0.00	0.00
其他应收款	1.59	1.59	1.59	1.59	1.59	1.59	1.59
存货	240.85	161.81	281.11	214.96	335.68	270.03	365.96
待摊费用	0.00						
其他流动资产	235.36	189.04	207.94	232.89	258.51	284.36	298.58
非现金流动资产	879.62	924.74	978.36	1 148.94	1 214.09	1 387.26	1 356.92
流动资产合计	2 133.63	2 049.69	2 435.66	2 486.38	2 906.34	2 988.95	3 316.92
非流动资产:							
发放贷款及垫款	144.24	144.24	144.24	144.24	144.24	144.24	144.24
金融类投资	69.45	69.45	69.45	69.45	69.45	69.45	69.45
长期投资	75.63	75.63	75.63	75.63	75.63	75.63	75.63
固定资产原值	343.18	400.51	460.78	533.93	614.77	703.50	786.74
累计折旧	151.96	185.43	224.19	268.95	320.64	379.96	447.02
固定资产净值	191.22	215.08	236.59	264.98	294.13	323.54	339.72
在建工程	24.31	24.31	24.31	24.31	24.31	24.31	24.31
无形资产原值	62.67	67.67	76.10	86.68	97.88	109.61	118.34
累计摊销	9.61	12.22	15.10	18.36	22.05	26.20	30.76

(单位:亿元)(续表)

项目	2019年	2020年	2021年	2022年	2023年	2024年	2025年
无形资产净值	53.06	55.45	61.00	68.32	75.83	83.41	87.58
开发支出和商誉	3.26	3.42	3.59	3.77	3.96	4.16	4.37
长期待摊费用	0.03	0.03	0.03	0.03	0.03	0.03	0.03
递延所得税资产	125.41	125.41	125.41	125.41	125.41	125.41	125.41
其他非流动资产	9.48	9.48	9.48	9.48	9.48	9.48	9.48
非流动资产合计	696.09	722.50	749.73	785.62	822.47	859.66	880.22
资产总计	2 829.72	2 772.19	3 185.39	3 272.00	3 728.81	3 848.61	4 197.14
流动负债:							
短期借款	159.44	210.04	231.05	258.77	287.24	315.96	331.76
交易性金融负债	0.00	0.00	0.00	0.00	0.00	0.00	0.00
应付票据(账款)	669.42	458.02	782.16	606.85	934.95	761.03	1 019.75
预收款项	82.26	165.72	107.06	198.46	140.66	232.38	159.31
应付职工薪酬	34.31	34.31	34.31	34.31	34.31	34.31	34.31
应交税费	37.04	42.01	46.21	51.75	57.45	63.19	66.35
其他应付款(合计)	27.13	27.13	27.13	27.13	27.13	27.13	27.13
应付利息	0.00	0.00	0.00	0.00	0.00	0.00	0.00
应付股利	0.01	0.01	0.01	0.01	0.01	0.01	0.01
其他应付款	27.12	27.12	27.12	27.12	27.12	27.12	27.12
一年内到期的非流动负债	0.00	0.00	0.00	0.00	0.00	0.00	0.00
其他流动负债	651.81	651.81	651.81	651.81	651.81	651.81	651.81
其他金融类流动负债	34.27	0.00	0.00	0.00	0.00	0.00	0.00
非融资性流动负债	1 536.24	1 379.00	1 648.68	1 570.31	1 846.31	1 769.85	1 958.66
流动负债合计	1 695.68	1 589.04	1 879.73	1 829.08	2 133.55	2 085.81	2 290.42
非流动负债:							
长期借款	0.47	0.47	0.47	0.47	0.47	0.47	0.47
递延所得税负债	9.28	9.28	9.28	9.28	9.28	9.28	9.28
其他非流动负债	3.82	3.82	3.82	3.82	3.82	3.82	3.82
非流动负债合计	13.57	13.57	13.57	13.57	13.57	13.57	13.57
负债合计	1 709.25	1 602.61	1 893.30	1 842.65	2 147.12	2 099.38	2 303.99
股东权益:							
股本	60.15	60.15	60.15	60.15	60.15	60.15	60.15
资本公积	0.93	0.93	0.93	0.93	0.93	0.93	0.93
减:库存股	0.00	0.00	0.00	0.00	0.00	0.00	0.00
其他综合收益	62.60	0.00	0.00	0.00	0.00	0.00	0.00
盈余公积	39.90	39.90	39.90	39.90	39.90	39.90	39.90
未分配利润	937.95	1 049.66	1 172.17	1 309.43	1 461.77	1 629.31	1 773.23
归属于母公司股东权益合计	1 101.53	1 150.64	1 273.15	1 410.41	1 562.75	1 730.29	1 874.21
少数股东权益	18.94	18.94	18.94	18.94	18.94	18.94	18.94
股东权益合计	1 120.47	1 169.58	1 292.09	1 429.35	1 581.69	1 749.23	1 893.15
负债和股东权益总计	2 829.72	2 772.19	3 185.39	3 272.00	3 728.81	3 848.61	4 197.14

预计资产负债表中的部分项目是根据格力电器历史财务报表中的相关项目归集的，其中：

交易性金融资产 = 交易性金融资产 + 衍生性金融资产 + 买入返售金融资产

其他流动资产 = 合同资产 + 划分为持有待售的资产 + 一年内到期的非流动资产 + 其他金融类流动资产

金融类投资 = 以公允价值计量且其变动计入其他综合收益的金融资产 + 以摊余成本计量的金融资产 + 债权投资 + 其他债权投资 + 可供出售的金融资产 + 其他权益工具资产 + 持有至到期投资 + 其他非流动金融资产

长期投资 = 长期应收款 + 长期股权投资 + 投资性房地产

固定资产 = 固定资产 + 生物资产 + 油气资产

交易性金融负债 = 交易性金融负债 + 衍生性金融负债

其他非流动负债 = 其他非流动负债 + 长期应付职工薪酬 + 递延收益

盈余公积 = 盈余公积 + 专项储备 + 一般风险准备

为计算方便，在资产负债表中增加了非现金流动资产和非流动资产两个项目。

根据格力电器预计资产负债表等相关资料，预测期有息债务、经营性营运资本、投入资本分别如表7、表8、表9所示。

表7　预测期有息债务　　　　　　　　　　　　　　　　　　　　　　　　单位：亿元

项目	2019年	2020年	2021年	2022年	2023年	2024年	2025年
有息短债	159.44	210.04	231.05	258.77	287.24	315.96	331.76
有息长债	0.47	0.47	0.47	0.47	0.47	0.47	0.47
有息债务合计	159.91	210.51	231.52	259.24	287.71	316.43	332.23
有息债务增量		50.60	21.01	27.72	28.47	28.72	15.80

表8　预测期经营性营运资本　　　　　　　　　　　　　　　　　　　　　单位：亿元

项目	2019年	2020年	2021年	2022年	2023年	2024年	2025年
流动资产	2 133.63	2 049.69	2 435.66	2 486.38	2 906.34	2 988.95	3 316.92
减：货币资金	1 254.01	1 124.95	1 457.30	1 337.44	1 692.25	1 601.69	1 960.00
交易性金融资产	10.47	0.00	0.00	0.00	0.00	0.00	0.00
经营性流动资产	869.15	924.74	978.36	1 148.94	1 214.09	1 387.26	1 356.92
流动负债	1 695.68	1 589.04	1 879.73	1 829.08	2 133.55	2 085.81	2 290.42
减：短期借款	159.44	210.04	231.05	258.77	287.24	315.96	331.76
交易性金融负债	0.00	0.00	0.00	0.00	0.00	0.00	0.00
经营性流动负债	1 536.24	1 379.00	1 648.68	1 570.31	1 846.31	1 769.85	1 958.66
经营性营运资本	-667.09	-454.26	-670.32	-421.37	-632.22	-382.59	-601.74
经营性营运资本增量		212.83	-216.06	248.95	-210.85	249.63	-219.15

表9 预测期投入资本 单位:亿元

项目	2019年	2020年	2021年	2022年	2023年	2024年	2025年
归属于母公司股东权益	1 101.53	1 150.64	1 273.15	1 410.41	1 562.75	1 730.29	1 874.21
少数股东权益	18.94	18.94	18.94	18.94	18.94	18.94	18.94
有息债务合计	159.91	210.51	231.52	259.24	287.71	316.43	332.23
减:超额现金	0.00	0.00	0.00	0.00	0.00	0.00	0.00
减:非经营性资产	10.47	0.00	0.00	0.00	0.00	0.00	0.00
投入资本(IC)	1 269.91	1 380.09	1 523.61	1 688.59	1 869.40	2 065.66	2 225.38

根据格力电器预计利润表和预计资产负债表,编制预计现金流量表,结果如表10所示。

表10 预计现金流量表 单位:亿元

年份	2020年	2021年	2022年	2023年	2024年	2025年
经营活动产生的现金流量						
税后利润	229.97	252.20	282.57	313.61	344.90	361.84
加:折旧与摊销	36.08	41.64	48.02	55.38	63.47	71.62
利息费用	9.45	11.27	12.51	13.95	15.41	16.54
存货的减少(增加)	79.04	-119.30	66.15	-120.72	65.65	-95.93
经营性应收项目的减少(增加)	-180.95	84.58	-211.78	81.19	-212.97	140.49
经营性应付项目的增加(减少)	-122.97	269.68	-78.37	276.00	-76.46	188.81
递延所得税资产减少(增加)	0.00	0.00	0.00	0.00	0.00	0.00
递延所得税负债增加(减少)	0.00	0.00	0.00	0.00	0.00	0.00
待摊费用减少(增加)	0.00	0.00	0.00	0.00	0.00	0.00
其他流动资产减少(增加)	46.32	-18.90	-24.95	-25.62	-25.85	-14.22
其他非流动负债增加(减少)	0.00	0.00	0.00	0.00	0.00	0.00
其他金融类流动负债增加(减少)	-34.27	0.00	0.00	0.00	0.00	0.00
经营活动产生的现金流量净额	62.67	521.17	94.15	593.79	174.15	669.15
投资活动产生的现金流量						
收回投资收到的现金	0.00	0.00	0.00	0.00	0.00	0.00
取得投资收益收到的现金	0.00	0.00	0.00	0.00	0.00	0.00
小计	0.00	0.00	0.00	0.00	0.00	0.00
长期投资	0.00	0.00	0.00	0.00	0.00	0.00
固定资产、在建工程、无形资产	62.33	68.70	83.73	92.04	100.46	91.97
开发支出和商誉	0.16	0.17	0.18	0.19	0.20	0.21
交易性金融资产	-10.47	0.00	0.00	0.00	0.00	0.00
其他非流动资产	0.00	0.00	0.00	0.00	0.00	0.00
小计	52.02	68.87	83.91	92.23	100.66	92.18
投资活动产生的现金流量净额	-52.02	-68.87	-83.91	-92.23	-100.66	-92.18
筹资活动产生的现金流量						
股权筹资额	0.00	0.00	0.00	0.00	0.00	0.00
有息债务增加	50.60	21.01	27.72	28.47	28.72	15.80
小计	50.60	21.01	27.72	28.47	28.72	15.80
支付普通股股利	116.97	128.28	143.73	159.51	175.43	215.89
少数股东股利	1.29	1.41	1.58	1.76	1.93	2.03

(单位：亿元)(续表)

项目	2020 年	2021 年	2022 年	2023 年	2024 年	2025 年
偿付利息	9.45	11.27	12.51	13.95	15.41	16.54
其他应付股利和应付利息增加	0.00	0.00	0.00	0.00	0.00	0.00
小计	127.71	140.96	157.82	175.22	192.77	234.46
筹资活动产生的现金流量净额	−77.11	−119.95	−130.10	−146.75	−164.05	−218.66
其他综合收益	−62.60	0.00	0.00	0.00	0.00	0.00
汇率变动的影响	0.00	0.00	0.00	0.00	0.00	0.00
现金及现金等价物净增加额	−129.06	332.35	−119.86	354.81	−90.56	358.31
期初现金及现金等价物余额*	1 254.01	1 124.95	1 457.30	1 337.44	1 692.25	1 601.69
期末现金及现金等价物余额*	1 124.95	1 457.30	1 337.44	1 692.25	1 601.69	1 960.00

* 假设期初、期末货币资金余额等于现金及现金等价物余额。

3. 预测格力电器资本成本

格力电器预测期资本成本如表 11 所示,资本成本的预测方法见第五章案例分析题。

表 11 预测期资本成本

项目	2020 年	2021 年	2022 年	2023 年	2024 年	2025 年
无风险利率	4.00%	4.00%	4.00%	4.00%	4.00%	4.00%
β 系数	1.1265	1.1265	1.1265	1.1265	1.1265	1.0000
风险溢价	6.00%	6.00%	6.00%	6.00%	6.00%	5.60%
股权资本成本	10.76%	10.76%	10.76%	10.76%	10.76%	9.60%
所得税税率	15.00%	15.00%	15.00%	15.00%	15.00%	15.00%
长短期借款平均利率	5.10%	5.10%	5.10%	5.10%	5.10%	5.10%
税后债务成本	4.34%	4.34%	4.34%	4.34%	4.34%	4.34%
有息债务/投入资本	15.30%	15.20%	15.40%	15.40%	15.30%	14.90%
股东权益/投入资本	84.70%	84.80%	84.60%	84.60%	84.70%	85.10%
加权平均资本成本	9.78%	9.78%	9.77%	9.77%	9.78%	8.82%

假设现在是 2020 年 6 月 30 日,格力电器股票市场价格为 56.46 元/股,流通在外的普通股股数为 60.16 亿股,市场价值为 3 396.48 亿元。

要求:

(1) 预测格力电器股权自由现金流量、公司自由现金流量;采用 FCFE、FCFF、DDM 模型预测格力电器股票价值。

(2) 计算格力电器市盈率乘数、公司价值乘数、市净率乘数、市销率乘数。

(3) 以 2020 年 6 月 30 日股票市场价格为基础,选择家用电器业 10 家公司,比较家用电器业股票价值。

参考答案

一、单项选择题

1. C	2. A	3. A	4. D	5. B
6. C	7. B	8. D	9. A	10. B

二、多项选择题

1. ABD	2. ABC	3. ABCDE	4. ABCDE	5. ABE
6. ABCDE	7. BC	8. ABCDE	9. BC	10. ABCE

三、判断题

1. √	2. ×	3. ×	4. √	5. ×
6. √	7. √	8. ×	9. ×	10. ×

四、计算分析题

1. 解：

年金终值的电子数据表

	A	B	C	D	E	F	G
1	输入值						
2	每年年末支付额(元)	10 000.00					
3	各期利率	6%					
4	期数	5					
5	计算终值						
6	(1) 时间线计算终值						
7	期数	0	1	2	3	4	5
8	各期现金流量(元)	0	10 000.00	10 000.00	10 000.00	10 000.00	10 000.00
9	各期现金流量终值(元)	0	12 624.77	11 910.16	11 236.00	10 600.00	10 000.00
10	终值(元)						56 370.93
11	(2)公式计算终值	56 370.93	←＝B2*((1+B3)^B4−1)/B3				
12	(3)FV 函数计算终值	56 370.93	←＝FV(B3,B4,−B2)				

(1) 利用时间线计算年金终值：

各期现金流量终值＝各期现金流量×(1＋各期折现率)^[(期数)−(当前期数)]

在单元格 B9 内输入"＝B8*(1+$B$3)^($B$4−B7)"，并以此类推，在 C9:G9 区域内的单元格内输入对应的公式。其中，($B$4−B7)使得第 0 期的现金流量在终值中计算了 5 次复利，第 1 期的现金流量在终值中计算了 4 次复利……$B$3，$B$4 中的两个"$"在复制时分别将行锁定为第 3、第 4 行，将列锁定为 B 列。

终值＝对各期现金流量终值求和，在单元格 G10 内输入"＝SUM(B9:G9)"。

(2) 利用公式计算年金终值:

$$FV = A\left[\frac{(1+r)^n - 1}{r}\right] = 10\,000 \times \left[\frac{(1+6\%)^5 - 1}{6\%}\right] = 56\,370.93(元)$$

或根据年金终值公式,在单元格 B11 内输入" = B2 * ((1 + B3)^B4 – 1)/B3"。

(3) 利用 FV 函数计算年金终值:

在单元格 B12 内输入" = FV(B3,B4, – B2)"。

这笔年金终值为 56 370.93 元,采用三种方法得到的结果是相同的。

2. 解:

年金现值的电子数据表

	A	B	C	D	E	F	G
1	输入值						
2	每年年末支付额	5 000.00					
3	各期折现率	12%					
4	期数	5					
5	计算现值						
6	(1) 时间线计算现值						
7	期数	0	1	2	3	4	5
8	各期现金流量	0	5 000.00	5 000.00	5 000.00	5 000.00	5 000.00
9	各期现金流量现值	0	4 464.29	3 985.97	3 558.90	3 177.59	2 837.13
10	现值	18 023.88	← = SUM(B9:G9)				
11	(2) 公式计算现值	18 023.88	← = B2 * ((1 – (1 + B3)^(– B4))/B3				
12	(3) PV 函数计算现值	18 023.88	← = PV(B3,B4, – B2)				

(1) 利用时间线计算年金现值:

各期现金流量现值 = 各期现金流量/[(1 + 各期折现率)^期数]

在单元格 B9 内输入" = B8/((1 + $B$3)^B7)",并以此类推,在 C9:G9 区域内的单元格内输入对应的公式。其中," $B$3"中的两个" $ "在复制时将行锁定为第 3 行,将列锁定为 B 列。

现值 = 对各期现金流量现值求和,在单元格 B10 内输入" = SUM(B9:G9)"。

(2) 利用公式计算年金现值:

$$PV = A\left[\frac{1 - (1+r)^{-n}}{r}\right] = 5\,000 \times \left[\frac{1 - (1+12\%)^{-5}}{12\%}\right] = 18\,023.88(元)$$

或根据年金现值公式,在单元格 B11 内输入" = B2 * ((1 – (1 + B3)^(– B4))/B3)"。

(3) 利用 PV 函数计算年金终值:

在单元格 B12 内输入" = PV(B3,B4, – B2)"。

这笔年金现值为 18 023.88 元,采用三种方法得到的结果是相同的。

3．解：

各期现金流量相等计算项目的净现值和内部收益率

	A	B	C	D	E	F	G
1	输入值						
2	折现率	8%					
3	期数	5					
4	（1）各期现金流量相等计算净现值（万元）						
5	期数	0	1	2	3	4	5
6	各期现金流量	-600	180	180	180	180	180
7	各期现金流量现值	-600	166.67	154.32	142.89	132.31	122.50
8	利用时间线计算净现值	118.69	←=SUM(B7:G7)				
9	利用 NPV 函数计算净现值	118.69	←=B6+NPV(B2,C6:G6)				
10	（2）各期现金流量相等计算内部收益率						
11	根据 IRR 函数计算	15.24%	←=IRR(B6:G6)				
12	根据 RATE 函数计算	15.24%	←=RATE(B3,C6,B6)				

（1）各期现金流量相等计算项目的净现值：

利用时间线计算净现值，首先计算各期现金流量现值，与计算题2不同，计算题3含有初始投资（第0期现金流＝-600万元），根据净现值计算公式计算各期（包括第0期）现金流量现值，然后对各期现金流量现值求和。

根据 NPV 函数计算净现值，即在单元格 B9 内输入"＝B6+NPV(B2,C6:G6)"。

（2）各期现金流量相等计算项目的内部收益率（IRR）：

由于项目各期现金流量相等，其内部收益率可根据两种函数计算：

在单元格 B11 内输入"＝IRR(B6:G6)"，或在单元格 B12 内输入"＝RATE(B3,C6,B6)"。

如果项目各期现金流量不相等，则只能根据 IRR 函数计算内部收益率。

4．解：

各期现金流量不等且折现率不等计算项目的净现值和内部收益率

	A	B	C	D	E	F	G
1	期数	0	1	2	3	4	5
2	各期现金流量（万元）	-600	180	200	210	160	130
3	折现率	0	8.0%	7.6%	7.3%	7.0%	7.0%
4	累计折现率	0	8.0%	16.2%	24.7%	33.4%	42.8%
5	各期现金流量现值（万元）	-600	166.67	172.11	168.42	119.92	91.06
6	项目净现值（NPV）（万元）	118.17	←=SUM(B5:G5)				
7	项目内部收益率（IRR）	15.14%	←=IRR(B2:G2)				

在单元格 B4 内输入 0。根据累计折现率公式，在单元格 C4 内输入"＝(1+B4)*(1+C3)-1"，并以此类推，在 D4:G4 区域内的单元格内输入对应的等式。

表中各期现金流量现值＝第 t 期现金流量/(1+第 t 期累计折现率)，在单元格 B5 内输入"＝B2/(1+B4)"，并以此类推，在 C5:G5 区域内的单元格内输入对应的等式。

5. 解:

各期现金流量不等且折现率不等计算项目的净现值和内部收益率(考虑预期通货膨胀率)

	A	B	C	D	E	F	G
1	输入值						
2	期数		0	1	2	3	4	5
3	各期现金流量(万元)		-600	180	200	210	160	130
4	预期通货膨胀率			3.0%	2.8%	2.6%	2.4%	2.2%
5	各期真实折现率			5.0%	5.5%	6.0%	6.5%	6.5%
6	项目净现值(根据时间线计算)							
7	期数		0	1	2	3	4	5
8	各期现金流量(万元)		-600	180	200	210	160	130
9	折现率		0	8.15%	8.45%	8.76%	9.06%	8.84%
10	累计折现率		0	8.15%	17.29%	27.56%	39.12%	51.42%
11	各期现金流量现值(万元)		-600	166.44	170.51	164.62	115.01	85.86
12	项目净现值(万元)	102.44	←=SUM(B11:G11)					
13	项目内部收益率	15.14%	←=IRR(B3:G3)					

表中"折现率"根据名义折现率的公式计算:

名义折现率 = (1 + 预期通货膨胀率) × (1 + 真实折现率) - 1

在单元格 C9 内输入"= (1 + B4) * (1 + B5) - 1",并以此类推,在 D9:G9 区域内的单元格内输入对应的等式。

其他单元格输入方式同计算题 4。该项目的净现值为 102.44 万元;内部收益率为 15.14%,与计算题 4 的结论相同,这表明在计算内部收益率时,这一指标仅与项目的现金流量有关,与折现率无关。

6. 解:

$$贷款月利率 = 0.06/12 = 0.005$$

复利计算期为 240 期,则:

$$按揭贷款月还款额 = 300\,000 \times \left[\frac{0.06/12}{1 - (1 + 0.06/12)^{-240}} \right] = 2\,149(元)$$

上述计算表明,每月支付 2 149 元就能在 20 年内偿付 300 000 元(见下表)。每期还款额由利息和本金两部分组成。贷款有效利率(EAR)为:

$$EAR = \left(1 + \frac{r_{nom}}{m}\right)^m - 1 = \left(1 + \frac{6\%}{12}\right)^{12} - 1 = 6.17\%$$

等额本息法 单位:元

期	分期付款	每期利息	偿还本金	期末未偿还本金余额
0				300 000
1	2 149	1 500	649	299 351
2	2 149	1 497	653	298 698
3	2 149	1 493	656	298 042

(单位:元)(续表)

期	分期付款	每期利息	偿还本金	期末未偿还本金余额
4	2 149	1 490	659	297 383
5	2 149	1 487	662	296 721
6	2 149	1 484	666	296 055
7	2 149	1 480	669	295 386
…	…	…	…	…
238	2 149	32	2 117	4 267
239	2 149	21	2 128	2 139
240	2 149	11	2 139	0
合计	515 830	215 830	300 000	

表中每期还款额可分为利息和本金两部分:

第 t 期利息 = 利率 × 第 $t-1$ 期期末未偿还本金额

例如,第 1 期利息 = $(0.06/12) \times 300\,000 = 1\,500$(元),以此类推。

第 t 期偿还本金 = 当期还款额 − 当期利息

例如,第 1 期偿还本金 = $2\,149 - 1\,500 = 649$(元),以此类推。

第 t 期期末未偿还本金余额 = 第 $t-1$ 期期末未偿还本金余额 − 第 t 期偿还本金

例如,第 1 期期末未偿还本金余额 = $300\,000 - 649 = 299\,351$(元),以此类推。

在第 240 期(第 20 年)最后一次还款后,第 240 期期末未偿还本金余额减至 0,贷款全部还清。

7. 解:

采用方案(2)时,经销商分期付款计划(如下表所示)所有还款的现值 = $PV(1.25\%, 30, -5\,200) + 25\,000 = 154\,322.31$(元),大于一次付款现值(150 000 元)。

经销商分期付款计划所有还款   单位:元

月	现金偿付	分期付款计划下的各期还款额	差值
0	150 000	25 000	125 000
1	0	5 200	− 5 200
2	0	5 200	− 5 200
3	0	5 200	− 5 200
4	0	5 200	− 5 200
…	…	…	…
28	0	5 200	− 5 200
29	0	5 200	− 5 200
30	0	5 200	− 5 200

经销商收取的月利率 = $RATE(30, -5\,200, 125\,000) = 1.49\%$,经销商收取的年利率 = $1.49\% \times 12 = 17.88\%$,这一利率大于从银行取得汽车贷款的年利率 15%($= 1.25\% \times 12$)。因此,你应当选择从银行贷款购买汽车,而不是通过经销商融资分期购买汽车。

8. 解:

(1)

债券价值

	A	B	C	D	E	F	G	H	I	J
1	输入值									
2	债券面值(元)	100								
3	息票率	5%								
4	期限(年)	4								
5	每年付息次数	2								
6	期数	8								
7	到期收益率	9%								
8	计算债券价值									
9	期数	0	1	2	3	4	5	6	7	8
10	现金流量(元)		2.5	2.5	2.5	2.5	2.5	2.5	2.5	102.5
11	半年到期收益率	4.40%	←=(1+B7)^(1/B5)−1							
12	现金流量现值(元)		2.39	2.29	2.20	2.10	2.02	1.93	1.85	72.61
13	债券价值(时间线)(元)	87.40	←=SUM(C12:J12)							
14	债券价值(公式)(元)	87.40	←=(B2*B3/B5)*(1−(1+B11)^(−B8))/B11+(B2/((1+B11)^B6))							
15	债券价值(PV函数)(元)	87.40	←=PV(B11,B6,−C10,−B2)							
16	债券价值(NPV函数)(元)	87.40	←=NPV(B11,C10:J10)							

表中各项目计算公式如下:

现金流量 = 债券各期利息 + 到期债券面值 = 100 × 5%/2 + 100 = 2.5(元)

半年到期收益率 = $(1+年到期收益率)^{1/2} - 1 = (1+9\%)^{1/2} - 1 = 4.4\%$

或者在单元格 B11 内输入"=(1+B7)^(1/B5)−1"。

利用时间线计算债券价值,首先计算各项现金流量的现值:现金流量现值 = 现金流量/(1 + 各期折现率)^期数,在单元格 C12 内输入"=B10/(1+$B$11)^C9",并以此类推,在 D12:J12 区域内的单元格内输入相应的公式。债券价值 = 对各期现金流量现值求和,在单元格 B13 内输入"=SUM(C12:J12)"。

利用债券现值公式计算债券价值,公式如下:

$$PV = A\left[\frac{1-(1+r)^{-n}}{r}\right] + \frac{FV}{(1+r)^n}$$

$$= 100 \times 5\%/2 \times \left[\frac{1-(1+4.4\%)^{-8}}{4.4\%}\right] + \frac{100}{(1+4.4\%)^8} = 87.40(元)$$

或者在单元格 B14 内输入相应的公式。

利用 PV 函数计算债券价值,债券现值 = PV(Rate, Nper, Pmt, FV, Type),在单元格 B15 内输入相应的公式即可得到债券价值。

利用 NPV 函数计算债券价值,债券现值 = NPV(rate, value1, value2, ……),在单元格 B16 内输入相应的公式即可得到债券价值。

(2) 假设债券到期收益率(折现率)从 0 到 12% 变化,则债券价值与债券到期收益率之间的关系如图 1 所示,从图 1 中可以看出,债券价值是债券到期收益率的单调减函数。

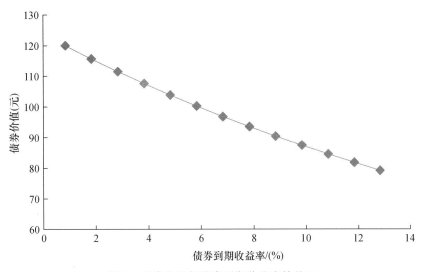

图1 债券价值与债券到期收益率的关系

(3) 假设债券息票率从 0 到 14% 变化,则债券价值与债券息票率的关系如图 2 所示,从图 2 中可以看出,债券息票率越高,债券价值越高。

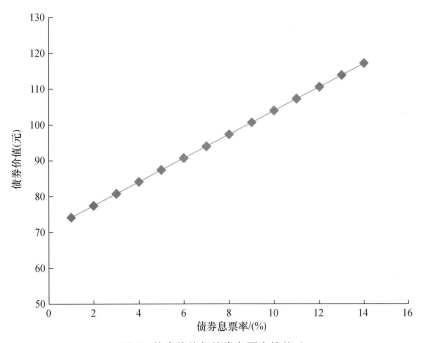

图2 债券价值与债券息票率的关系

(4) 假设债券每年付息从 1 次到 12 次变化,则债券价值与债券每年付息次数的关系如图 3 所示,从图 3 中可以看出,债券每年付息次数越多,债券价值越高,但债券价值增长的幅度在降低。

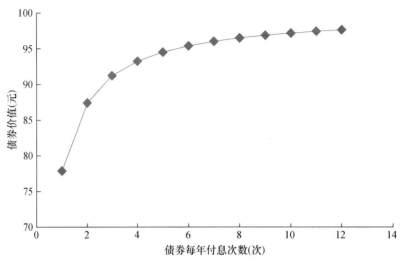

图3　债券价值与债券每年付息次数的关系

9．解：

不同期限债券在不同到期收益率下的价值和债券价值波动率见表1和图1。

表1　不同期限债券在不同到期收益率下的价值和债券价值波动率

到期收益率	债券价值(元)		
	$n=1$	$n=10$	$n=30$
1%	103.96	137.89	203.23
2%	102.94	126.95	167.19
3%	101.94	117.06	139.20
4%	100.96	108.11	117.29
5%	100.00	100.00	100.00
6%	99.06	92.64	86.24
7%	98.13	85.95	75.18
8%	97.22	79.87	66.23
9%	96.33	74.33	58.91
10%	95.45	69.28	52.87
到期收益率变动	债券价值变动		
	$n=1$	$n=10$	$n=30$
−80.0%	3.96%	37.89%	103.23%
−60.0%	2.94%	26.95%	67.19%
−40.0%	1.94%	17.06%	39.20%
−20.0%	0.96%	8.11%	17.29%
0.0%	0.00%	0.00%	0.00%
20.0%	−0.94%	−7.36%	−13.76%
40.0%	−1.87%	−14.05%	−24.82%
60.0%	−2.78%	−20.13%	−33.77%
80.0%	−3.67%	−25.67%	−41.09%
100.0%	−4.55%	−30.72%	−47.13%
波动率(标准差)	2.86%	23.03%	49.91%

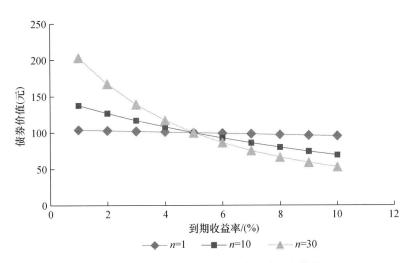

图 1 不同期限债券价值与到期收益率之间的关系

从表 1 中可以看出,在同一到期收益率下,不同期限债券价值差异较大。以息票率 5% 为基础,到期收益率波动率从 -80% 至 100% 变化,债券期限越长,债券价值波动率越高。具体来说,当债券期限等于 1 时,债券价值在 -4.55% 到 3.96% 之间波动,波动率为 2.86%;当债券期限等于 10 时,债券价值在 -30.72% 到 37.89% 之间波动,波动率为 23.03%;当债券期限等于 30 时,债券价值在 -47.13% 到 103.23% 之间波动,波动率为 49.91%。这一现象与图 1 的描述相同,即债券期限越长,债券价值线的斜率越大,波动率越大。

10. 解:

"15 远洋 03"债到期收益率

	A	B	C	D
1	日期	现金流量(全价)	现金流量(净价)	说明
2	2019/9/28	-99.26194	-98.70030	← = -收盘价(净价)
3	2020/8/19	5	5	← = 面值*利率
4	2021/8/19	5	5	← = 面值*利率
5	2022/8/19	5	5	← = 面值*利率
6	2023/8/19	5	5	← = 面值*利率
7	2024/8/19	5	5	← = 面值*利率
8	2025/8/19	105	105	← = 面值*利率+面值
9	到期收益率	5.252%	5.366%	← = XIRR(C2:C8,$A$2:$A$8)

11. 解:

根据稳定增长模型计算 XYZ 公司股票价值,结果如表 1 所示。

表1　XYZ公司股票价值　　　　　　　　　　　　　　　　　单位：元/股

增长率	必要收益率		
	8%	9%	10%
5%	124.25	93.19	74.55
4%	92.30	73.84	61.53
3%	73.13	60.94	52.24

当必要收益率为8%、增长率为5%时，股票价值计算方式如下：

$$P_0 = \frac{3.55 \times (1 + 5\%)}{8\% - 5\%} = 124.25(元)$$

表中其他指标计算方法以此类推。

（2）如果你是一个稳健的投资者或有闲置的资金，那么可进行长期投资，从而获得稳定的收益。

（3）如果你是一个激进的投资者，资金比较少，那么可进行短期投资；如果有更好的投资机会，则可进行短期买卖。

（4）计算结果见表1。

（5）根据表1中的计算结果，XYZ股票价值在52.24—124.25元/股，这表明采用不同的参数对股票价值影响很大。增长率变动对股票价值的影响见图1，必要收益率（折现率）变动对股票价值的影响见图2。从图中可以看出，在其他条件一定的情况下，股票价值与增长率同方向变动，与必要收益率反方向变动。

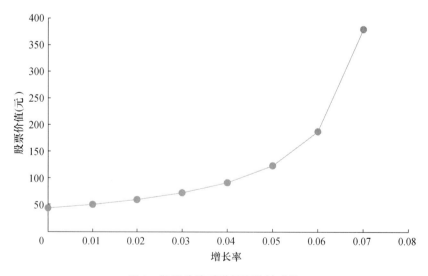

图1　股票价值对增长率的敏感性

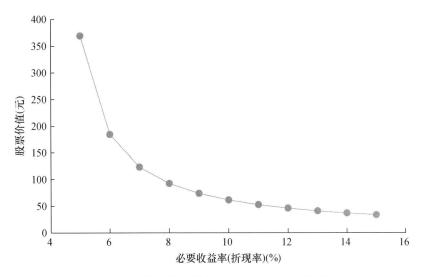

图 2 股票价值对必要收益率(折现率)的敏感性

12. 解:

(1)股票价格和市盈率:

$$股票价格 = \frac{1.05 \times (1 + 6\%)}{12.775\% - 6\%} = 16.43(元)$$

$$市盈率 = \frac{P_0}{\text{EPS}_1} = \frac{16.43}{2.40} = 6.85(倍)$$

或

$$市盈率 = \frac{1 - b}{r_e - g} = \frac{(1.05 \div 2.40) \times (1 + 6\%)}{12.775\% - 6\%} = 6.85(倍)$$

$$股票价格 = 6.85 \times 2.40 = 16.43(元)$$

(2)如果当前股票交易价格为每股收益的 10 倍,即 $2.40 \times 10 = 24(元)$,则隐含的长期增长率为:

$$\frac{1.05 \times (1 + g)}{12.775\% - g} = 24$$

$$g = 8.05\%$$

13. 解:

(1)股权资本成本 $= 7\% + 0.85 \times 5.5\% = 11.675\%$

$$股票价值 = \frac{2 \times 1.06}{11.675\% - 6\%} = 37.36(元)$$

$$股票价值/账面价值 = 37.36/40 = 0.934$$

(2)如果当前股票交易价格为 60 元/股,则其隐含的增长率为:

$$60 = \frac{2 \times (1 + g)}{11.675\% - g}$$

$$g = 8.07\%$$

(3)
$$g = \text{ROE} \times 留存收益比率$$
$$\text{ROE} = \frac{8.07\%}{2/4} = 16.15\%$$

根据稳定增长模型计算的股票价值与市场实际交易价格存在差异,其原因或者是市场实际交易价格被高估了,或者是按稳定增长模型计算股票价值时低估了增长率或高估了资本成本等。

14．解：

(1) 高速增长期公司自由现金流量现值见下表。

高速增长期公司自由现金流量现值 　　　　　　　　　　单位:万元

项目	2019 年	2020 年	2021 年	2022 年	2023 年	2024 年	2025 年
息税前利润(EBIT)	9 905.00	10 796.45	11 768.13	12 827.26	13 981.72	15 240.07	16 002.07
EBIT×所得税税率(25%)	2 476.25	2 699.11	2 942.03	3 206.82	3 495.43	3 810.02	4 000.52
资本性支出 – 折旧费用	2 360.00	2 572.40	2 803.92	3 056.27	3 331.33	3 631.15	0.00
营业收入	112 880.00	123 039.20	134 112.73	146 182.87	159 339.33	173 679.87	182 363.87
营运资本	28 220.00	30 759.80	33 528.18	36 545.72	39 834.83	43 419.97	45 590.97
营运资本增加额		2 539.80	2 768.38	3 017.54	3 289.11	3 585.13	2 171.00
公司自由现金流量		2 985.14	3 253.80	3 546.64	3 865.84	4 213.77	9 830.56
各期自由现金流量现值		2 676.05	2 614.88	2 555.10	2 496.70	2 439.62	
公司自由现金流量现值	12 782.35	←按时间线计算					
公司自由现金流量现值	12 782.35	←按 NPV 函数计算					

上表中,以 2019 年为预测基点,2020—2024 年各期息税前利润、资本性支出 – 折旧费用、营业收入按9%的增长率计算,2025 年按5%的增长率计算。

营运资本增加额 = 第 t 期营运资本 – 第 $t-1$ 期营运资本

公司自由现金流量 = 息税前利润×(1 – 所得税税率) – (资本性支出 – 折旧费用) – 营运资本增加额

各期自由现金流量现值根据加权平均资本成本(11.55%)计算。

(2) 稳定增长期公司自由现金流量现值：
$$V_f = \frac{9\,830.56}{10.36\% - 5\%} \times \frac{1}{(1 + 11.55\%)^5} = 106\,185.56(万元)$$

(3) 公司价值 = 12 782.35 + 106 185.56 = 118 967.91(万元)

(4) 股票价值 = 118 967.91 – 32 000 = 86 967.91(万元)

每股价值 = 86 967.91/1 000 = 89.97(元/股)

15．解：
$$\frac{P_0}{\text{EPS}_1} = \frac{1-b}{r_e - g} = \frac{1 - g/\text{ROE}}{r_e - g} = \frac{1 - 8\%/20\%}{12\% - 8\%} = 15(倍)$$

(1) 假设其他因素保持不变,市盈率是股利增长率的递增函数,如图 1 所示。

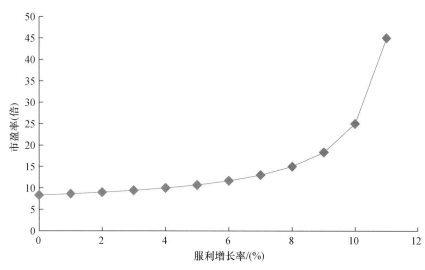

图 1　市盈率与股利增长率的关系

(2) 假设其他因素保持不变,市盈率是股权资本成本的减函数,如图 2 所示。

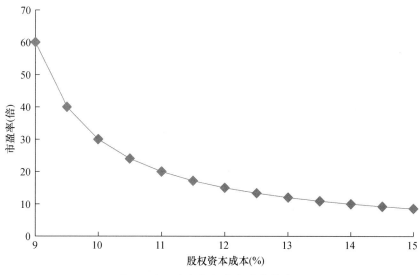

图 2　市盈率与股权资本成本的关系

(3) 假设其他因素保持不变,市盈率是再投资收益率的递增函数,如图 3 所示。

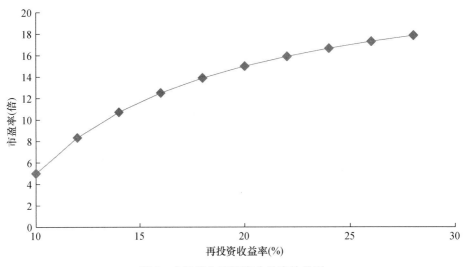

图 3　市盈率与再投资收益率的关系

16. 解：

(1) 采用间接法编制 XYZ 公司预计现金流量表，结果如表 1 所示。

表 1　XYZ 公司预计现金流量表　　　　　　　　　　　　　单位：万元

项目	2020 年	2021 年	2022 年	2023 年	2024 年	2025 年
经营活动现金流量						
净利润	75	103	136	156	177	178
折旧与摊销	330	363	399	439	483	531
财务费用	60	69	79	87	95	102
应收账款减少(增加)	-38	-36	-40	-34	-38	-25
存货减少(增加)	-48	-45	-49	-44	-46	-32
应付账款增加(减少)	48	45	49	44	46	32
经营活动现金流量净额	427	499	574	648	717	786
投资活动现金流量						
固定资产支出	-192	-179	-197	-174	-187	-127
固定资产更新支出	-330	-363	-399	-439	-483	-531
投资活动现金流量净额	-522	-542	-596	-613	-670	-658
筹资活动现金流量						
长期借款增加	195	162	164	123	146	106
支付股利	-30	-41	-54	-62	-89	-125
财务费用	-60	-69	-79	-87	-95	-102
筹资活动现金流量净额	105	52	31	-26	-38	-121
现金流量净额	10	9	9	9	9	7

(2) 与价值评估有关的指标计算结果如表 2 所示。

表2 与价值评估有关的指标
单位:万元

项目	基期	2020年	2021年	2022年	2023年	2024年	2025年
EBITDA	400	490	570	660	734	814	870
税后利息	36	45	52	59	65	71	77
NOPAT	300	357	419	487	562	646	652
经营性营运资本:							
流动资产	800	896	986	1 084	1 171	1 264	1 328
减:超额现金	0	0	0	0	0	0	0
减:交易性金融资产	0	0	0	0	0	0	0
经营性流动资产	800	896	986	1 084	1 171	1 264	1 328
流动负债	400	448	493	542	586	632	664
减:短期借款	0	0	0	0	0	0	0
减:交易性金融负债	0	0	0	0	0	0	0
经营性流动负债	400	448	493	542	586	632	664
经营性营运资本	400	448	493	542	585	632	664
经营性营运资本净增加额		48	45	49	43	47	32
投入资本(方法1)							
经营性营运资本	400	448	493	542	585	632	664
固定资产净值	1 600	1 792	1 971	2 168	2 342	2 529	2 656
投入资本	2 000	2 240	2 464	2 710	2 927	3 161	3 320
投入资本(方法2)							
有息债务	800	995	1 157	1 321	1 444	1 590	1 696
股东权益	1 200	1 245	1 307	1 389	1 483	1 571	1 624
投入资本	2 000	2 240	2 464	2 710	2 927	3 161	3 320

(3) 计算结果如表3、表4、表5所示。

表3 股权自由现金流量模型(FCFE)
金额单位:万元

项目	基期	高速增长期					稳定增长期
		2020年	2021年	2022年	2023年	2024年	2025年
净利润		75	103	136	156	177	178
加:折旧与摊销		330	363	399	439	483	531
减:经营性营运资本增加额		48	45	49	43	47	32
减:追加资本性支出		522	542	596	613	670	658
加:有息债务增加额		195	162	164	123	146	106
股权自由现金流量(FCFE)		30	41	54	62	89	125
股权资本成本		11.35	11.35	11.35	11.35	11.35	11.00
高速增长期FCFE现值		26.94	33.07	39.11	40.33	51.99	
高速增长期FCFE现值合计	191	← =SUM(26.94,33.07,…,51.99)					
稳定增长期FCFE现值	1 217	← =(125/(11%−5%))/(1+11.35%)^5					
股票价值	1 408	← =191+1 217					
流通在外的普通股股数(万股)	200						
每股价值(元)	7.04	← =1 408/200					

表 4 股利折现模型(DDM)   金额单位:元

项目	基期	高速增长期					稳定增长期
		2020 年	2021 年	2022 年	2023 年	2024 年	2025 年
每股收益(净利润/股数)		0.38	0.52	0.68	0.78	0.89	0.89
股利支付率		40%	40%	40%	40%	50%	70%
每股股利		0.15	0.21	0.27	0.31	0.45	0.62
股权资本成本		11.35%	11.35%	11.35%	11.35%	11.35%	11.00%
高速增长期股利现值		0.13	0.17	0.20	0.20	0.26	
高速增长期股利现值合计	0.96	← =SUM(0.13,0.17,…,0.26)					
稳定增长期股利现值	6.04	← =(0.62/(11% −5%))/(1 +11.35%)^5					
股票价值							
流通在外的普通股股数							
每股价值	7.00	← =0.96 +6.04					

表 5 公司自由现金流量模型(FCFF)   金额单位:万元

项目	基期	高速增长期					稳定增长期
		2020 年	2021 年	2022 年	2023 年	2024 年	2025 年
净利润		75	103	136	156	177	178
加:利息×(1 −T)		45	52	59	65	71	77
加:折旧与摊销		330	363	399	439	483	531
减:经营性营运资本增加额		48	45	49	43	47	32
减:追加资本性支出		522	542	596	613	670	658
公司自由现金流量(FCFF)		−120	−69	−51	4	14	96
资本成本		8.31%	8.13%	8.01%	7.97%	7.90%	7.68%
累计资本成本		8.31%	17.12%	26.50%	36.58%	47.37%	
高速增长期 FCFF 现值		−110.79	−58.91	−40.32	2.93	9.90	
高速增长期 FCFF 现值合计	−198	← =SUM(−110.79,−58.91,…,9.90)					
稳定增长期 FCFE 现值	2 431						
公司价值	2 233	← = −198 +2 431					
减:有息债务	800						
股票价值	1 433	← =2 233 −800					
流通在外的普通股股数	200						
每股价值(元)	7.17	← =1 433/200					

稳定增长期现值,首先将稳定增长期现值调整到 2025 年年初,然后调整到 2020 年年初:

$$V_{2025年年初} = \frac{96}{7.68\% - 5\%} = 3\,582.09(万元)$$

$$V_{2020年年初} = \frac{3\,582.09}{(1 + 47.37\%)}$$

$$= 2\,431(万元)$$

表 6 描述了不同模型计算的股票价值,与股票市场价格相比,三种模型计算的结果均低于当前的股票市场价格。这存在两种情况,一种是按不同模型计算的股票价值被低估了,另

一种是股票市场价格被高估了。由于影响股票价值的因素有很多,这些因素很难全部反映在模型中,还需要结合情况进行价值分析和价值判断。

表6 不同模型计算的股票价值

项目	FCFE 模型	DDM 模型	FCFF 模型
现金流量现值(股票价值)(万元)	1 408	1 400	1 433
普通股股数(万股)	200	200	200
每股价值(预测)(元)	7.04	7.00	7.17
股票市场价格(元)	9.00	9.00	9.00
差异(元)	-1.96	-2.00	-1.83
有息债务账面价值(万元)	800	800	800
公司价值(万元)	2 208	2 200	2 233

(4)各种价值评估乘数计算结果如表7所示。

表7 主要财务指标和价值评估乘数

项目	2020年	2021年	2022年	2023年	2024年	2025年
销售收入(万元)	4 480	4 928	5 421	5 855	6 323	6 639
EBIT(万元)	160	207	261	295	331	339
EBITDA(万元)	490	571	660	734	814	870
有息债务(万元)	995	1 157	1 321	1 444	1 590	1 696
股东权益(账面)(万元)	1 245	1 307	1 389	1 483	1 571	1 624
股东权益(市价)(万元)	1 800	1 800	1 800	1 800	1 800	1 800
现金及现金等价物(万元)	90	99	108	117	126	133
公司价值(EV)(万元)	2 705	2 858	3 013	3 127	3 264	3 363
净利润(万元)	75	103	136	156	177	178
每股收益(元)	0.38	0.52	0.68	0.78	0.89	0.89
P/E	23.68	17.31	13.24	11.54	10.11	10.11
EV/EBITDA	5.52	5.01	4.57	4.26	4.00	3.87
EV/EBIT	16.91	13.81	11.54	10.60	9.86	9.92
P/S	0.40	0.37	0.33	0.31	0.28	0.27
P/B	1.45	1.38	1.30	1.21	1.15	1.11

17. 解:

(1)FSA公司预计利润表、预计资产负债表、预计现金流量表分别如表1、表2、表3所示;经营性营运资本、付息债务比率、资本成本预测分别如表4、表5、表6所示。

表1 FSA公司预计利润表 单位:万元

项目	2020年	2021年	2022年	2023年	2024年	2025年	2026年
营业收入	31 836	34 701	37 477	40 100	42 907	45 481	47 300
减:营业成本	14 581	15 893	17 164	18 366	19 651	20 830	21 663
毛利	17 255	18 808	20 313	21 734	23 256	24 651	25 637
减:销售与管理费用	11 206	10 410	11 243	12 030	12 872	13 644	14 190

(单位:万元)(续表)

项目	2020年	2021年	2022年	2023年	2024年	2025年	2026年
其中:折旧	1 673	1 831	1 986	2 135	2 284	2 432	2 553
减:其他经营费用	141	174	187	201	215	227	237
减:非经常性经营损失	0	0	0	0	0	0	0
经营利润	5 908	8 224	8 883	9 503	10 169	10 780	11 210
加:利息收入	91	99	100	102	103	104	103
减:利息费用	204	224	243	248	252	254	251
加:其他收益或利得	411	416	450	481	515	546	568
税前利润	6 206	8 515	9 190	9 838	10 535	11 176	11 630
减:所得税费用	1 552	2 129	2 298	2 460	2 634	2 794	2 908
加:非持续经营收益	0	0	0	0	0	0	0
净利润	4 654	6 386	6 892	7 378	7 901	8 382	8 722
股利	2 094	4 862	8 572	6 147	9 770	7 483	11 365
留存收益	2 560	1 524	-1 680	1 231	-1 869	899	-2 643

表2 FSA公司预计资产负债表　　　　　　单位:万元

项目	2020年	2021年	2022年	2023年	2024年	2025年	2026年
资产							
流动资产:							
现金	1 337	1 515	1 565	1 731	1 796	1 942	1 946
交易性金融资产	2 382	2 548	2 433	2 646	2 516	2 692	2 452
应收账款	3 281	5 275	3 966	5 922	4 658	6 556	5 107
存货	1 664	1 829	1 943	2 093	2 226	2 352	2 409
其他流动资产	596	637	608	662	629	673	613
流动资产合计	9 260	11 804	10 515	13 054	11 825	14 215	12 527
非流动资产:							
长期证券投资	3 573	3 822	3 649	3 969	3 774	4 038	3 677
固定资产原始价值	17 522	19 099	20 627	22 071	23 616	25 033	26 034
减:累计折旧	9 454	11 285	13 271	15 406	17 690	20 122	22 675
固定资产净值	8 068	7 814	7 356	6 665	5 926	4 911	3 359
商誉	5 268	5 584	5 919	6 274	6 650	7 049	7 472
其他非流动资产	2 693	2 828	2 969	3 117	3 273	3 437	3 609
非流动资产合计	19 602	20 048	19 893	20 025	19 623	19 435	18 117
资产总计	28 862	31 852	30 408	33 079	31 448	33 650	30 644
负债和股东权益							
流动负债:							
应付账款	1 895	2 024	2 208	2 321	2 524	2 612	2 730
短期借款	298	637	608	662	629	673	613
一年内到期的长期借款	361	1 593	1 520	1 654	1 572	1 683	1 532
其他流动负债	4 506	4 459	4 257	4 631	4 403	4 711	4 290
流动负债合计	7 060	8 713	8 593	9 268	9 128	9 679	9 165
非流动负债:							
长期负债	2 680	1 911	1 824	1 985	1 887	2 019	1 839
递延税款	1 191	1 274	1 216	1 323	1 258	1 346	1 226
其他非流动负债	4 460	4 861	5 250	5 618	6 011	6 372	6 627
非流动负债合计	8 331	8 046	8 290	8 926	9 156	9 737	9 692
负债总计	15 391	16 759	16 883	18 194	18 284	19 416	18 857

(单位:万元)(续表)

项目	2020年	2021年	2022年	2023年	2024年	2025年	2026年
股东权益:							
普通股	5 236	5 236	5 236	5 236	5 236	5 236	5 236
资本公积	650	748	860	989	1 137	1 308	1 504
累计留存收益	7 585	9 109	7 429	8 660	6 791	7 690	5 047
股东权益合计	13 471	15 093	13 525	14 885	13 164	14 234	11 787
负债和股东权益总计	28 862	31 852	30 408	33 079	31 448	33 650	30 644

预计资产负债表中的现金、应收账款、应付账款各年期末余额是根据各自的周转期计算的。以现金为例,假设最低现金需要量按照15天的周转期计算,则2021年期末现金余额计算方法如下:

$$现金周转期 = 日历天数 / 现金周转率$$

$$现金周转率 = \frac{营业收入}{(期初现金余额 + 期末现金余额)/2}$$

$$现金周转期 = \frac{365 \times (期初现金余额 + 期末现金余额)/2}{营业收入}$$

$$15 = \frac{营业收入 \times 365}{(期初现金余额 + 期末现金余额)/2}$$

$$期末现金余额 = \frac{营业收入 \times 15}{365} \times 2 - 期初现金余额$$

$$期末现金余额_{2021} = \frac{34701 \times 15}{365} \times 2 - 1337 = 1515(万元)$$

其他各年期末现金余额计算方法以此类推。应收账款各年期末余额按周转期45天计算,应付账款各年期末余额按周转期45天计算。

存货各年期末余额按周转率9.1计算,例如2021年期末存货余额计算方法如下:

$$存货周转率 = \frac{营业成本}{存货平均余额} = 9.1$$

$$营业成本 = 存货平均余额 \times 9.1$$

$$营业成本 = \frac{期初存货余额 + 期末存货余额}{2} \times 9.1$$

$$期末存货余额 = \frac{营业成本 \times 2}{9.1} - 存货期初余额$$

$$期末存货余额_{2021} = \frac{15893 \times 2}{9.1} - 1664 = 1829(万元)$$

其他各年期末存货余额计算方法以此类推。

表3　FSA公司预计现金流量表　　　　　　　　　　　　单位:万元

项目	2021年	2022年	2023年	2024年	2025年	2026年
净利润	6 386	6 892	7 378	7 901	8 382	8 722
折旧与摊销	1 831	1 986	2 135	2 284	2 432	2 553
应收账款减少(增加)	-1 994	1 309	-1 956	1 264	-1 898	1 449
存货减少(增加)	-165	-114	-150	-133	-126	-57
其他资产减少(增加)	-41	29	-54	33	-44	60

(单位:万元)(续表)

项目	2021年	2022年	2023年	2024年	2025年	2026年
应付账款增加(减少)	129	184	113	203	88	118
其他流动负债增加(减少)	-47	-202	374	-228	308	-421
递延税款增加(减少)	83	-58	107	-65	88	-120
其他非流动负债增加(减少)	401	389	368	393	361	255
经营活动现金流量净额	6 583	10 415	8 315	11 652	9 591	12 559
固定资产减少(增加)	-1 577	-1 528	-1 444	-1 545	-1 417	-1 001
交易性金融资产减少(增加)	-166	115	-213	130	-176	240
长期证券投资减少(增加)	-249	173	-320	195	-264	361
商誉减少(增加)	-316	-335	-355	-376	-399	-423
其他非流动资产减少(增加)	-135	-141	-148	-156	-164	-172
投资活动现金流量净额	-2 443	-1 716	-2 480	-1 752	-2 420	-995
短期负债增加(减少)	1 571	-102	188	-115	155	-211
长期负债增加(减少)	-769	-87	161	-98	132	-180
普通股增加(减少)	0	0	0	0	0	0
资本公积增加(减少)	98	112	129	148	171	196
股利	-4 862	-8 572	-6 147	-9 770	-7 483	-11 365
筹资活动现金流量净额	-3 962	-8 649	-5 669	-9 835	-7 025	-11 560
现金流量净额	178	50	166	65	146	4

表4　FSA公司预计经营性营运资本　　　　　　　　　　　　　　　　单位:万元

项目	2020年	2021年	2022年	2023年	2024年	2025年	2026年
流动资产	9 260	11 804	10 515	13 054	11 825	14 215	12 527
减:现金	1 337	1 515	1 565	1 731	1 796	1 942	1 946
交易性金融资产	2 382	2 548	2 433	2 646	2 516	2 692	2 452
非现金经营性流动资产	5 541	7 741	6 517	8 677	7 513	9 581	8 129
流动负债	7 060	8 713	8 593	9 268	9 128	9 679	9 165
减:短期借款	298	637	608	662	629	673	613
一年内到期的长期借款	361	1 593	1 520	1 654	1 572	1 683	1 532
经营性流动负债	6 401	6 483	6 465	6 952	6 927	7 323	7 020
经营性营运资本	-860	1 258	52	1 725	586	2 258	1 109
经营性营运资本净增加额		2 118	-1 206	1 673	-1 139	1 672	-1 149

表5　付息债务比率　　　　　　　　　　　　　　　　金额单位:万元

项目	2020年	2021年	2022年	2023年	2024年	2025年	2026年
有息债务:							
短期借款	298	637	608	662	629	673	613
一年内到期的长期借款	361	1 593	1 520	1 654	1 572	1 683	1 532
长期负债	2 680	1 911	1 824	1 985	1 887	2 019	1 839
有息债务	3 339	4 141	3 952	4 301	4 088	4 375	3 984
投入资本*	16 810	19 234	17 477	19 186	17 252	18 609	15 771
有息债务/投入资本	19.86%	21.53%	22.61%	22.42%	23.70%	23.51%	25.26%

*投入资本=净资产+少数股东权益+有息债务-超额现金-非经营性资产

表 6 资本成本

项目	2021年	2022年	2023年	2024年	2025年	2026年
资本成本						
无风险利率	4.00%	4.00%	4.00%	4.00%	4.00%	4.00%
β系数		85%	85%	85%	85%	80%
风险溢价	6.50%	6.50%	6.50%	6.50%	6.50%	6.00%
股权资本成本	9.53%	9.53%	9.53%	9.53%	9.53%	8.80%
所得税税率	25.00%	25.00%	25.00%	25.00%	25.00%	25.00%
长期借款利率	6.00%	6.00%	6.00%	6.00%	6.00%	6.00%
税后债务成本	4.50%	4.50%	4.50%	4.50%	4.50%	4.50%
有息债务/投入资本	21.53%	22.61%	22.42%	23.70%	23.51%	25.26%
股东权益/投入资本	78.47%	77.39%	77.58%	76.30%	76.49%	74.74%
加权平均资本成本	8.45%	8.39%	8.40%	8.34%	8.35%	7.71%
增长率						4.00%

(2) 公司股权自由现金流量、债务现金流量、公司自由现金流量计算结果分别如表7、表8、表9所示。

表 7 股权自由现金流量   单位:万元

项目	2021年	2022年	2023年	2024年	2025年	2026年
净利润	6 386	6 892	7 378	7 901	8 382	8 722
加:折旧与摊销	1 831	1 986	2 135	2 284	2 432	2 553
递延税款增加(减少)	83	-58	107	-65	88	-120
减:经营性营运资本净增加额	2 118	-1 206	1 673	-1 139	1 672	-1 149
现金净增加额	178	50	166	65	146	4
资本性支出净增加额	2 443	1 716	2 480	1 752	2 420	995
加:有息债务净增加额	802	-189	349	-213	287	-391
股权自由现金流量	4 363	8 071	5 650	9 229	6 951	10 914

表 8 债务现金流量   单位:万元

项目	2021年	2022年	2023年	2024年	2025年	2026年
税后利息费用	168	182	186	189	191	188
减:短期负债增加	1 571	-102	188	-115	155	-211
长期负债增加	-769	-87	161	-98	132	-180
债务现金流量	-634	371	-163	402	-96	579

表 9 公司自由现金流量   单位:万元

项目	2021年	2022年	2023年	2024年	2025年	2026年
方法1:						
股权自由现金流量	4 363	8 071	5 650	9 229	6 951	10 914
债务自由现金流量	-634	371	-163	402	-96	579

(单位:万元)(续表)

项目	2021年	2022年	2023年	2024年	2025年	2026年
公司自由现金流量	3 729	8 442	5 487	9 631	6 855	11 493
方法2:						
股权自由现金流量	4 363	8 071	5 650	9 229	6 951	10 914
加:税后利息费用	168	182	186	189	191	188
减:有息债务净增加额	802	-189	349	-213	287	-391
公司自由现金流量	3 729	8 442	5 487	9 631	6 855	11 493

(3) 假设FSA公司流通在外的普通股股数为1 679万股,债务账面价值为3 339万元。采用基本公式计算公司自由现金流量、公司价值和股权价值及每股价值,结果如表10所示。

表10 公司自由现金流量现值　　　　　　　　　　金额单位:万元

项目	2021年	2022年	2023年	2024年	2025年	2026年
公司自由现金流量(FCFF)	3 729	8 442	5 487	9 631	6 855	11 493
稳定增长期公司价值(2025年年末)					309 784	
FCFF+稳定增长期公司价值	3 729	8 442	5 487	9 631	316 639	
加权平均资本成本	8.45%	8.39%	8.40%	8.34%	8.35%	
累计资本成本	8.45%	17.55%	27.42%	38.05%	49.58%	
各年现金流量现值	3 438	7 182	4 306	6 976	211 685	

稳定增长期公司价值(2025年年末) = 11 493/(7.71% - 4%) = 309 784(万元)
2021年现金流量现值 = 3 729/(1 + 8.45%) = 3 438(万元)
2022年现金流量现值 = 8 442/(1 + 17.55%) = 7 182(万元)
其他年份以此类推,各年现金流量现值之和为公司价值,等于233 587万元。
股权价值 = 233 587 - 3 339 = 230 248(万元)
每股价值 = 230 248/1 679 = 137.13(元)

(4) 预测期股权收益率如表11所示。

表11 股权收益率

项目	2020年	2021年	2022年	2023年	2024年	2025年	2026年
初始股东权益	-13 471						
股利		4 862	8 572	6 147	9 770	7 483	11 365
股东权益							11 787
现金流量	-13 471	4 862	8 572	6 147	9 770	7 483	23 152
股权收益率	51.30%						

在表11中,假设股东在2021年年初支付了13 471万元,每年收到公司发放的股利,在2026年股东拥有该公司,股东权益账面价值准确地反映了市场价值。在2026年年末,归属于股东的现金流量主要指股利和股权价值。股东在预测期的投资收益率为51.30%(内部收益率)。

五、案例分析题

（1）根据现金流量折现法计算格力电器股票价格和公司价值。根据格力电器预计财务报表，预测格力电器股权自由现金流量、公司自由现金流量。采用二阶段模型，分别根据 FCFE、FCFF、DDM 模型计算格力电器股票价值，首先根据稳定增长模型计算稳定增长期格力电器股票价值或公司价值（2024 年年末），然后将各期现金流量的稳定增长期股票价值或公司价值调整为现值。计算结果分别见表 1、表 2、表 3。

表 1　格力电力股权自由现金流量和股票价值　　金额单位：亿元

项目	预测时点	2020 年	2021 年	2022 年	2023 年	2024 年	2025 年
归属于母公司股东净利润		228.68	250.79	280.99	311.85	342.97	359.81
加：折旧与摊销		36.08	41.64	48.02	55.38	63.47	71.62
其他流动资产减少（增加）		46.32	-18.90	-24.95	-25.62	-25.85	-14.22
其他金融类流动负债增加		-34.27	0.00	0.00	0.00	0.00	0.00
减：经营性营运资本增加		212.83	-216.06	248.95	-210.85	249.63	-219.15
资本性支出增加		62.33	68.70	83.73	92.04	100.46	91.97
加：有息债务增加		50.60	21.01	27.72	28.47	28.72	15.80
少数股东损益		1.29	1.41	1.58	1.76	1.93	2.03
减：现金净增加		-129.06	332.35	-119.86	354.81	-90.56	358.31
股权自由现金流量（FCFE）		182.60	110.96	120.54	135.84	151.71	203.91
稳定增长期股票价值						4 432.83	
FCFE+稳定增长期股票价值		182.60	110.96	120.54	135.84	4 584.54	
FCFE+稳定增长期股票价值现值	3 184.59						
普通股股数（亿股）	60.16						
每股价值（元）	52.94						

表 2　格力电器公司自由现金流量和股票价值　　金额单位：亿元

年份	预测时点	2020 年	2021 年	2022 年	2023 年	2024 年	2025 年
净利润		229.97	252.20	282.57	313.61	344.90	361.84
加：税后利息		8.03	9.58	10.63	11.86	13.10	14.06
税后净经营利润		238.00	261.78	293.20	325.47	358.00	375.90
加：折旧与摊销		36.08	41.64	48.02	55.38	63.47	71.62
其他流动资产减少（增加）		46.32	-18.90	-24.95	-25.62	-25.85	-14.22
其他金融类流动负债增加		-34.27	0.00	0.00	0.00	0.00	0.00
减：经营性营运资本增加		212.83	-216.06	248.95	-210.85	249.63	-219.15
资本性支出增加		62.33	68.70	83.73	92.04	100.46	91.97
现金净增加		-129.06	332.35	-119.86	354.81	-90.56	358.31
公司自由现金流量（FCFF）		140.03	99.53	103.45	119.23	136.09	202.17
稳定增长期公司价值						5 292.41	
FCFF+稳定增长期公司价值		140.03	99.53	103.45	119.23	5 428.50	

(金额单位:亿元)(续表)

年份	预测时点	2020年	2021年	2022年	2023年	2024年	2025年
加权平均资本成本		9.78%	9.78%	9.77%	9.77%	9.78%	
累计资本成本		9.78%	20.52%	32.29%	45.21%	59.41%	
各年现金流量现值		127.56	82.58	78.20	82.11	3 405.37	
公司价值	3 775.82						
减:债务价值	159.91						
股票价值	3 615.91						
普通股股数(亿股)	60.16						
每股价值(元)	60.10						

表3 格力电器普通股股利和股票价值 金额单位:亿元

项目	预测时点	2020年	2021年	2022年	2023年	2024年	2025年
普通股股利		116.97	128.28	143.73	159.51	175.43	215.89
稳定增长期股票价值						4 693.26	
股利+稳定增长期股票价值		116.97	128.28	143.73	159.51	4 868.69	
股利+稳定增长期股票价值现值	3 342.71						
普通股股数(亿股)	60.16						
每股价值(元)	55.56						

综上所述,采用FCFE、FCFF、DDM模型预测的每股价值分别为52.94元、60.10元、55.56元,与当前股票市场价格(56.46元/股)相比,采用DDM模型预测的股票价值比较接近市场价格。

由于各种假设可能与现实存在一定的差异,对各种预测结果需要进行敏感性分析。表4描述了在不同增长率和股权资本成本条件下评估的股票价值。根据表中的数据,在各种假设下,预测格力电器股票价值最可能的范围是46.94—62.52元/股。由于在预测时,各种假设基本上采用的是销售百分比法,因此营业收入增长率对评价结果的影响会很大。在这种情况下,营业收入就是影响股票价值的重要变量,最好采用一定的方法分析营业收入变动对股票价值的影响。

表4 股票价值敏感性分析 单位:元

股权资本成本	营业收入增长率						
	3%	4%	5%	6%	7%	8%	9%
5.76%	48.74	55.67	65.61	81.08	108.44	170.03	436.87
6.76%	46.69	53.31	62.80	77.54	103.66	162.42	416.99
7.76%	44.76	51.06	60.12	74.22	99.14	155.20	398.19
8.76%	42.92	48.95	57.60	71.04	94.85	148.39	380.40
9.76%	41.19	46.94	55.20	68.05	90.79	141.94	363.56
10.76%	39.54	45.05	52.94	65.21	86.93	135.82	347.62
11.76%	37.98	43.23	50.78	62.52	83.29	130.02	332.53

(单位:元)(续表)

股权资本成本	营业收入增长率						
	3%	4%	5%	6%	7%	8%	9%
12.76%	36.49	41.52	48.74	59.97	79.84	124.53	318.20
13.76%	35.07	39.89	46.81	57.55	76.55	119.32	304.64
14.76%	33.74	38.35	44.96	55.24	73.44	114.36	291.76

（2）根据乘数法计算格力电器各种乘数。表5采用乘数法计算预测期格力电器的各种乘数。其中,股票市场价值根据2020年6月30日格力电器股票市场价格、流通在外的普通股股数计算。

表5 预测期各种价值评估乘数

项目	2020年	2021年	2022年	2023年	2024年	20205年
股票市场价值(亿元)	3 396.63	3 396.63	3 396.63	3 396.63	3 396.63	3 396.63
债务账面价值(亿元)	210.51	231.52	259.24	287.71	316.43	332.23
现金及现金等价物(亿元)	1 124.95	1 457.30	1 337.44	1 692.25	1 601.69	1 960.00
公司价值(EV)(亿元)	2 482.19	2 170.85	2 318.43	1 992.09	2 111.37	1 768.86
P/E(股票市值/净利润)(倍)	14.77	13.47	12.02	10.83	9.85	9.39
P/B(股票市值/净资产)(倍)	2.90	2.63	2.38	2.15	1.94	1.79
P/S(股票市值/营业收入)(倍)	1.62	1.47	1.31	1.18	1.08	1.02
EV/EBIT(倍)	8.86	7.05	6.72	5.20	5.01	4.00
EV/EBITDA(倍)	7.85	6.21	5.90	4.55	4.36	3.44

（3）家用电器业股票价值比较。家用电器业股票价值比较的数据均来自Wind金融数据库。以2020年6月30日股票市场价格为基础,选择家用电器业10家公司,股票总市值、β系数分别如图1和图2所示,市盈率如表6所示,主要乘数如表7所示。

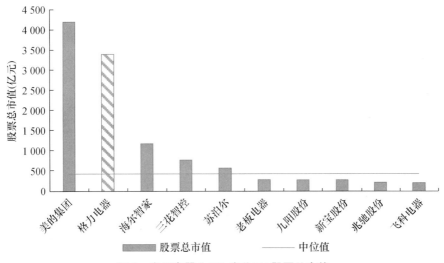

图1 家用电器业(10家公司)股票总市值

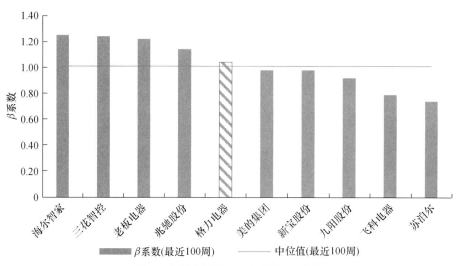

图 2　家用电器业(10 家公司)β 系数

表 6　家用电器业(10 家公司)市盈率　　　　　　　　　　　　　单位:倍

公司	市盈率		
	TTM	2020 年(预测)	2021 年(预测)
格力电器	16.50	14.57	12.45
中位值	25.80	23.35	20.24
美的集团	18.35	16.76	14.68
海尔智家	16.53	15.05	13.01
三花智控	56.42	50.84	41.48
苏泊尔	33.86	29.20	25.34
老板电器	19.14	16.99	15.15
九阳股份	35.32	30.87	26.52
新宝股份	39.32	33.12	27.27
兆驰股份	19.23	17.50	14.39
飞科电器	32.37	29.94	27.53

表 6 中 TTM(Trailing Twelve Months)市盈率称为动态市盈率或滚动市盈率,表示截至当前,根据最近 12 个月或最近 4 个季度的财务报表数据计算的市盈率。TTM 市盈率计算公式为:

TTM 市盈率 = 普通股每股市场价格 ÷ 普通股每年每股收益

其中,每股收益等于公司在最近 12 个月的净利润除以总发行已售出股数。

从表 6 中可以看出,格力电器 TTM 市盈率、2020 年预测市盈率、2021 年预测市盈率均低于行业中位值。

表7　家用电器业(10家公司)主要乘数

公司	市净率(MRQ)	公司价值/营业收入(倍)	公司价值/EBITDA(倍)
格力电器	3.01	2.01	11.47
中位值	5.25	3.15	20.86
美的集团	3.96	1.80	17.59
海尔智家	2.45	0.81	11.02
三花智控	8.15	7.29	40.16
苏泊尔	8.38	3.25	25.09
老板电器	4.08	3.97	15.94
九阳股份	7.30	3.10	30.62
新宝股份	6.43	3.19	25.26
兆驰股份	2.22	2.02	18.17
飞科电器	7.65	5.86	23.56

表7中市净率(MRQ,Most Recent Quarter)是指根据最近一个季度的财务报表数据计算的市净率。从表7中可以看出，格力电器三个乘数均低于行业中位值。

格力电器财务预测和价值评估是在各种假设下进行的，假设与现实之间可能存在较大的差距，会影响价值评估的可靠性。我们在评估公司价值时，不仅要进行实地调研，还要分析经济环境、行业环境、公司战略等对公司价值的影响。本案例的目的在于说明价值评估的程序和方法，评估结果不能作为股票投资的决策依据。

第四章　风险与收益

[关键知识点]

系统风险、非系统风险、经营风险、财务风险、历史收益率、预期收益率、必要收益率、无风险收益率、收益率方差、标准差、协方差、相关系数、有效边界、资本市场线、证券市场线、股票β系数、市场风险溢价、资本资产定价模型、三因素模型、套利定价模型。

习题与案例

一、单项选择题

1. 现有两个投资项目，A 项目、B 项目的预期收益率分别为 15% 和 23%，标准离差率分别为 0.3 和 0.33，则下列说法中正确的是(　　)。
   A. A 项目的风险程度小于 B 项目的风险程度
   B. A 项目的风险程度大于 B 项目的风险程度
   C. A 项目的风险程度等于 B 项目的风险程度
   D. A 项目的收益与 B 项目的收益不相关

2. 无法通过多样化投资予以分散的风险是(　　)。
   A. 系统风险　　　B. 非系统风险　　　C. 总风险　　　D. 公司特有风险

3. 王某 2019 年以 105 元的价格购买了 5 年期票面面值为 100 元的债券，票面利率为 8%。2020 年，王某以 110 元出售该债券，则债券的持有收益率为(　　)。
   A. 4.76%　　　B. 8%　　　C. 10%　　　D. 12.39%

4. 如果投资组合由 20 种资产组成，则构成组合总体方差和协方差的项目个数分别为(　　)。
   A. 20 和 20　　　B. 400 和 20　　　C. 20 和 380　　　D. 420 和 20

5. 已知某风险资产组合的预期收益率及其标准差分别为 12% 和 15%，无风险收益率为 6%。假设某投资者可以按无风险利率借入资金，并将其自有资金 800 万元和借入资金 200 万元均投资于风险资产组合，则该投资者投资的预期收益率及其标准差分别为(　　)。
   A. 13.5% 和 18.75%　　　　　B. 15.25% 和 12.5%
   C. 15.25% 和 18.75%　　　　　D. 13.5% 和 12.5%

6. 假设无风险收益率为 6%，整个股票市场的平均收益率为 10%，A 公司股票的预期收益率与整个股票市场平均收益率之间的协方差为 50，整个股票市场平均收益率的标准差为 5，则 A 公司股票的必要收益率为(　　)。
   A. 10.56%　　　B. 11.30%　　　C. 12.00%　　　D. 14.00%

7. 假设市场投资组合的收益率与方差分别为 12% 和 0.25，无风险收益率为 8%，P 股票收益率的方差为 0.16，与市场投资组合收益率的相关系数为 0.4，则该股票的必要收益率为（　　）。

    A. 9.02%　　　　　B. 9.28%　　　　　C. 10.28%　　　　　D. 10.56%

8. 如果投资者预期未来的通货膨胀率将上升，并且投资者对风险更加厌恶，那么证券市场线（SML）的变化为（　　）。

    A. 向上移动，并且斜率增大　　　　B. 向上移动，并且斜率减小
    C. 向下移动，并且斜率增大　　　　D. 向下移动，并且斜率减小

9. 某种证券 j 的风险溢价可表示为（　　）。

    A. $r_m - r_f$　　　　　　　　　　B. $\beta_j(r_m - r_f)$
    C. $r_f + \beta_j(r_m - r_f)$　　　　D. $r_j r_f$

10. 下列关于资本资产定价原理的说法中，错误的是（　　）。

    A. 股票的预期收益率与 β 值线性相关
    B. 在其他条件相同时，经营杠杆较大的公司 β 值较大
    C. 在其他条件项同时，财务杠杆较大的公司 β 值较大
    D. 若投资组合的 β 值等于 1，则表明该组合没有市场风险

二、多项选择题

1. 根据资本资产定价模型，影响某种证券预期收益率的因素有（　　）。

    A. 无风险收益率　　　　　　　　　B. 该证券的 β 系数
    C. 市场投资组合收益率　　　　　　D. 该证券预期股利收益率
    E. 该证券预期资本利得收益率

2. 下列关于投资组合中各种资产的 β 系数和标准差的表述中，正确的有（　　）。

    A. 标准差度量的是投资组合的非系统风险
    B. 投资组合的 β 系数等于组合中各证券 β 系数的加权平均数
    C. 投资组合的标准差等于组合中各证券标准差的加权平均数
    D. β 系数度量的是投资组合的系统风险
    E. β 系数度量的是投资组合的非系统风险

3. 下列影响风险的因素中，公司不能通过组合投资予以分散的有（　　）。

    A. 经济衰退　　　　　　　　　　　B. 市场利率上升
    C. 新产品试制失败　　　　　　　　D. 劳动纠纷
    E. 国家政治形势变化

4. 在投资分析中，投资风险与收益权衡的因素主要有（　　）。

    A. 该项资产预期收益率　　　　　　B. 该项资产预期收益率的风险
    C. 投资规模　　　　　　　　　　　D. 无风险收益率
    E. 投资者的风险偏好

5. 下列关于投资组合的论述中正确的有（　　）。

    A. 两种证券完全相关时可以消除风险
    B. 投资组合的风险为组合中各单项资产风险的加权平均数
    C. 投资组合的收益率为组合中各单项资产预期收益率的加权平均数
    D. 两种证券正相关的程度越小，则其组合产生的风险分散效应就越大

E. 当两种证券的相关系数为零时,它们的组合可以完全消除风险

6. 下列关于资产定价模型的说法中正确的有(　　)。
   A. 资本资产定价模型认为任何风险资产的收益是该项资产相对于市场的系统风险的线性函数
   B. 多因素模型认为,任何资产的收益率是 K 个要素的线性函数
   C. 资本资产定价模型可以为评估风险资产的资本成本提供理论依据
   D. 资产定价三因素模型认为股票收益受市场风险、公司规模、账面市场价值比三因素影响
   E. 资本资产定价模型揭示了任何资本市场中单项资产与市场组合在预期收益率和公司总风险上所存在的关系

7. 下列关于资本资产定价模型 β 系数的表述中正确的有(　　)。
   A. β 系数可以为负数
   B. β 系数是影响证券收益的唯一因素
   C. 投资组合的 β 系数一定会比组合中任一单只证券的 β 系数低
   D. β 系数反映的是证券的系统风险
   E. β 系数反映的是证券的全部风险

8. 下列关于资本市场线的表述中正确的有(　　)。
   A. 资本市场线描述的是由风险资产和无风险资产构成的投资组合的有效边界
   B. 资本市场线的斜率等于市场风险溢价与市场组合收益率标准差之比
   C. 资本市场线描述的是有效资产组合的期望收益与风险之间的关系
   D. 资本市场线测度风险的工具是 β 系数
   E. 资本市场线是在完美资本市场假设下绘制成的

9. 下列关于风险与收益关系的描述中正确的有(　　)。
   A. 任何一项资产自身的协方差都等于它的方差
   B. 市场组合与自身的协方差等于市场组合收益率的方差
   C. 证券市场线的斜率等于 β 系数
   D. 证券市场线的斜率等于市场风险溢价
   E. 证券市场线描述的是市场组合收益率与市场组合风险的关系

10. 下列关于证券市场线(SML)定价功能的描述中正确的有(　　)。
    A. 在市场均衡状态下,所有资产和所有资产组合都应落在 SML 上
    B. 估计的收益率分布在 SML 上方的证券被认为定价过低
    C. 估计的收益率分布在 SML 上方的证券被认为定价过高
    D. 估计的收益率分布在 SML 下方的证券被认为定价过高
    E. 估计的收益率分布在 SML 下方的证券被认为定价过低

三、判断题

1. 在一个完善的资本市场中,预期收益率等于必要收益率。　　　　　　　　(　　)
2. 标准差可用来比较各种不同投资方案的系统风险程度。　　　　　　　　(　　)
3. 在其他条件相同时,财务杠杆较大的公司 β 系数较大。　　　　　　　　(　　)
4. 根据投资组合理论,不同证券的投资组合可以降低风险,证券种类越多,风险越小,由

市场全部证券构成的投资组合的风险为零。( )

5. 投资组合的 β 系数完全取决于投资组合中单项资产的 β 系数。( )

6. 由两项资产构成的投资组合的有效边界是一条直线或曲线。( )

7. β 系数实质上是不可分散风险的指数,用于反映个别证券收益变动相对于市场收益变动的敏感程度。( )

8. 无论资产之间的相关系数如何,投资组合的收益都不低于单项资产的最低收益,而投资组合的风险都不高于单项资产的最高风险。( )

9. 资本市场线只适用于有效证券组合。( )

10. 投资组合的风险可以用该组合收益率的协方差来衡量,它是投资组合中各项资产协方差的加权平均数。( )

四、计算分析题

1. 下表列出了股票 X 2010—2019 年的历史收益率数据。

股票 X 2010—2019 年历史收益率 单位:%

年份	年收益率	年份	年收益率
2010	-2.20	2015	10.30
2011	10.20	2016	12.50
2012	11.40	2017	20.40
2013	-30.50	2018	-10.90
2014	36.00	2019	30.00

要求:

(1) 估计股票 X 的年平均收益率和标准差。

(2) 假设公司这 10 年来都没有支付股利,2009 年股票价格为 30.6 元/股,试计算 2019 年年末股票 X 的价格。

(3) 估计股票 X 的年几何收益率。这与(1)中得到的年平均收益率相等吗?

2. 现有 A、B 两种证券,相关参数如下表所示。

A、B 两种证券相关参数

参数	证券 A	证券 B
预期收益率	12%	18%
标准差	25%	30%
证券 A 与证券 B 收益率的相关系数	0.60	

要求:

(1) 假设两种证券的投资比重相等,试计算投资组合的预期收益率和标准差。

(2) 你会选择以上投资组合还是单一的证券(A 或 B),为什么?

(3) 计算最小风险投资组合条件下证券 A、B 的权重、投资组合预期收益率和标准差;构造证券 A 权重从 0 到 100% 变化的投资组合。

3. 证券 X 和证券 Y 的有关参数如下表所示。

证券 X 和证券 Y 相关参数

证券	预期收益率	标准差	相关系数(与证券 X)
X	10.00%	12.00%	1.00
Y_1	14.00%	18.00%	−1.00
Y_2	14.00%	18.00%	−0.25
Y_3	14.00%	18.00%	0.25
Y_4	14.00%	18.00%	1.00

要求：

（1）计算两种证券在不同权重下（证券 X 的权重从 0 到 100% 变化）的投资组合预期收益率，不同相关系数下的投资组合标准差。

（2）绘制以上每种情况下的投资组合预期收益率和标准差的曲线（标准差在 x 轴，预期收益率在 y 轴）。

（3）根据计算结果说明不同相关系数下投资组合风险和收益的关系。

4. 现有 X、Y 两种证券，相关参数如下表所示。

X、Y 两种证券相关参数

参数	证券 X	证券 Y
预期收益率	12%	15%
标准差	25%	40%
证券 X 与证券 Y 收益率的相关系数	−1.00	

要求：

（1）构造一个无风险投资组合，并计算该无风险投资组合的预期收益率。

（2）假设你能从当地银行以 8% 的利率借入资金，试分析如何从中套利。

5. 现有 A、B 两种证券，相关参数如下表所示。

A、B 两种证券相关参数

参数	证券 A	证券 B
预期收益率	15%	6%
标准差	40%	0

要求：

（1）计算证券 A 与证券 B 之间的相关系数。

（2）如果要建立一个标准差为 20% 的投资组合，试计算证券 A、B 各应占多大权重。

（3）计算投资组合的预期收益率。

6. 假设证券 A 的预期收益率为 10%，标准差为 12%，证券 B 的预期收益率为 15%，标准差为 18%，证券 A、B 的权重分别为 60% 和 40%。

要求：

（1）计算该投资组合的预期收益率。

(2) 如果该投资组合的标准差为 14%，计算证券 A、B 的相关系数。

(3) 如果证券 A、B 的相关系数为 0.6，投资组合与整个证券市场的相关系数为 0.8，整个证券市场的标准差为 10%，计算该投资组合的 β 系数。

7. 假设无风险利率为 5.4%，利达公司股票的 β 系数为 1.8，预期收益率为 13.5%。

要求：

(1) 根据资本资产定价模型计算市场组合的风险溢价。

(2) 如果卡莱公司股票的 β 系数为 0.8，计算卡莱公司股票的预期收益率。

(3) 如果某投资者打算将 20 000 元投资于利达公司和卡莱公司股票，该投资组合的 β 系数为 1.1，那么应该在各家公司各投资多少？该投资组合的预期收益率是多少？

8. 假设市场无风险借贷利率均为 6%，A 股票预期收益率为 15%，标准差为 12%。

要求：

(1) 如果投资者将拥有的 10 000 元投资于 A 股票与无风险资产，其中 6 000 元投资于 A 股票，其余 4 000 元投资于无风险资产，计算该投资组合的预期收益率和标准差。

(2) 如果投资者将拥有的 10 000 元全部投资于 A 股票，并另外借入 5 000 元投资于 A 股票，计算该投资组合的预期收益率和标准差。

(3) 如果投资者欲获得 12.3% 的投资收益率，构造 A 股票和无风险资产的组合，并计算这一组合将承担的风险。

9. 甲公司持有 A、B、C 三种股票，各股票所占的权重分别为 50%、20% 和 30%，其相应的 β 系数分别为 1.8、1 和 0.5，市场收益率为 12%，无风险收益率为 7%，A 股票当前每股市价为 6.2 元，刚收到上一年派发的每股 0.5 元的现金股利，预计股利以后每年将按 6% 的比例稳定增长。

要求：

(1) 根据资本资产定价模型计算甲公司证券组合的 β 系数、证券组合的风险溢价、证券组合的必要收益率、投资于 A 股票的必要收益率。

(2) 利用股票估价模型分析当前出售 A 股票是否对甲公司有利。

10. ABC 公司的 β 系数为 2，该公司正在考虑收购 XYZ 公司，XYZ 公司的 β 系数为 1.5。两家公司的规模相同。

要求：

(1) 计算 ABC 公司收购后预期的 β 系数。

(2) 若国库券收益率为 8%，市场收益率为 12%，分别计算 ABC 公司收购前和收购后的投资必要收益率。

(3) ABC 公司最近一期刚支付每股 2 元的股利，如果收购失败，则未来股利年增长率为 6%；如果收购成功，则未来股利年增长率为 7%。分别计算 ABC 公司收购前和收购后的每股股票价值。

(4) 根据(3)的计算结果，判断 ABC 公司是否应该收购 XYZ 公司。

11. 假设有三个投资项目，投资期限均为 1 年，收益率状况取决于该年的经济状况，预期收益率如下表所示。

投资项目预期收益率

经济状况	概率	项目 A	项目 B	项目 C
衰退	0.25	20%	18%	28%
一般	0.50	28%	26%	24%
繁荣	0.25	32%	36%	20%

要求：

(1) 计算每个项目的预期收益率、方差、标准差和标准离差率。

(2) 采用均值—方差对各待选项目进行判断，进行项目优劣排序。

(3) 假设对上述三个项目按相同比例进行投资：① 计算投资组合的预期收益率。② 项目 A 与项目 B、项目 A 与项目 C、项目 B 与项目 C 的协方差和相关系数各是多少？③ 计算投资组合的方差和标准差。④ 假设项目 A 代表"市场"，计算项目 B 和项目 C 的 β 系数。

12. 对一个包括四个待选方案的投资项目进行分析。各方案的投资期限均为 1 年，收益率状况取决于该年的经济状况，预期收益率如下表所示。

待选方案预期收益率

经济状况	概率	方案 A	方案 B	方案 C	方案 D
衰退	0.2	15.00%	9.00%	33.00%	7.50%
一般	0.6	15.00%	16.50%	21.00%	22.50%
繁荣	0.2	15.00%	46.50%	-6.00%	37.50%

要求：

(1) 计算各方案的预期收益率、方差、标准差。

(2) 假设方案 D 代表市场组合投资，方案 A 代表无风险投资。计算各方案的 β 系数，而后应用证券市场线评价方案 B 和方案 C。

13. 假设无风险收益率为 10%，市场组合收益率为 16%，股票 A 的 β 系数为 1.2。

要求：

(1) 计算股票 A 的必要收益率。

(2) 假设无风险收益率增至 12%，证券市场线的斜率保持不变，这对股票 A 的收益率会有何影响？如果无风险收益率降至 9%，又会有何影响？

(3) 假设无风险收益率保持不变，市场组合收益率增至 17%，这对股票 A 的收益率会有何影响？

(4) 假设无风险收益率、市场组合收益率均保持不变，但股票 A 的 β 系数增至 1.4 或降至 0.8，这对股票 A 的收益率会有何影响？

14. XYZ 公司估计的 β 系数为 1.5，无风险收益率为 6%，预期市场收益率为 12%，该公司预计下一年的股利为每股 5 元，以后每年按 3% 增长，目前该公司股票的市场价格为 45 元/股。

要求：

(1) 根据证券市场线计算投资者要求的必要收益率，并分析目前公司的股票价格是否为均衡价格。

(2) 计算股票均衡价格，并分析如何才能达到。

五、案例分析题

案例 1

假设你刚刚大学毕业,受聘于 CFB 理财公司。你的第一个任务是代理客户进行投资,金额为 100 000 元,期限为 1 年。1 年后这笔资金另作他用。你的上司给你提供了表 1 所示的投资备选方案。

表 1 投资备选方案

经济状况及指标	概率	估计收益率				
		国库券	股票 A	股票 B	股票 C	市场组合
萧条	0.1	8.0%	−22.0%	28.0%	10.0%	−13.0%
复苏	0.2	8.0%	−2.0%	14.7%	−10.0%	1.0%
正常	0.4	8.0%	20.0%	0.0%	7.0%	15.0%
高涨	0.2	8.0%	35.0%	−10.0%	45.0%	29.0%
繁荣	0.1	8.0%	50.0%	−20.0%	30.0%	43.0%

备选方案中,股票 A 属于高科技产业,该公司经营电子产品;股票 B 属于采矿业,该公司主要从事金矿开采;股票 C 属于橡胶与塑料业,该公司生产与此有关的各种产品;CFB 理财公司持有一种指数基金,它包含了公开交易的所有股票,代表着市场的平均收益率。

要求:

(1) 分析为什么国库券的收益率与经济状况无关;为什么股票 A 收益率变动与经济状况变动方向相同,而股票 B 收益率变动与经济状况变动方向相反。

(2) 计算各备选方案的预期收益率。

(3) 你知道仅仅依靠预期收益率指标进行投资决策是不够的,还必须进行风险分析。假设你的委托人是一个风险规避者。衡量投资风险的一个重要指标是收益率的标准差,计算各备选方案的标准差。

(4) 计算各备选方案的标准离差率。将标准离差率与标准差相比较,如果发生排序矛盾,你主张以哪种标准为主?为什么?

(5) 各备选方案之间收益率的协方差如表 2 所示。根据表中的数据,说明不同备选方案收益率协方差的特点。

表 2 协方差矩阵

证券	国库券	股票 A	股票 B	股票 C	市场组合
国库券	0.00	0.00	0.00	0.00	0.00
股票 A	0.00	4.01%	−2.68%	2.63%	3.05%
股票 B	0.00	−2.68%	1.79%	−1.75%	−2.04%
股票 C	0.00	2.63%	−1.75%	3.54%	2.10%
市场组合	0.00	3.05%	−2.04%	2.10%	2.35%

(6) 假设你设计了一个投资组合,将 100 000 元分别投资于股票 A 和股票 B(权重相同),计算投资组合的预期收益率和标准差,并比较投资组合的风险与持有单一证券的风险。

(7) 计算各备选方案的 β 系数,并说明不同证券 β 系数的特点。

案例 2

假设你是南方银行的一位分析员,最近你要评估一些投资机会。

要求:

(1) 简要说明资本资产定价模型的起源和作用(可上网查询)。

(2) 银行向你提供了各种证券的预期收益率及 β 系数,如下表所示。

各种证券预期收益率及 β 系数

证券	预期收益率	β 系数
PAR 股票	18.0%	1.29
市场组合	15.0%	1.00
APE 股票	12.5%	0.68
政府债券	8.0%	0.00
LUS 股票	1.3%	-0.86

利用证券市场线计算各种证券的必要收益率,比较预期收益率与必要收益率之间的差异,分析 LUS 股票的收益率是否比政府债券的收益率小。假设将 PAR 股票与 LUS 股票按 1∶1 的比例进行组合投资,计算这一投资组合的必要收益率和市场风险(β 系数)。如果是将 PAR 股票与 APE 股票按 1∶1 的比例进行组合投资,分析情况会发生什么变化。

(3) 如果投资者预计通货膨胀率将在当前政府债券收益率(8%)的基础上上升 3 个百分点,分析这对证券市场线及高风险、低风险的证券有什么影响。如果投资者的偏好发生变化,使得市场风险溢价增长 3 个百分点,分析这对证券市场线及高风险、低风险证券有什么影响。

(4) 写出关于总风险、市场风险及可分散风险的公式,并做适当解释。

参 考 答 案

一、单项选择题

| 1. A | 2. A | 3. D | 4. C | 5. A |
| 6. D | 7. B | 8. A | 9. B | 10. D |

部分解析:

3. 持有收益率 $= \dfrac{110 - 105 + 100 \times 8\%}{105} = 12.39\%$

5. 预期收益率 $= \dfrac{1\,000 \times 12\% - 200 \times 6\%}{800} = 13.5\%$

   预期收益率标准差 $= \dfrac{1\,000}{800} \times 15\% = 18.75\%$

6. β 系数 $= \dfrac{\mathrm{Cov}(r_j, r_m)}{\mathrm{Var}(r_m)} = \dfrac{50}{5^2} = 2$

   必要收益率 $= 6\% + 2 \times (10\% - 6\%) = 14\%$

7. β 系数 $= \dfrac{\mathrm{Cov}(r_j, r_m)}{\mathrm{Var}(r_m)} = \dfrac{0.25^{1/2} \times 0.16^{1/2} \times 0.4}{0.25} = 0.32$

   必要收益率 $= 8\% + 0.32 \times (12\% - 8\%) = 9.28\%$

二、多项选择题

1. ABC　　　　2. BD　　　　3. ABE　　　　4. ABE　　　　5. CD
6. ABCD　　　7. AD　　　　8. ABCE　　　9. ABD　　　10. ABD

三、多项选择题

1. √　　　　2. ×　　　　3. √　　　　4. ×　　　　5. ×
6. √　　　　7. √　　　　8. ×　　　　9. √　　　10. ×

四、计算分析题

1. 解：

（1）股票 X 年平均收益率和标准差如下表所示。

股票 X 年平均收益率和标准差

	A	B	C	D
1	年份	收益率	（各期收益率－平均值）²	说明
2	2010	－2.20%	1.19%	← =（B2－$B$12)^2
3	2011	10.20%	0.02%	← =（B3－$B$12)^2
4	2012	11.40%	0.07%	← =（B4－$B$12)^2
5	2013	－30.50%	15.38%	← =（B5－$B$12)^2
6	2014	36.00%	7.44%	← =（B6－$B$12)^2
7	2015	10.30%	0.02%	← =（B7－$B$12)^2
8	2016	12.50%	0.14%	← =（B8－$B$12)^2
9	2017	20.40%	1.36%	← =（B9－$B$12)^2
10	2018	－10.90%	3.85%	← =（B10－$B$12)^2
11	2019	30.00%	4.53%	← =（B11－$B$12)^2
12	平均收益率	8.72%	← =AVERAGE(B2:B11)	
13	合计		34.02%	← =SUM(C2:C11)
14	方差		3.78%	← =C13/(10－1)
15	方差		3.78%	← =VAR(B1:B11)
16	标准差		19.44%	← =C14^(1/2)
17	标准差		19.44%	← =STDEV(B2:B11)

采用公式计算：

$$年平均收益率 = \frac{-2.2\% + 10.2\% + \cdots + 20.4\% - 10.9\% + 30\%}{10} = 8.72\%$$

$$\text{Var}(r_1,\cdots,r_N) = \frac{1}{N-1}\sum_{i=1}^{N}[r_i - \bar{r}(r_1,\cdots,r_N)]^2 = \frac{34.02\%}{10-1} = 3.78\%$$

$$\text{Std}(r_1,\cdots,r_N) = \sqrt{\text{Var}(r_1,\cdots,r_N)} = \sqrt{3.78\%} = 19.44\%$$

（2）假设公司这10年来都没有支付股利，2009年股票价格为30.6元/股，那么2019年年末股票 X 的价格为：

股票价格$_{2019}$
= 30.6 × 0.978 × 1.102 × 1.114 × 0.695 × 1.36 × 1.103 × 1.125 × 1.204 × 0.891 × 1.3
= 60.09(元/股)

(3) 股票 X 的年几何收益率为：

$$\text{年几何收益率} = \sqrt[10]{60.09/30.6} - 1 = 6.98\%$$

计算结果表明，年几何收益率低于(1)中得到的年平均收益率。

2. 解：

(1) 假设两种证券的投资比重相等，则投资组合的预期收益率和标准差为：

$$\text{投资组合预期收益率} = 50\% \times 12\% + 50\% \times 18\% = 15\%$$

$$\text{Var}(r_p) = 50\%^2 \times 25\%^2 + 50\%^2 \times 30\%^2 + 2 \times 50\% \times 50\% \times 0.6 \times 25\% \times 30\%$$
$$= 6.06\%$$

$$\text{Std}(r_p) = \sqrt{6.06\%} = 24.62\%$$

(2) 选择证券 A 或证券 B 或投资组合取决于投资者的风险偏好。风险规避者可以选择证券 A，风险偏好者可以选择证券 B。根据(1)的计算结果，投资组合的预期收益率等于两种证券预期收益率之和的一半，投资组合的标准差低于两种证券标准差之和的一半，相对来说，投资组合的收益与风险好于单独投资单一证券。

(3) 最小风险投资组合权重、投资组合预期收益率和标准差如下：

$$w_x = \frac{\text{Var}(r_y) - \text{Cov}(r_x, r_y)}{\text{Var}(r_x) + \text{Var}(r_y) - 2\text{Cov}(r_x, r_y)}$$

$$w_A = \frac{0.30^2 - 0.6 \times 0.25 \times 0.30}{0.25^2 + 0.30^2 - 2 \times 0.6 \times 0.25 \times 0.30} = 72\%$$

$$w_B = 1 - 72\% = 28\%$$

$$E(r_p) = 72\% \times 12\% + 28\% \times 18\% = 13.68\%$$

$$\text{Var}(r_p) = 72\%^2 \times 0.25^2 + 28\%^2 \times 0.30^2 + 2 \times 72\% \times 28\% \times 0.6 \times 0.25 \times 0.30$$
$$= 5.76\%$$

$$\text{Std}(r_p) = \sqrt{5.76\%} = 24\%$$

A、B 两种证券不同权重下的投资组合的风险—收益机会集如下图所示。

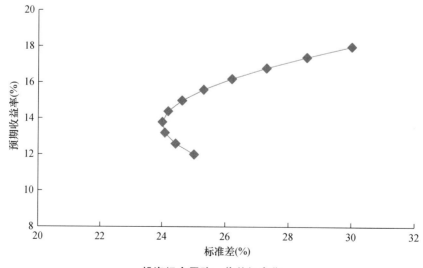

投资组合风险—收益机会集

3. 解：

（1）两种证券在不同权重下的投资组合预期收益率和不同相关系数(corr)下的投资组合标准差如下表所示。

投资组合预期收益率和标准差

权重		预期收益率	标准差			
w_X	w_{Yi}		corr = -1.00	corr = -0.25	corr = 0.25	corr = 1.00
0	100%	14.00%	18.00%	18.00%	18.00%	18.00%
10%	90%	13.60%	15.00%	15.94%	16.54%	17.40%
20%	80%	13.20%	12.00%	13.99%	15.18%	16.80%
30%	70%	12.80%	9.00%	12.21%	13.94%	16.20%
40%	60%	12.40%	6.00%	10.67%	12.87%	15.60%
50%	50%	12.00%	3.00%	9.49%	12.00%	15.00%
60%	40%	11.60%	0.00	8.82%	11.38%	14.40%
70%	30%	11.20%	3.00%	8.78%	11.06%	13.80%
80%	20%	10.80%	6.00%	9.37%	11.06%	13.20%
90%	10%	10.40%	9.00%	10.50%	11.38%	12.60%
100%	0	10.00%	12.00%	12.00%	12.00%	12.00%

注意：当 $w_X = 60\%$、投资组合中两种证券收益率的相关系数 $= -1$ 时，投资组合预期收益率标准差 $= 0$，即组合中两种证券收益率完全负相关时，当证券 X 的权重达到某一值时，投资组合预期收益率标准差为 0，这一权重可按如下公式计算：

$$权重(X) = 标准差(Y)/[标准差(X) + 标准差(Y)]$$

（2）以上每种情况下的投资组合预期收益率和标准差的曲线（标准差在 x 轴，预期收益率在 y 轴）如下图所示。

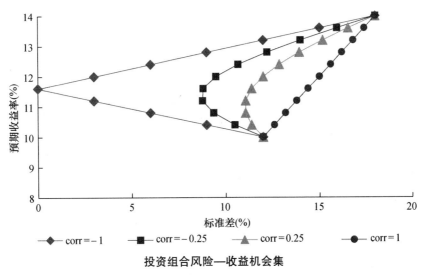

投资组合风险—收益机会集

（3）计算结果表明，在预期收益率相同的条件下，相关系数越小，投资组合的风险越低；

在风险相同的条件下,相关系数越小,预期收益率越高。

4. 解:

(1) 投资组合预期收益率标准差等于 0 时,证券 X 的权重可根据下式计算:

$$w_X = \frac{\mathrm{Var}(r_Y) - \mathrm{Cov}(r_X, r_Y)}{\mathrm{Var}(r_X) + \mathrm{Var}(r_Y) - 2\mathrm{Cov}(r_X, r_Y)} = \frac{40\% - 0}{(25\% + 40\%) - 0} = 61.54\%$$

$$w_Y = 1 - 61.54\% = 38.46\%$$

这一组合的预期收益率为:

$$预期收益率 = 61.54\% \times 12\% + 38.46\% \times 15\% = 13.15\%$$

Excel 中的"单变量求解"也可以解决这一问题。单变量求解用于解决假定一个公式要取的某一结果值,其中变量的引用单元格应取值为多少的问题。使用 Excel 电子表格时,单变量求解从数据—假设分析—单变量求解输出。

在本例中,根据给出的数据,先假设两种证券权重相等时的预期收益率和预期收益率标准差,然后根据要求计算预期收益率标准差为 0 时的权重。

投资组合预期收益率标准差为 0 时的权重(单变量求解)

	A	B	C	D
17	参数	证券 X	证券 Y	
18	预期收益率	12%	15%	
19	标准差	25%	40%	
20	证券 X 与证券 Y 预期收益率的相关系数			-1.00
21	第一步:假设证券 X、Y 权重相等			
22	证券 X 权重	50%	假设值	
23	证券 Y 权重	50%		
24	投资组合的预期收益率	13.50%		
25	投资组合预期收益率的标准差	7.50%		
26	第二步:单变量求解			
27	证券 X 权重	61.54%		
28	证券 Y 权重	38.46%		
29	投资组合的预期收益率	13.15%		
30	投资组合预期收益率的标准差	0.00		

单变量求解从一个初始值开始,然后采用一种迭代方法使其结果与设定值逐渐靠近。可变单元格中的数值就作为初始值,在这里是 50%。求解时,打开"单变量求解"对话框,在目标单元格内输入"$D$30",目标值内输入"0",可变单元格内输入"$D$27",点击"确定"即可得到投资组合预期收益率标准差为 0 时各种证券的权重,此时投资组合的预期收益率为 13.15%。

(2) 按 8% 的利率借入资金,投资于预期收益率为 13.15% 的投资组合中,可以套利 5.15%。

5. 解:

(1) 由于证券 B 为无风险资产,因此证券 A 与证券 B 的相关系数等于零。

(2) 一种无风险资产和风险资产的投资组合,其预期收益率标准差等于 20%,证券 A 的权重(w_A)计算如下：

$$\text{Std}(r_p) = w_A \text{Std}(r_A) = w_A \times 40\% = 20\%$$

$$w_A = 20\%/40\% = 50\%$$

$$w_B = 1 - 50\% = 50\%$$

（3）该投资组合的预期收益率为：

$$E(r_p) = 50\% \times 15\% + 50\% \times 6\% = 10.5\%$$

6. 解：

（1）该投资组合的预期收益率为：

$$预期收益率 = 10\% \times 60\% + 15\% \times 40\% = 12\%$$

（2）假设证券 A、B 的相关系数为 corr，则：

$$14\% = \sqrt{60\%^2 \times 12\%^2 + 40\%^2 \times 18\%^2 + 2 \times 60\% \times 40\% \times 12\% \times 18\% \times \text{corr}}$$

$$\text{corr} = 0.89$$

（3）投资组合的标准差为：

$$\text{Std}(r_p) = \sqrt{60\%^2 \times 12\%^2 + 40\%^2 \times 18\%^2 + 2 \times 60\% \times 40\% \times 12\% \times 18\% \times 0.6}$$

$$= 12.88\%$$

投资组合的 β 系数为：

$$\beta = 0.8 \times 12.88\%/10\% = 1.03$$

7. 解：

（1）市场组合的风险溢价 = (13.5% − 5.4%) ÷ 1.8 = 4.5%

（2）卡莱公司股票的预期收益率 = 5.4% + 0.8 × 4.5% = 9%

（3）$\beta_p = w_{利达} \times 1.8 + (1 - w_{利达}) \times 0.8 = 1.1$

$w_{利达} = 30\%$，$w_{卡莱} = 70\%$

因此，该投资者应分别投资于利达公司股票、卡莱公司股票 6 000 元和 14 000 元。

投资组合的预期收益率 = 30% × 13.5% + 70% × 9% = 10.35%

8. 解：

（1）$E(r_p) = \dfrac{6\,000}{10\,000} \times 15\% + \dfrac{4\,000}{10\,000} \times 6\% = 11.4\%$

$\text{Std}(r_p) = 0.6 \times 12\% = 7.2\%$

（2）$E(r_p) = \dfrac{15\,000}{10\,000} \times 15\% + \dfrac{-5\,000}{10\,000} \times 6\% = 19.5\%$

$\text{Std}(r_p) = 1.5 \times 12\% = 18\%$

（3）假设投入无风险资产的资金占全部资金的比重为 X，则：

$$E(r_p) = (1 - X) \times 15\% + X \times 6\% = 12.3\%$$

$$X = 0.3$$

$$\text{Std}(r_p) = 0.7 \times 12\% = 8.4\%$$

9. 解：

（1）相关指标计算如下：

甲公司证券组合的 β 系数 = 50% × 1.8 + 20% × 1 + 30% × 0.5 = 1.25

甲公司证券组合的风险溢价 = 1.25 × (12% − 7%) = 6.25%

甲公司证券组合的必要收益率 = 7% + 6.25% = 13.25%

A 股票的必要收益率 = 7% + 1.8 × (12% − 7%) = 16%

(2) A 股票的价值 = $\dfrac{0.5 \times (1+6\%)}{16\% - 6\%}$ = 5.3(元/股)

A 股票当前每股市价 6.2 元大于预期股票价值,因此出售 A 股票对甲公司有利。

10. 解:

(1) 收购后预期的 β 系数 = 0.5 × 2 + 0.5 × 1.5 = 1.75

(2) 收购前的投资必要收益率 = 8% + 2 × (12% − 8%) = 16%

收购后的投资必要收益率 = 8% + 1.75 × (12% − 8%) = 15%

(3) 收购前每股股票价值:$P_0 = \dfrac{2 \times (1+6\%)}{16\% - 6\%}$ = 21.2(元)

收购后每股股票价值:$P_0 = \dfrac{2 \times (1+7\%)}{15\% - 7\%}$ = 26.75(元)

(4) 根据(3)的计算结果可知,收购 XYZ 公司后,ABC 公司的风险降低,增长率提高,股价上升,因此该项收购计划是可行的。

11. 解:

(1) 每个项目的预期收益率、方差、标准差和标准离差率如表 1 所示。

表 1 投资项目预期收益率、方差、标准差和标准离差率

指标	项目 A	项目 B	项目 C
预期收益率	27.000%	26.500%	24.000%
方差	0.190%	0.408%	0.080%
标准差	4.359%	6.384%	2.828%
标准离差率	0.161	0.241	0.118

(2) 项目 A 优于项目 B,因为项目 A 具有相对较高的预期收益率和相对较低的方差;但均值—方差无法判断项目 A 与项目 C 及项目 B 与项目 C 的优劣。

(3) 假设对上述三个项目按相同比例进行投资:

① 投资组合预期收益率计算如下:

投资组合预期收益率 = 27% × $\dfrac{1}{3}$ + 26.5% × $\dfrac{1}{3}$ + 24% × $\dfrac{1}{3}$ = 25.83%

② 投资组合协方差和相关系数分别如表 2、表 3 所示。

表 2 协方差矩阵

	项目 A	项目 B	项目 C
项目 A	0.190%	0.265%	−0.120%
项目 B	0.265%	0.408%	−0.180%
项目 C	−0.120%	−0.180%	0.080%

表3 相关系数矩阵

	项目 A	项目 B	项目 C
项目 A	1.0000	0.9524	-0.9733
项目 B	0.9524	1.0000	-0.9969
项目 C	-0.9733	-0.9969	1.0000

项目 A 和项目 B 的协方差、相关系数计算如下：

$$\text{Cov}(r_A, r_B) = (20\% - 27\%) \times (18\% - 26.5\%) \times 0.25$$
$$+ (28\% - 27\%) \times (26\% - 26.5\%) \times 0.5$$
$$+ (32\% - 27\%) \times (36\% - 26.5\%) \times 0.25$$
$$= 0.265\%$$

$$\text{Corr}(r_A, r_B) = \frac{0.265\%}{4.359\% \times 6.384\%} = 0.9523$$

其他以此类推。注意：表中数据是根据 Excel 电子表格计算的，与手工计算存在误差。

③ 投资组合的方差和标准差计算如下：

$$\text{Var}(r_p) = \left(\frac{1}{3}\right)^2 \times 0.19\% + \left(\frac{1}{3}\right)^2 \times 0.408\% + \left(\frac{1}{3}\right)^2 \times 0.08\%$$
$$+ 2 \times \frac{1}{3} \times \frac{1}{3} \times 0.265\% + 2 \times \frac{1}{3} \times \frac{1}{3} \times (-0.12\%)$$
$$+ 2 \times \frac{1}{3} \times \frac{1}{3} \times (-0.18\%)$$
$$= 0.00068$$

$$\text{Std}(r_p) = 0.00068^{1/2} = 0.02608$$

④ 假设项目 A 代表"市场"，则项目 B 和项目 C 的 β 系数计算如下：

$$\text{项目 B 的 }\beta\text{ 系数} = \frac{0.265\%}{0.19\%} = 1.39$$

$$\text{项目 C 的 }\beta\text{ 系数} = \frac{-0.12\%}{0.19\%} = -0.63$$

12. 解：

（1）各方案的预期收益率、方差、标准差如表1所示。

表1 各方案预期收益率、方差、标准差

指标	方案 A	方案 B	方案 C	方案 D
预期收益率	15.00%	21.00%	18.00%	22.50%
方差	0	0.0171	0.0166	0.0090
标准差	0	13.077%	12.869%	9.487%

（2）首先计算各方案之间的协方差，如表2所示。

表 2 协方差矩阵

	方案 A	方案 B	方案 C	方案 D
方案 A	0	0.0000	0.0000	0.0000
方案 B	0	0.0171	-0.0167	0.0113
方案 C	0	-0.0167	0.0166	-0.0117
方案 D	0	0.0113	-0.0117	0.0090

无风险收益率为15%,市场组合收益率为22.5%,各方案 β 系数、必要收益率与预期收益率如表3所示。

表 3 各方案必要收益率与预期收益率

	β 系数	必要收益率	预期收益率
方案 A	0.00	15.00%	15.00%
方案 B	1.25	24.38%	21.00%
方案 C	-1.30	5.25%	18.00%
方案 D	1.00	22.50%	22.50%

方案 B 预期收益率小于必要收益率,应放弃方案 B;方案 C 预期收益率大于必要收益率,应接受方案 C。

13. 解:

(1) 股票 A 的必要收益率 = 10% + 1.2 × (16% - 10%) = 17.2%

(2) 如果无风险收益率增至12%,证券市场线的斜率保持不变,则股票 A 的收益率将增至 19.2%;如果无风险收益率降至9%,则股票 A 的收益率将增至 16.2%。

(3) 如果无风险收益率保持不变,市场组合收益率增至17%,则股票 A 的收益率将增至 18.4%[=10% + 1.2 × (17% - 10%)]。

(4) 如果无风险收益率、市场组合收益率均保持不变,但股票 A 的 β 系数增至1.4或降至0.8,则股票 A 的收益率将分别变为 18.4% 和 14.8%。

14. 解:

(1) 必要收益率和股票价值计算如下:

$$必要收益率 = 6\% + 1.5 \times (12\% - 6\%) = 15\%$$

$$股票价值 = \frac{5}{15\% - 3\%} = 41.67(元/股)$$

股票内在价值(41.67元/股)低于市场价格(45元/股),市场价格可能被高估了。当然也可能股票内在价值的计算参数不准确,低估了股票的内在价值。

(2) 如果投资者要求的收益率为15%,且每股股利每年按3%增长,那么其均衡价格应当为41.67元/股。当投资者意识到股票价格被高估时,其预期收益率将低于15%,此时,他们将抛售该股票,从而使股票价格达到均衡。

五、案例分析题

案例 1

(1) 从理论上说,国库券的收益率反映的是无风险收益率,不论经济状况如何,政府都会到期还本付息。国库券虽然没有违约风险,但存在通货膨胀风险。事实上,在实务中,政府也可能破产。在分析中,为简化,通常假设国库券无违约风险。

股票 A 属于高科技产业,这类公司经营状况的好坏与经济形势关联较大,当经济形势较好时,人们对高科技的需求会大大增加;当经济形势恶化时,人们对高科技的需求就会减少,因而股票 A 收益率变动与经济状况变动方向相同。股票 B 属于采矿业,从事金矿开采,当经济衰退时,人们对保值的需求大增,而当经济繁荣时却不会出现这种情况,因而股票 B 收益率变动与经济状况变动方向相反。

(2)(3)(4)(7)问题中各种指标的计算见下表。

各备选方案预期收益率与风险指标

指标	国库券	股票 A	股票 B	股票 C	市场组合
预期收益率	8.00%	17.40%	1.74%	13.80%	15.00%
方差	0.00	4.01%	1.79%	3.54%	2.35%
标准差	0.00	20.04%	13.36%	18.82%	15.34%
标准离差率	0.000	1.151	7.680	1.364	1.022
β 系数	0.000	1.298	-0.865	0.893	1.000

根据表中计算的结果,国库券的预期收益率为 8%,风险等于零;股票 A 的预期收益率高于市场组合的预期收益率,股票 B 和股票 C 的预期收益率低于市场组合的预期收益率。从风险指标来看,股票 A 和股票 C 的标准差高于市场组合的标准差,股票 B 的标准差低于市场组合的标准差。按标准差从高到低排序,三只股票依次为股票 A、股票 C、股票 B;按标准离差率从高到低排序,三只股票依次为股票 B、股票 C、股票 A。如果按标准差和标准离差率排序发生矛盾,则应以标准离差率为标准。因此,在这三只股票中,股票 A 的收益高、风险低。

(5)从协方差矩阵可以发现:① 国库券的收益率恒为 8%,标准差为零,则它与其他任何证券之间的协方差必定为零,这表明无风险证券与风险证券之间的收益率不存在线性关系,彼此独立。② 股票 A 与股票 B 的协方差为负数,表示这两种证券的收益率变动方向相反;股票 A 与股票 C 的协方差为正数,表明这两种证券的收益率变动方向相同;股票 A 与市场组合的协方差为正数。③ 同理,股票 B 其他证券的协方差为负数,表明股票 B 与其他证券的收益率变动方向相反。④ 股票 C 与股票 B 的协方差为负数,与股票 A 和市场组合的协方差为正数。⑤ 比较协方差矩阵中各备选方案的协方差与各备选方案的方差可以发现,任一证券与自身的协方差等于这一证券收益率的方差。

(6)假设将 100 000 元分别投资于股票 A 和股票 B(权重相同),则投资组合的预期收益率和标准差计算如下:

$E(r_p) = 50\% \times 17.4\% + 50\% \times 1.74\% = 9.57\%$

$\text{Std}(r_p) = \sqrt{0.5^2 \times 4.01\% + 0.5^2 \times 1.79\% + 2 \times 0.5 \times 0.5 \times (-2.68\%)} = 3.32\%$

计算结果表明,投资组合的标准差小于股票 A 和股票 B 各自的标准差。

(7)各备选方案的 β 系数见上表,从表中可以看出,国库券的 β 系数等于零;市场组合的 β 系数等于 1;股票 A 的 β 系数大于 1,表明其风险大于市场风险,股票 B 和股票 C 的 β 系数小于 1,表明这两种证券的风险小于市场风险。

案例 2

(1) 哈里·马科维茨(Harry Markowitz)的分散投资与效率组合投资理论第一次以严谨的数理工具为手段向人们展示了一个风险厌恶的投资者在众多风险资产中如何构建最优资产组合的方法。应该说,这一理论带有很强的规范(normative)意味,告诉了投资者应该如何进行投资选择。但问题是,在20世纪50年代,即便有了当时刚刚诞生的电脑的帮助,在实践中应用马科维茨的理论仍然是一项烦琐、令人生厌的高难度工作;或者说,与投资的现实世界脱节得过于严重,进而很难完全被投资者采用——美国普林斯顿大学的威廉·鲍莫尔(William Baumol)在其1966年一篇探讨马科维茨—托宾体系的论文中谈到,按照马科维茨的理论,即使以较简化的模式出发,要从1500只证券中挑选出有效率的投资组合,每运行一次电脑也需要耗费150—300美元,而如果要执行完整的马科维茨运算,所需的成本至少是前述金额的50倍;而且所有这些还必须有一个前提,就是分析师必须能够持续且精确地估计标的资产的预期报酬、风险及相关系数,否则整个运算过程将变得毫无意义。

正是由于这一问题的存在,从20世纪60年代初开始,以威廉·夏普(William Sharpe)、约翰·林特纳(John Lintner)和简·莫辛(Jan Mossin)为代表的一些经济学家开始从实证的角度出发,探索证券投资的现实,即马科维茨的理论在现实中的应用能否得到简化。如果投资者都采用马科维茨的理论选择资产,那么资产的均衡价格将如何在收益与风险的权衡中形成?或者说,在市场均衡状态下,资产的价格如何依风险而确定?

这些学者的研究直接导致了资本资产定价模型(capital asset pricing model,CAPM)的产生。作为基于风险资产预期收益均衡基础上的预测模型之一,CAPM阐述了在投资者都采用马科维茨的理论进行投资管理的条件下市场均衡状态的形成,把资产的预期收益与预期风险之间的理论关系用一个简单的线性关系表达了出来,即认为一个资产的预期收益率与衡量该资产风险的尺度 β 系数之间存在正相关关系。应该说,作为一种阐述风险资产均衡价格决定的理论,单一指数模型或以其为基础的CAPM不仅大大简化了投资组合选择的运算过程,使马科维茨的组合投资理论朝现实世界的应用迈出了一大步,而且使证券理论从以往的定性分析转向定量分析,从规范性转向实证性,进而对证券投资的理论研究和实际操作,甚至整个金融理论与实践的发展都产生了巨大影响,成为现代金融学的理论基础。

当然,近几十年来,作为资本市场均衡理论模型关注的焦点,CAPM的形式已经远远超越夏普、林特纳和莫辛提出的传统形式,有了很大的发展,如套利定价模型、跨时资本资产定价模型、消费资本资产定价模型等,目前已经形成一个较为系统的资本市场均衡理论体系。

CAPM最大的优点在于简单、明确。它把任何一种风险资产的价格都划分为三个因素:无风险收益率、β 系数和市场风险溢价,并把这三个因素有机结合在一起。

CAPM的另一个优点在于它的实用性。它使投资者可以根据系统风险而不是总风险来对各种竞争报价的金融资产做出评价和选择。这种方法已经被金融市场上的投资者广为采纳,用来解决投资决策中的一般性问题。

CAPM也不是尽善尽美的,其本身存在一定的局限性。表现在:

首先,CAPM的假设前提是难以实现的。假设一是市场处于完全竞争的状态。但实际上,完全竞争的市场是很难实现的,"做市"时有发生。假设二是投资者的投资期限相同且不考虑投资计划期之后的情况。但市场上的投资者数目众多,他们的资产持有期不可能完全相同,而且现在进行长期投资的投资者越来越多,所以假设二也就变得不那么现实了。假设三是投资者可以不受限制地以固定的无风险利率借贷,这一点也是很难实现的。假设四是市场无摩擦。但实际上,市场存在交易成本、税收和信息不对称等问题。假设五、六是理性人假设和一致预期假设。显然,这两个假设也只是一种理想状态。

其次,CAPM 中的 β 系数难以确定。某些证券由于缺乏历史数据,其 β 系数不易估计。此外,由于经济的不断发展变化,各种证券的 β 系数也会发生相应的变化,因此依靠历史数据估算出的 β 系数对未来的指导作用也要打折扣。总之,由于 CAPM 的上述局限性,金融市场学家仍在不断探求比 CAPM 更为准确的资本市场均衡理论。目前,已经出现另一些颇具特色的资本市场均衡理论(如套利定价模型),但尚无一种理论可与 CAPM 相匹敌。

(资料来源:MBA 智库。)

(2) 各种证券的预期收益率及必要收益率如下表所示。

各种证券的预期收益率及必要收益率

证券	预期收益率	β 系数	必要收益率	差异
PAR 股票	18.0%	1.29	17.03%	0.97%
市场组合	15.0%	1.00	15.00%	0.00
APE 股票	12.5%	0.68	12.76%	-0.26%
政府债券	8.0%	0.00	8.00%	0.00
LUS 股票	1.3%	-0.86	1.98%	-0.68%

根据表中计算结果,PAR 股票的预期收益率大于必要收益率,而 APE 股票、LUS 股票的预期收益率小于必要收益率。从单一证券来看,应该购买 PAR 股票,放弃 APE 股票和 LUS 股票。LUS 股票的收益率小于政府债券的收益率。

如果将 PAR 股票与 LUS 股票按 1∶1 的比例进行组合投资,则:
  投资组合的 β 系数 = 50% × 1.29 + 50% × (-0.86) = 0.215
  投资组合的必要收益率 = 50% × 17.03% + 50% × 1.98% = 9.51%
或: 投资组合的必要收益率 = 8% + 0.215 × (15% - 8%) = 9.51%

如果将 PAR 股票与 APE 股票按 1∶1 的比例进行组合投资,则:
  投资组合的 β 系数 = 50% × 1.29 + 50% × 0.68 = 0.985
  投资组合的必要收益率 = 50% × 17.03% + 50% × 12.76% = 14.9%
或: 投资组合的必要收益率 = 8% + 0.985 × (15% - 8%) = 14.9%

(3) 当预期通货膨胀率上升 3 个百分点时,由于无风险收益率也会上升 3 个百分点,因此无论是高风险证券还是低风险证券,它们的必要收益率也会跟着上升 3 个百分点。证券市场线上移,无风险收益率从 8% 升至 11%。

如果人们的风险偏好发生改变,使市场风险溢价增长 3 个百分点,那么证券市场线的斜率会上升,此时,PAR 股票的 β 系数将上升 3.87(= 1.29 × 3)个百分点,市场组合的 β 系数将上升 3(= 1 × 3)个百分点,APE 股票的 β 系数将上升 2.04(= 0.68 × 3)个百分点,LUS 股票的 β 系数将下跌 2.58(= 0.86 × 3)个百分点。

（4）从理论上说，总风险等于市场风险加公司特有风险，或不可分散风险加可分散风险，其计算公式为：

$$\mathrm{Var}(r_p) = \sum_{i=1}^{n} w_i^2 \mathrm{Var}(r_i) + \sum_{i=1}^{n}\sum_{j=1}^{n} w_i w_j \mathrm{Cov}(r_i, r_j) \quad (i \neq j)$$

式中，第一项为各项资产的方差，反映了它们各自的风险状况；第二项为各项资产之间的协方差，反映了两两资产组合的风险状况。

当 $n \to \infty$，式中的第一项将逐渐消失；第二项将趋近于各项投资资产之间的平均协方差，即协方差在投资资产个数增加时并不完全消失，而是趋近于平均值。这个平均值是所有投资活动的共同运动趋势，反映了系统风险。

21世纪经济与管理规划教材
财务管理系列

第二篇

财务决策

第五章　资本成本
第六章　投资决策
第七章　资本结构
第八章　股利政策
第九章　长期融资
第十章　营运资本管理

第五章 资本成本

[关键知识点]

资本及资本成本、股权资本成本、历史市场风险溢价、国家风险溢价、隐含股票风险溢价、历史 β 系数、行业 β 系数、负债公司的 β 系数、无负债公司的 β 系数、有息债务、债券资本成本、违约风险溢价、税前债务成本、税后债务成本、加权平均资本成本、项目资本成本。

习题与案例

一、单项选择题

1. 资本成本是公司财务决策的重要评价标准,下列有关资本成本的论述中正确的是(　　)。
   A. 资本成本是公司收益和风险的增函数
   B. 资本成本是公司使用资金付出的代价
   C. 资本成本是投入资产创造的预期收益率
   D. 资本成本是投资者要求的最低收益率

2. 具有相同 β 系数的资产或项目,计算资本成本的方法是(　　)。
   A. 资本资产定价模型　　　　　　B. 到期收益率模型
   C. 股利折现模型　　　　　　　　D. 债券收益率加风险溢价

3. 债券资本成本通常会低于普通股资本成本,主要原因是(　　)。
   A. 债券的期限低于普通股期限
   B. 债券投资风险较低,且利息具有抵税效应
   C. 债券的利息是固定的
   D. 债券的发行量较低

4. 风险溢价是指投资者将资本从无风险投资转移到风险投资时要求得到的"额外收益",市场风险溢价一般是指(　　)。
   A. 债券收益率 + 风险溢价　　　　B. 股票收益率 + 无风险收益率
   C. 市场收益率 – 无风险收益率　　D. 股票收益率 – 无风险收益率

5. 下列关于回归截距(α_j)与 $r_f(1-\beta)$ 的比较中,描述错误的是(　　)。
   A. 若 $\alpha_j > r_f(1-\beta)$,则表示在回归期间股票比预期表现要好
   B. 若 $\alpha_j > r_f(1-\beta)$,则表示在回归期间股票比预期表现要差
   C. 若 $\alpha_j = r_f(1-\beta)$,则表示在回归期间股票与预期表现相同
   D. 若 $\alpha_j < r_f(1-\beta)$,则表示在回归期间股票比预期表现要差

6. 下列关于股票 β 系数的表述中正确的是(　　)。

A. β 系数用来衡量股票总风险　　B. β 系数是指证券特征线的斜率
C. β 系数是指证券市场线的斜率　　D. β 系数是指资本市场线的斜率

7. 采用稳定增长模型估计股权资本成本的基本条件是(　　)。
A. 股票股利零增长　　　　　　　　B. 股票市场价格大于账面价值
C. 股票收益率大于债券收益率　　　D. 股权资本成本大于股利增长率

8. 采用到期收益率计算债券资本成本的假设条件是(　　)。
A. 债券收益率在到期日前保持不变　B. 债券市场价格等于账面价值
C. 债券流动性强、无期权条款　　　D. 债券含有可赎回或可售回条款

9. 某公司的资产负债率为62.5%，债务税前资本成本为8%，股权资本成本为20%，所得税税率为25%，则加权平均资本成本为(　　)。
A. 12.15%　　　B. 11.25%　　　C. 11.18%　　　D. 10.47%

10. 公司本身可以被视为由 N 个项目构成的资产组合，下列关于项目资本成本的论述中正确的是(　　)。
A. 项目资本成本等于公司债务资本成本和股权资本成本的加权平均值
B. 项目资本成本一般小于公司加权平均资本成本
C. 如果项目风险与公司风险相同，则项目资本成本等于公司资本成本
D. 无论项目风险大小，项目资本成本都等于公司资本成本

二、多项选择题

1. 影响公司债务资本成本高低的因素主要有(　　)。
A. 市场利率　　　　　　　　　　　B. 通货膨胀率
C. 股票风险　　　　　　　　　　　D. 资产负债率
E. 违约风险

2. 根据 β 系数计算公式，影响股票 β 系数的因素主要有(　　)。
A. 无风险收益率　　　　　　　　　B. 市场风险溢价
C. 股票预期收益率　　　　　　　　D. 市场组合方差
E. 股票收益率和市场组合收益率的协方差

3. 在资本成本计算过程中，需要考虑所得税因素的有(　　)。
A. 长期借款　　B. 长期债券　　C. 留存收益　　D. 优先股
E. 普通股

4. 采用政府债券收益率作为无风险收益率的条件是(　　)。
A. 没有违约风险　　　　　　　　　B. 没有期限风险
C. 没有再投资风险　　　　　　　　D. 没有通货膨胀风险
E. 没有期权条款

5. 国家风险溢价是与特定市场相联系的风险的函数，影响国家风险溢价的因素主要有(　　)。
A. 一国货币的稳定性　　　　　　　B. 预算和贸易收支的稳定性
C. 经济发展波动性　　　　　　　　D. 债务违约率
E. 政治风险大小

6. 某只股票收益率与市场组合收益率的回归拟合优度(R^2)为35%，这一指标表

明( )。
  A. 这只股票的风险35%来自市场风险或不可分散风险
  B. 这只股票的风险35%来自公司风险或可分散风险
  C. 这只股票的风险只有35%能够得到市场补偿
  D. 这只股票的风险只有65%能够得到市场补偿
  E. 这只股票的收益率低于35%

7. 在计算加权平均资本成本时,需要考虑的两个主要参数是( )。
  A. 某一种资本要素的成本   B. 公司总资本结构中各要素的权重
  C. 各种融资来源的手续费   D. 违约风险概率
  E. 公司的所得税税率

8. 将负债β系数转换为无负债β系数时,需要考虑的主要参数有( )。
  A. 负债β系数   B. 债务资本成本
  C. 所得税税率   D. 负债/股权比率
  E. 股权资本成本

9. 债券到期收益率反映了无违约风险时债券的承诺收益率,下列表述中正确的有( )。
  A. 债券违约率越高,债券价格越低
  B. 债券违约率越高,债券价格越高
  C. 债券违约时按承诺现金流计算的到期收益率就越高
  D. 债券违约时采用到期收益率作为债务资本成本会发生较大偏差
  E. 不论债券是否违约,到期收益率都保持不变

10. 采用可比公司估计β系数时,可比公司至少要具备的两个条件是( )。
  A. 可比公司与被评估的公司、资产或项目为相同行业
  B. 可比公司与被评估的公司、资产或项目的经营风险相同
  C. 可比公司与被评估的公司、资产或项目的财务风险相同
  D. 可比公司与被评估的公司、资产或项目的所得税税率相同
  E. 可比公司与被评估的公司、资产或项目的经营规模相同

三、判断题

1. 从投资者的角度来看,资本成本是投资者持有股票和债券两项风险资产要求收益率的加权平均数。( )
2. 风险溢价的历史数据会因时间起算点的不同而不同,但不受无风险收益率的选择的影响。( )
3. 一定时期单项资产与市场组合收益率分布点的回归线称为证券特征线。( )
4. 使用行业原始的β系数的中位数或均值作为某一公司β系数的替代指标,考虑了该公司财务杠杆的影响。( )
5. 无负债公司的β系数是由公司经营的业务类型和经营风险水平决定的,与财务风险无关。( )
6. 债券资本成本等于政府债券市场收益率加上公司的信用利差或违约风险溢价。( )

7. 特定项目资本成本与公司资本成本无关,但与公司资产收益相关。 ( )

8. 在计算公司加权平均资本成本时,以账面价值为权数能够真实反映实际的资本成本水平,有利于进行财务决策。 ( )

9. 根据项目资本成本进行投资选择时,应采用公司加权平均资本成本作为决策的依据,而不是采用项目特定资本来源的成本作为决策的依据。 ( )

10. 采用资本资产定价模型和股利折现模型计算股权资本成本存在差异时,应采用资本资产定价模型的计算结果。 ( )

四、计算分析题

1. 你用过去 5 年的复星医药月收益率对上证综指同期月收益率进行回归,得到:

$$r_{复星医药} = 0.16\% + 0.9342 r_{上证综指}$$
$$R^2 = 36.84\%$$

要求:

(1) 如果今天的长期国债利率为 5%,市场风险溢价为 6.5%,估计复星医药股票的必要收益率或股权资本成本。

(2) 假设你有意购买复星医药股票,目前股票价格为 26.34 元/股,你预期在 5 年内它会涨到 48 元/股。假设该股票不发放股利,你认为这只股票是一个好的投资对象吗?

(3) 假设复星医药正在考虑与医药行业相关的一个新的投资项目,该项目预期净资产收益率(ROE)为 14.5%,复星医药应该进行这项投资吗?

(4) 如果过去 5 年的年无风险收益率为 3.5%,根据回归结果评价复星医药收益率的表现。

(5) 如果你购买了复星医药股票,那么你承担的风险中有多大比例是可以得到补偿的?

2. WAT 集团拥有两家子公司,分别属于航空业和乳制品业。估计航空业子公司价值为 200 亿元,乳制品业子公司价值为 100 亿元。该公司的负债与股东权益比率为 74%。可比公司相关数据如下表所示。

可比公司相关数据

行业	平均 β 系数	负债/股东权益(平均数)
航空	1.25	80%
乳制品	0.87	60%

假设公司的所得税税率为 25%,如果目前长期国债利率为 5%,市场风险溢价为 6.5%。

要求:估计 WAT 集团目前的股权资本成本。

3. 你用过去 5 年的 MBS 公司每月股票收益率对上证综指同期月收益率进行回归,得到公司 β 系数为 0.9。过去 5 年中,MBS 公司的平均负债与股东权益比率为 30%,但公司刚刚借入 1 亿元,用于回购价值 1 亿元的股票。该笔交易发生之前,MBS 公司股票的市场价值为 2.5 亿元,尚未偿付的债务价值为 2 500 万元。公司的所得税税率为 25%。

要求:估计 MBS 公司负债 β 系数。

4. SUN 公司是一家空调制造商,正在考虑收购 MFE 公司(一家为空调制造商提供融资的公司)。收购时,SUN 公司尚未偿付的债务为 1 亿元,并有每股价格为 40 元的 1 000 万股股票,股票的 β 系数为 1.18。MFE 公司尚未偿付的债务为 1 亿元,并有每股价格为 10 元的 500

万股股票,股票的 β 系数为 0.9。

SUN 公司打算采用股票互换的方式,用其股票中的 100 万股交换 MFE 公司所持有的发行在外的股票,两家公司所得税税率均为 25%。

要求:估计收购后 SUN 公司的 β 系数。

5. BIO 公司是一家软件开发公司,你用最近 60 个月公司收益率对上证综指同期收益率进行回归,得到公司 β 系数为 0.98,目前公司无负债。

要求:

(1) 如果长期国库券利率为 5%,市场风险溢价为 6.5%,估计 BIO 公司的股权资本成本。

(2) 如果长期国债利率升至 6.5%,分析这对 BIO 公司的股权资本成本有什么影响。

(3) 分析 BIO 公司的 β 系数多少来自经营风险。

(4) 假设 BIO 公司目前股票市场价值为 10 亿元,发行债券 4 亿元回购公司股票,公司价值保持不变。假设所得税税率为 25%,重新计算 BIO 公司的 β 系数,并分析 BIO 公司的 β 系数多少来自经营风险。

6. SOF 公司是一家软件提供商和服务商,公司主要由四家子公司组成,假设每家子公司股票市场价值和 β 系数如下表所示,公司所得税税率为 25%。

子公司股票市场价值和 β 系数

子公司	股票市场价值(亿元)	β 系数
医疗健康互联	50	1.45
智能汽车互联	30	1.32
智慧城市	40	1.20
教育互联	35	0.95

要求:

(1) 估计 SOF 公司的 β 系数,并分析这个 β 系数是否等于用 SOF 公司股票收益率与市场指数收益率进行回归得到的 β 系数,说明原因。

(2) 如果长期国债利率为 5%,市场风险溢价为 6.5%,估计公司股权资本成本;并指出你会采用哪种股权资本成本评估教育互联子公司的价值。

(3) 假设 SOF 公司未清偿债务为 10 亿元,估计 SOF 公司无负债 β 系数。

(4) 假设 SOF 公司出售医疗健康互联子公司,将现金收入作为股利支出。按出售后公司价值权重估计 SOF 公司的 β 系数。

7. AIR 公司是一家大型航空公司,你用过去 5 年的公司股票月收益率对上证综指同期月收益率进行回归,得到:

$$r_{AIR} = 0.38\% + 1.4 r_m$$
$$R^2 = 0.65$$

目前 1 年期国债利率为 4.5%,市场风险溢价为 6.5%,10 年期国债利率为 6.4%。公司发行在外的股票为 3 亿股,每股价格为 30 元。

要求:

(1) 计算下一年 AIR 公司股票的预期收益率。

(2) 如果要为一个 10 年期资本预算项目计算一个折现率,分析预期收益率是否会改变。

(3) 假设回归期无风险收益率为 4%，分析 AIR 公司回归期收益率的表现是好于预期还是差于预期，计算公司投资者承担的不可分散风险。

(4) 公司的负债与股东权益比率为 60%，所得税税率为 25%，公司打算发行 20 亿元的新债务以收购一个同样价值的新行业，该行业的风险水平与公司现处行业的风险水平相同，计算收购后公司的 β 系数。

(5) 假设公司收购后又派发现金股利 10 亿元，计算派发现金股利后公司的 β 系数。

8. SOB 公司是一家软件和信息服务公司，2019 年其业务扩展到文化娱乐业。2019 年，公司软件信息业的 β 系数为 1.3，负债与股东权益比率为 60%；文化娱乐业价值预计占公司价值的 30%，文化娱乐业可比公司的平均 β 系数为 0.9，平均负债与股东权益比率为 50%。公司所得税税率为 25%。

要求：

(1) 假设 SOB 公司的负债与股东权益比率不变，估计 SOB 公司 2019 年的 β 系数。

(2) 假设 SOB 公司打算以 50% 的负债与股东权益比率为文化娱乐业融资，估计 SOB 公司的 β 系数。

9. 假设你正在估计 WHH 公司的资本成本，并且得到公司如下资料：将公司股票近 60 个月的收益率与上证综指同期收益率进行回归，得到公司股票的 β 系数为 1.15；当前公司股票价格为 30 元/股，流通在外的股数为 4.5 亿股；公司未偿还的债务为 50 亿元（账面价值和市场价值相等）；公司信用评级为 AAA 级，AAA 级公司债券的违约差价为 0.2%；长期国债利率为 6%，市场风险溢价为 6.5%；公司所得税税率为 25%。

要求：

(1) 估计 WHH 公司的股权资本成本。

(2) 估计 WHH 公司的加权平均资本成本。

(3) 假设公司发行债券回购股票 1 亿股，重新估计 WHH 公司的股权资本成本。

10. YIE 是一家乳制品公司，在资本成本分析中，你注意到公司的 β 系数估计为 0.92，公司账面上有 30 亿元债务；公司债务的利息费用为 1.95 亿元，债务的平均到期时间为 4 年；公司发行在外的股票为 5 亿股，每股市场价格为 22 元，账面上的股东权益价值为 60 亿元；公司的信用评级为 AA，AA 级公司债券的违约差价为 0.7%；目前长期国债利率为 6%，市场风险溢价为 6.5%；公司所得税税率为 25%。

要求：

(1) 按账面价值计算的负债率估算资本成本。

(2) 按市场价值计算的负债率估算资本成本。

(3) 分析在什么条件下第一种方法计算出来的资本成本更高。

11. 假设你被要求计算和分析 MBN 公司的资本成本，公司有关资料如下：① 上年的息税前利润为 600 万元，所得税税率为 25%；② 目前长期负债账面余额为 400 万元，平均利率为 10%；③ 已发行普通股 60 万股，目前每股账面价值为 10 元（尚未进行利润分配），当前每股市场价格为 32.5 元；④ 公司的股利支付率固定为 40%，假定股票价格与其内在价值相等。

要求：

(1) 计算公司上年的每股收益及目前的普通股成本，假设每股股利固定增长率为 6%。

(2) 按照账面价值权数计算公司进行利润分配之后的加权平均资本成本。

(3) 假设公司发行债券 400 万元，以现行价格回购股票。发行新债后公司负债平均利率上升至11.5%,普通股成本提高到22%,息税前利润保持不变。如果以股价高低判别,试问公司应否改变其资本结构(每股股利固定增长率为6%)。

(4) 计算公司发行债券回购股票前后的利息保障倍数,并进行简要分析。

12. 假设VOA公司目前的资本结构为:长期债券1 000万元,股东权益3 000万元。其他有关信息如下:① 公司债券面值为100元/张,票面利率为5.25%,期限为10年,每年付息一次,到期还本,发行价格为101元/张;② 公司股票月收益率与上证综指同期月收益率的相关系数为0.5,上证综指收益率的标准差为3.0,公司股票收益率的标准差为3.9;③ 国库券利率为5%,股票市场的风险溢价为7%;④ 公司所得税税率为25%;⑤ 由于股东比债权人承担更大的风险,因此其要求的风险溢价为5%。

要求:
(1) 计算债券的税后资本成本。
(2) 按照资本资产定价模型计算股权资本成本。
(3) 按照债券收益率加风险溢价法计算股权资本成本。
(4) 计算加权平均资本成本。

五、案例分析题

案例1

以第三章格力电器为例。

(1) 根据最近60个月格力电器股票收益率(按对数收益率)和沪深300标的指数收益率预测格力电器股票β系数。假设预测期无风险利率为4%,市场风险溢价在预测期前5年(2020—2024年)为6%,2025年及以后为5.6%。

(2) 预测格力电器股权资本成本、债务资本成本、加权平均资本成本。

案例2

你刚刚应聘一家投资公司,你的上司让你回答与公司资本成本有关的问题。表1是从四个行业中选出的部分上市公司股票的β系数。

表1 四个行业部分上市公司股票的β系数(2018—2019年,100周)

公用事业(电力)		医药		白酒		航空	
证券简称	β系数	证券简称	β系数	证券简称	β系数	证券简称	β系数
长江电力	0.17	恒瑞医药	1.08	贵州茅台	0.95	中国国航	1.62
中国广核	-0.67	迈瑞医疗	0.36	五粮液	1.26	东方航空	1.53
华能国际	0.27	药明康德	1.12	洋河股份	0.94	南方航空	1.44
中国核电	0.71	爱尔眼科	0.85	泸州老窖	1.22	春秋航空	0.95
华能水电	0.96	云南白药	0.54	山西汾酒	1.33	吉祥航空	1.21
国投电力	0.51	长春高新	1.08	古井贡酒	1.14	海航控股	0.68
浙能电力	0.43	智飞生物	1.16	今世缘	1.22	华夏航空	1.61
国电电力	0.53	复星医药	1.17	顺鑫农业	1.21	中信海直	1.20
大唐发电	0.59	片仔癀	0.96	口子窖	1.11	山航B	0.81
川投能源	0.54	乐普医疗	1.02	古井贡B	1.08		
中位数	0.52	中位数	1.05	中位数	1.17	中位数	1.21

资料来源:Wind金融数据库(数据提取日:2019年12月26日)。

要求：

(1) 根据表1中的数据，以 β 系数的中位数为依据，说明为什么公共事业(电力)行业的 β 系数小于其他三个行业，以及影响股票 β 系数的主要因素是什么。

(2) 假设无风险收益率为3.5%，市场风险溢价为6.5%，计算中国核电、复星医药、贵州茅台、南方航空的股权资本成本，并对计算结果进行评价。你认为影响股权资本成本的因素主要有哪些？

(3) 资本资产定价模型可以计算公司项目投资决策的折现率或项目资本成本。假设XYZ集团是一个充分多元化的公司，其组织结构如图1所示。

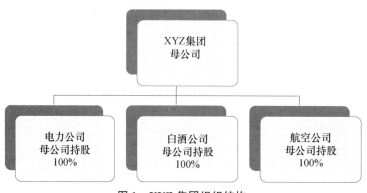

图1　XYZ集团组织结构

① 假设XYZ集团没有未清偿债务，拥有所有子公司的全部股权，且集团公司为公众公司，股票在上海证券交易所上市交易，集团公司股票的 β 系数等于1，计算集团公司的股权资本成本。假设将集团公司看作三个子公司的投资组合，分析集团公司股票的 β 系数如何确定，影响各子公司 β 系数的因素主要是什么。假设集团公司的子公司进行项目投资，资金全部来自各子公司的留存收益。在项目评估中，是根据集团公司的 β 系数计算子公司项目的股权资本成本，还是分别计算各自子公司的 β 系数？

② 如果子公司并未上市，没有历史数据用于计算其 β 系数，那么如何确定子公司的 β 系数？假设你的上司为你提供了医药行业10家公司的相关数据(见表2)，以这10家公司代表医药行业，以公司价值为权重，计算行业加权平均无负债 β 系数。假设10家公司的所得税税率均为25%。如果XYZ集团要成立一家子公司，投资与医药相关的项目，假设项目资金50%来自债务融资，50%来自股权融资，试估计新项目或子公司的 β 系数，假设所得税税率保持不变。

表2　医药行业(10家公司)公司价值和资产负债率

证券简称	公司价值(万元)	资产负债率
恒瑞医药	36 877 425	10.39%
迈瑞医疗	21 390 088	27.99%
药明康德	15 277 878	36.75%
爱尔眼科	12 268 161	40.78%
云南白药	11 400 614	24.03%
长春高新	8 537 142	30.86%

(续表)

证券简称	公司价值(万元)	资产负债率
智飞生物	8 252 469	52.76%
复星医药	8 839 380	51.70%
片仔癀	6 712 973	21.69%
乐普医疗	6 592 438	51.40%

资料来源:Wind 资讯(数据提取日:2019 年 12 月 26 日)。

(4) 当前复星医药的长期借款利率为 4.75%,5 年期债券利率为 4.68%,债务资本成本为 4.7%,试估计复星医药加权平均资本成本。

(5) 2018 年复星医药固定资产和无形资产等资本支出大约为 32 亿元,公司在 2009—2018 年间固定资产投资年均增长率为 33%。2019 年和 2020 年公司会继续加大生物制药投资,按 30% 的年增长率计算,预计 2020 年公司固定资产等资本支出将达到 54 亿元。假设新投资的生物制药产品的风险较高,新项目的 β 系数为 1.4,预计新项目价值占公司总价值的 20%,公司资产负债率保持不变,重新评估复星医药的资本成本。

参 考 答 案

一、单项选择题

1. D   2. A   3. B   4. C   5. B
6. B   7. D   8. C   9. B   10. C

二、多项选择题

1. ABE   2. DE   3. AB   4. AC   5. ABCE
6. AC   7. AB   8. ACD 9. BCD 10. AB

三、判断题

1. √   2. ×   3. √   4. ×   5. √
6. √   7. ×   8. ×   9. ×   10. ×

四、计算分析题

1. 解:

(1) 必要收益率或股权资本成本 = 5% + 0.9342% × 6.5% = 11.07%

(2) 股票预期收益率 = $\sqrt[5]{\dfrac{48}{26.34}} - 1 = 12.75\%$

根据(1)的计算结果,复星医药股票按资本资产定价模型计算的必要收益率或股权资本成本为 11.07%,小于复星医药股票的预期收益率 12.75%,仅从这一点分析,这只股票是一个好的投资对象。但需要说明的是,由于资本资产定价模型是一个单期模型,用于度量长期投资收益可能存在一定的偏差。

(3) 由于项目的净资产收益率为 14.5%, 大于股权资本成本 11.07%, 因此这个项目是可行的。

(4) 截距(α_j)与 $r_f(1-\beta)$ 的比较:
$$r_f(1-\beta) = 3.5\% \times (1 - 0.9342) = 0.23\%$$

由于回归截距值为 0.16%, 小于 $r_f(1-\beta)$, 因此复星医药在回归期间收益率的表现低于预期。

(5) 如果购买复星医药股票, 则承担的不可分散风险为 36.84%。

2. 解:

首先, 计算行业无负债 β 系数, 如下表所示。

行业无负债 β 系数

行业	平均β系数	负债/股东权益（平均数）	无负债β系数	公司价值（亿元）	比重	加权平均无负债β系数
航空	1.25	80%	0.781	200	66.67%	0.5208
乳制品	0.87	60%	0.600	100	33.33%	0.2000
合计				300	100.00%	0.7208

表中:
$$\text{航空业无负债}\beta\text{系数} = \frac{1.25}{1 + (1 - 25\%) \times 80\%} = 0.781$$

$$\text{航空业无负债}\beta\text{系数平均数} = 0.871 \times 200/300 = 0.5208$$

乳制品业无负债 β 系数计算方式同上, WAT 集团加权平均无负债 β 系数为:

$$\text{加权平均无负债}\beta\text{系数} = 0.5208 + 0.2000 = 0.7208$$

然后, 计算 WAT 集团负债 β 系数:

$$\text{WAT 集团负债}\beta\text{系数} = 0.7208 \times [1 + (1 - 25\%) \times 74\%] = 1.121$$

最后, 计算 WAT 集团股权资本成本:

$$\text{WAT 集团股权资本成本} = 5\% + 1.121 \times 6.5\% = 12.29\%$$

3. 解:

MBS 公司无负债 β 系数为:

$$\text{MBS 公司无负债}\beta\text{系数} = \frac{0.9}{1 + (1 - 25\%) \times 30\%} = 0.735$$

发行债券回购股票后:

$$\frac{\text{负债}}{\text{股东权益}} = \frac{0.25 + 1}{2.5 - 1} = 0.8333$$

$$\text{MBS 公司负债}\beta\text{系数} = 0.735 \times [1 + (1 - 25\%) \times 83.33\%] = 1.194$$

4. 解:

收购前两家公司无负债 β 系数如表 1 所示。

表1　收购前两家公司无负债 β 系数

项目	SUN 公司	MFE 公司	MFE 公司计算说明
收购前 β 系数	1.18	0.90	
负债/股东权益	0.25	2.00	← = 10 000/(10×500)
所得税税率	25%	25%	
收购前无负债 β 系数	0.9937	0.3600	← = 0.9/[1+(1−25%)×2]

SUN 公司采用股票互换方式收购 MFE 公司后负债与股东权益如表2所示。

表2　收购后负债与股东权益　　　　　　　　　　　　单位:万元

项目	SUN 公司	MFE 公司	收购后
未偿付债务	10 000	10 000	20 000
股东权益	40 000	5 000	45 000
合计	50 000	15 000	65 000

$$\text{收购后无负债}\beta\text{系数} = \frac{50\,000}{65\,000} \times 0.9937 + \frac{15\,000}{65\,000} \times 0.3600 = 0.847$$

$$\text{收购后负债}\beta\text{系数} = 0.847 \times \left[1 + (1-25\%) \times \frac{20\,000}{45\,000}\right] = 1.1299$$

5. 解:

(1) BIO 公司的股权资本成本 = 5% + 0.98 × 6.5% = 11.37%

(2) 如果长期国债利率升至 6.5%,则:

$$\text{股权资本成本} = 11.37\% + (6.5\% - 5\%) = 12.87\%$$

(3) 由于 BIO 公司无负债,因此风险可全部归于经营风险。

(4) 发行债券回购股票:

$$\text{BIO 公司负债/股东权益} = 4/(10-4) = 66.67\%$$

$$\text{BIO 公司}\beta\text{系数} = 0.98 \times [1 + (1-25\%) \times 66.67\%] = 1.47$$

BIO 公司的 β 系数中经营风险为 66.67%(= 0.98/1.47),财务风险为 33.33%(= 1 − 66.67%)。

6. 解:

(1) SOF 公司的 β 系数如表1所示。

表1　SOF 公司的 β 系数

子公司	股票市场价值(亿元)	β 系数	股票价值权重	加权平均 β 系数
医疗健康互联	50	1.45	0.32	0.47
智能汽车互联	30	1.32	0.19	0.26
智慧城市	40	1.20	0.26	0.31
教育互联	35	0.95	0.23	0.21
合计	155		1.00	1.25

根据表1中的数据,SOF 公司的 β 系数为1.25,这个 β 系数一般与用 SOF 公司股票收益率与市场指数收益率进行回归得到的 β 系数不相等。后者通常与计算采用的期间、每期间隔期、市场参数等有关,采用不同的期间、每期间隔期或市场参数就会得出不同的结论。在计算过程中,SOF 公司的 β 系数还受到各子公司价值权重的影响。

(2) SOF 公司各子公司的股权资本成本如表2所示。

表2　SOF 公司各子公司股权资本成本

子公司	股票市场价值（亿元）	β 系数	股权资本成本
医疗健康互联	50	1.45	14.43%
智能汽车互联	30	1.32	13.58%
智慧城市	40	1.20	12.80%
教育互联	35	0.95	11.18%

根据表2中的数据,对教育互联子公司进行估价时,股权资本成本应为11.18%。

(3) SOF 公司无负债 β 系数如表3所示。

表3　SOF 公司无负债 β 系数

子公司	股票市场价值（亿元）	β 系数	股票价值权重	未偿还债务（亿元）	无负债 β 系数
医疗健康互联	50	1.45	0.32	3.23	1.383
智能汽车互联	30	1.32	0.19	1.94	1.259
智慧城市	40	1.20	0.26	2.58	1.145
教育互联	35	0.95	0.23	2.26	0.906
合计	155	1.25	1.00	10.00	1.190

(4) 出售医疗健康互联子公司后,SOF 公司的未清偿债务仍为10亿元,股东权益价值为101.8亿元(31.94 + 42.58 + 37.26 − 10)。

按出售后公司价值权重估计 SOF 公司的 β 系数为:

$$\beta_U = 1.259 \times \frac{31.94}{111.8} + 1.145 \times \frac{42.58}{111.8} + 0.906 \times \frac{37.26}{111.8} = 1.0978$$

$$\beta_L = 1.0978 \times \left[1 + (1 - 25\%) \times \frac{10}{101.8} \right] = 1.1787$$

7. 解:

(1) 下一年 AIR 公司股票的预期收益率 = 4.5% + 1.4 × 6.5% = 13.6%

(2) 10年期资本预算项目的预期收益率 = 6.4% + 1.4 × 6.5% = 15.5%

(3) 回归方程的截距 = 0.38%,$r_f(1 - \beta) = 4\% \times (1 - 1.4) = -1.6\%$,由于回归方程的截距大于 $r_f(1 - \beta)$,表明回归期的收益率比按证券市场线预期的收益率要好。公司投资者承担的不可分散风险为6590元。

(4) AIR 公司股票价值 = 30 × 3 = 90(亿元)

发行新债前债务价值 = 负债/股东权益 × 股票价值
　　　　　　　　　= 60% × 90 = 54(亿元)

当前无负债 β 系数 = 1.4/[1 + (1 − 25%) × 60%] = 0.9655

发行新债后债务价值 = 54 + 20 = 74(亿元)
收购后 β 系数 = 0.9655 × [1 + (1 − 25%) × (74/90)] = 1.5609

(5) 公司派发 10 亿元现金股利后,股票价值变为 80 亿元,则:
派发现金股利后 β 系数 = 0.9655 × [1 + (1 − 25%) × (74/80)] = 1.6353

8. 解:
(1) SOB 公司 2019 年的 β 系数如下表所示。

SOB 公司 2019 年的 β 系数

指标	软件信息业	文化娱乐业	文化娱乐业计算说明
β 系数	1.3	0.9	←文化娱乐业均值
负债/股东权益	60%	50%	←文化娱乐业均值
所得税税率	25%	25%	←文化娱乐业均值
无负债 β 系数	0.8966	0.6545	←文化娱乐业均值
价值权重	70%	30%	
SOB 公司平均无负债 β 系数	0.8239 ← = 0.8966 × 70% + 0.6545 × 30%		
SOB 公司平均负债 β 系数	1.1947 ← = 0.8239 × [1 + (1 − 25%) × 60%]		

(2) 假设 SOB 公司打算以 50% 的负债与股东权益比率为文化娱乐业融资,则 SOB 公司的 β 系数估计如下:
软件信息业负债率 = 60% / (1 + 60%) = 37.50%
文化娱乐业负债率 = 50% / (1 + 50%) = 33.33%
SOB 公司总体负债率 = 37.50% × 70% + 33.33% × 30% = 36.25%
SOB 公司总体负债/股东权益 = 36.25% / (1 − 36.25%) = 56.86%
SOB 公司负债 β 系数 = 0.8239 × [1 + (1 − 25%) × 56.86%] = 1.1753

9. 解:
(1) WHH 公司的股权资本成本 = 6% + 1.15 × 6.5% = 13.48%
(2) WHH 公司的加权平均资本成本计算如下:
税前债务资本成本 = 6% + 0.2% = 6.2%
税后债务资本成本 = 6.2% × (1 − 25%) = 4.65%
负债率 = 50 / (30 × 4.5 + 50) = 27.03%
加权平均资本成本 = 4.65% × 27.03% + 13.48% × (1 − 27.03%) = 11.09%
(3) 发行债券回购股票:
发行新债后债务价值 = 50 + 1 × 30 = 80(亿元)
股东权益价值 = 30 × (4.5 − 1) = 105(亿元)
无负债 β 系数 = 1.15 / [1 + (1 − 25%) × 27.03% / (1 − 27.03%)] = 0.9000
负债 β 系数 = 0.9 × [1 + (1 − 25%) × (80/105)] = 1.4143
股权资本成本 = 6% + 1.4143 × 6.5% = 15.19%

10. 解:
(1)(2) 计算结果如下表所示。

YIE 公司资本成本

项目	资本成本	账面价值（亿元）	市场价值（亿元）	账面价值权重	市场价值权重
股票	11.98%	60.00	110.00	66.67%	78.69%
债券	5.03%	30.00	29.80	33.33%	21.31%
合计		90.00	139.80	100.00%	100.00%
WACC（账面价值）	9.66%	←＝11.98%×66.67%＋5.03%×33.33%			
WACC（市场价值）	10.50%	←＝11.98%×78.69%＋5.03%×21.31%			

表中：

$$股权资本成本 = 6\% + 0.92 \times 6.5\% = 11.98\%$$

$$债务资本成本 = (6\% + 0.7\%) \times (1 - 25\%) = 5.03\%$$

$$股票市场价值 = 22 \times 5 = 110（亿元）$$

债券市场价值可以根据债券现值计算公式或根据 Excel 函数计算，即在 Excel 电子表格中输入"＝PV(6.7%,4,-1.95,-30)"，回车后即可得到债券现值为 29.8 亿元。

（3）在各自资本成本一定的情况下，股权资本成本权重越大，加权平均资本成本越高。在账面价值法下，如果股权账面价值较低，则会提高加权平均资本成本。

11. 解：

（1）税后利润 =（600－400×10%）×（1－25%）= 420（万元）

每股收益 = 420/60 = 7（元）

每股股利 = 7×40% = 2.8（元）

普通股成本 = 2.8×（1＋6%）/32.5＋6% = 15.13%

（2）股东权益 = 60×10＋420×（1－40%）= 852（万元）

负债率 = 400/（400＋852）= 31.95%

加权平均资本成本 = 10%×（1－25%）×31.95%＋15.13%×（1－31.95%）

＝ 12.69%

（3）购回股数 = 400/32.5 = 12.31（万股）

新的发行在外股份 = 60－12.31 = 47.69（万股）

税后利润 =（600－800×11.5%）×（1－25%）= 381（万元）

新的每股收益 = 381/47.69 = 7.99（元）

新的股票价格 = 7.99×40%×（1＋6%）/（22%－6%）= 21.17（元）

由于发行债券回购股票使公司股票价格降低，因此公司发行债券回购股票是不合适的。

（4）原利息保障倍数 = 600/（400×10%）= 15

新利息保障倍数 = 600/（800×11.5%）= 6.52

发行债券回购股票后，利息保障倍数降低了，这可能降低公司的信用评级。

12. 解：

（1）债券税后资本成本采用 Excel 中的 RATE 函数计算，在 Excel 电子表格中输入"＝RATE(10,-100*5.25%,101,-100)"，回车后即可得到债券到期收益率为 5.12%。

债券税后资本成本 = 5.12%×（1－25%）= 3.84%

（2）按照资本资产定价模型计算股权资本成本：

公司股票的 β 系数 $= 0.5 \times 3.9/3.0 = 0.65$

股权资本成本 $= 5\% + 0.65 \times 7\% = 9.55\%$

（3）按照债券收益率加风险溢价计算股权资本成本：

股权资本成本 $= 5.12\% + 5\% = 10.12\%$

（4）加权平均资本成本计算如下：

负债率 $= 1\,000/(3\,000 + 1\,000) = 25\%$

按照资本资产定价模型计算：

加权平均资本成本 $= 3.84\% \times 25\% + 9.55\% \times (1 - 25\%) = 8.12\%$

按照债券收益率加风险溢价计算：

加权平均资本成本 $= 3.84\% \times 25\% + 10.12\% \times (1 - 25\%) = 8.55\%$

五、案例分析题

案例 1

采用资本资产定价模型计算股权资本成本时，需要估计三个因素：无风险收益率、市场风险溢价、格力电器股票 β 系数。假设预测期无风险利率为 4%，市场风险溢价在预测期前 5 年（2020—2024 年）为 6%，2025 年及以后为 5.6%。为计算格力电器股票 β 系数，选择 2015 年 6 月 30 日至 2020 年 5 月 31 日，计算 60 个月股票月收益率。以同期沪深 300 标的指数代表市场指数，按对数计算的收益率如表 1 所示。

表 1　格力电器股票收益率与沪深 300 标的指数收益率　　　　单位:%

日期	收益率	
	格力电器股票	沪深 300 标的指数
2015-06-30	2.68	-7.90
2015-07-31	-30.67	-15.87
2015-08-31	-19.00	-12.55
2015-09-30	-13.13	-4.98
2015-10-31	6.98	9.84
2015-11-30	5.49	0.91
2015-12-31	19.83	4.51
……	……	……
2019-11-30	-1.70	-1.51
2019-12-31	12.78	6.76
2020-01-31	-2.53	-2.29
2020-02-29	-7.70	-1.61
2020-03-31	-12.58	-6.66
2020-04-30	4.81	5.96
2020-05-31	3.89	-1.17

资料来源：Wind 金融数据库。

对表 1 中的数据进行回归，回归线如图 1 所示。

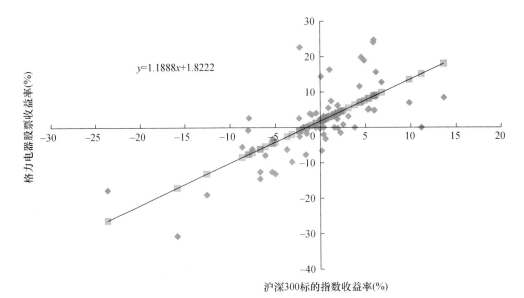

图 1 格力电器股票收益率与沪深 300 标的指数收益率

根据图 1,格力电器股票收益率与市场组合收益率回归统计数据分析如下:

第一,假设在此期间无风险收益率为 4%,则:

$$r_f(1-\beta) = 4\% \times (1-1.1888) = -0.0076$$

回归线截距为 1.8222,大于 $r_f(1-\beta)$,表明在此期间,格力电器股票历史收益率高于按证券市场线估计的预期收益率。

第二,回归线斜率为 1.1888,这是格力电器在此期间股票月收益率的 β 系数,它表明如果市场证券平均收益率上升 1%,格力电器股票收益率将上升 1.1888%;如果市场证券平均收益率下降 1%,格力电器股票收益率将下降 1.1888%。

第三,根据回归输出的数据,回归拟合优度(R^2)为 48.85%,这一指标表明格力电器 48.85% 的风险来自市场风险(如利率、通货膨胀风险等),51.15% 的风险来自公司特有风险,后者是可分散风险,在资本资产定价模型中是不能获得相应补偿的。

格力电器采用回归方法计算的原始 β 系数为 1.1888,采用布隆博格(Bloomberg)调整方式,可以得到一个调整后的 β 系数为 1.1265(= 1.1888×0.67 + 0.33)。采用一定的方法对回归分析得到的 β 系数进行调整,以反映估计误差的可能性和 β 系数向平均值(或者是行业的,或者是整个市场的)回归的趋势。

假设以调整后的 β 系数计算格力电器股权资本成本,格力电器债务利率为 5.1%,所得税税率为 15%,则根据有息债务比率计算的加权平均资本成本如表 2 所示。

表 2 格力电器预测期资本成本

项目	2020年	2021年	2022年	2023年	2024年	2025年
无风险利率	4.00%	4.00%	4.00%	4.00%	4.00%	4.00%
β系数	1.1265	1.1265	1.1265	1.1265	1.1265	1.0000
风险溢价	6.00%	6.00%	6.00%	6.00%	6.00%	5.60%
股权资本成本	10.76%	10.76%	10.76%	10.76%	10.76%	9.60%
所得税税率	15.00%	15.00%	15.00%	15.00%	15.00%	15.00%
长短期借款平均利率	5.10%	5.10%	5.10%	5.10%	5.10%	5.10%
税后债务资本成本	4.34%	4.34%	4.34%	4.34%	4.34%	4.34%
有息债务/投入资本	15.30%	15.20%	15.40%	15.40%	15.30%	14.90%
股东权益/投入资本	84.70%	84.80%	84.60%	84.60%	84.70%	85.10%
加权平均资本成本	9.78%	9.78%	9.77%	9.77%	9.78%	8.82%

案例 2

(1) 根据题中给出的数据,不同行业的 β 系数差别较大。从 β 系数的中位数来看,公用事业(电力)行业的 β 系数中位数小于 1,表明电力行业的风险小于市场风险,由于电力行业属于公用事业,虽然经营杠杆和财务杠杆都比较高,但是经营收益较为稳定,电力行业收益及股票收益率波动与市场中多数公司收益及股票收益率波动的相关性较小,因此电力行业有低水平的系统风险和低 β 系数(中国广核的 β 系数甚至为负)。其他三个行业的 β 系数中位数大于 1,表明医药等三个行业的风险大于市场风险,按 β 系数中位数从大到小排序,依次为航空业、白酒业、医药业。就航空业来说,航空公司的收益与乘客行程关系密切,而后者对经济状况的变化非常敏感。收益的这一基本变化特征经过较高的经营杠杆和财务杠杆放大后,导致相对于大多数公司的收益及股票收益率波动而言,航空业的收益及股票收益率波动的幅度更大。因此,航空业的 β 系数较高。β 系数主要用来衡量公司系统风险的大小,即使在同一个行业,在经营风险相同的情况下,由于财务风险不同也会影响 β 系数的大小。

(2) 四家公司股权资本成本如表 1 所示。

表 1 四家公司股权资本成本

项目	中国核电	复星医药	贵州茅台	南方航空
β系数	0.71	1.17	0.95	1.44
股权资本成本	8.12%	11.11%	9.68%	12.86%

其中,复星医药股权资本成本 = 3.5% + 1.17 × 6.5% = 11.11%,其他以此类推。

计算结果和预期一样,低风险的电力公司(中国核电)的股权资本成本低于其他三家公司。但上述估算也可能出现偏差,其原因在于无风险收益率、市场风险溢价、β 系数等参数的确定本身就可能是有偏的,本例中 β 系数的计算期间是 100 周,如果改变计算期间(如 260 周),或改变间距(如按 60 个月计算),则 β 系数可能明显不同于给出的数值。因此,计算出来的股权资本成本只是一个参考值。在实务中,一种可能的方法是对各种参数确定一个合理区间或进行敏感性分析,在不同的参数下,估计股权资本成本,综合考虑各种因素后确定一个股权资本成本的合理区间。

(3) ① 集团公司股权资本成本计算如下：

集团公司股权资本成本 = 3.5% + 1 × 6.5% = 10%

如果将集团公司看作三个子公司的投资组合，则集团公司股票的 β 系数是各子公司 β 系数的加权平均数。而各子公司的 β 系数是与其所在行业的风险水平相关联的。XYZ 集团股票的 β 系数等于 1，但适合项目评估的股权资本成本不能以集团公司的 β 系数为某一特定项目的 β 系数，除非这一特定项目的风险水平与集团公司的风险水平相等。用于评价子公司投资项目的股权资本成本应该反映其所在行业的风险。在本例中，虽然集团公司的股权资本成本为 10%，但电力子公司的投资项目应该用一个较低的股权资本成本进行评价，这是由于电力子公司的风险小于其他子公司的风险。因此，投资电力子公司所期望或要求的收益率相对较低。由于航空子公司属于风险行业，因此应该在航空子公司的投资项目中使用较高的股权资本成本。

如果直接将集团公司的股权资本成本用于具体子公司的投资项目评估，那么将会导致错误的决策：电力子公司的好项目将被拒绝，而航空子公司的高风险项目将被接受。公司用于子公司投资项目决策的股权资本成本只有充分反映公司所在行业的风险水平，才能达到股东要求的最低收益率。

② 如何估计一个适用于某子公司的 β 系数？一个常用的方法是利用与该子公司处于同一行业的独立公司的 β 系数或可比公司的 β 系数。例如，在表 1 中，列示了四个行业 β 系数的中位数，可以以此为依据确定某一子公司的 β 系数。由于假设 XYZ 集团各子公司的项目均为股权融资，因此只需根据行业的财务杠杆、所得税税率，将某行业的 β 系数调整为行业无负债 β 系数，作为某子公司的无负债 β 系数，再根据子公司的财务杠杆、所得税税率计算得到子公司负债 β 系数。这样估计的股权资本成本反映了该行业的风险水平，适合处于同一行业的子公司的投资决策。当然，如果该行业中没有独立的可比公司，那么可以采用模拟分析，估计该子公司收入和现金流量相对于其他公司收入和现金流量变动的相关程度。

根据题中给出的信息，医药行业无负债 β 系数如表 2 所示。

表 2　医药行业无负债 β 系数

证券简称	公司价值（万元）	资产负债率	负债/股东权益	负债 β 系数	公司价值权重	无负债 β 系数
恒瑞医药	36 877 425	10.39%	11.59%	1.08	27.09%	0.99
迈瑞医疗	21 390 088	27.99%	38.87%	0.36	15.71%	0.28
药明康德	15 277 878	36.75%	58.10%	1.12	11.22%	0.78
爱尔眼科	12 268 161	40.78%	68.86%	0.85	9.01%	0.56
云南白药	11 400 614	24.03%	31.63%	0.54	8.37%	0.44
长春高新	8 537 142	30.86%	44.63%	1.08	6.27%	0.81
智飞生物	8 252 469	52.76%	111.69%	1.16	6.06%	0.63
复星医药	8 839 380	51.70%	107.04%	1.17	6.49%	0.65
片仔癀	6 712 973	21.69%	27.70%	0.96	4.93%	0.79
乐普医疗	6 592 438	51.40%	105.76%	1.02	4.84%	0.57
	136 148 568					0.69

医药项目 β 系数 $= 0.69 \times [1 + (1 - 25\%) \times (50\%/50\%)] = 1.21$

(4) 复星医药税后债务资本成本 $= 4.7\% \times (1 - 25\%) = 3.53\%$

复星医药加权平均资本成本 $= 3.53\% \times 51.7\% + 11.11\% \times (1 - 51.7\%) = 7.19\%$

(5) 投资新项目后复星医药加权平均资本成本计算如下:

β 系数 $= 1.5 \times 20\% + 1.17 \times (1 - 20\%) = 1.24$

股权资本成本 $= 3.5\% + 1.24 \times 6.5\% = 11.53\%$

加权平均资本成本 $= 3.53\% \times 51.7\% + 11.53\% \times (1 - 51.7\%) = 7.39\%$

第六章 投资决策

[关键知识点]

资本预算、增量现金流量、附加效应、沉没成本、机会成本、项目初始投资、经营性营运资本、所得税效应、经营期现金流量、终结现金流量、净现值、内部收益率、获利指数、投资回收期、会计收益率、敏感性分析、盈亏平衡点分析、风险调整折现率法、确定等值法。

习题与案例

一、单项选择题

1. 下列各项中,不属于投资项目现金流出量的是(   )。
   A. 经营付现成本   B. 固定资产折旧费用
   C. 固定资产投资支出   D. 垫支的营运资本

2. 折旧具有抵减税负的作用,由于计提折旧而减少的所得税税额的计算公式为(   )。
   A. 折旧额×所得税税率
   B. 折旧额×(1−所得税税率)
   C. (经营付现成本+折旧额)×所得税税率
   D. (净利润+折旧额)×所得税税率

3. 某公司拟建一条新的生产线,预测投产后每年销售收入为160万元。由于新产品上市会增加该公司相关产品的销量,使得公司每年销售收入由原来的60万元升至80万元,则与新建生产线相关的现金流量为(   )。
   A. 20万元   B. 140万元   C. 160万元   D. 180万元

4. 某项目的经营期为10年,预计投产第一年和第二年流动资产需用额分别为60万元、80万元,两年相应的流动负债筹资额分别为25万元和40万元,则第二年需要垫支的营运资本为(   )。
   A. 5万元   B. 15万元   C. 35万元   D. 40万元

5. 在计算项目的现金流量时,若某年取得的净残值收入为20 000元,按税法规定预计的净残值为15 000元,所得税税率为25%,则下列处理方法正确的是(   )。
   A. 按公司取得的实际净残值收入20 000元作为现金流量
   B. 按税法预计的净残值15 000元作为现金流量
   C. 按实际净残值减去资本利得后的18 750元作为现金流量
   D. 按实际净残值加上资本利得后的21 250元作为现金流量

6. 某公司2年前以800万元购入一块土地,当前市价为920万元,如果公司计划在这块土地上兴建厂房,则投资分析时应(   )。

A. 以 120 万元为投资的机会成本　　　　B. 以 800 万元为投资的机会成本
C. 以 920 万元为投资的机会成本　　　　D. 以 920 万元为投资的沉没成本

7. 某投资项目的年营业收入为 600 万元,年经营付现成本为 400 万元,年折旧额为 100 万元,所得税税率为 25%,该项目的年经营现金净流量为(　　)。

A. 75 万元　　　B. 100 万元　　　C. 175 万元　　　D. 250 万元

8. 当折现率为 10% 时,某项目的净现值为 80 元,则下列关于该项目的内部收益率的说法中正确的是(　　)。

A. 一定大于 10%　　　　　　　　B. 一定小于 10%
C. 一定等于 10%　　　　　　　　D. 无法确定

9. 下列各项中,计算时不考虑现金流量的指标是(　　)。

A. 获利指数　　　B. 会计收益率　　　C. 净现值　　　D. 内部收益率

10. W 公司正在考虑处置一台旧设备。该设备于 3 年前以 610 万元的价格购入,税法规定的折旧年限为 6 年,按直线法计提折旧,预计净残值为 10 万元。目前可以 250 万元的价格售出,假设所得税税率为 25%,则处置该设备对本期现金流量的影响是(　　)。

A. 增加 2 500 000 元　　　　　　B. 增加 2 650 000 元
C. 减少 150 000 元　　　　　　　D. 减少 600 000 元

11. 某公司计划投资一项目,初始投资额为 60 万元,税法规定的折旧年限为 12 年,按直线法计提折旧,期满无残值。该项目投产后预计每年能够为公司创造净利润 15 万元,则该项目的投资回收期为(　　)。

A. 3 年　　　B. 4 年　　　C. 5 年　　　D. 6 年

12. 按名义现金流量计算净现值时,若真实利率为 9%,预期通货膨胀率为 2%,则名义折现率为(　　)。

A. 6.82%　　　B. 7%　　　C. 11%　　　D. 11.18%

13. 计算投资项目内部收益率不需要考虑的因素是(　　)。

A. 投资项目的现金净流量　　　　B. 投资项目的初始投资
C. 投资项目的有效年限　　　　　D. 投资项目的必要收益率

14. 某投资项目的原始投资额为 200 万元,当年建设当年投产,投产后 1—5 年每年净利润为 20 万元,6—10 年每年净利润为 32 万元,则该项目的会计收益率为(　　)。

A. 10%　　　B. 13%　　　C. 20%　　　D. 26%

15. 不考虑与公司其他项目的组合风险效应,单纯反映特定项目未来收益可能结果相对于预期值的离散程度的风险是(　　)。

A. 市场风险　　　B. 项目风险　　　C. 公司风险　　　D. 系统风险

16. 敏感性分析衡量的是(　　)。

A. 全部因素的变化对项目评价标准(如净现值、内部收益率)的影响程度
B. 确定性因素的变化对项目评价标准(如净现值、内部收益率)的影响程度
C. 不确定性因素的变化对项目评价标准(如净现值、内部收益率)的影响程度
D. 不确定性因素的变化仅对项目净利润的影响程度

17. 假设某公司资本全部由股东权益构成,目前该公司股权资本成本为 12%,无风险收益率为 6%,市场风险溢价为 4%。若该公司正在考虑一个比现有公司资产的 β 系数高出 50% 的新项目,新项目的期望内部收益率为 14%。如果 β 系数是一个合适的风险衡量指标,

则下列说法中正确的是( )。
    A. 应该接受该项目,因为其内部收益率高于公司目前的资本成本
    B. 不应该接受该项目,因为项目风险调整折现率高出其内部收益率1个百分点
    C. 不应该接受该项目,因为项目风险调整折现率高出其内部收益率2个百分点
    D. 不应该接受该项目,因为β系数增大了50%,导致风险调整折现率达到了18%

18. 甲公司拟投资一新项目,根据无风险收益率计算的该项目各年现金流量现值的期望值为1 600元,根据各年现金流量标准差计算的该项目的总体标准差为420元,假设无风险收益率为4%,公司同类项目的风险收益系数为0.2,则风险调整折现率为( )。
    A. 4.45%   B. 5.25%   C. 6.05%   D. 9.25%

19. 采用风险调整现金流量法进行投资项目风险分析时,需要调整的项目是( )。
    A. 无风险的折现率   B. 有风险的折现率
    C. 无风险的现金净流量   D. 有风险的现金净流量

20. 在确定等值法下,通常现金流量的标准离差率与确定等值系数之间的关系是( )。
    A. 标准离差率越小,确定等值系数越小
    B. 标准离差率越大,确定等值系数越小
    C. 标准离差率等于1,确定等值系数也等于1
    D. 标准离差率等于0,确定等值系数趋近于无穷大

21. 下列关于净现值盈亏平衡点与会计利润盈亏平衡点的论述中,错误的是( )。
    A. 净现值盈亏平衡点考虑了投资的机会成本
    B. 净现值盈亏平衡点是指净现值等于零时的销量
    C. 会计利润盈亏平衡点没有考虑投资的机会成本
    D. 会计利润盈亏平衡点考虑了投资的机会成本

22. 下列关于项目敏感性分析与概率分析的论述中,错误的是( )。
    A. 敏感性分析可以度量在不同经营状态下净现值的变动幅度
    B. 敏感性分析可以度量净现值为零的概率
    C. 概率分析通常根据投资项目产生的现金流序列进行均值—标准差分析
    D. 概率分析可以度量净现值为零的概率

二、多项选择题

1. 下列各项中,属于现金流入项目的有( )。
    A. 收现销售收入   B. 成本费用节约额
    C. 回收垫支的营运资本   D. 固定资产残值变价收入
    E. 固定资产折旧额形成的税赋节余

2. 对于传统现金流项目而言,如果一个投资方案的净现值大于零,则下列说法中正确的有( )。
    A. 该方案未来现金流入量的现值之和大于未来现金流出量的现值之和
    B. 该方案的内部收益率大于投资者要求的必要收益率
    C. 该方案的投资回收期一定小于投资者预期的回收期
    D. 该方案的净资产收益率大于投资者要求的必要收益率

E. 该项目的获利指数一定大于 1
3. 预测投资项目现金流量要遵循增量现金流量原则,一般需要考虑的成本有( )。
   A. 附加效应
   B. 历史成本
   C. 机会成本
   D. 经营付现成本
   E. 沉没成本
4. 影响项目投资回收期长短的因素有( )。
   A. 投资项目的使用期限
   B. 投资项目的初始投资额
   C. 投资项目产生的年平均经营收入
   D. 投资项目投产后前若干年每年的现金净流量
   E. 初始投资回收后投资项目各年产生的现金净流量
5. 某公司拟投资生产一种新型产品,则与该投资项目有关的现金流量有( )。
   A. 需购置价值为 280 万元的生产流水线,同时垫支 25 万元的营运资本
   B. 公司曾支付 8 万元的咨询费,聘请相关专家对该项目进行可行性论证
   C. 利用公司现有的库存材料,目前市价为 15 万元
   D. 利用公司现有的闲置厂房,如将其出租则可获租金收入 50 万元
   E. 公司拟采用借款方式对本项目筹集资金,每年借款的利息支出为 20 万元
6. 影响投资项目净现值大小的因素有( )。
   A. 投资项目各年的现金净流量
   B. 投资项目的有效年限
   C. 投资者要求的最低收益率
   D. 投资项目回收期限
   E. 现行的银行贷款利率
7. 下列关于项目风险调整的说法中正确的有( )。
   A. 风险调整主要有风险调整折现率法和风险调整现金流量法
   B. 风险调整折现率法根据项目的风险收益系数与标准离差率估计风险溢价
   C. 风险调整折现率法对风险大的项目采用较高的折现率
   D. 风险调整现金流量法采用无风险利率折现
   E. 管理层的风险规避程度越高,确定等值系数就越小
8. 在互斥项目的决策分析中,采用净现值或内部收益率标准有时会得出相反的结论,产生这种现象的基本条件有( )。
   A. 项目的投资期限不同
   B. 项目的年均成本不同
   C. 项目本身的获利能力不同
   D. 项目的现金流量时间分布不同
   E. 项目的投资规模不同
9. 某公司拟投资一个 100 000 元的项目,无建设期,投产后预计每年现金流入为 80 000 元,每年付现成本为 50 000 元,预计有效期为 5 年,按直线法计提折旧,期满无残值,所得税税率为 30%,则下列说法中正确的有( )。
   A. 年经营现金净流量为 41 000 元
   B. 年经营现金净流量为 27 000 元
   C. 投资回收期为 2.44 年
   D. 投资回收期为 3.70 年
   E. 会计收益率为 14%
10. 在投资项目决策的评价标准中,需要以预先设定的折现率为计算依据的有( )。
    A. 净现值
    B. 投资回收期

C. 会计收益率 D. 内部收益率

E. 获利指数

11. 下列属于投资项目风险来源的有(　　)。

   A. 对项目特有因素估计的误差

   B. 市场价格、消费者偏好等不确定性因素

   C. 对项目各种费用估计的不足

   D. 利率、汇率变化导致筹资成本变化的不确定性

   E. 国家的投资及产业政策变化的不确定性

12. 对投资项目进行敏感性分析的步骤包括(　　)。

   A. 确定影响分析对象的全部可能出现的不确定性因素

   B. 确定最能反映项目效益的指标作为敏感性分析的对象

   C. 选择在成本收益构成中占比较大、对盈利能力有重大影响的因素

   D. 调整现金流量

   E. 计算所选择的各个不确定性因素的变化对分析对象的影响程度,确定因素的敏感度

13. 在项目风险分析中,模拟分析的优点主要有(　　)。

   A. 可以得到的结果是净现值的概率分布和净现值小于零的概率

   B. 可以计算净现值平均值,得到概率分布的标准偏差

   C. 可以具体考察不同变量之间的相互关系

   D. 影响项目价值的变量的概率分布较易获得

   E. 适用于投资额较大时进行项目风险分析和投资决策

14. 通常投资项目风险调整的方法有(　　)。

   A. 内部收益率法 B. 风险调整折现率法

   C. 风险调整现金流量法 D. 净现值法

   E. 投资组合法

15. 下列各项中,符合对确定等值系数特征的表述的有(　　)。

   A. 它是指无风险现金流量和风险现金流量之间的等值系数

   B. 它可以将不确定的现金流量调整为确定的现金流量

   C. 它的取值范围在 0 到 1 之间

   D. 它可以根据投资项目现金流量标准离差确定,标准离差越大,其值越小

   E. 它可以由经验丰富的分析人员凭主观判断确定

三、判断题

1. 若某投资项目的净现值等于零,则意味着该项目所产生的现金流量正好收回了初始投资,因而该项目无利可图,不应对其进行投资。(　　)

2. 考虑所得税影响时,项目采用加速折旧法计提折旧计算出来的净现值比采用直线折旧法计提折旧计算出来的净现值大。(　　)

3. 在项目投资方案评价中,折旧既不是现金流入量也不是现金流出量,因而不必考虑。(　　)

4. 在投资决策中,沉没成本属于决策无关成本,在计算现金流量时不予考虑。(　　)

5. 内部收益率是根据项目本身的现金流量计算的,反映项目投资的预期收益率;资本成本是投资者进行项目投资要求的最低收益率。（　　）

6. 一般情况下,使某投资方案的净现值小于零的折现率,一定大于该投资方案的内部收益率。（　　）

7. 在互斥项目的选择排序中,净现值与内部收益率标准产生矛盾的根本原因是这两种标准隐含的再投资利率不同。（　　）

8. 对同一独立项目进行评价时,净现值、内部收益率可能得出不同的结论。（　　）

9. 内部收益率评价标准可以从动态的角度直接反映投资项目的实际收益率水平,因此比较任何投资方案时,内部收益率最大的方案为最优的投资方案。（　　）

10. 投资回收期指标虽然没有考虑货币的时间价值,但考虑了回收期满后的现金流量状况。（　　）

11. 某投资项目现金流量与公司其他项目现金流量的相关性越低,该项目对降低公司资产组合风险的贡献就越大。（　　）

12. 在公司众多的投资项目中,如果其中一个项目的收益具有高度的不确定性,那么这个公司的总风险必定很高。（　　）

13. 在敏感性分析中,如果某一因素只有在较大范围内发生变动,才会影响原定项目的盈利能力,那么表明该因素的敏感性较强。（　　）

14. 以会计利润计算的盈亏平衡点,实际上是处于亏损状态的,它丧失了投资资本的机会成本。（　　）

15. 采用模拟分析方法得到的结果不仅仅是一个净现值,而是净现值的概率分布。（　　）

16. 各年现金流量部分相关时,可根据条件概率计算每一个特定的现金流量组合可能发生的联合概率。（　　）

四、计算分析题

1. XYZ 公司计划设立一个新的生产销售中心,一年前,公司曾委托一家咨询公司对该项目进行可行性研究,支付咨询费用 6 万元。现在投资该项目,厂房、设备共需投资额 800 万元,项目期限为 4 年,税法规定期满净残值为 50 万元,项目结束后,净残值的市场价格为 65 万元。此外,公司需垫支营运资本 200 万元,并于项目终结时一次性收回。该项目投资便可投产使用,即无建设期,预计投产后每年可为公司带来收现销售收入 680 万元,付现成本 360 万元。公司所得税税率为 25%,假设项目的资本成本为 10%。

要求：
(1) 假设项目采用年数总和法计提折旧,计算年折旧额。
(2) 计算项目各年的现金净流量和净现值。
(3) 假设项目采用直线法计提折旧,其他因素不变,计算项目各年的现金净流量和净现值,并将计算结果与(2)的结果相比较,说明发生差异的原因。

2. ABC 公司拟购买一台磨碎机,该机器的价格为 160 000 元,为满足专门化需求,公司需要对这台机器进行改进,相关费用为 40 000 元,该机器使用年限为 3 年,每年折旧率分别为固定资产总值的 40%、32% 和 28%,预计 3 年后可按 20 000 元的价格出售。使用该机器需要垫支 6 500 元的营运资本,并且该机器的使用不会增加公司目前的收入,但每年可以节约税前经营付现成本 81 000 元,公司的所得税税率为 25%。

要求:

(1) 计算该机器第 1 年年初的现金净流量。

(2) 计算第 1 年至第 3 年每年经营现金净流量。

(3) 计算第 3 年年末非经营现金净流量。

(4) 假设该项目的资本成本为 10%,分析公司是否应该购买该机器。

3. ASS 公司计划购置一台新机床以扩充生产能力,现有 A、B 两种类型的机床可供选择:

(1) 购置 A 型机床需一次性投资 60 000 元,使用寿命为 5 年,5 年后设备无残值,5 年中每年销售收入为 68 000 元,付现成本为 50 000 元。

(2) 购置 B 型机床需一次性投资 81 000 元,使用寿命也为 5 年,预计第 5 年年末净残值为 1 000 元,5 年中每年销售收入为 80 000 元,付现成本第一年为 54 000 元,以后随着设备陈旧,逐年将增加设备的维修费用 1 000 元,另需垫支营运资本 5 000 元。

假设两种类型的机床均按直线法计提折旧,所得税税率为 25%,投资要求的收益率为 8%。

要求:

(1) 分别计算 A、B 两种类型机床的现金净流量。

(2) 计算购置两种类型机床的净现值,分析公司应购置哪种类型的机床。

4. PSA 公司由于生产需要,拟租赁或购买一台 P 型设备,目前 P 型设备市场价格为 64 000 元(包括买价、运费及安装调试费等),预计可使用 7 年,按直线法计提折旧,期满税法规定的残值与预计残值出售价均为 1 000 元。如果采用经营租赁,则每年需支付租赁费用 13 000 元,假设租赁资产的折旧费用由出租人提取。公司的所得税税率为 25%,投资要求的必要收益率为 8%。

要求:

(1) 如果租赁 P 型设备的租赁费用在每年年初支付,分析公司应该购买还是租赁该设备。

(2) 如果租赁 P 型设备的租赁费用在每年年末支付,分析公司应该购买还是租赁该设备。

5. ACC 公司进行了半年多的市场考察,花费了 10 万元的调研费。生产部经理提出,为提高公司生产能力,可引进一台先进的电脑生产系统来取代繁杂的人工生产系统,降低人工成本,提高产品质量。公司现有人工生产系统原值 500 万元,已使用 4 年,预计还可使用 6 年,目前账面价值为 310 万元,若现在变卖可获得收入 280 万元,使用该系统每年付现成本为 70 万元。生产部经理预计购入新的电脑生产系统需花费 420 万元,预计可使用 6 年。新生产系统的使用不会增加现有的销售收入,但会使人工成本大大降低,导致每年的经营付现成本降至 32 万元。按照税法规定,无论是现有人工生产系统还是新的电脑生产系统均采用直线法计提折旧,并且残值率均为 5%。假设 ACC 公司的所得税税率为 30%,投资要求的必要收益率为 10%。

要求:

(1) 公司总经理要求你对是否引进电脑生产系统以更换现有人工生产系统的投资决策撰写一份分析报告。

(2) 完成上述分析报告后,你便把报告呈报给公司总经理。公司总经理仔细阅读了你的建议,赞许你没有将市场调研费列入项目支出中,而是将其列入"沉没成本"。但他的助手不明白沉没成本如何影响上述分析结果,除本例中的沉没成本例子外,请你再举出一些例子来阐述沉没成本怎样影响投资项目的相关成本。此外,如果项目评估后,公司放弃购置新生产系统取代旧生产系统,分析前期发生的市场调研结果是否可以出售给其他公司,项目的市场调研费最终由谁负担。

(3) 公司总经理提出,如果 ACC 公司投资要求的必要收益率在现有的基础上提高 4 个百分点,公司应如何做出投资决策?

6. 某书店正考虑是否在大堂内开设一家咖啡店。有关资料如下:购置咖啡设备等投资额为 300 000 元,期限为 5 年,采用直线法计提折旧,残值为 50 000 元。

(1) 预计咖啡店第 1 年营业收入为 80 000 元,此后 4 年每年递增 5%;营运费用(付现成本)为营业收入的 40%。

(2) 咖啡店开张后,增加了书店的营业收入,预计第 1 年增加营业收入 100 000 元,此后 4 年每年递增 15%;税前营业利润率为 40%。

(3) 假设所得税税率为 25%,折现率为 12%。

要求:

(1) 单独计算咖啡店的净现值。

(2) 计算书店增量收入现值。

(3) 你会开设这家咖啡店吗?

7. 假设你正在考虑建立一家软件开发公司,有关资料如下:购买计算机硬件,价值约为 200 000 元,硬件的折旧期限为 5 年,采用直线法计提折旧;另外,需要租赁一间办公室,年租赁费用为 120 000 元;估计软件工程师等人工费用每年为 300 000 元;市场营销费用每年为 100 000 元。根据分析,预计开发的软件每套为 90 元,第一年预计出售 10 000 套,此后 4 年每年增长 10%;生产所用原料的成本每套为 35 元;预计收入、成本费用每年因通货膨胀增长 3%。假设每年经营所需要的营运资本占营业收入的 10%(假设营运资本投资是于每年年初进行的),所得税税率为 25%。

要求:

(1) 假设资本成本为 12%,估计软件开发公司每年的现金流量、净现值和内部收益率,并分析你是否会建立这一软件开发公司。

(2) 假设软件业真实资本成本(不考虑通货膨胀因素)第 1 年为 10%,以后各年逐年上升,到第 5 年升至 12.25%,预计通货膨胀率第 1 年为 2%,到第 5 年升至 4%。假设其他因素不变,重新计算净现值和内部收益率。

(3) 比较(1)和(2)的内部收益率,试说明为什么内部收益率的计算与所选择的资本成本无关。

8. 某公司拟投资生产一种新产品,总投资额为 150 000 元,使用期限为 5 年,期满法定净残值为零。经测算,该产品单位售价为 80 元,边际贡献率为 30%,各年的销量分别为 2 000 件、2 500 件、3 000 件、1 200 件和 900 件;公司的所得税税率为 30%。

该项目投资额的 40% 通过发行债券筹集,债券的利率为 6%,其余部分由股权资本满足。预计未来 5 年股票指数的收益率分别为 9%、12%、18%、-3% 和 4%;经风险评估,该投资项目收益率与股票指数收益率的相关系数为 0.90273;无风险收益率为 4%。

要求:

(1) 计算该投资项目的投入资本收益率(假设从项目出资者的角度出发,以投资额为各期投入资本,则投入资本收益率 = 息前税后利润/投入资本)。

(2) 计算该投资项目无负债 β 系数、负债 β 系数和加权平均资本成本。

(3) 计算该项目的净现值和内部收益率,并评价该项目的财务可行性。

9. 假设 XYZ 公司是一家无负债公司,目前正在评估投资一条新的产品生产线。有关数据如下:预计产品生产线的设备投资为 5 000 000 元,使用年限为 10 年,采用直线法计提折旧;同时,预计在项目存续期,每年产品销量为 600 000 件,每件售价为 4 元;单位产品付现成本为 2 元;所得税税率为 25%。假设营运资本占销售收入的比例为 20%,在第 1 年年初支出,项目结束后收回。

如果公司接受该项目,则项目将使用公司所拥有的废弃的仓库。该仓库的账面价值为 300 000 元。公司总经理计划以每年 75 000 元的价格把该仓库租给另一家公司,折现率为 12%,项目存续期为 10 年。根据会计准则,租赁资产的折旧费用由承租人承担。

假设项目的资本全部来自股权融资,项目的风险与公司的风险相同。可比公司的 β 系数如下表所示。

可比公司 β 系数

公司名称	负债/股东权益	税率	β 系数
ASS	0.5	40%	1.3
BBC	1.0	50%	1.5

目前的长期国债利率为 5%,市场风险溢价为 6.5%。

要求:

(1) 估计项目合适的折现率。

(2) 计算项目使用该仓库的机会成本。

(3) 计算项目存续期内每年税后经营现金净流量。

(4) 计算项目的净现值。

10. 假设你是公司的财务经理,现有 A、B 两个投资项目,它们的初始投资额均为 100 万元,资本成本均为 12%,各项目预计现金净流量如下表所示。

投资项目现金净流量　　　　　　　　　　　　　　　　　单位：万元

项目	0	1	2	3	4	5
A	-100	32	32	32	32	32
B	-100	60	35	20	20	10

要求：

(1) 分别计算两个项目的净现值(NPV)、获利指数(PI)、内部收益率(IRR)、投资回收期(PP)。

(2) 如果两个项目是互相独立的，判断哪个项目会被接受，请说明理由。

(3) 如果两个项目是互相排斥的，按净现值和内部收益率标准分别评价两个项目会出现什么现象，此时应如何决策，请说明理由。

(4) 分别计算两个项目的修正内部收益率(MIRR)，据此做出决策。

(5) 如果资本成本为10%，则是否还会出现上述排序矛盾，说明理由，并分析出现这种现象的基本原因。

11. BBA 公司的资本全部来自股权投资，它有三个分部，具有不同的风险水平，如表1所示。

表1　BBA 公司各分部风险水平

项目	电子品分部	保健品分部	出版分部
β 系数	1.2	0.8	1
各分部占公司投资总额比例	45%	35%	20%
无风险收益率	6%	6%	6%
市场风险溢价	7%	7%	7%

目前，公司各分部的投资项目及其预期收益率如表2所示。

表2　BBA 公司各分部的投资项目及预期收益率

电子品分部	保健品分部	出版分部
A 项目 IRR = 15.00%	C 项目 IRR = 12.00%	E 项目 IRR = 13.00%
B 项目 IRR = 13.50%	D 项目 IRR = 10.00%	F 项目 IRR = 15.00%

要求：

(1) 计算公司的加权平均 β 系数和资本成本。

(2) 根据公司资本成本进行投资项目决策，判断公司应接受哪些项目。

(3) 根据项目的风险水平进行投资项目决策，判断公司应接受哪些项目。如果结论与(2)发生矛盾，请提出你的观点。

12. RIC 公司是一家食品生产公司。最近公司准备投资建设一个汽车制造厂，并于2021年1月1日正式投产运营，预计经营期限为6年。公司财务经理通过调研得到以下相关信息：

（1）为了解汽车行业的市场状况及本公司的市场潜力，公司已经支付前期的市场调研费用和咨询费用，共计 300 万元。

（2）公司现有闲置的一套厂房，原价 7 000 万元，已计提折旧 2 500 万元，若现在处置该厂房，则其市场价值为 4 000 万元。但公司为了不影响其他正常生产，规定不允许出售厂房。

（3）公司需要购置 12 台生产设备，新设备的买价共计 7 850 万元，还需支付 50 万元的运杂费和 100 万元的安装调试费，2021 年 1 月 1 日一次性购入、安装并当即投入使用。设备的使用年限为 6 年，法定残值率为 10%，按直线法计提折旧，预计 6 年经营期满后可将这些设备出售，其售价为 500 万元。

（4）公司计划对原厂房进行装修，预计装修费用为 900 万元，于 2021 年 1 月 1 日装修完工时支付，预计第三年年末还要进行同样的装修，并且两次装修费用分别在下一次装修前、经营期满止采用直线法摊销。

（5）公司正式运营后，预计每年实现营业收入 8 500 万元，每年付现成本为 5 900 万元（不含生产设备的折旧和装修费用的摊销）。

（6）预计项目第一年年初（和设备投资同时）、第二年年初当年相关的流动资产需用额分别为 500 万元和 800 万元，相应的流动负债需用额分别为 200 万元和 400 万元。

（7）目前公司的目标资本结构为 40% 的债务资本和 60% 的股权资本，为保证公司的目标资本结构不变，该汽车制造厂建设项目所需的资本仍然按这一比例来筹措，其中所需的债务资本通过发行公司债券取得（不考虑相关的手续费），债券利率为 8.44%。

（8）在确定项目系统风险时，公司财务人员对三家已经上市的汽车制造公司 BMC、FTC 和 BCC 进行了详细分析，相关的财务数据如下表所示。

三家汽车制造公司的相关财务数据

项目	BMC 公司	FTC 公司	BCC 公司
负债 β 系数（β_L）	0.8	1.5	2.4
资本结构：			
债务资本	30%	50%	60%
股权资本	70%	50%	40%
公司所得税税率	25%	30%	20%

（9）目前证券市场的无风险收益率为 6%，证券市场的平均收益率为 11%。

（10）RIC 公司的所得税税率为 25%。

要求：

（1）计算汽车制造厂建设项目的必要收益率。

（2）计算净现值，并评价 RIC 公司是否应该投资建设该汽车制造厂。

13. KRJ 公司正在评估一项投资，有关资料如下：购置生产设备需 720 000 元，使用年限为 8 年，采用直线法计提折旧，到期账面无余额，无残值收入。每年产品销量为 120 000 件，单价为 18 元，单位变动成本为 12 元，固定成本（不包括折旧）为 500 000 元，所得税税率为 25%，投资项目资本成本为 10%。

要求：

（1）计算基本情景下项目的现金流量和净现值。

（2）当销量减少1 000件时，计算净现值对销量变化的敏感程度。

14. FU公司面临一项投资机会，在最初的投资项目评估中没有考虑项目风险的条件下，预计的项目现金净流量如下表所示。假设FU公司要求的投资必要收益率为12%。

FU公司项目现金净流量　　　　　　　　　　　　　　　　金额单位：万元

项目	0	1	2	3	4	5	6
固定资产投资	-100						
垫支营运资本	-24						
经营现金流量：							
销量（台）		5 000	5 000	5 000	5 000	5 000	5 000
销售单价（元）		360	360	360	360	360	360
销售收入		180	180	180	180	180	180
单位变动成本（元）		220	220	220	220	220	220
变动成本总额		110	110	110	110	110	110
固定成本（不含折旧）		15	15	15	15	15	15
折旧		15	15	15	15	15	15
息税前利润		40	40	40	40	40	40
所得税（25%）		10	10	10	10	10	10
税后利润		30	30	30	30	30	30
残值回收额							10
垫支营运资本回收额							24
现金净流量	-124	45	45	45	45	45	79

要求：

（1）计算该项目的净现值。

（2）对该项目的销量、销售单价、单位变动成本、固定成本（不含折旧）及项目资本成本进行敏感性分析，即计算上述各因素围绕基数值分别增加和减少5%、10%、15%（每次只有一个因素变化）时新的净现值，做出敏感性分析图并进行分析。

15. 假设某公司正在考虑一项投资，初始投资额为150万元，使用年限为10年，无残值。第1—10年每年的销量为100万件，单位售价为3.75元，单位变动成本为3元，固定成本总额为30万元。假设所得税税率为50%，折现率为10%。

要求：

（1）计算会计利润盈亏平衡点的销量。

（2）计算净现值盈亏平衡点的销量。

（3）说明净现值盈亏平衡点与会计利润盈亏平衡点的区别。

16. SPT公司正在考虑一项投资方案，投资额为800万元，因环境因素的变化，公司预期未来三年的现金净流量及其概率如下图所示。

假设公司以内部留存收益为投资项目的资金来源，其股票的 β 系数为1.2。该项投资与

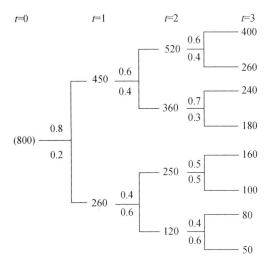

投资项目现金净流量及其概率

公司现有投资项目的风险相同。假设市场投资收益率为11%,国库券利率为6%。

要求:

(1) 根据上述资料,分析公司是否应采纳这一投资项目。

(2) 计算该投资项目净现值小于零的概率。

17. 某公司有三个投资方案可供选择,相关资料如表1所示。

表1 投资方案现金净流量及其概率分布

年份	方案 A		方案 B		方案 C	
	现金净流量(万元)	概率	现金净流量(万元)	概率	现金净流量(万元)	概率
0	-2 000	1.00	-500	1.00	-500	1.00
1	1 200	0.20				
	900	0.50				
	600	0.30				
2	1 000	0.30				
	800	0.40				
	600	0.30				
3	900	0.20	1 200	0.30	1 500	0.20
	800	0.40	850	0.40	800	0.60
	700	0.40	600	0.30	500	0.20

假设无风险收益率为5%。

要求:

(1) 分别计算三个投资方案的标准离差率。

(2) 若同类项目风险收益系数为0.2,按风险调整折现率法计算每个投资方案的净现值并进行评价。

(3) 如果公司财务分析人员根据以往经验确定的标准离差率与确定等值系数之间的关系如表2所示,采用风险调整现金流量法分别计算这三个投资方案的净现值,并做出三个投资方案互斥条件下的决策。

表2 标准离差率与确定等值系数之间的关系

标准离差率	确定等值系数
0—7%	1.00
8%—20%	0.90
21%—35%	0.80
36%—50%	0.75
51%—66%	0.60
67%—80%	0.45

五、案例分析题

案例1

2021年4月7日上午,XYZ家具公司召开会议,讨论新产品生产线开发及其资本支出预算等有关问题。参加会议的有公司董事长、总经理、项目部经理、销售部经理、研发部经理、财务部经理等有关人员。会上,项目部经理首先介绍了新产品的特点、作用、研发费用及项目的现金流量等。项目部经理指出,为了解家具的市场状况,公司首先在相关地区进行了市场调研,已支付调研费10万元;为生产该产品购置专用设备、包装用品设备等需投资200万元,预计设备使用年限为5年,采用直线法计提折旧,残值率为10%。

项目部经理与一家市场调研公司合作,预期客户对家具的兴趣可能出现高、中、低三种情况,每种情况下的销量、单位售价、单位变动成本如表1所示。

表1 客户对家具的兴趣

客户兴趣	销量(件)	单位售价(元)	单位变动成本(元)
低	5 000	200	110
中	10 000	260	130
高	15 000	320	160

为简化,假设已知客户兴趣的某种状态后,其在销售产品的五年内保持不变。例如,如果在项目的第1年客户的兴趣为"低",那么第2年至第5年客户的兴趣仍然会比较低,以此类推。

预期项目的固定成本(不包括折旧)为每年50万元,每年年初需要的净经营性营运资本为当年营业收入的15%,公司所得税税率为25%。

项目部经理构建了客户兴趣为"中"的状态下项目现金净流量,如表2所示。

表2 项目现金净流量预测 金额单位:万元

项目	0	1	2	3	4	5
项目初始投资	−200					
经营现金净流量						
销量(万件)		1	1	1	1	1

(金额单位:万元)(续表)

项目	0	1	2	3	4	5
单位售价(元)		260	260	260	260	260
营业收入		260	260	260	260	260
单位变动成本(元)		130	130	130	130	130
变动成本总额		130	130	130	130	130
固定成本总额		50	50	50	50	50
折旧		36	36	36	36	36
息税前利润		44	44	44	44	44
所得税		11	11	11	11	11
净利润		33	33	33	33	33
经营现金净流量		69	69	69	69	69
经营性营运资本	39	39	39	39	39	0
经营性营运资本变动额	−39	0	0	0	0	39
收回固定资产残值						20
现金净流量	−239	69	69	69	69	128

项目部经理介绍完毕,会议展开了讨论,在分析了市场状况、投资机会及同行业发展水平的基础上,确定公司投资机会成本为10%。

在会上,主要提出了以下问题需要项目部经理进一步解释:

1. 公司销售部经理首先提出,新生产线开发项目投资额中为什么没有包括产品市场调研费?

2. 公司财务部经理提出,在项目经营现金流量中是否包括与融资相关的现金流量,例如利息、股息等,为什么?

3. 在预计项目现金流量时,假设该生产线所使用的厂房能够以每年25 000元的价格租赁给另一家公司使用,这会影响分析结果吗?如果有影响,试确定对项目现金流量的影响。

4. 假设项目投产后每年会减少公司其他产品的销售收入50 000元,这对各年的现金流量有什么影响?

5. 假设该项目不是一个新的或扩展项目,而是一个重置项目,对它的分析将会有所不同吗?

6. 假设不考虑问题3和4中的假设,试计算项目的净现值、内部收益率和投资回收期,并根据其他因素做出最终选择:是接受还是放弃该项目。

案例2

2021年5月15日上午,XYZ家具公司再次召开会议,讨论新产品生产线资本支出等问题。会上,项目部经理首先对上次会议提出的问题进行了解答,根据预计的现金流量和资本成本,项目的净现值为59.2万元,大于零;项目的内部收益率为18.43%,大于资本成本;项目投资回收期为3.46年,虽然投资回收期大于项目周期的一半,但考虑到项目的周期只有5年,且投资回收期是项目决策的辅助指标,因此,总体上项目在财务上是可行的。

在会上,公司总经理认为项目部提供的评估报告仅根据项目的平均状态(客户对新产品的兴趣为中)进行评价,没有充分考虑项目的风险水平,因此,他提出对项目进行风险评估。

为此,公司总经理提出了下列问题需要项目部经理解答:

1. 说明项目风险的主要来源,以及项目风险、公司风险和市场风险之间的关系。
2. 简要说明敏感性分析法的特点。根据案例1表1中的数据,以销量、单位售价、单位变动成本、固定成本四个变量为例,进行敏感性分析。假设以案例1表2计算的净现值为基础状态,在此基础上,分析四个变量上下变动10%、20%、30%对净现值的影响。
3. 根据市场调研,项目销售收入可能出现低、中、高三种状态,销售收入分别为150万元、260万元、460万元,对应的概率分别为0.2、0.5、0.3。假设其他因素保持不变,试计算不同状态下项目的净现值、净现值标准差、标准离差率。
4. 假设公司资产标准离差系数平均值为0.4—0.7,如何评价新产品生产线项目的风险?公司接受这一项目对公司资产总体的风险有什么影响?
5. 如果资本成本下降或上升3%,则这一项目是否可行?
6. 如果项目初始投资额在当前预测的基础上上升1%至10%,则对项目的净现值和内部收益率有什么影响?
7. 假设公司目标负债率为50%,债务资本成本为10%,无风险利率为8%,市场风险溢价为6%,所得税税率为25%,项目的β系数为1.2,则这一项目的市场风险溢价是多少?根据资本资产定价模型计算项目股权资本成本、加权平均资本成本。根据新的资本成本重新计算项目的净现值。假设项目的负债率与公司负债率相同。

案例3

TRS灯具公司正在考虑生产一种特殊的照明灯具。新产品生产线需要投资1000万元购买新设备,设备安装费为50万元,安装费计入设备购置费,转化为资本后计提折旧。

2021年,公司花费5万元请咨询公司做了一次论证。咨询公司认为,TRS灯具公司现有的零件存储仓库适合作为新产品生产线的厂房,目前,仓库的折旧已全部提完。此外,公司经理认为,如果不建新产品生产线,那么这座仓库连同其地皮在缴纳各种佣金、清理费和税金后,出售净价为20万元。由于公司不能发挥该仓库其他方面的作用,如果公司不投资这一特殊照明灯具项目,那么将出售该仓库。

新设备被纳入特别制造设备类,可采用加速折旧法,假设使用年限为5年,各年可按年数总和法计提折旧。

该项目要求公司增加经营性营运资本,增加部分主要用于原材料及备用零部件存储。但是,预计的原材料采购额的增加也增加了公司的应付账款,最终结果是要求经营性营运资本增加5万元。

新产品生产线投资后于2022年1月1日安装完成并投入生产,2022—2026年各年经营现金流量发生在每年年末。投产后不包括折旧的固定成本每年为100万元,变动成本为销售收入的65%,所得税税率为25%,根据同类项目风险评估的资本成本为10%。

项目5年经济寿命期结束后,工厂将关闭。公司计划拆除生产线、拆毁厂房,将这一块地皮捐给本市作为公园的园址,捐赠作为公益事项可免征一部分税款,免税额与清理厂址费用大致相等。如果不捐献的话,那么该生产线可按其估计残值出售,售价要取决于经济状况。工程部所做的最乐观的估计是:最低50万元,最高200万元。如果经济不景气,对二手设备的需求很小,那么税前残值只有50万元;如果经济状况一般,那么税前残值估计为100万元;如果经济繁荣,对二手设备需求很大,那么设备将在转卖市场上售价高达200万元。

工程技术人员和成本分析专家在考察了投资支出情况后,认为以上数据基本准确,固定成本、变动成本的数据也是可靠的,但销量或销售收入取决于照明灯具业总体经营水平,而后者取决于经济状况。如果经济保持目前的增长水平,则项目 2022 年的营业收入可达 1 000 万元(销量 1 000 套,单价 10 000 元)。在项目 5 年经济寿命期内,预计销量稳定不变。但相应的销售单价预计随着通货膨胀而提升,预计未来 5 年每年通货膨胀率为 5%。如果 2022 年经济不景气,则销量只有 900 套;相反,若经济高涨,则销量可达到 1 100 套。

在编制项目资本预算时,不论经济状况出现何种情况,5 年内各年销量均可依据第一年销量水平进行估计,而同销售单价相对的营业收入则按通货膨胀率同步增长。然而,公司的经济管理专家预计经济状况的概率为:保持一般的可能性为 50%,不景气的可能性为 25%,高涨的可能性为 25%。

根据公司项目部对该项目所进行的现金流量预测等相关资料回答下列问题:

1. 在分析投资项目时,存在两种风险:总风险和市场风险(用 β 系数表示)。请说明本例中评估的是哪一种风险,并讨论两种风险及它们与投资决策的相关性。

2. 假设经济不景气,项目可于 2023 年年末下马。因设备的磨损程度不严重,可出售 800 万元。建筑物(包括厂房)及地皮不捐献给市政府而是在市场出售,其税后价值为 15 万元。此外,可收回经营性营运资本 5 万元。计算该情况下项目的净现值。

3. 假设各年销量为 1 000 套,销售单价按通货膨胀率调整,其他数据保持不变。首先,计算在销量为 1 000 套情况下项目的净现值;然后选择销量和残值两个变量进行敏感性分析,假设销量和残值 ±10%、±20%、±30% 变化。当销量变化时,残值不变;反之亦然。说明分析结果。

参 考 答 案

一、单项选择题

1. B	2. A	3. D	4. A	5. C
6. C	7. C	8. A	9. B	10. B
11. A	12. D	13. D	14. D	15. B
16. C	17. B	18. D	19. D	20. B
21. C	22. B			

部分解析:

3. 新产品的上市会对公司现有产品的销量产生附加效应,因此与新建生产线相关的现金流量 = 160 + (80 - 60) = 180(万元)。

4. 第一年需要垫支的营运资本 = 60 - 25 = 35(万元),第二年需要营运资本 = 80 - 40 = 40(万元),则在第一年的基础上第二年需要垫支的营运资本 = 40 - 35 = 5(万元)。

5. 由于实现的净残值 20 000 元大于税法规定的净残值 15 000 元,,因此要对差额部分上交所得税 1 250 元[(20 000 - 15 000)×25%],这是该项目的一项现金流出,因此现金流量为 18 750 元(20 000 - 1 250)。

7. NCF_t = (600 - 400 - 100) × (1 - 25%) + 100 = 175(元)

或者:

$$NCF_t = (600-400) \times (1-25\%) + 100 \times 25\% = 175(元)$$

10. 该设备的年折旧额 $=(6\,100\,000 - 100\,000) \div 6 = 1\,000\,000(元)$

目前该设备的账面价值为 $3\,100\,000$ 元 $(6\,100\,000 - 1\,000\,000 \times 3)$,变现价值为 $2\,500\,000$ 元,产生变现损失 $600\,000$ 元 $(3\,100\,000 - 2\,500\,000)$,但可以抵减所得税 $150\,000$ 元 $(600\,000 \times 25\%)$,因此处置该设备使本期现金流量增加 $2\,650\,000$ 元 $(2\,500\,000 + 150\,000)$。

11. 该投资项目的年折旧额 $= 60 \div 12 = 5(万元)$,预计每年的现金净流量 $= 15 + 5 = 20(万元)$,该投资项目的投资回收期 $= 60 \div 20 = 3(年)$。

12. 名义利率 $=(1+真实利率)\times(1+预期通货膨胀率)-1$
$$=(1+9\%)\times(1+2\%)-1=11.18\%$$

14. 该项目的会计收益率 $=\dfrac{20\times5+32\times5}{200/2}\times100\% = 26\%$

17. 该公司的 β 系数可通过 $6\% + 4\% \times \beta = 12\%$ 计算,得出 $\beta = 1.5$,该投资项目的 β 系数 $= 1.5 \times (1+50\%) = 2.25$,因此该投资项目的风险调整折现率 $= 6\% + 4\% \times 2.25 = 15\%$。可见,该投资项目的风险调整折现率高出其内部收益率(14%)1个百分点,因此不应该接受该项目。

18. 风险调整折现率 = 无风险利率 + 同类项目风险收益系数 × 特定项目的标准离差率
$$= 4\% + 0.2 \times (420/1\,600) = 9.25\%$$

二、多项选择题

1. ABCDE   2. ABE   3. ACD   4. BD   5. ACD
6. ABC   7. ACDE   8. DE   9. BDE   10. AE
11. ABCDE   12. BCDE   13. ABCE   14. BC   15. ABCDE

部分解析:

9. 该项目的年折旧额 $= 100\,000 \div 5 = 20\,000(元)$

该项目的经营现金净流量计算如下:
$$NCF = (80\,000 - 50\,000 - 20\,000) \times (1-30\%) + 20\,000 = 27\,000(元)$$

或者:
$$NCF = (80\,000 - 50\,000) \times (1-30\%) + 20\,000 \times 30\% = 27\,000(元)$$

该项目的投资回收期 $= 100\,000 \div 27\,000 = 3.7(年)$

该项目的会计收益率 $= \dfrac{(80\,000 - 50\,000 - 20\,000) \times (1-30\%)}{100\,000/2} \times 100\% = 14\%$

三、判断题

1. ×   2. √   3. ×   4. √   5. √
6. √   7. √   8. √   9. ×   10. ×
11. ×   12. ×   13. ×   14. √   15. √
16. √

四、计算分析题

1. 解：

(1) 按年数总和法计算项目各年的折旧额（$D_i, i=1,2,3,4$）：

$$D_1 = (800-50) \times \frac{4}{10} = 300（万元）$$

$$D_2 = (800-50) \times \frac{3}{10} = 225（万元）$$

$$D_3 = (800-50) \times \frac{2}{10} = 150（万元）$$

$$D_4 = (800-50) \times \frac{1}{10} = 75（万元）$$

(2) 公司一年前委托咨询公司对该项目进行可行性研究支付的 6 万元咨询费用属于沉没成本，预测现金流量时不予考虑。所以各年的现金净流量（NCF）计算如下：

$$NCF_0 = -(800+200) = -1000（万元）$$

$$NCF_1 = (680-360-300) \times (1-25\%) + 300 = 315.00（万元）$$

$$NCF_2 = (680-360-225) \times (1-25\%) + 225 = 296.25（万元）$$

$$NCF_3 = (680-360-150) \times (1-25\%) + 150 = 277.50（万元）$$

$$NCF_4 = (680-360-75) \times (1-25\%) + 75 = 258.75（万元）$$

$$终结现金净流量 = 200 + 65 - (65-50) \times 25\% = 261.25（万元）$$

$$NPV = -1000 + \frac{315.00}{(1+10\%)} + \frac{296.25}{(1+10\%)^2} + \frac{277.50}{(1+10\%)^3} + \frac{258.75+261.25}{(1+10\%)^4}$$

$$= -1000 + 1094.855 = 94.855（万元）$$

(3) 采用直线法计提折旧，项目各年折旧额 = $(800-50)/4 = 187.5$（万元），项目各年现金净流量计算如表 1 所示。

表 1　项目现金净流量（直线法）　　　　　　　　　　单位：万元

指标	0	1	2	3	4
初始投资	-800.00				
垫支营运资本	-200.00				
各年经营现金净流量		286.88	286.88	286.88	286.88
收回垫支的营运资本					200.00
固定资产税后净残值					61.25
项目现金净流量	-1000.00	286.88	286.88	286.88	548.13

表中各年经营现金净流量计算如下：

$$NCF_{1-4} = (680-360-187.5) \times (1-25\%) + 187.5 = 286.88（万元）$$

或

$$NCF_{1-4} = (680-360) \times (1-25\%) + 187.5 \times 25\% = 286.88（万元）$$

$$NPV = -1000 + \frac{286.88}{(1+10\%)} + \frac{286.88}{(1+10\%)^2} + \frac{286.88}{(1+10\%)^3} + \frac{286.88+261.25}{(1+10\%)^4}$$

$$= -1\,000 + 1\,087.792 = 87.792(万元)$$

采用不同的折旧方法,虽然提取的折旧总额相等(750 万元),但各年的折旧额不同。在加速折旧法下,折旧额前期提的多,后期提的少;在直线法下,各年折旧额相等,从而引起两种折旧方法下现金流量的时间分布不同,导致加速折旧法下的净现值大于直线法下的净现值 7.06 万元(155.65 - 148.59),如表 2 所示。这一差额刚好等于不同折旧方法下项目的净现值之差 7.06 万元(94.855 - 87.792)。

表2　不同折旧方法抵税对现值的影响　　　　　　　　　单位:万元

指标	0	1	2	3	4
年数总和法各年折旧		300.00	225.00	150.00	75.00
折旧抵税		75.00	56.25	37.50	18.75
现值	155.65	68.18	46.49	28.17	12.81
直线法各年折旧		187.50	187.50	187.50	187.50
折旧抵税		46.88	46.88	46.88	46.88
现值	148.59	42.61	38.74	35.22	32.02

2. 解:
各年现金净流量及项目净现值计算如表 1 所示。

表1　现金净流量及项目净现值　　　　　　　　　单位:元

指标	0	1	2	3	4
(1) 初始现金净流量	-206 500				
每年折旧		80 000	64 000	56 000	
(2) 各年经营现金净流量		80 750	76 750	74 750	
(3) 第3年年末非经营现金净流量				21 500	
现金净流量	-206 500	80 750	76 750	96 250	
(4) 净现值	2 653				

表中有关数据计算如下:
(1) $NCF_0 = -160\,000 - 40\,000 - 6\,500 = -206\,500(元)$
(2) 以第 1 年为例,经营现金净流量计算如下:

第 1 年折旧额 $= (160\,000 + 40\,000) \times 40\% = 80\,000(万元)$

$NCF_1 = (81\,000 - 80\,000) \times (1 - 25\%) + 80\,000 = 80\,750(元)$

其他以此类推。
(3) 第 3 年年末非经营现金净流量计算如下:

$NCF_3 = 6\,500 + 20\,000 \times (1 - 25\%) = 21\,500(元)$

$$NPV = -206\,500 + \frac{80\,750}{(1+10\%)} + \frac{76\,750}{(1+10\%)^2} + \frac{96\,250}{(1+10\%)^3}$$

$$= 2\,653(元)$$

(4) 因为 NPV > 0,所以公司应该购买该磨碎机。

3. 解：

(1) 两种类型机床的现金净流量、净现值如表 1 和表 2 所示。

表 1　A 型机床的现金净流量和净现值　　　　　　　　　　　单位：元

指标	0	1	2	3	4	5
初始投资	−60 000					
垫支营运资本	0					
折旧		12 000	12 000	12 000	12 000	12 000
经营现金净流量		16 500	16 500	16 500	16 500	16 500
非经营现金净流量						0
现金净流量	−60 000	16 500	16 500	16 500	16 500	16 500
净现值	5 880	← = −60 000 + NPV(8%,16 500,16 500,16 500,16 500,16 500)				
或：	5 880	← = −60 000 + PV(8%,5,−16 500)				

表中：

折旧 = 60 000/5 = 12 000(元)

NCF_{1-5} = (68 000 − 50 000 − 12 000) × (1 − 25%) + 12 000 = 16 500(元)

表 2　B 型机床的现金净流量和净现值　　　　　　　　　　　单位：元

指标	0	1	2	3	4	5
初始投资	−81 000					
垫支营运资本	−5 000					
每年销售收入		80 000	80 000	80 000	80 000	80 000
付现成本		54 000	55 000	56 000	57 000	58 000
折旧		16 000	16 000	16 000	16 000	16 000
经营现金净流量		23 500	22 750	22 000	21 250	20 500
非经营现金净流量						6 000
现金净流量	−86 000	23 500	22 750	22 000	21 250	26 500
净现值	6 383	← = −86 000 + NPV(8%,23 500,22 750,22 000,21 250,26 500)				

表中：

折旧 = (81 000 − 1 000)/5 = 16 000(元)

NCF_1 = (80 000 − 54 000 − 16 000) × (1 − 25%) + 16 000 = 23 500(元)

其他以此类推。

第 5 年年末非经营现金净流量 = 5 000 + 1 000 = 6 000(元)

(2) 根据表 1 和表 2 的计算结果，购置 B 型机床创造的净现值比购置 A 型机床创造的净现值多 503 元(6 383 − 5 880)，因此应购置 B 型机床。

4. 解：

购买 P 型设备费用现值、年初(末)支付租赁费用现值如表 1 所示。

表1 购买P型设备费用现值　　　　　　　　　　　　　　　　　　　　单位:元

购买P型设备费用现值		
购买价格	64 000.00	
折旧	9 000.00	← = (64 000 - 1 000)/7
折旧抵税	2 250.00	← = 9 000 * 25%
折旧抵税现值	11 714.33	← = PV(8%,7,-2 250)
残值现值	583.49	← = PV(8%,7,-1 000)
费用合计	51 702.18	← = 64 000 - 11 714.33 - 583.49
租赁费用现值		
租赁费用	13 000.00	
税后租赁费用	9 750.00	← = 13 000 * (1 - 25%)
年初支付租赁费用现值	54 823.08	← = PV(8%,7,-9 750,1)
年末支付租赁费用现值	50 762.11	← = PV(8%,7,-9 750)

将购买P型设备费用现值与租赁费用现值相比较,结果如表2所示。

表2 购买P型设备费用现值与租赁费用现值比较　　　　　　　　　　单位:元

购买P型设备费用现值	51 702.18	51 702.18
年初支付租赁费用现值	54 823.08	
年末支付租赁费用现值		50 762.11
费用差异	-3 120.90	940.07
结论	购买设备比租赁可节约费用	租赁设备比购买可节约费用

5. 解:

(1)(3) 分析如下:现有生产系统和新生产系统的成本费用现值与净现值如表1所示。

表1 现有生产系统和新生产系统的成本费用现值与净现值　　　　　　单位:万元

项目	现有生产系统	新生产系统	新生产系统计算说明
初始投资	0	131.00	← = 420 - 280 - (310 - 280) * 30%
各年折旧费用(1—6年)	47.50	66.50	← = 420 * (1 - 5%)/6
各年成本费用(1—6年)	34.75	2.45	← = 32 * (1 - 30%) - 66.5 * 30%
残值(第6年)	25.00	21.00	← = 420 * 5%
折现率	10%	10%	
成本费用现值	137.23	129.82	← = 131 + PV(10%,6,-2.45) - 21/(1 + 10%)^6
使用新生产系统费用差额		-7.41	← = 129.82 - 137.23
折现率	14%	14%	← = 10% + 4%
成本费用现值	123.74	130.96	← = 131 + PV(14%,6,-2.45) - 21/(1 + 14%)^6
使用新生产系统费用差额		7.22	← = 130.96 - 123.74

表中列示了新生产系统成本费用现值的计算说明,现有生产系统成本费用现值计算方式以此类推。

根据表中的数据,当折现率为10%时,相对现有生产系统,采用新生产系统节约的成本费用现值为7.41万元,因此应采用新生产系统;当折现率为14%时,相对现有生产系统,采用新生产系统增加的成本费用现值为7.22万元,因此应继续使用现有生产系统。

（2）项目分析中的"沉没成本"通常是指产品研发费、市场调研费等，属于项目决策的无关成本。例如，在公司生产经营中，公司需要的零部件既可以自己制造又可以从外部购买，如果自己制造则可以利用已有的生产设备，假设单位固定成本为 5 元，变动成本为 10 元，则单位生产成本为 15 元。如果从外部购买，则市场价格为 12 元。那么零部件是自制还是外购？如果单纯比较成本，外购成本低于自制成本，则应该从外部购买。但仔细分析就会发现，在成本构成中，固定成本属于沉没成本，如果不自制零部件，那么这些固定成本需要其他产品分摊，自制零部件的增量成本只是变动成本。如果将固定成本看作与决策无关的沉没成本，这时自制的增量成本为 10 元，外购的增量成本为 12 元，这样公司应自制零部件而不是外购。有关沉没成本的经典案例可链接 https://www.zhihu.com/question/29087488/answer/214980261（访问日期：2021 年 8 月 9 日）：经典案例。

在传统的项目决策中，沉没成本是项目决策的无关成本。但这部分成本最终是由公司补偿的。例如，某公司在推广新产品之前投入了大量的市场调研费，假设为 300 万元，但项目估算的净现值为 200 万元，大于零，可接受该项目。如果公司所有的项目都发生此种情况，那么公司将因无法承担调研费而发生财务危机。因此，为了维持生存，公司所有成功项目累积的净现值必须超过所有成功或失败项目累积的市场调研费。

6. 解：

（1）咖啡店投资净现值计算如表 1 所示。

表 1　咖啡店投资净现值　　　　　　　　　　　　　　　　　单位：元

项目	0	1	2	3	4	5
咖啡店营业收入		80 000	84 000	88 200	92 610	97 241
营运费用		32 000	33 600	35 280	37 044	38 896
折旧		50 000	50 000	50 000	50 000	50 000
息税前利润		-2 000	400	2 920	5 566	8 345
所得税		-500	100	730	1 392	2 086
税后利润		-1 500	300	2 190	4 174	6 259
加：折旧		50 000	50 000	50 000	50 000	50 000
经营现金净流量		48 500	50 300	52 190	54 174	56 259
投资额	-300 000					
残值						50 000
现金净流量	-300 000	48 500	50 300	52 190	54 174	106 259
净现值	-84 727					

（2）书店增量收入现值如表 2 所示。

表 2　书店增量收入现值　　　　　　　　　　　　　　　　　单位：元

项目	0	1	2	3	4	5
书店营业收入		100 000	115 000	132 250	152 088	174 901
税前利润		40 000	46 000	52 900	60 835	69 960
所得税		16 000	18 400	21 160	24 334	27 984
税后利润		24 000	27 600	31 740	36 501	41 976
现值	113 038					

（3）根据表1和表2中的数据，虽然开设咖啡店的净现值小于零，但它增加了图书的销量，使书店获得增量收入现值113 038元，在弥补咖啡店亏损后还可以获得增量收入现值28 311元(113 038 - 84 727)。因此，应开设咖啡店，获得附加效应。

7. 解：

（1）软件开发公司每年的现金流量、净现值和内部收益率如表1所示。

表1　软件开发公司每年的现金流量、净现值和内部收益率　　　　　　单位：元

项目	0	1	2	3	4	5
销售收入		900 000	1 019 700	1 155 320	1 308 978	1 483 072
减：材料费用		350 000	396 550	449 291	509 047	576 750
人工费用		300 000	309 000	318 270	327 818	337 653
租赁费用		120 000	123 600	127 308	131 127	135 061
折旧费用		40 000	40 000	40 000	40 000	40 000
营销费用		100 000	103 000	106 090	109 273	112 551
税前利润		-10 000	47 550	114 361	191 713	281 057
减：所得税		-2 500	11 888	28 590	47 928	70 264
税后利润		-7 500	35 662	85 771	143 785	210 793
加：折旧费用		40 000	40 000	40 000	40 000	40 000
营运资本	90 000	101 970	115 532	130 898	148 307	0
追加营运资本	-90 000	-11 970	-13 562	-15 366	-17 409	148 307
计算机硬件投资	-200 000					
净现值	-290 000	20 530	62 100	110 405	166 375	399 100
净现值	188 615					
内部收益率	27%					

结论：由于项目的净现值大于零、内部收益率大于项目的资本成本，因此软件开发公司项目是可行的。

（2）改变资本成本后软件开发公司项目的净现值和内部收益率如表2所示。

表2　改变资本成本后软件开发公司项目的净现值和内部收益率　　　　　单位：元

项目	0	1	2	3	4	5
真实资本成本		10.00%	10.56%	11.13%	11.69%	12.25%
预计通货膨胀率		2.00%	2.50%	3.00%	3.50%	4.00%
名义资本成本	0	12.20%	13.32%	14.45%	15.59%	16.73%
累计折现因子	0	12.20%	27.15%	45.52%	68.21%	96.35%
现金净流量	-290 000	20 530	62 100	110 405	166 375	399 100
现金净流量现值	-290 000	18 298	48 840	75 869	98 910	203 259
净现值	155 176					
内部收益率	27%					

（3）比较（1）和（2）的结果，不论资本成本为多少，软件开发公司项目的内部收益率均为27%。这是因为内部收益率反映的是项目本身的预期收益率，资本成本是项目要求的最低收

益率,只要项目的预期收益率大于项目的资本成本就会创造增量价值。这表明内部收益率的大小只与项目的现金流量有关,与项目的资本成本无关。在项目决策时资本成本可以作为项目选择的评价标准,即只有在项目的预期收益率或内部收益率大于资本成本时,项目才是可行的。这也表明在估计项目现金流量时,不需要考虑与债务融资有关的利息和利息抵税效应,即假设项目的投资决策独立于融资决策,不论项目的资金从哪里来,均不影响项目的现金流量和预期收益。与债务融资有关的利息和利息抵税效应反映在项目的资本成本中。

8. 解:

(1) 项目的投入资本收益率如表1所示。

表1 项目投入资本收益率   金额单位:元

项目	1	2	3	4	5
销量(件)	2 000	2 500	3 000	1 200	900
销售收入	160 000	200 000	240 000	96 000	72 000
边际贡献	48 000	60 000	72 000	28 800	21 600
折旧	30 000	30 000	30 000	30 000	30 000
息税前利润	18 000	30 000	42 000	-1 200	-8 400
息前税后利润	12 600	21 000	29 400	-840	-5 880
现金净流量	42 600	51 000	59 400	29 160	24 120
投入资本收益率	8.40%	14.00%	19.60%	-0.56%	-3.92%

表中第1年数据计算如下:

边际贡献 = 160 000 × 30% = 48 000(元)

折旧 = 150 000/5 = 30 000(元)

息税前利润 = 48 000 - 30 000 = 18 000(元)

息前税后利润 = 18 000 × (1 - 30%) = 12 600(元)

现金净流量 = 12 600 + 30 000 = 42 600(元)

投入资本收益率 = 12 600/150 000 = 8.40%

其他以此类推。

(2) 项目的无负债 β 系数、负债 β 系数和加权平均资本成本如表2所示。

表2 项目的无负债 β 系数、负债 β 系数和加权平均资本成本

	A	B	C	D	E	F	G
1	年度	0	1	2	3	4	5
2	项目投入资本收益率		8.40%	14.00%	19.60%	-0.56%	-3.92%
3	股票指数收益率		9.00%	12.00%	18.00%	-3.00%	4.00%
4	项目收益率标准差	0.09809	← = STDEV(C2:G2)				
5	股票指数收益率标准差	0.07969	← = STDEV(C3:G3)				
6	收益率相关系数	0.90273	← = CORREL(C2:G2,C3:G3)				
7	(1) 项目无负债 β 系数	1.11117	← = B6 * B4/B5				
8	所得税税率	30%					
9	负债率	40%					

(续表)

10	(2) 项目负债β系数	1.62972	←=B7*(1+(1-B8)*B9/(1-B9))
11	(3) 项目加权平均资本成本		
12	股票指数平均收益率	8.00%	←=AVERAGE(C3:G3)
13	无风险利率	4%	
14	股权资本成本	10.52%	←=B13+B10*(B12-B13)
15	债务利率	6%	
16	税后债务资本成本	4.20%	←=B15*(1-B8)
17	加权平均资本成本	7.99%	←=B16*B9+B14*(1-B9)

表中单元格 B7 计算公式如下：

$$\beta_j = \frac{\text{Cov}(r_j, r_m)}{\text{Var}(r_m)} = \frac{\text{Std}(r_j) \times \text{Corr}(r_j, r_m)}{\text{Std}(r_m)}$$

(3) 项目的净现值和内部收益率如表 3 所示。

表 3 项目净现值和内部收益率

	A	B	C	D	E	F	G
18	年份	0	1	2	3	4	5
19	现金净流量(万元)	-150 000	42 600	51 000	59 400	29 160	24 120
20	净现值(万元)	18 212	←=B19+NPV(B17,C19:G19)				
21	内部收益率	12.94%	←=IRR(B19:G19)				

由于该投资项目的净现值大于零，内部收益率大于项目资本成本，故该投资项目具备财务可行性。

9. 解：

(1) 项目折现率计算如下：

$\qquad$ ASS 公司无负债 β 系数 = 1.3/[1+(1-20%)×0.5] = 0.9286

$\qquad$ BBC 公司无负债 β 系数 = 1.5/[1+(1-25%)×1] = 0.8571

$\qquad$ 可比公司平均无负债 β 系数 = (0.9286+0.8571)/2 = 0.8929

采用行业无负债 β 系数代替公司的无负债 β 系数，由于项目负债率为零，则负债 β 系数 = 无负债 β 系数。

$\qquad$ 项目股权资本成本 = 5% + 0.8929 × 6.5% = 10.8039%

(2) 使用仓库的机会成本现值计算如下：

$\qquad$ 税后租金收入 = 75 000 × (1-25%) = 56 250(元)

$\qquad$ 税后租金收入现值(PV) = $56\,250 \times \left[\dfrac{1-(1+12\%)^{-10}}{12\%}\right]$ = 317 825(元)

(3) 项目现金净流量计算如下：

$\qquad$ 初始现金净流量 = 5 000 000 + 480 000 + 317 825 = 5 797 825(元)

$\qquad$ 折旧 = 5 000 000/10 = 500 000(元)

$\qquad$ 息税前利润 = 600 000 × (4-2) - 500 000 = 700 000(元)

$\qquad$ 经营现金净流量 = 700 000 × (1-25%) + 500 000 = 1 025 000(元)

$\qquad$ 终结现金净流量 = 480 000(元)

(4) 项目净现值计算如下：

$$NPV = -5\ 797\ 825 + 1\ 025\ 000 \times \left[\frac{1-(1+10.8039\%)^{-10}}{10.8039\%}\right] + \frac{480\ 000}{(1+10.8039\%)^{10}}$$

$$= 460\ 662(元)$$

10. 解：
(1) 项目净现值、获利指数、内部收益率、修正内部收益率如表1所示，现金净流量如表2所示。

表1 项目净现值、获利指数、内部收益率、修正内部收益率　　金额单位：万元

	A	B	C	D	E
1	指标	A项目	B项目	A项目－B项目	B项目计算
2	NCF_0	－100	－100	0	
3	NCF_1	32	60	－28	
4	NCF_2	32	35	－3	
5	NCF_3	32	20	12	
6	NCF_4	32	20	12	
7	NCF_5	32	10	22	
8	资本成本	12%	12%		
9	NPV	15.35	14.09	1.26	←＝C2＋NPV(C8,C3:C7)
10	PI	1.15	1.14		←＝(－C2＋C9)/－C2
11	IRR	18.03%	19.72%	13.67%	←＝IRR(C2:C7)
12	MIRR	15.25%	14.99%		←＝MIRR(C2:C7,C8,C8)

表2 项目现金净流量　　单位：万元

项目	年份					
	0	1	2	3	4	5
A	－100	32	32	32	32	32
B	－100	60	35	20	20	10
B项目累计现金净流量	－100	－40	－5	15	35	45

根据表2计算的投资回收期如下：

$$PP_A = \frac{100}{32} = 3.125(年)$$

$$PP_B = 2 + \frac{5}{20} = 2.25(年)$$

(2) 如果A、B项目是相互独立的，则两个项目都可以接受，因为它们的净现值均大于零，获利指数均大于1，内部收益率均大于投资者要求的必要收益率12%。但A项目的投资回收期大于项目周期的一半，B项目的投资回收期小于项目周期的一半，仅从投资回收期指标来看，项目B是可行的。

(3) 如果A、B项目是相互排斥的，A项目的净现值(15.35万元)大于B项目的净现值(14.09万元)，则应选择A项目；但从内部收益率来看，A项目的内部收益率(18.03%)小于B项目的内部收益率(19.72%)，应选择B项目，出现排序矛盾。在两个评价标准发生排序矛

盾时,应以净现值标准为依据,有关说明见(4)。

(4) 在本例中,按照净现值和内部收益率标准评价项目发生排序矛盾不仅是因为这两个项目现金流量的模式不同,最重要的原因是两种评价标准隐含的再投资利率不同,净现值标准假设项目未来产生的现金流量按项目的资本成本进行再投资,而内部收益率标准假设项目未来产生的现金流量按项目本身产生的内部收益率进行再投资。正确的再投资利率应该是资本成本,在市场均衡条件下,它代表项目投资者投入资本要求获得的最低收益率。而这种设想隐含在净现值中,且对所有的投资项目(现在或未来)来说再投资利率都是相同的。在没有其他更确切的信息时,净现值标准关于再投资利率的假设是一种较为客观、合理的预期。内部收益率标准假设的再投资利率,是以所要考虑的各个项目的现金流量为基础的,投资项目的内部收益率高,假设的再投资利率也高,反之亦然,这对未来的项目投资来说是不现实的。由于各项目的内部收益率不同,各项目的再投资利率也不同,这不仅影响评价标准的客观性,而且不利于各项目间的比较。由于内部收益率不能代表期间现金流量适宜的再投资利率,而净现值隐含的再投资利率是投资者要求的收益率,能够较准确地测定投资机会,因此,从理论上讲,净现值标准优于内部收益率标准。

在本例中,如果两个项目均采取资本成本作为再投资利率,修正内部收益率(MIRR)对项目的排序与净现值排序相一致。如表1所示。

(5) 如果资本成本为10%,则仍会出现上述排序矛盾。不同折现率下的净现值曲线如下图所示。图中,两个项目净现值曲线与横轴的交点分别代表各自的内部收益率,与纵轴的交点则表示资本成本(r)为零时各自的净现值。从图中可以看出,不论投资者要求的收益率或资本成本为多少,按内部收益率排序,B 项目总是优于 A 项目。而按净现值排序,结果与所选择的折现率有关,如果 $r<13.67\%$,则 A 项目优于 B 项目;如果 $r>13.67\%$,则 B 项目优于 A 项目;如果 $r=13.67\%$,则两个项目的净现值相等,或者说 13.67% 代表了两个项目净现值相等时的收益率。如果投资者要求的收益率或资本成本等于或大于这一交点,则按净现值或内

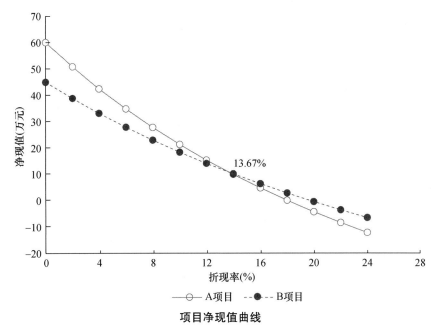

项目净现值曲线

部收益率两种标准排序的结论相一致；如果投资者要求的收益率或资本成本小于这一交点，则按净现值排序与按内部收益率排序的结论会发生冲突。

11. 解：

（1）公司加权平均 β 系数和资本成本计算如下：

公司加权平均 β 系数 $= 1.2 \times 45\% + 0.8 \times 35\% + 20\% \times 1 = 1.02$

公司资本成本 $= 6\% + 1.02 \times 7\% = 13.14\%$

（2）根据公司资本成本进行投资项目决策，应选择 A 项目、B 项目和 F 项目，因为这三个项目的内部收益率大于公司资本成本。

（3）各分部投资项目的资本成本和项目决策如下表所示。

各分部投资项目的资本成本和项目决策

项目	内部收益率	项目资本成本	决策	公司资本成本	决策
A	15.00%	14.40%	接受	13.14%	接受
B	13.50%	14.40%	拒绝	13.14%	接受
C	12.00%	11.60%	接受	13.14%	拒绝
D	10.00%	11.60%	拒绝	13.14%	拒绝
E	13.00%	13.00%	接受	13.14%	拒绝
F	15.00%	13.00%	接受	13.14%	接受

为比较方便，上表分别列示了以项目资本成本为评价标准的项目决策（第 4 列）和以公司资本成本为评价标准的项目决策（第 6 列）的结果。从表中可以看出，两种不同的评价标准的结论发生矛盾，例如 B 项目、C 项目、E 项目的决策刚好相反。

下图描述了项目收益和风险的关系，从图中可以看出，如果以公司资本成本为评价标准，则应接受 A 项目、B 项目、F 项目，因为这三个项目的预期收益率大于公司资本成本（13.14%）；如果以项目资本成本为评价标准，则应接受 A 项目、C 项目、E 项目、F 项目，因为这四个项目的预期收益率大于或等于项目各自的资本成本。

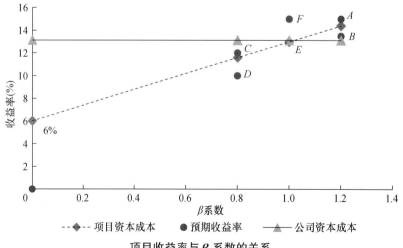

项目收益率与 β 系数的关系

在项目决策中，如果项目的风险与公司的风险水平相同，则可采取公司资本成本作为项目决策的标准;如果项目的风险与公司的风险水平不同,则应采用项目资本成本作为项目决策的标准。如果按公司资本成本进行项目评价,就有可能接受了风险大的项目,放弃了风险小的项目。例如,对于 B 项目来说,根据风险水平确定的项目投资要求的最低收益率为 14.40%,但项目的预期收益率为 13.50%,如果进行投资,将不能弥补项目的风险。

12. 解:

(1) 汽车制造厂建设项目必要收益率的计算如表1所示。

表1　汽车制造厂建设项目必要收益率

项目	BMC 公司	FTC 公司	BCC 公司	RIC 公司
负债β系数	0.8	1.5	2.4	1.2894
资本结构:				
债务资本	30%	50%	60%	40%
股权资本	70%	50%	40%	60%
公司所得税税率	25%	30%	20%	25%
无负债β系数	0.6054	0.8824	1.0909	0.8596
无风险收益率				6%
市场平均风险收益率				11%
股权资本成本				12.45%
税前债务资本成本				8.44%
税后债务资本成本				6.33%
项目的必要收益率				10.00%

表中相关数据计算如下:

$$\text{BMC 公司的无负债 }\beta\text{ 系数}(\beta_U) = \frac{0.8}{1 + (1 - 25\%) \times 0.3/0.7} = 0.6054$$

其他公司无负债 β 系数计算依此类推。

RIC 公司的无负债 β 系数(β_U) = (0.6054 + 0.8824 + 1.0909)/3 = 0.8596

RIC 公司的负债 β 系数(β_L) = 0.8596 × [1 + (1 - 25%) × 0.4/0.6] = 1.2894

RIC 公司税后债务资本成本 = 8.44% × (1 - 25%) = 6.33%

RIC 公司股权资本成本 = 6% + 1.2894 × (11% - 6%) = 12.45%

项目的必要收益率 = 6.33% × 40% + 12.45% × 60% = 10%

(2) 市场前期的调研费用和咨询费用属于沉没成本,决策中不予考虑;不允许出售的原有厂房不存在机会成本,项目的现金流量预测如表2所示。

表2　项目现金流量与净现值　　　　　　　　　单位:万元

项目	0	1	2	3	4	5	6
投资:							
(1) 设备投资	-8 000						575*
折旧		1 200	1 200	1 200	1 200	1 200	1 200
累计折旧		1 200	2 400	3 600	4 800	6 000	7 200

(单位:万元)(续表)

项目	0	1	2	3	4	5	6
年末设备折余价值		6 800	5 600	4 400	3 200	2 000	800
(2) 厂房装修费用	-900			-900			
(3) 年末营运资本	-300	-400					
(4) 增量营运资本	-300	-100					400
(5) 投资现金流量合计	-9 200	-100	0	-900	0	0	975
经营现金净流量:							
销售收入		8 500	8 500	8 500	8 500	8 500	8 500
经营付现成本		5 900	5 900	5 900	5 900	5 900	5 900
设备折旧		1 200	1 200	1 200	1 200	1 200	1 200
装修费用摊销		300	300	300	300	300	300
息税前利润		1 100	1 100	1 100	1 100	1 100	1 100
所得税(25%)		275	275	275	275	275	275
净利润		825	825	825	825	825	825
经营现金净流量		2 325	2 325	2 325	2 325	2 325	2 325
现金净流量合计	-9 200	2 225	2 325	1 425	2 325	2 325	3 300
净现值	709.25						

*第六年年末设备残值出售实际所得的价款。根据预测,设备六年后的出售价格为500万元,而其账面价值为800万元,出售价格低于账面价值的差额说明 RIC 公司处置资产发生净损失,这一损失可以使公司当年少缴纳所得税75万元[(800-500)×25%],视同现金流入,因此出售设备后现金净流入为575万元(500+75)。

$$NPV = -9\,200 + \frac{2\,225}{(1+10\%)} + \frac{2\,325}{(1+10\%)^2} + \frac{1\,425}{(1+10\%)^3} +$$
$$\frac{2\,325}{(1+10\%)^4} + \frac{2\,325}{(1+10\%)^5} + \frac{3\,300}{(1+10\%)^6}$$
$$= 709.25(万元)$$

汽车制造厂建设项目的净现值为709.25万元,大于零,所以 RIC 公司应该投资该项目。

13. 解:

(1)(2) 不同情景下项目的现金净流量、净现值及敏感性分析如下表所示。

敏感性分析   单位:元

项目	基本情景	销量减少情景	销量减少情景计算说明
投资额	720 000	720 000	
使用年限(年)	8	8	
年折旧	90 000	90 000	←=720 000/8
销量(件)	120 000	119 000	←=120 000-1 000
销售收入	2 160 000	2 142 000	←=119 000*18
变动成本	1 440 000	1 428 000	←=119 000*12
固定成本	590 000	590 000	←=500 000+90 000
息税前利润	130 000	124 000	←=2 142 000-1 428 000-590 000

(单位:元)(续表)

项目	基本情景	销量减少情景	销量减少情景计算说明
税后利润	97 500	93 000	← = 124 000 * (1 − 25%)
现金净流量	187 500	183 000	← = 93 000 + 90 000
资本成本	10%	10%	
净现值	280 299	256 291	← = − 720 000 + PV(10% , 8 , − 183 000)
敏感性分析			
销量变动百分比	− 0.833%	← = − 1 000/120 000	
净现值变动百分比	− 8.565%	← = (256 291 − 280 299)/280 299	
销量变动百分比	1%		
净现值变动百分比	10.282%	← = (− 8.565%) * 1%/(− 0.833%)	

根据敏感性分析可知,销量下降 0.833% ,净现值下降 8.565% ,也可以说,销量下降 1% ,净现值下降 10.282% 。这表明项目的净现值对销量的敏感性较强。

14. 解:

(1) 项目净现值:

$$NPV = -124 + 45 \times \left[\frac{1 - (1+12\%)^{-5}}{12\%}\right] + \frac{79}{(1+12\%)^6}$$

$$= 78.24(万元)$$

(2) 采用模拟分析法,各因素变化对净现值的影响如图 1 和表 1 所示。

表1　各因素变化对净现值的影响　　　　　　　　　　　单位:万元

因素变化百分比	销量	销售单价	单位变动成本	固定成本	资本成本
85%	45.35	− 3.99	127.58	82.35	89.83
90%	57.68	20.68	111.13	82.35	85.85
95%	65.90	49.46	94.68	82.35	81.99
100%	78.24	78.24	78.24	78.24	78.24
105%	86.46	107.02	57.68	74.13	74.59
110%	98.80	131.69	45.35	70.02	71.05
115%	107.02	160.47	24.79	70.02	67.61
标准差	22.23	59.65	36.83	5.67	8.00

从图 1 中可知,敏感性分析的五条线都汇聚在各因素基数值点上,即基本预测状况下的净现值为 78.24 万元。销量和销售单价线都向上倾斜,表明该因素取值越大,净现值相应越高;单位变动成本、固定成本和项目资本成本线都向下倾斜,表明较高的单位变动成本、固定成本或资本成本会导致净现值下降。在图 1 中,销售单价线的斜率最大,说明净现值相对于销售单价变化的敏感程度最大,其次为单位变动成本、销量、资本成本和固定成本,这与表 1 中反映各种因素敏感程度大小的标准差相一致。此外,这些线的斜率越大,说明风险越高。

15. 解:

(1) 会计利润盈亏平衡点的销量为 60 万件,计算过程如表 1 所示。

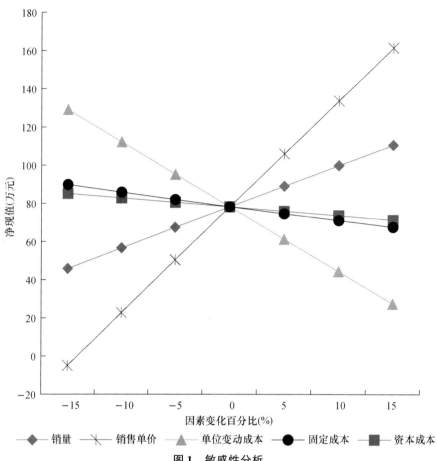

图 1 敏感性分析

表 1 不同销量下的税后利润   单位：万元

销量 （万件）	销售 收入	变动 成本	固定 成本	折旧	所得税	成本＋ 所得税	税后 利润
0	0.00	0.00	30.00	15.00	−22.50	22.50	−23
10	37.50	30.00	30.00	15.00	−18.75	56.25	−19
20	75.00	60.00	30.00	15.00	−15.00	90.00	−15
30	112.50	90.00	30.00	15.00	−11.25	123.75	−11
40	150.00	120.00	30.00	15.00	−7.50	157.50	−8
50	187.50	150.00	30.00	15.00	−3.75	191.25	−4
60	225.00	180.00	30.00	15.00	0.00	225.00	0
70	262.50	210.00	30.00	15.00	3.75	258.75	4
80	300.00	240.00	30.00	15.00	7.50	292.50	8
81	303.75	243.00	30.00	15.00	7.88	295.88	8
82	307.50	246.00	30.00	15.00	8.25	299.25	8
83	311.25	249.00	30.00	15.00	8.63	302.63	9
84	315.00	252.00	30.00	15.00	9.00	306.00	9
85	318.75	255.00	30.00	15.00	9.38	309.38	9
86	322.50	258.00	30.00	15.00	9.75	312.75	10

（2）净现值盈亏平衡点的销量为85万件，计算过程如表2所示。

表2 不同销量下的净现值　　　　　　　　　　　　　　单位：万元

销量（万件）	税后利润	折旧	投资额	经营现金净流量	净现值
0	-23	15	150	-8	-199
10	-19	15	150	-4	-175
20	-15	15	150	0	-150
30	-11	15	150	4	-125
40	-8	15	150	8	-107
50	-4	15	150	11	-82
60	0	15	150	15	-58
70	4	15	150	19	-33
80	8	15	150	23	-9
81	8	15	150	23	-9
82	8	15	150	23	-9
83	9	15	150	24	-3
84	9	15	150	24	-3
85	9	15	150	24	-3
86	10	15	150	25	4
87	10	15	150	25	4
88	11	15	150	26	10
89	11	15	150	26	10
90	11	15	150	26	10
100	15	15	150	30	34

（3）会计利润盈亏平衡点的销量为60万件，净现值盈亏平衡点的销量为85万件。二者存在差异的原因在于采用会计利润估计盈亏平衡点时，每年提取折旧15万元，经过10年刚好弥补项目的初始投资150万元。如果公司每年销售60万件产品，销售收入足以弥补经营成本和归还最初的投资额，但不足以弥补150万元资本的机会成本，假设将这150万元投资到其他业务，获得10%的投资收益，那么年度投资回收成本就不是15万元，而是24.41万元。

$$年度回收成本 = 150 \times \frac{10\%}{1-(1+10\%)^{-10}} = 24.41（万元）$$

或者在Excel电子表格中输入"=PMT(10%,10,-150)"。

上述计算表明，当年销量为85件时，项目的年销售收入为318.75万元，这不仅可以弥补变动成本、固定成本和所得税，而且每年还有24.41万元用来弥补150万元的初始投资机会成本，保证获得10%的投资收益。

16．解：

项目概率分析结果如下表所示。

项目概率分析

	A	B	C	D	E	F	G	H	I
1		第1年		第2年		第3年			
2	概率	现金净流量（万元）	概率	现金净流量（万元）	概率	现金净流量（万元）	组合	联合概率	净现值（万元）
3	0.8	450	0.6	520	0.6	400	1	0.288	301.04
4	0.8	450	0.6	520	0.4	260	2	0.192	201.39
5	0.8	450	0.4	360	0.7	240	3	0.224	59.60
6	0.8	450	0.4	360	0.3	180	4	0.096	16.90
7	0.2	260	0.4	250	0.5	160	5	0.040	−254.67
8	0.2	260	0.4	250	0.5	100	6	0.040	−297.38
9	0.2	260	0.6	120	0.4	80	7	0.048	−415.25
10	0.2	260	0.6	120	0.6	50	8	0.072	−436.60
11					计算结果				
12	净现值期望值			66.89	← =SUMPRODUCT(I3:I10,H3:H10)				
13	净现值标准差			250.69	← =SQRT(SUMPRODUCT((I3:I10−D12)^2,H3:H10))				
14	标准离差率			3.75	← =D13/D12				
15	净现值小于零的概率			20%	← =H7+H8+H9+H10				

概率分析结果表明,项目净现值大于零,该项目在财务上是可行的。但项目净现值小于零的概率为20%,表明项目的风险比较大,需结合其他因素及投资者的风险偏好进一步评估项目的可行性。

17. 解:

(1)(2) 参考答案如表1所示。

表1 投资方案净现值（风险调整折现率法） 　　　　　　金额单位:万元

	方案 A			方案 B			方案 C		
年份	$\overline{NCF}$	标准差	年份	$\overline{NCF}$	标准差	年份	$\overline{NCF}$	标准差	
1	870.0	210.00	1	0	0	1	0	0	
2	800.0	154.92	2	0	0	2	0	0	
3	780.0	74.83	3	880.00	233.67	3	880.00	331.06	
现金流量现值		2 228.00	现金流量现值		760.18	现金流量现值		760.18	
总体标准差		252.83	总体标准差		201.85	总体标准差		285.98	
标准离差率		11.35%	标准离差率		26.55%	标准离差率		37.62%	
风险调整后折现率		7.27%	风险调整后折现率		10.31%	风险调整后折现率		12.52%	
净现值		138.19	净现值		155.60	净现值		117.72	

评价:如果三个投资方案是独立的,则三个投资方案的净现值均大于零,在财务上都是可行的。如果三个投资方案是互斥的,则在考虑风险的条件下,应选择方案B,因为方案B风险调整后的净现值最大。

(3) 参考答案如表2所示。

表 2　投资方案净现值（风险调整现金流量法）　　　　　　单位：万元

	0	1	2	3
方案 A 净现值：				
现金流量期望值	-2 000	870	800	780
标准差		210	154.92	74.83
标准离差率		24.14%	19.37%	9.59%
确定等值系数	1	0.8	0.9	0.9
确定等值	-2 000	696	720	702
净现值	-77.67			
方案 B 净现值：				
现金流量期望值	-500			880
标准差				233.67
标准离差率				26.55%
确定等值系数	1			0.80
确定等值	-500			704.00
净现值	108.14			
方案 C 净现值：				
现金流量期望值	-500			880.00
标准差				331.06
标准离差率				37.62%
确定等值系数	1			0.75
确定等值	-500			660.00
净现值	70.13			

从以上计算可知，在确定等值法下，方案 A 的净现值小于零，方案在财务上是不可行的。而方案 B 和方案 C 在排除风险因素之后，其净现值均大于零，均具有可行性，但作为互斥方案的决策，应该选择净现值较大的方案 B。

五、案例分析题

案例 1

1. 根据增量现金流量原则，新项目市场调研费属于新项目的沉没成本，不论是否进行项目投资，均不会改变已发生的费用，在进行项目决策时不予考虑。

2. 项目经营现金流量不包括利息费用，项目的现金流量与筹资方式无关，即不论项目的资金来自股权还是债务，均不影响项目创造的收益。举债和利息对项目的影响一般是在资本成本中体现的。股息作为利润分配的一部分，不影响项目的现金流量。

3. 假设该生产线所使用的厂房能够以每年 25 000 元的价格租赁给另一家公司使用，这是新项目投资的机会成本，会影响项目的现金流量，这种影响有两种计算方法。

方法 1：将各年税后租金收入作为项目机会成本计入项目各年的现金流量中。

税后租金收入 = 25 000 × (1 - 25%) = 18 750（元）

税后租金收入冲减各期经营现金净流量。

方法 2：将作为机会成本的各年租金收入，采用一定的折现率调整到第 0 期，计入初始投资中。假设折现率为10%,则税后租金收入现值为71 077元[在Excel电子表格中输入"=PV(10%,5,-18 750)"],作为机会成本计入第0期投资成本中。

此外,还要考虑厂房的折旧抵税效应,如果由出租人提取厂房的折旧,那么折旧抵税=各年折旧×所得税税率,这一数额会增加项目的现金流量。如果由承租人提取厂房的折旧,那么公司不需要计算折旧抵税的现金流量。

4. 假设项目投产后每年会减少公司其他产品的销售收入50 000元,则将其税后收入作为项目的附加负效应[50 000×(1-所得税税率)]冲减项目的现金流量。但是各年减少的金额可能随着新产品销量、成本等不同而发生变化。

5. 分析方法不同,分析重置项目时主要关心项目的增量现金流量,即新旧项目现金流量的差额。

6. 项目净现值、内部收益率、投资回收期见下表。

项目净现值、内部收益率、投资回收期

项目	0	1	2	3	4	5
现金净流量(万元)	-239	69	69	69	69	128
累计现金净流量(万元)	-239	-170	-101	-32	37	165
净现值	59.20					
内部收益率	18.43%					
投资回收期(年)	3.464					

项目的净现值大于零,项目的内部收益率大于资本成本,虽然投资回收期大于项目周期的一半,但考虑到项目的周期只有5年,因此,总体上项目在财务上是可行的。

案例2

1. 投资项目风险的来源可根据影响净现值的因素进行分析,从项目的经营风险分析,主要有销量、单位售价、单位变动成本、固定成本、项目投资额、项目期限等;从项目的财务风险分析,主要有资本来源、利率、汇率变化对资本成本的影响等。其他风险主要指社会、政治、经济的稳定程度,项目施工与经营管理的水平,技术进步与经济发展的状况,国家的投资及产业政策,投资决策部门的预测能力,项目设计质量和可靠性,通货膨胀和汇率等。

在研究风险时,要注意项目风险、公司风险、市场风险之间的关系。公司风险是指不考虑投资组合因素,纯粹站在公司的立场上来衡量的投资风险。通常采用公司资产收益率标准差进行衡量。如果将公司资产看作多个投资项目的组合,那么可参照投资组合风险分析方法衡量公司风险。在这种情况下,公司风险由三个要素构成:每种资产(或项目)所占的比重,每种资产的风险,以及公司资产之间的相关系数或协方差。某一项目可能具有高度的不确定性,但如果该项目在整个公司资产中所占的比重相对比较小,而且该项目的收益与公司其他资产的收益并不密切相关,那么该投资项目的风险就可以在与公司其他资产的组合中被分散掉,公司规模越大,这种风险分散效应就越大。

市场风险是站在拥有高度多元化投资组合的公司股票持有者的角度来衡量投资项目风险的。或者说,在投资项目风险中,无法由多元化投资加以消除的那部分,就是该项目的市场风险,通常用投资项目的β系数来表示。

2. 敏感性分析是衡量不确定性因素变化对项目评价标准(如净现值或内部收益率)的影

响程度。如果某一因素在较小范围内发生变动就会影响原定项目的盈利能力,则表明该因素的敏感性强;如果某一因素只有在较大范围内发生变动才会影响原定项目的盈利能力,则表明该因素的敏感性弱。敏感性分析的目的是找出投资项目的"盈利能力"对哪些因素最敏感,从而为决策者提供重要的决策信息。

采用模拟分析法,销量、单位售价、单位变动成本、固定成本变动对项目净现值的影响如表1和图1所示。

表1 敏感性分析

变动百分比	销量(万件)	单位售价(元)	单位变动成本(元)	固定成本(万元)
−30%	34	8	86	69
−20%	42	24	76	66
−10%	50	41	68	63
0%	59	59	59	59
10%	68	76	50	56
20%	76	94	41	52
30%	84	111	33	49
标准差	18	37	19	7

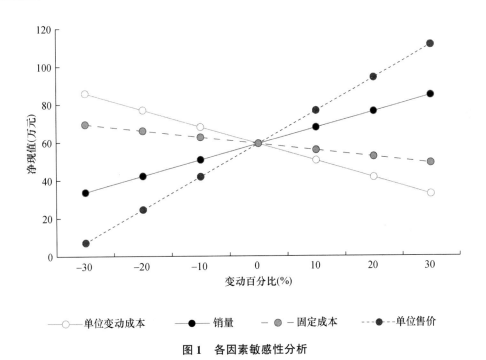

图1 各因素敏感性分析

在上述四个因素中,按对净现值的敏感程度从大到小排序依次为单位售价、单位变动成本、销量和固定成本。无论是从四个因素影响净现值的标准差大小,还是从图中各因素的斜率都可得出这一结论。

3. 不同经济状况下项目的净现值、净现值标准差、标准离差率如表2所示。

表 2　不同经济状况下项目的净现值、净现值标准差、标准离差率

经济状况	概率	销售收入(万元)	净现值(万元)
高	0.2	150	-14.30
中	0.5	260	59.20
低	0.3	460	192.84
净现值			84.59
净现值标准差			76.11
标准离差率			0.8998

4. 若公司资产标准离差系数平均值为 0.4—0.7,则假设以销售收入变动对净现值的影响代表新产品生产线项目的风险,这表明项目的风险(0.8998)略高于公司的风险。新产品生产线风险属于项目特有风险,与经济形势相关性较大,如果经济繁荣,那么随着居民收入增加,会提升家具销量;反之,在经济萧条时期,居民购买家具的意愿较小,从而降低家具销量。如果公司接受这一项目,就会增加公司的整体风险。增加风险的大小不仅取决于项目的特有风险,还取决于这一项目价值在公司价值中所占的比重。

5. 资本成本下降或上升 3% 对净现值的影响如表 3 所示。

表 3　资本成本变动对净现值的影响

资本成本变动	资本成本	净现值(万元)	净现值变动
-3%	7%	86	45.76%
0	10%	59	
3%	13%	36	-38.98%

资本成本下降或上升 3%,项目净现值都大于零,这表明资本成本对净现值的变化敏感性不太强。但当资本成本下降 3% 时,净现值上升了 45.76%;当资本成本上升 3% 时,净现值下降了 38.98%。

6. 初始投资额增长率对项目净现值和内部收益率的影响如表 4 和图 2 所示。

表 4　初始投资额增长率对项目净现值和内部收益率的影响

初始投资增长率	净现值(万元)	内部收益率
0	59	18.43%
1%	57	18.09%
2%	53	17.43%
3%	47	16.47%
4%	43	15.74%
5%	32	14.13%
6%	22	12.70%
7%	9	11.01%
8%	-9	9.03%
9%	-30	6.85%
10%	-57	4.38%

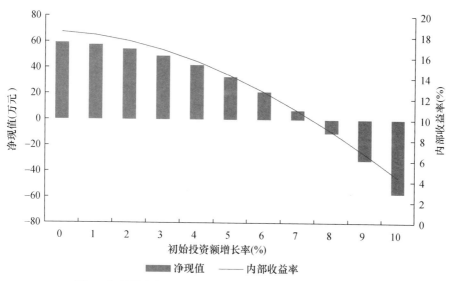

图 2 初始投资额增长率对项目净现值和内部收益率的影响

如果项目初始投资额增长 7% 以上,那么项目的净现值将小于零,内部收益率将小于项目的资本成本。

7. 项目股权资本成本、加权平均资本成本计算如下:

股权资本成本 = 8% + 1.2 × 6% = 15.2%

税后债务资本成本 = 10% × (1 − 25%) = 7.5%

加权平均资本成本 = 7.5% × 50% + 15.2% × 50% = 11.35%

由于项目的 β 系数为 1.2,高于市场风险,因此获得的风险溢价也高于市场风险溢价(6%),项目的市场风险溢价为 7.2%(= 1.2 × 6%)。

按新资本成本(11.35%)计算的净现值为 48.25 万元,比按 10% 计算的净现值降低了 10.95 万元(59.2 − 48.25)。

案例 3

1. 本例中评估的风险是总风险。总风险是在不考虑股东多元化投资影响的前提下所考察的项目风险。β 系数则是股东通过多元化投资,消除公司特有风险后的剩余风险或风险溢价。尽管项目有时总风险很高,但如果股东进行多元化投资,则可根据所持股份比率承担风险。在大多数情况下,总风险与市场风险具有高度的相关性,即总风险高,公司的市场风险也较高,反之亦然。

2. 假如经济不景气,项目可于 2023 年年末下马,则项目净现值计算如表 1 所示。

表 1 项目经营两年后净现值
金额单位:元

项目	2021 年	2022 年	2023 年
投资额	10 000 000		
设备安装费	500 000		
机会成本(仓库出售净值)	200 000		
经营性营运资本	50 000		
经营现金净流量			

(金额单位:元)(续表)

项目	2021年	2022年	2023年
销量(套)		900	900
销售单价		10 000	10 500
销售收入		9 000 000	9 450 000
变动成本		5 850 000	6 142 500
固定成本(不含折旧)		1 000 000	1 000 000
折旧		3 499 650	2 800 350
息税前利润		−1 349 650	−492 850
所得税		−337 413	−123 213
净利润		−1 012 237	−369 637
现金净流量		2 487 413	2 430 713
收回经营性营运资本			50 000
建筑物及地皮出售净价值			150 000
设备残值出售价值			8 000 000
设备折余价值			4 200 000
设备出售所得税			950 000
现金净流量	−10 750 000	2 487 413	9 680 713
净现值	−488 126		

项目 2023 年年末下马的决策会导致项目净现值为负数,但这一决策所造成的损失要小于经济不景气时继续经营所造成的损失。这相当于及时止损,从期权的角度来说是一种放弃期权,这将在实物期权一章介绍。

3. 假设各年销量为 1 000 套,销售单价按通货膨胀率调整时项目净现值如表 2 所示。

表 2 项目净现值   金额单位:元

项目	2021年	2022年	2023年	2024年	2025年	2026年
投资额	10 000 000					
设备安装费	500 000					
机会成本(仓库出售净值)	200 000					
经营性营运资本	50 000					
经营现金净流量						
销量(套)		1 000	1 000	1 000	1 000	1 000
销售单价		10 000	10 500	11 025	11 576	12 155
销售收入		10 000 000	10 500 000	11 025 000	11 576 000	12 155 000
变动成本		6 500 000	6 825 000	7 166 250	7 524 400	7 900 750
固定成本(不含折旧)		1 000 000	1 000 000	1 000 000	1 000 000	1 000 000
折旧		3 499 650	2 800 350	2 100 000	1 399 650	700 350
息税前利润		−999 650	−125 350	758 750	1 651 950	2 553 900
所得税		−249 913	−31 338	189 688	412 988	638 475
净利润		−749 737	−94 012	569 062	1 238 962	1 915 425

(金额单位:元)(续表)

项目	2021年	2022年	2023年	2024年	2025年	2026年
现金净流量		2 749 913	2 706 338	2 669 062	2 638 612	2 615 775
收回经营性营运资本						50 000
残值						1 125 000
现金净流量	-10 750 000	2 749 913	2 706 338	2 669 062	2 638 612	3 790 775
净现值	147 850					

销量和残值变动对项目净现值的影响如表3和图1所示。

表3 销量和残值变动对项目净现值的影响

变动百分比	销量(套)	残值(元)
70%	-3 120 723	-61 711
80%	-2 031 199	8 143
90%	-941 674	77 994
100%	147 850	147 850
110%	1 237 375	217 704
120%	2 326 899	287 557
130%	3 416 423	357 411

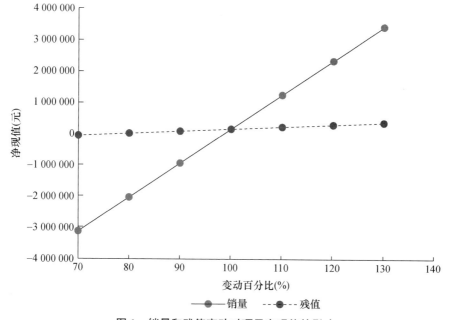

图1 销量和残值变动对项目净现值的影响

从表3和图1中可以看出,销量变动对项目净现值的敏感程度较强,而残值变动对项目净现值的敏感程度较弱。

附录：模拟分析

模拟分析是指利用蒙特卡罗模拟法，将敏感性分析和不确定性因素的概率分布结合起来衡量投资项目风险。其分析步骤为：

（1）选择影响项目净现值等评价指标的关键因素，这些因素可能是市场规模、价格、市场份额、单位变动成本、固定成本等，估计每个因素各种可能结果的概率。

（2）对每个因素根据各种可能结果的概率分配相应的随机数，形成概率分布。

（3）利用随机函数产生一个随机数码表。

（4）根据项目变量的累计概率对随机数码进行分区，使每一个区间与项目变量的某一可能值及其概率相对应。

（5）抽取一组项目变量的可能值，计算出一个净现值，完成一次模拟过程，并将结果储存起来。重复这一过程若干次，一般至少需要模拟500次以上。

（6）将各次模拟得到的净现值结果由小到大排列成次数分配，并计算出净现值的期望值、标准差和标准离差率，从而判断投资项目的风险。

由于模拟分析只有利用计算机才能取得令人满意的结果，因此该方法最适宜评价大型项目。

假设某公司正在考虑一项投资，初始投资额为 10 000 元，第 1—5 年每年的销售收入为 64 000 元，变动成本为 42 000 元，固定成本总额为 18 000 元，其中折旧 2 000 元。假设所得税税率为 25%，折现率为 10%，则该项投资各年经营现金净流量和净现值计算如下：

$$NCF_{1-5} = (64\,000 - 42\,000 - 18\,000) \times (1 - 25\%) + 2\,000 = 5\,000(元)$$

$$NPV = -10\,000 + 5\,000 \times \left[\frac{1-(1+10\%)^{-5}}{10\%}\right] = 8\,954(元)$$

根据上述数据，模拟分析结果如表1所示。

表1 现金流量概率分布及净现值模拟分析

	A	B	C	D	E	F
1	项目	概率	累计概率	随机数范围	对应的随机号码	可能值（元）
2	投资额	0.3	0.3	1—30	1	8 000
3		0.4	0.7	31—70	31	10 000
4		0.3	1.0	71—100	71	12 000
5	现金流量	0.2	0.2	1—20	1	3 000
6		0.6	0.8	21—80	21	5 000
7		0.2	1.0	81—100	81	7 000
8	净现值模拟结果（前10次，最后一次）					
9	投资额		现金流量		NPV(10%,5)（元）	
10	随机号码	可能值（元）	随机号码	可能值（元）		
11	88	12 000	83	7 000	14 536	
12	89	12 000	40	5 000	6 954	
13	61	10 000	19	3 000	1 372	
14	53	10 000	2	3 000	1 372	

(续表)

	投资额		现金流量		NPV(10%,5)(元)
	随机号码	可能值(元)	随机号码	可能值(元)	
15	35	10 000	8	3 000	1 372
16	91	12 000	70	5 000	6 954
17	42	10 000	96	7 000	16 536
18	26	8 000	80	5 000	10 954
19	40	10 000	80	5 000	8 954
20	50	10 000	75	5 000	8 954
……	……	……	……	……	……
10010	75	12 000	57	5 000	6 954

在表1中,假设项目变量中只有投资额和现金流量是变动的,其中投资额为10 000元,是概率分别为0.3、0.4和0.3条件下三种可能结果的期望值;现金流量为5 000元,是概率分别为0.2、0.6、0.2条件下三种可能结果的期望值。根据累计概率确定随机数范围,对应的随机号码为1、31、71时,对应的投资额分别为8 000元、10 000元和12 000元,其意义就是当随机产生的号码分别为1—30、31—70、71—100时,对应的投资额分别为8 000元、10 000元和12 000元,累计概率分别为0.3、0.7和1.0;对应的随机号码为1、21、71时,对应的现金流量分别为3 000元、5 000元和7 000元,其意义就是当随机产生的号码分别为1—20、21—80、81—100时,对应的现金流量分别为3 000元、5 000元和7 000元,累计概率分别为0.2、0.8和1.0。

利用蒙特卡罗模拟法进行模拟计算时,主要使用RANDBETWEEN函数和VLOOKUP函数,假设模拟10 000次。表1中单元格A11:A10010及单元格C11:C10010的随机号码是利用RANDBETWEEN函数产生的,表1中单元格B11:B10010及单元格D11:D10010中的可能值是利用VLOOKUP函数寻找对应随机号码的可能值。

Excel中的RANDBETWEEN函数的功能是返回位于两个指定数之间的一个随机数,每次计算时都将返回一个新的数值;Excel中的VLOOKUP函数用于在表格或区域中按行查找内容。两个函数输入方式参阅Excel函数相关内容,在此不做详细说明。

例如,在单元格A11内输入"=RANDBETWEEN(1,100)",然后将此单元格分别复制到单元格A12至A10010(模拟10 000次);类似的,单元格C11至C10010的输入方式相同。

表1中单元格B11:B10010及单元格D11:D10010中的可能值是利用VLOOKUP函数寻找符合某一随机号码的参数。例如,在单元格B11内输入"=VLOOKUP(A11,$E$2:$F$4,2)",输入结果表明当随机号码为41时,所对应的投资额为10 000元,然后将此公式复制到单元格B12至B10010,寻找不同随机号码下所对应的投资额。同理,利用VLOOKUP函数在单元格D11至D10010中寻找不同随机号码下所对应的现金流量,例如在单元格D11内输入"=VLOOKUP(C11,$E$5:$F$7,2)",输入结果表明当随机号码为35时,所对应的现金流量为5 000元,然后将此公式复制到单元格D12至D10010,寻找不同随机号码下所对应的现金流量。

根据投资额和现金流量的可能值,即可计算不同情形下的净现值,例如单元格A11随机抽取的号码为88,投资额为12 000元,单元格C11随机抽取的号码为83,现金流量为7 000元,根据折现率(10%)和项目期限(5年),这次模拟计算的项目净现值为14 536元。根据表1中的数据进行模拟分析时,每次分别抽取一个投资额的可能值和一个现金流量的可能值,然后计算一个净现值,将这个过程重复10 000次,前10次的模拟计算结果见表1下半部分。

为进一步分析投资项目风险,需将10 000次模拟得到的结果进行统计分析,投资项目的期望净现值、标准差等指标如表2所示。

表2　模拟计算结果　　　　　　　　　　　　　　　单位:元

净现值期望值	8 937
净现值标准差	5 019
净现值最大值	18 536
净现值最小值	-628
标准离差率	0.5616
净现值为负的概率(按净现值出现负数的次数计算)	5.98%

在本例中,模拟10 000次后项目净现值的期望值为8 937元,净现值标准差为5 019元,净现值小于零的概率为5.98%。需要注意的是,上述净现值模拟结果并不是唯一的,每运行一次 Excel 表格(即按【F9】键),得到的结果是有所差别的。但当模拟次数足够多时,这种差别并不大。

为了更直观地对项目风险进行分析,可以将计算获得的净现值按照同一数值(或同一数值区间,或连续数值)出现的次数分组,得到净现值的频率分布或概率分布,本次模拟10 000次后的净现值概率分布如表3、图1所示。

表3　净现值概率分布统计

净现值系统分组	分布区间	次数	概率
-700	-700—0	0	0.00
0	0—700	595	5.95%
700	700—1 700	0	0.00
1 700	1 700—2 700	783	7.83%
2 700	2 700—3 700	0	0.00
3 700	3 700—4 700	605	6.05%
4 700	4 700—5 700	0	0.00
5 700	5 700—6 700	0	0.00
6 700	6 700—7 700	0	0.00
7 700	7 700—8 700	1 756	17.56%
8 700	8 700—9 700	0	0.00
9 700	9 700—10 700	2 398	23.98%
10 700	10 700—11 700	0	0.00
11 700	11 700—12 700	1 834	18.34%
12 700	12 700—13 700	0	0.00
13 700	13 700—14 700	0	0.00
14 700	14 700—15 700	576	5.76%
15 700	15 700—16 700	0	0.00
16 700	16 700—17 700	847	8.47%
17 700	17 700—18 700	0	0.00
18 700	18 700—19 700	606	6.06%

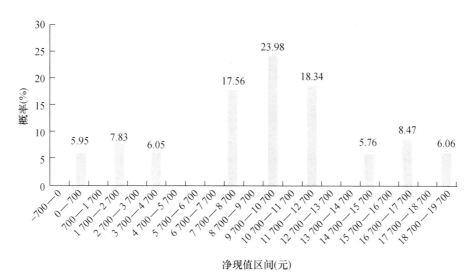

图 1 净现值概率分布

在项目风险分析中,模拟分析法的优点主要表现在:第一,用该方法得到的结果不仅仅是一个净现值,而是净现值的概率分布。这样决策者就能够找到某些特殊问题的答案。例如,项目净现值小于零的概率是多少。第二,通过模拟分析,有助于理解项目现金流量出现各种可能结果的概率。第三,这种方法不仅可以得到净现值的期望值,而且能够得到净现值概率分布的标准差,从而能够更详细地进行风险—收益比较分析。第四,通过模拟分析,可以具体考察不同变量之间的相互关系。模拟分析法的缺点主要表现在收集相关信息并把数据输入模型的过程需要花费大量的时间,成本比较高。另外,每个变量的概率分布很难获得,尤其在遇到新的、"一次性"的项目时更是如此;此外,还可能出现变量之间的多重相关,从而使构建模型的过程更为复杂。例如,销售收入可能在一定程度上受到广告费用的影响,那么理想的模型就应该能反映二者之间的相互关系。尽管存在这些不足之处,模拟分析仍然是投资额较大时进行投资决策的一种很好的方法。但是,决策者还必须考虑模型的运行成本及模型对高质量输入信息的要求。由于模拟分析需要借助计算机软件完成,本章只做一简单介绍,实务中可借助模拟分析软件完成风险分析。

第七章 资本结构

[关键知识点]

经营杠杆、财务杠杆、总杠杆、MM 无税理论、MM 含税理论、资本结构、无税时股权资本成本、含税时股权资本成本、利息抵税现值、财务危机成本、代理成本、信号传递理论、优序融资理论、目标资本结构、破产成本、资本成本法、调整现值法。

习题与案例

一、单项选择题

1. 公司经营杠杆系数用来衡量公司的( )。
    A. 经营风险　　B. 财务风险　　C. 系统风险　　D. 非系统风险
2. WT 公司全部资本为 200 万元(无优先股),负债比率为 40%,负债利率为 10%,当销售额为 100 万元时,息税前利润为 18 万元,则该公司的财务杠杆系数为( )。
    A. 0.8 倍　　B. 1.25 倍　　C. 1.8 倍　　D. 2.25 倍
3. 如果公司资本全部为普通股,则公司财务杠杆系数( )。
    A. 等于 0　　B. 等于 1　　C. 大于 1　　D. 小于 1
4. 如果公司的经营杠杆系数为 2,总杠杆系数为 3,息税前利润变动 10%,则普通股每股收益变动率为( )。
    A. 10%　　B. 15%　　C. 20%　　D. 30%
5. 如果产品的销售单价为 10 元,单位变动成本为 6 元,固定成本总额为 36 000 元,经营杠杆系数为 2,则此时的销量为( )。
    A. 7 200 件　　B. 9 000 件　　C. 12 000 件　　D. 18 000 件
6. 某公司当期的财务杠杆系数为 1.8,息税前利润为 2 000 万元,公司不存在优先股,则公司利息保障倍数为( )。
    A. 1.25　　B. 1.8　　C. 2.25　　D. 2.5
7. 如果将考虑公司所得税的 MM 模型和资本资产定价模型组合起来,则可以得到负债公司的股权资本成本,其计算公式为( )。
    A. 无风险利率 + 经营风险溢价
    B. 货币时间价值 + 经营风险溢价
    C. 无风险利率 + 经营风险溢价 + 财务风险溢价
    D. 无风险利率 + 经营风险溢价 + 财务风险溢价 + 总风险溢价
8. 在 MM 无税理论假设条件下,A 公司预期总资产收益率为 12%,债务资本成本为 8%(假设恒定不变),当 A 公司的资本中 40% 为债务资本、60% 为股权资本时,公司股东必要收益率或资本成本为(　　)。

A. 7.2%　　　　B. 8%　　　　C. 12%　　　　D. 14.67%

9. 在 MM 无税理论假设条件下, A 公司预期总资产收益率为 12%,债务资本成本为 8% (假设恒定不变), 当 A 公司的资本中 40% 为债务资本、60% 为股权资本时,公司的加权平均资本成本为(　　)。

A. 8%　　　　B. 10.4%　　　　C. 12%　　　　D. 14.67%

10. 在 MM 含税模型下,某公司无负债时公司价值为 5 000 万元,所得税税率为 50%,如果公司负债 5 000 万元,则公司价值为(　　)。

A. 5 000 万元　　B. 7 500 万元　　C. 10 000 万元　　D. 12 000 万元

11. 某公司债务资本为 2 000 万元,债务资本成本为 6%,所得税税率为 25%,在 MM 模型下,利息抵税现值为(　　)。

A. 30 万元　　B. 90 万元　　C. 500 万元　　D. 1 500 万元

12. U 公司无负债 β 系数为 1.3,无风险利率为 6%,市场收益率为 15%,所得税税率为 25%,当前股票市场价值为 2 000 万元,该公司期望通过举债 400 万元改变资本结构(发行债券回购本公司相同数额的股票),举债后公司价值、股权资本成本分别为(　　)。

A. 2 400 万元和 17.7%　　　　B. 2 400 万元和 19.76%
C. 2 100 万元和 17.7%　　　　D. 2 100 万元和 19.76%

13. XYZ 公司目前股票市场价值为 40 000 万元,债务市场价值为 10 000 万元,所得税税率为 25%,公司债券信用等级为 AA,违约概率为 2.25%,假设破产成本为负债公司价值的 20%,则公司无负债时公司价值为(　　)。

A. 2 500 万元　　B. 40 000 万元　　C. 47 725 万元　　D. 50 000 万元

14. 根据代理成本权衡理论,最优的资本结构表现为(　　)。

A. 股权融资代理成本最低
B. 债务融资代理成本最低
C. 股权融资代理成本等于债务融资代理成本
D. 股权融资的边际代理成本等于债务融资的边际代理成本

15. 财务学者本德尔和沃德认为,企业在不同的产品生命周期,其融资方式应该是(　　)。

A. 公司引入期应以债务融资为主
B. 公司成长期应以债务融资为主
C. 公司成熟期应以债务融资为主
D. 公司衰退期应以债务融资为主

二、多项选择题

1. 与经营杠杆系数呈同方向变化的影响因素有(　　)。

A. 销量　　　　　　　　　　B. 销售单价
C. 单位变动成本　　　　　　D. 固定成本总额
E. 固定融资费用

2. 公司降低经营风险的途径一般有(　　)。

A. 增加销量　　　　　　　　B. 提高产品售价

C. 提高股权资本比例　　　　　　D. 降低变动成本
E. 提高固定成本比例

3. 如果一家公司正在考虑一项资本支出,为了抵消较高经营杠杆的影响以确保一个适宜的总杠杆系数,则公司可以采取的措施有(　　)。
   A. 提前偿债　　B. 以现金回购股票　C. 债权换股权　　D. 股权换债权
   E. 发行新债回购股票

4. 下列各项中,能够体现总杠杆性质的有(　　)。
   A. 总杠杆能够揭示经营杠杆与财务杠杆之间的相互关系
   B. 总杠杆系数越大,公司经营风险越大
   C. 总杠杆系数越大,公司财务风险越大
   D. 总杠杆能够用来衡量销量变动对每股收益的影响
   E. 若不存在优先股,则总杠杆系数能够表达为公司边际贡献总额与税前利润的比率

5. 下列各项中,可能增加公司财务风险的情况有(　　)。
   A. 借入资本增多　　　　　　　B. 增发优先股
   C. 发行债券　　　　　　　　　D. 发行普通股
   E. 融资租赁

6. 在委托代理关系下,股东可能侵害债权人利益的行为主要指(　　)。
   A. 资产替代　　B. 资产出售　　C. 债权侵蚀　　D. 债权转让
   E. 股权置换

7. 下列各项中,属于债务融资有利因素的有(　　)。
   A. 利息减税作用　　　　　　　B. 保持控制权
   C. 提高财务弹性　　　　　　　D. 融资成本相对较低
   E. 给市场传递的消息好于股权融资

8. 根据 MM 理论,在无公司所得税的条件下,资本结构的变化不会影响的项目有(　　)。
   A. 每股收益　　　　　　　　　B. 负债比率
   C. 证券持有者收入　　　　　　D. 息税前利润
   E. 公司价值

9. 下列关于 MM 无税理论的论点中,说法正确的有(　　)。
   A. 公司价值不受资本结构的影响
   B. 负债公司加权平均资本成本等于同一风险等级无负债公司的股权资本成本
   C. 负债公司股权资本成本和加权平均资本成本的高低视公司的经营风险而定
   D. 公司价值取决于公司未来经营现金流量的大小和资本成本的高低
   E. 负债公司的股权资本成本不随着杠杆比率的变化而变化

10. 下列各项中,属于财务危机直接成本的有(　　)。
    A. 律师费　　　　　　　　　　B. 法庭收费和行政开支
    C. 清算或重组成本　　　　　　D. 信誉损失
    E. 商业信用损失

11. 财务危机间接成本包括(　　)。
    A. 过度投资　　B. 投资不足　　C. 抽逃资金　　D. 商业信用损失

E. 清算费用

12. 债务融资能够降低公司的股权代理成本,其表现包括(　　)。
    A. 降低股东监督经营者的成本
    B. 相对提高经营者股权比例,从而降低股权代理成本
    C. 约束了经营者在职消费的现金流,从而降低股权代理成本
    D. 举债的破产机制降低股权代理成本
    E. 举债刺激经营者建立"事业帝国"

13. 在信息不对称的情况下,管理层向市场传递有关公司前景的"好消息"的方法主要有(　　)。
    A. 公司可承担未来大量的债务偿付义务
    B. 公司经理对项目进行增量投资
    C. 发行长期债务优于短期债务
    D. 发行股票融资优于债务融资
    E. 发行可转换债券融资优于纯债券融资

14. 当公司实际负债率小于目标负债率且不存在投资机会时,公司调整资本结构的方法有(　　)。
    A. 发放现金股利　　　　　　　　B. 发行新债回购股票
    C. 发行股票回购债券　　　　　　D. 出售资产回购股票
    E. 降低现金股利

15. 迈尔斯把公司资产分为当前业务和增长机会,下列各项中表述正确的有(　　)。
    A. 当前业务附属担保价值高　　　B. 增长机会附属担保价值低
    C. 债务融资支持当前业务　　　　D. 股票融资支持增长机会
    E. 债务融资支持增长机会

三、判断题

1. 经营杠杆并不是经营风险的来源,而只是放大了经营风险。　　　　　(　　)
2. 公司经营杠杆用于衡量经营风险,经营杠杆系数恒大于1。　　　　　(　　)
3. 假设其他因素不变,销量超过盈亏平衡点以后,销量越大则经营杠杆系数越大。
   　　　　　　　　　　　　　　　　　　　　　　　　　　　　　　　(　　)
4. 根据MM无税理论,公司价值和资本成本独立于资本结构。　　　　　(　　)
5. 在市场均衡条件下,股东要求的预期收益率就是公司股权资本成本或是公司全部资本成本。　　　　　　　　　　　　　　　　　　　　　　　　　　　(　　)
6. 负债公司股权资本成本等于无负债公司股权资本成本加上风险溢价,风险溢价的大小仅与利率和所得税税率有关。　　　　　　　　　　　　　　　　　(　　)
7. 根据MM含税模型,公司负债越多,或所得税税率越高,公司加权平均资本成本就越高。　　　　　　　　　　　　　　　　　　　　　　　　　　　　　(　　)
8. 将MM含税模型与资本资产定价模型相结合,负债公司的股权资本成本可以分别度量经营风险溢价和财务风险溢价。　　　　　　　　　　　　　　　　(　　)
9. 当股票和债券收益的个人所得税相等时,股票和债券收益的个人所得税对负债企业的市场价值的影响相互抵消。　　　　　　　　　　　　　　　　　(　　)

10. 破产直接成本的预期现值被包含在公司的借款成本中,破产成本最终由债权人承担。（　　）

11. 债权人对公司资产具有优先但固定的索偿权,股东对公司债务承担有限责任,对公司剩余资产具有"无限索偿权"。（　　）

12. 从控制权的角度出发,对债务契约而言,如果公司经营者能按期还本付息,则经营者拥有公司的控制权,如果公司到期不能还本付息,则债权人可以行使控制权接管公司。（　　）

13. 根据迈尔斯公司融资优序理论,公司融资的顺序应当为内部融资、股票融资和负债融资。（　　）

14. 当公司价值被低估时,在信息不对称条件下发行新股后的公司价值比信息对称条件下发行新股后的公司价值要高。（　　）

15. 与股票发行的信号效应不同,投资者一般把股票回购视为正的信号。（　　）

四、计算分析题

1. XYZ公司年销售额为600万元,变动成本率为68%,固定成本总额为120万元,总资产为500万元,资产负债率为40%,债务平均成本为8%,公司所得税税率为25%。公司拟改变经营计划,追加投资200万元,使得每年固定成本增加20万元,并使销售额增加20%,变动成本率降至60%。

要求:

(1) 如果投资所需资本通过追加股权资本取得,计算净资产收益率、经营杠杆系数(DOL)、财务杠杆系数(DFL)和总杠杆系数(DTL)。

(2) 如果投资所需资本以10%的利率借款取得,计算净资产收益率、经营杠杆系数、财务杠杆系数和总杠杆系数。

2. ABC公司的有关资料如下表所示。

ABC公司财务数据　　　　　　　　　　单位:万元

项目	金额	项目	金额
收入	6 000	债务	1 200
成本	4 500	股东权益	8 800
息税前利润	1 500	总计	10 000

公司正在考虑将资本结构中的负债率提高至60%(假设通过发行新债回购股票改变资本结构,资本总额保持不变)。目前股票以账面价值每股25元交易,发行债券前后的利率均为9%,公司所得税税率为25%。

要求:

(1) 如果负债率提高至60%,计算公司需发行多少新债回购股票。

(2) 计算发行新债回购股票前后公司普通股股数。

(3) 计算资本结构改变前后的每股收益。

(4) 计算资本结构改变前后的财务杠杆系数。

(5) 如果息税前利润下降5%,分析资本结构改变前后的每股收益会发生什么变化。

3. FRE 公司是一家无负债公司,公司每年的息税前利润为 240 万元,且假设每年保持不变;公司股利支付率为 100%,即公司的增长率为零。公司的经营风险是公司资产收益的内在风险。根据预测的息税前利润,公司投资者要求的收益率(无负债股权资本成本)为 12%。假设本题适用于 MM 理论的假设条件。

要求:

(1) 如果 FRE 公司发行债券回购股票,债券利率为 8%(假设公司负债率低于 100% 时,利率保持不变);当负债率为 100% 时,债务资本成本为 12%。试计算公司举债规模为 0、500 万元、1 000 万元、1 500 万元、2 000 万元时的公司价值、股权价值、股权资本成本、加权平均资本成本。

(2) 假设其他条件保持不变,公司息税前利润变为 400 万元,所得税税率为 40%。试计算公司不同举债规模(0、500 万元、1 000 万元、1 500 万元、2 000 万元、2 500 万元、2 661 万元、3 333 万元)时的公司价值、股权价值、股权资本成本、加权平均资本成本。

(3) 说明为什么当公司资本全部由债务构成时,债务资本成本由 8% 上升到 12%。

4. NFA 航空公司刚刚被兼并组成新公司,其新董事会正尽力解决最佳资本结构问题。新公司计划在本地区和周围的小城市之间提供通勤飞行服务。目前,公司所得税税率为 25%。公司股东认为,如果不举债的话,公司股票总的账面价值和市场价值将为 1 000 万元。

CNA 航空公司刚刚成立不久,公司与 NFA 航空公司的经营风险大体相同。公司测定的市场 β 系数为 2.2,以市场价值计算的负债率(总负债/总资产)为 50%,所得税税率为 40%。

假设本题适用于 MM 理论的假设条件。

要求:

(1) 根据 CNA 航空公司确定的市场 β 系数,评估一家无负债航空公司的 β 系数。

(2) 假设 $r_f = 8\%$,$r_m = 12\%$,计算一家无负债航空公司要求的必要收益率,以及这类公司的经营风险溢价。

(3) NFA 航空公司正在考虑三种资本结构方案:方案 A,举债 200 万元;方案 B,举债 400 万元;方案 C,举债 600 万元。计算公司在这三种债务水平下的财务风险溢价、股权资本成本。

(4) 假设 NFA 航空公司的所得税税率变为 40%,计算公司在举债 600 万元时的财务风险溢价和股权资本成本,并将所得结果与(3)中的结果进行比较(假设税率的提高使无负债公司价值降至 800 万元)。

5. MIT 公司是一家正在考虑成立的从事国际贸易的公司,预计公司资产账面价值为 1 000 万元,这些资产预计创造的息税前利润为 300 万元,假设税率为 0。公司经理正在考虑如何筹集所需要的 1 000 万元资本。已知无负债公司的资本成本为 15%,即 $r_{eU} = 15\%$,公司负债利率(r_d)为 8%。

要求:

(1) 根据 MM 理论,在公司负债为 0、400 万元、900 万元时,分别计算公司的价值。

(2) 分别计算在公司负债为 0、400 万元、900 万元时,公司的股权资本成本和加权平均资本成本,并分析说明负债对公司价值的影响。

(3) 在上述条件的基础上,假设公司的所得税税率为 30%,根据 MM 理论,分别计算在公司负债为 0、400 万元、900 万元时,公司的股权资本成本和加权平均资本成本。

6. MMB 公司是一家没有债务、市值为 1 亿元的制造公司,它正在考虑借入 4 000 万元进行股票回购。假设债务利率为 7%,公司所得税税率为 25%。

要求:

(1) 估算债务带来的年度利息抵税。

(2) 假设这一债务是永久性的,估算利息抵税的现值。

(3) 假设这一债务仅存在 10 年,估算利息抵税的现值。

(4) 如果明天利率降至 5%,而债务是固定利息,则利息抵税的现值会发生什么变化?假设债务期限为 10 年。

(5) 假设 MMB 公司预计下一年产生的自由现金流量(FCFF)为 400 万元,此后 FCFF 预计每年按 5% 的比率增长。假设 MMB 公司的股权资本成本为 10%。如果公司维持 50% 的目标债务/股权比率,公司利息抵税的现值为多少?

7. Nad 公司是一家无负债公司,其每年的息税前利润为 200 万元。公司的所得税税率为 30%,市场价值为 1 200 万元。公司股票 β 系数为 1,无风险利率为 6%,市场风险溢价为 6.5%。公司管理层正在考虑发行债务回购股票,公司规模依然保持不变,债务无违约时的利率为 8%。因为利息费用可以抵税(假设债务抵税符合 MM 定理),所以发行债务回购股票会增加公司价值,但也会发生破产成本。公司的分析员估算得出,任何破产成本的现值为 800 万元,破产的可能性还会随着杠杆的增加而增加(见下表)。

Nad 公司破产概率

债务(万元)	破产概率
250	0.0
500	8.0%
750	20.5%
800	30.0%
900	45.0%
1 000	52.5%
1 250	70.0%

要求:

(1) 计算无负债股权资本成本和公司资本成本。

(2) 计算当考虑破产成本时最优资本结构的负债规模。

(3) 计算在最优资本结构下的公司价值。

8. ABC 公司当前的财务状况如下表所示。

ABC 公司当前财务状况   金额单位:元

项目	金额
债务价值(账面价值=市场价值)	1 000 000
股东权益的市场价值	5 257 143
销售额(过去 12 个月)	12 000 000
变动经营成本(销售额的 50%)	6 000 000
固定经营成本	5 000 000
所得税税率	40%

在当前的债务水平下,债务资本成本为 8%,股权资本成本为 10.5%。管理层认为,公司目前的负债率过低,要求财务经理考虑是否增加 100 万元负债回购股票。经估算,债务增加

至 200 万元,利率将升至 9%,股权资本成本将升至 11.5%。原来的债务利率(8%)保持不变并优先于新债,旧债尚未偿还,市场价值为 100 万元。公司是零增长公司,收益全部作为股利分配。

要求:

(1) 分析公司是否应增加债务至 200 万元。

(2) 如果公司决定增加债务至 300 万元,则新增 200 万元债务的利率为 12%,股权资本成本将升至 15%,原有利率 8% 的债务继续持有,其市场价值仍为 100 万元。分析公司将选择何种债务水平,是 100 万元、200 万元还是 300 万元。

(3) 公司股票的市场价值最初为每股 20 元,计算在债务水平分别为 200 万元和 300 万元时新的均衡股票价格。新的均衡股票价格按下式计算:

$$P_1 = \frac{公司的最后价值 - 债务的初始价值}{初始普通股股数}$$

(4) 计算公司在债务水平分别为 100 万元、200 万元、300 万元时的每股收益;假设公司将收益全部用于股利分配,如果你发现每股收益随着债务的增加而升高,那么这是否意味着公司应选择 300 万元或更高的债务水平。

(5) 如果公司利用更多的债务,且旧债并不优于新债,分析旧债的价值将发生什么变化。

9. Bub 公司正在评估其资本结构,公司的简易资产负债表如下表所示。

Bub 公司简易资产负债表　　　　　　　　　　　　　单位:万元

资产	金额	负债和股东权益	金额
固定资产	3 000	负债	2 000
流动资产	2 000	股东权益	3 000

其他有关信息如下:

(1) 目前公司债券等级为 AA,投资者要求的收益率为 7%(债券的市场价值是账面价值的 90%)。

(2) 目前公司发行股票 50 万股,股票市场价格为每股 80 元。

(3) 股票目前的 β 系数为 1.2,国债利率为 5%,市场风险溢价为 6.5%。

(4) 公司所得税税率为 25%。

要求:

(1) 从账面价值和市场价值两个方面计算公司的债务/股权比率、资产负债率;根据市场价值计算公司加权平均资本成本。

(2) 公司正在考虑资本结构的重大变动,它有三个选择方案:

方案 1——发行 1 000 万元新股,购回一半未清偿债务。这会使公司等级变为 AAA(AAA 级债券的市场收益率为 6%)。

方案 2——发行 1 000 万元新债,购回股票。这会使公司等级降至 A-(A- 级债券的市场收益率为 8%)。

方案 3——发行 2 000 万元新债,购回股票。这会使公司等级降至 B(B 级债券的市场收益率为 11%)。

① 计算每种方案的股权资本成本、债务资本成本、公司加权平均资本成本。

② 计算在每种方案下的公司股权价值、债务价值和公司价值。

③ 从资本成本的角度,说明你会选择哪种方案,或保持目前的资本结构。
④ 公司收益的变动在你的决定中起什么作用(如果有的话)?
⑤ 如果每种方案下的资金都用于项目投资(而不是购回债务或股权),那么你的分析将发生什么变动?

10. ASS 公司当前的负债率为 10%,债券信用等级为 AA 级,有关数据如表 1 所示。公司希望将负债率提高到 20%(假设发行新债回购股票,公司价值保持不变),债券信用等级变为 BBB 级。不同债券信用等级与国债利率差价如表 2 所示。

表 1　ASS 公司有关数据

负债率	10%
债务(万元)	1 500
息税前利润(万元)	1 000
利息支出(万元)	120
利息保障倍数	8.33
债券信用等级	AA
利率	6.00%
所得税税率	25%
税后债务资本成本	4.50%
β 系数	1.06
国债利率	5.00%
市场风险溢价	6.50%
股权资本成本	11.89%
加权平均资本成本	11.15%

表 2　债券信用等级与国债差价

利息保障倍数	等级	与国债差价
>10	AAA	0.30%
7—10	AA	1.00%
5—7	A	1.50%
3—5	BBB	2.00%
2—3	BB	2.50%
1.25—2	B	3.00%
0.75—1.25	CCC	5.00%
0.5—0.75	CC	6.50%
0.25—0.5	C	8.00%
<0.25	D	10.00%

要求:根据公司当前负债率(10%)的相关信息,估计负债率为 20% 时的公司资本成本。

11. ABE 公司正在分析其资本结构,以寻求公司最佳负债率。公司目前没有债务,β 系数为 1.2,无风险利率为 6%,市场风险溢价为 6.5%。假设不同信用等级债券的利率水平如下表所示。

不同信用等级债券的利率水平

负债率	等级	利率
0	AAA	5%
10%	AA	6%
20%	A	7%
30%	BBB	8%
40%	BB	10%
50%	B	12%
60%	CCC	14%
70%	CC	16%
80%	C	18%
90%	D	20%

公司目前发行股票100万股，每股20元，所得税税率为25%。

要求：

（1）计算公司的最佳负债率。

（2）假设公司根据（1）的计算结果，通过发行债券回购股票进行重组，计算重组以后的每股价值。

12. MST公司是一家生物制药公司，拟将研究开发的新产品投入市场。管理层预测，如果新产品开发成功，则一年后公司价值为200亿元；如果新产品开发失败，则公司价值将只有120亿元。假设公司有股权融资和混合融资两种融资方式，一年后需偿还到期债务140亿元，如下表所示。

新产品价值预测
单位：亿元

项目	股权融资（无负债）		混合融资（股权+债务筹资）	
	成功	失败	成功	失败
债务价值			140	120
股权价值	200	120	60	0
公司价值	200	120	200	120

假设新产品开发成功与失败的概率相等，资产创造的现金流量与经济状况无关，新产品的系统风险等于零，因此，资本成本等于无风险利率。假设无风险利率为6%。

要求：

（1）计算不考虑破产成本时不同融资方式下的公司价值。

（2）假设破产成本为破产前公司价值的20%，计算考虑破产成本时不同融资方式下的公司价值。

（3）计算破产成本或财务危机成本现值。

13. BER公司正在分析其债务政策。公司简易资产负债表、简易利润表分别如表1、表2所示。

表1 BER公司简易资产负债表   单位：万元

资产	金额	负债和股东权益	金额
流动资产	100	长期债券	100
固定资产	300	股东权益	300
合计	400	合计	400

表2 BER公司简易利润表   单位：万元

项目	金额
销售收入	250
销售成本	175
折旧	25
息税前利润	50
长期债券利息	10
税前利润	40
所得税	10
税后利润	30

公司目前已发行股票100万股，每股市场价格5元，债券以平价出售。公司β系数为1.12，国债利率为5%，市场风险溢价为6.5%。

要求：

(1) 计算公司目前的股权资本成本、债务资本成本、加权平均资本成本。

(2) 假设公司的经营者正在考虑发行债券回购股票（假设以每股5元的价格回购股票70万股）。估计这一行为会使公司信用等级下降，公司债务利率上升至13%。

① 计算公司新的股权资本成本。

② 发行债券回购股票后，如果息税前利润小于利息费用，请将名义税率(25%)调整为有效税率(用于计算负债β系数、税后债务资本成本)。

③ 计算公司新的资本成本。

14. Tck公司简易资产负债表、简易利润表分别如表1和表2所示。

表1 Tck公司简易资产负债表   单位：万元

资产	金额	负债和股东权益	金额
固定资产	1 700	长期债券	1 000
流动资产	300	股东权益	1 000
合计	2 000	合计	2 000

表2 Tck公司简易利润表   单位：万元

项目	金额
销售收入	1 000
销售成本	400
折旧	100
息税前利润	500

(单位:万元)(续表)

项目	金额
长期债券利息	80
税前利润	420
所得税	105
税后利润	315

公司的债券都是20年的长期债券,息票率为8%,以面值的90%的价格出售(这些债券的到期收益率为9%),公司的市盈率为9倍,β系数为1.15,国债利率为6%,市场风险溢价为6.5%,公司所得税税率为25%。

要求:

(1)计算公司目前的加权平均资本成本。

(2)假设公司的经营者比较保守,他正在考虑发行200万元的新股回购200万元的债务。该行为使公司的债务到期收益率下降1%。计算公司发行股票回购债券后资本成本和公司价值。

15. 你的主管要求你分析SAB公司的资本结构,并对公司的未来经营提出建议。有关资料如下:公司已发行股票4 000万股,每股价格为12元;以市场价值计算的债务/股权比率为0.25;当前国债利率为5%,公司股票的β系数为1.15,市场风险溢价为6.5%;公司目前信用等级为AA级,相应的市场利率为7%。SAB公司利润表相关数据如下表所示。

SAB公司利润表相关数据　　　　　　　　　　　　　　　单位:万元

项目	金额
息税前利润	150.00
利息	16.00
税前利润	134.00
所得税	33.50
净利润	100.50

要求:

(1)计算公司目前的加权平均资本成本。

(2)公司计划借款24 000万元回购股票。如果这么做,公司信用等级将降至A级,相应的市场利率将变为8%。计算公司采取这项措施后的加权平均资本成本。

(3)如果公司借款24 000万元回购股票(假设是理性的),计算公司股票价格。

(4)假设公司目前正面临另一种选择:提高债务/股权比率(而不是借入资金回购股票)。公司预计下一年度的资本支出为15 000万元。公司目前支付的股利为每股1元,如果公司采用债务融资方式筹措资本支出额,并且在下一年度将股利支付增加1倍,预计下一年年末公司债务/股权比率。

16. 你受邀对SAT公司的资本结构进行评估。公司目前已发行股票8 000万股,每股价格10元。此外,公司已发行10年期可转换债券500万份,息票率为6%,每张债券面值为100元,每半年付息一次,目前可转换债券的市场交易价格为100元。公司信用等级为BBB级,目前BBB级债券的利率为8%。公司β系数为1.2,无风险利率为5%,市场风险溢价为6.5%,

公司所得税税率为 25%。

要求：

（1）计算公司目前的债务/股权比率。提示:可转换债券交易价格包括纯债券价值和期权价值,前者指不含转换条款的债券的价值,后者指将可转换债券转为股权的期权价值。一种简化的方法是可转换债券交易价格减去纯债券价值等于可转换债券价值中的期权价值。

（2）计算公司目前的加权平均资本成本。

（3）公司计划借款 2.5 亿元,用于下列开支:回购价值 1 亿元的股票,派发 1 亿元的股利,投资 5 000 万元用于净现值为 2 500 万元的项目。债务增加使公司的信用等级降至 B 级,目前市场利率为 9%。计算举借新债后公司的股权资本成本、加权平均资本成本和公司价值。

（4）如果其他条件保持不变,所得税税率变为 40%,计算举借新债后公司价值。与（3）的结论进行比较,说明变动的原因。

17. PPT 公司正在考虑其债务能力。目前,公司已发行股票的市场价值为 200 亿元,债务的市场价值为 30 亿元,债券等级为 AAA 级。公司股票的 β 系数为 1.25,市场风险溢价为 6.5%,公司所得税税率为 25%。目前国债利率为 5%,AAA 级债券与国债利率的差价为 0.30%。

要求：

（1）估计公司目前的资本成本。

（2）如果公司负债率上升至 30%,则债券等级会降至 BBB 级,和国债利率的差价为 2%。估计公司负债率为 30% 时的资本成本。

（3）假设公司价值增长率保持 6% 不变,如果公司处于最佳债务水平,计算公司价值变动和股票价值增长率。

（4）公司有大量的研发支出,分析这是否会影响到公司承担额外债务。

18. PSS 公司正在考虑是否应该吸收更多的债务。公司未清偿债务的账面价值为 10 亿元。公司目前已发行股票 1.2 亿股,每股价格 30 元。公司的 β 系数为 1.17,所得税税率为 25%,国债利率为 5%,市场风险溢价为 6.5%。

要求：

（1）如果债务利息支出为 8 000 万元,债务平均到期期限为 10 年,公司目前的信用等级为 AA-级(市场利率为 7.5%),估计债务市场价值。

（2）估计公司目前的资本成本。

（3）如果公司处于最佳债务水平,并假定公司零增长,每股价格预计增加 1.25 元,估计公司最佳债务水平时的加权平均资本成本。

19. 一家零售公司邀请你对公司的资本结构提出建议。公司未清偿债务为 120 亿元,股票市场价值为 205 亿元。公司息税前利润为 17 亿元,所得税税率为 25%,股票 β 系数为 0.90,债券等级为 A-级,市场利率为 7.5%,A-级债券的违约率为 1.4%,破产成本估计为公司价值的 30%,国债利率为 5%,市场风险溢价为 6.5%(假设本例符合 MM 定理)。

要求：

（1）估计无负债时的公司价值。

（2）估计负债率上升至 50% 时的公司价值。在此负债率基础上,债券等级为 BBB 级,违约率为 23%。

（3）假设现在公司正在考虑进入娱乐业,该行业的利润和风险比零售业要高。分析公司最佳负债率将有何变动。

20. CSR 公司目前未清偿债务为 9.5 亿元，已发行股票 4 000 万股，每股价格 45 元。公司息税前利润为 2.03 亿元，所得税税率为 25%。公司正打算利用现值调整法估计其最佳负债率。下表列示了公司 0—90% 负债率下估计的债券等级和违约概率。

0—90% 负债率下估计的债券等级和违约概率

负债率	债券等级	违约概率
0	AAA	0.00
10%	AAA	0.00
20%	A−	1.41%
30%	BB	12.20%
40%	B−	32.50%
50%	CCC	46.61%
60%	CC	65.00%
70%	C	80.00%
80%	C	80.00%
90%	D	100.00%

要求：破产的直接和间接成本估计为负债公司价值的 20%，根据负债公司价值估计公司最佳负债率（假设本题符合 MM 定理）。

21. TAM 公司正在考虑财务杠杆水平是否过高。目前，公司未清偿债务市场价值为 2 000 万元，已发行股票 100 万股，每股价格 20 元。公司所得税税率为 25%，国债利率为 5%，市场风险溢价为 6.5%，股票 β 系数为 1.26。公司不同负债率下估计的债券等级和债务利率如下表所示。

不同负债率下估计的债券等级和债务利率

负债率	债券等级	债务利率
0	AAA	6.18%
10%	AAA	6.18%
20%	A+	6.88%
30%	A	7.13%
40%	A−	7.38%
50%	BB	9.38%
60%	BB	9.38%
70%	B	10.88%
80%	B−	11.88%
90%	CCC	12.88%

要求：根据上述数据，采用资本成本法确定公司最佳负债率。

22. Intel 公司息税前利润为 34 亿元，所得税税率为 25%。目前公司未清偿债务为 150 亿元，股票市场价值为 510 亿元。股票 β 系数为 1.25，税前债务资本成本为 6.8%。国债利率为 5%，市场风险溢价为 6.5%。假设公司正在考虑将负债率快速提升到 60%，在此水平上债券等级为 C 级,税前利率为 12%。

要求:

(1) 估计公司目前的资本成本。

(2) 假设所有债务按照新的市场利率重新融资,在 60% 的负债率下利息支出为多少? 能否获得全部税收优惠? 为什么?

(3) 估计公司 60% 负债率下的资本成本。

(4) 如果公司负债率提高到 60%,公司价值会有什么变化?

五、案例分析题

XYZ 公司上年的息税前利润(EBIT)为 500 万元,假设 EBIT 每年保持不变。由于公司没有资本扩张计划,公司的收益全部用于股利分配。公司管理层持有 50% 的公司股票,公司股票在场外市场进行交易。目前管理层正在考虑是否进行负债经营,并让你拟订一份计划。

你曾在公司理财课程里学过一些有关资本结构、资本成本和公司价值的理论。你向你的上司解释负债经营可以带来杠杆利益和抵税效应,为股东带来更多的财富。如果公司没有资本扩张需求,则可以通过发行新债回购股票的方式改变资本结构。你将这一想法告诉了你的上司,他让你拟订一份发行新债回购股票的计划,并将这份计划呈报给公司的 CEO 和董事会。为此,你从投资银行收集到了不同债务水平下的债务资本成本和股权资本成本,有关数据如表 1 所示。

表 1　不同债务水平下的债务资本成本和股权资本成本

债务(万元)	债务资本成本	股权资本成本
0		13.00%
250	7.00%	13.50%
500	8.00%	14.50%
750	9.00%	16.00%
1 000	12.00%	18.00%

假设公司发行新债回购股票,公司价值保持不变;公司所得税税率为 25%。

要求:

(1) 你将运用什么理论或模型调整 XYZ 公司的资本结构? MM 模型是否适用于 XYZ 公司的资本结构调整?

(2) 假设在零负债的基础上,XYZ 公司发行新债回购股票的数额分别为 250 万元、500 万元、750 万元时,其股票价格分别为多少? 在每种债务水平下流通在外的股数为多少? 公司最佳资本结构是多少?

(3) 假设 XYZ 公司当前的债务总额(D)为 250 万元,公司发行新债 250 万元回购股票,则公司的股票价格是多少? 发行新债后,对旧债价值有什么影响?

(4) 计算不同债务水平($D = 0、250$ 万元、500 万元、750 万元)下的每股收益,假设 XYZ 公司的初始债务等于 0,并通过单一步骤进行资本结构调整以达到每一债务水平。股票价格最高时的债务水平是否也是使每股收益达到最大时的债务水平?

(5) 计算公司在每一债务水平下的加权平均资本成本,它与股票价格有什么关系?

(6) 假设你发现 XYZ 公司的经营风险比你预期的要高,这会影响你前面关于资本结构调整的分析吗？如果 XYZ 公司的经营风险低于你的预期,则如何影响资本结构调整？

（7）在上述分析的基础上,你还收集了 XYZ 公司与同行业竞争者的相关数据,如表 2 所示。

表 2 XYZ 公司与同行业竞争者的相关数据

项目	XYZ 公司	同行业竞争者
债务/股权比率	0	15%
EBIT 波动率	20%	30%
EBIT/公司市场价值	28%	20%
所得税税率	25%	15%

在考虑每个变量的基础上,直观地解释你是否预期公司与其他竞争者相比有更多或更少的债务,为什么？

与此同时,你也对股票交易所上市公司的债务/股权比率和这些变量进行回归,结果如下：

债务/股权比率 = 0.10 − 2.8 × (EBIT 的方差) + 2.0 × (EBIT/市场价值) + 0.3 × 税率

根据回归模型,你预期公司的债务/股权比率是多少？负债率是多少？

（8）根据公司当前的股票价格,发行新债回购股票是一个好的资本结构调整方式吗？为什么？公司的主管们可能提出哪些问题,而你在分析中没有考虑它们？影响资本结构的因素有哪些？

参 考 答 案

一、单项选择题

1. A 2. C 3. B 4. B 5. D
6. C 7. C 8. D 9. C 10. B
11. C 12. D 13. C 14. D 15. D

部分解析：

2. $\text{DFL} = \dfrac{18}{18 - 200 \times 40\% \times 10\%} = 1.8(倍)$

4. 因为 DOL = 2, DTL = 3, 所以 DFL = 3 ÷ 2 = 1.5(倍), 当息税前利润变动 10% 时,普通股每股收益变动率 = 1.5 × 10% = 15%。

5. 假设销量为 Q,则：

$$\text{DOL} = \dfrac{(10 - 6) \times Q}{(10 - 6) \times Q - 36\,000} = 2$$

解得：

$Q = 18\,000(件)$

6. 假设利息为 I,则：

$$\text{DFL} = \dfrac{2\,000}{2\,000 - I} = 1.8$$

解得：

$$I = \frac{1\,600}{1.8} \approx 888.89(万元)$$

利息保障倍数 $= \frac{2\,000}{888.89} = 2.25(倍)$

8. 股东必要收益率或资本成本 $= 12\% + (12\% - 8\%) \times (40\%/60\%) = 14.67\%$
9. 加权平均资本成本 $= 40\% \times 8\% + 60\% \times 14.67\% = 12\%$
12. 公司价值 $= 2\,000 + 400 \times 25\% = 2\,100(万元)$

   股权资本成本 $= 6\% + 1.3 \times (15\% - 6\%) + 1.3 \times (15\% - 6\%) \times (1 - 25\%) \times$
   $(400/1\,700) = 19.76\%$

13. XYZ 公司价值 $= 40\,000 + 10\,000 = 50\,000(万元)$

    现有债务利息抵税现值 $= 10\,000 \times 25\% = 2\,500(万元)$

    预计破产成本现值 $= 50\,000 \times 20\% \times 2.25\% = 225(万元)$

    XYZ 公司无负债时公司价值 $= 50\,000 - 2\,500 + 225 = 47\,725(万元)$

二、多项选择题

1. CD   2. ABD   3. AD   4. ADE   5. ABCE
6. AC   7. ABDE   8. CE   9. ABCD   10. ABC
11. ABCD 12. ABCD 13. AB   14. ABD   15. ABCD

三、判断题

1. √   2. ×   3. ×   4. √   5. √
6. ×   7. ×   8. √   9. √   10. √
11. ×   12. √   13. ×   14. ×   15. √

四、计算分析题

1. 解：

(1) 净收益 $= [600 \times (1 + 20\%) \times (1 - 60\%) - (120 + 20) - 200 \times 8\%] \times (1 - 25\%)$
   $= 99(万元)$

净资产收益率 $= \frac{99}{300 + 200} = 19.8\%$

$$\text{DOL} = \frac{600 \times (1 + 20\%) \times (1 - 60\%)}{600 \times (1 + 20\%) \times (1 - 60\%) - (120 + 20)} = 1.95(倍)$$

$$\text{DFL} = \frac{600 \times (1 + 20\%) \times (1 - 60\%) - (120 + 20)}{600 \times (1 + 20\%) \times (1 - 60\%) - (120 + 20) - 200 \times 8\%} = 1.12(倍)$$

DTL $= 1.95 \times 1.12 = 2.18(倍)$

(2) 净收益 $= [600 \times (1 + 20\%) \times (1 - 60\%) - (120 + 20) - 200 \times 8\% - 200 \times 10\%] \times$
   $(1 - 25\%)$
   $= 84(万元)$

净资产收益率 $= \frac{84}{300} = 28\%$

$$\text{DOL} = \frac{600 \times (1 + 20\%) \times (1 - 60\%)}{600 \times (1 + 20\%) \times (1 - 60\%) - (120 + 20)} = 1.95(倍)$$

$$DFL = \frac{600 \times (1 + 20\%) \times (1 - 60\%) - (120 + 20)}{600 \times (1 + 20\%) \times (1 - 60\%) - (120 + 20) - 200 \times 8\% - 200 \times 10\%}$$
$$= 1.32(倍)$$
$$DTL = 1.95 \times 1.32 = 2.57(倍)$$

2. 解：

(1) 公司需发行新债 = $10\,000 \times 60\% - 1\,200 = 4\,800$(万元)

(2) 回购股票数 = $4\,800/25 = 192$(万股)

发行新债前股数 = $8\,800/25 = 352$(万股)

发行新债后股数 = $352 - 192 = 160$(万股)

(3) 每股收益：

发行新债前 = $(1\,500 - 1\,200 \times 9\%) \times (1 - 25\%)/352 = 2.97$(元)

发行新债后 = $(1\,500 - 6\,000 \times 9\%) \times (1 - 25\%)/160 = 4.5$(元)

(4) 财务杠杆系数：

发行新债前 = $1\,500/(1\,500 - 1\,200 \times 9\%) = 1.08$

发行新债后 = $1\,500/(1\,500 - 6\,000 \times 9\%) = 1.56$

(5) 如果息税前利润下降 5%，则发行新债后的每股收益下降幅度会大于发行新债前的每股收益下降幅度，因为前者的财务杠杆系数大于后者，如下表所示。

每股收益（如果息税前利润下降 5%）

项目	发行新债前	发行新债后
息税前利润(万元)	1 425.00	1 425.00
税后利润(万元)	987.75	663.75
每股收益(元)	2.81	4.15
每股收益降低(%)	5.39	7.78

3. 解：

(1) 无税条件下公司价值与资本成本如表 1 所示。

表 1　无税条件下公司价值与资本成本

D(万元)	V(万元)	E(万元)	D/V	r_d	r_e	r_w
0	2 000	2 000	0	8%	12.00%	12%
500	2 000	1 500	25%	8%	13.33%	12%
1 000	2 000	1 000	50%	8%	16.00%	12%
1 500	2 000	500	75%	8%	24.00%	12%
2 000	2 000	0	100%	12%	—	12%

$$D = 0, \quad T = 0\%$$
$$V_L = V_U = \frac{\text{EBIT}}{r_{eU}} = \frac{240}{12\%} = 2\,000(万元)$$

如果 FRE 公司发行 1 000 万元债券回购股票，则股权价值为 1 000 万元($2\,000 - 1\,000$)。

$$r_{eL} = r_{eU} + (r_{eU} - r_d)(D/E)$$

$$= 12\% + (12\% - 8\%) \times (1\,000/1\,000) = 16\%$$
$$r_w = (D/V) \times r_d \times (1 - T) + (E/V) \times r_e$$
$$= (1\,000/2\,000) \times 8\% \times (1 - 0) + (1\,000/2\,000) \times 16\% = 12\%$$

其他以此类推。

(2) 考虑公司所得税条件下公司价值与资本成本如表2所示。

表2 考虑公司所得税条件下公司价值与资本成本

D(万元)	V(万元)	E(万元)	D/V	r_d	r_e	r_w
0	2 000	2 000	0	8%	12.0%	12.0%
500	2 200	1 700	22.7%	8%	12.7%	10.9%
1 000	2 400	1 400	41.7%	8%	13.7%	10.0%
1 500	2 600	1 100	57.7%	8%	15.3%	9.2%
2 000	2 800	800	71.4%	8%	18.0%	8.6%
2 500	3 000	500	83.3%	8%	24.0%	8.0%
2 661	3 064	403	86.8%	8%	27.8%	7.8%
3 333	3 333	0	100.0%	12%	—	12.0%

以举债规模为0、1 000万元为例，说明公司价值和资本成本计算方法：

$D = 0$，$T = 40\%$

$$V_U = \frac{\text{EBIT}(1-T)}{r_{eU}} = \frac{400 \times (1-40\%)}{12\%} = 2\,000(\text{万元})$$

$D = 1\,000$，$T = 40\%$

$$V_L = V_U + T \cdot D = 2\,000 + 40\% \times 1\,000 = 2\,400(\text{万元})$$
$$E = V - D = 2\,400 - 1\,000 = 1\,400(\text{万元})$$
$$r_{eL} = r_{eU} + (r_{eU} - r_d)(1-T)(D/E)$$
$$= 12\% + (12\% - 8\%) \times (1-40\%) \times (1\,000/1\,400) = 13.71\%$$
$$r_w = (1\,000/2\,400) \times 8\% \times (1-40\%) + (1\,400/2\,400) \times 13.71\% = 10\%$$

或

$$r_w = r_{eU}[1 - (D/V)T] = 12\% \times [1 - (1\,000/2\,400) \times 40\%] = 10\%$$

(3) 如果公司负债率为100%，则公司资产的风险全部由债权人承担，或者说，此时债权人既是公司的债权人，又是公司的所有者。

4. 解：

(1) $\beta_U = \dfrac{\beta_L}{[1 + (1-T)(D/E)]} = \dfrac{2.2}{1 + (1-40\%) \times (1/1)} = 1.375$

(2) $r_{eU} = 8\% + 1.375 \times (12\% - 8\%) = 13.5\%$

其中，经营风险溢价 $= 1.375 \times (12\% - 8\%) = 5.5\%$

(3) 当 $D = 200$ 万元，$T = 25\%$ 时：

$V_L = 1\,000 + 200 \times 25\% = 1\,050(\text{万元})$

财务风险溢价 $= 1.375 \times (12\% - 8\%) \times (1 - 25\%) \times (200/850) = 0.97\%$

$r_{eL} = 8\% + 1.375 \times (12\% - 8\%) + 1.375 \times (12\% - 8\%) \times (1 - 25\%) \times (200/850)$

$= 8\% + 5.5\% + 0.97\% = 14.47\%$

当 $D = 400$ 万元，$T = 25\%$ 时：

$V_L = 1\,000 + 400 \times 25\% = 1\,100$（万元）

财务风险溢价 $= 1.375 \times (12\% - 8\%) \times (1 - 25\%) \times (400/700) = 2.36\%$

$r_{eL} = 8\% + 1.375 \times (12\% - 8\%) + 1.375 \times (12\% - 8\%) \times (1 - 25\%) \times (400/700)$

$= 8\% + 5.5\% + 2.36\% = 15.86\%$

当 $D = 600$ 万元，$T = 25\%$ 时：

$V_L = 1\,000 + 600 \times 25\% = 1\,150$（万元）

财务风险溢价 $= 1.375 \times (12\% - 8\%) \times (1 - 25\%) \times (600/550) = 4.5\%$

$r_{eL} = 8\% + 1.375 \times (12\% - 8\%) + 1.375 \times (12\% - 8\%) \times (1 - 25\%) \times (600/550)$

$= 8\% + 5.5\% + 4.5\% = 18\%$

(4) 当 $D = 600, T = 40\%$ 时：

$V_L = 800 + 600 \times 40\% = 1\,040$（万元）

财务风险溢价 $= 1.375 \times (12\% - 8\%) \times (1 - 40\%) \times (600/440) = 4.5\%$

$r_{eL} = 8\% + 1.375 \times (12\% - 8\%) + 1.375 \times (12\% - 8\%) \times (1 - 40\%) \times (600/440)$

$= 8\% + 5.5\% + 4.5\% = 18\%$

所得税税率提高后，公司价值降低了，但公司风险并未降低。

5. 解：

(1) 当 $D = 0$ 时：

$$V_U = \frac{\text{EBIT}}{r_{eU}} = \frac{300}{15\%} = 2\,000（万元）$$

根据 MM 理论，当所得税税率为 0 时，不论负债为多少（$D = 0, D = 400$ 万元，$D = 900$ 万元），公司价值保持不变，即 $V_L = V_U = 2\,000$（万元）。

(2) 当 $D = 0$ 时：

$r_{eU} = 15\%$

$r_w = 15\%$

当 $D = 400$ 万元时：

$$r_{eL} = 15\% + (15\% - 8\%) \times \frac{400}{2\,000 - 400} = 16.75\%$$

$$r_w = 8\% \times \frac{400}{2\,000} + 16.75\% \times \frac{1\,600}{2\,000} = 15\%$$

当 $D = 900$ 万元时：

$$r_{eL} = 15\% + (15\% - 8\%) \times \frac{900}{2\,000 - 900} = 20.73\%$$

$$r_w = 8\% \times \frac{900}{2\,000} + 20.73\% \times \frac{1\,100}{2\,000} = 15\%$$

在无税情况下，无论举债多少，公司加权平均资本成本保持不变，即 $r_w = 15\%$，在 MM 理论假设条件下，公司价值 2 000 万元保持不变。这是因为随着负债的增加，股权资本成本也随之增加，正好抵消了低利率负债融资的利益。

(3) 当 $D = 0$ 时：

$$V_U = \frac{300 \times (1 - 30\%)}{15\%} = 1\,400(万元)$$

当 $D = 400$ 万元时：

$$V_L = 1\,400 + 400 \times 30\% = 1\,520(万元)$$

$$r_{eL} = 15\% + (15\% - 8\%) \times \frac{400}{1\,520 - 400} \times (1 - 30\%) = 16.75\%$$

$$r_w = 8\% \times (1 - 30\%) \times \frac{400}{1\,520} + 16.75\% \times \frac{1\,120}{1\,520} = 13.82\%$$

当 $D = 900$ 万元时：

$$V_L = 1\,400 + 900 \times 30\% = 1\,670(万元)$$

$$r_{eL} = 15\% + (15\% - 8\%) \times \frac{900}{1\,670 - 900} \times (1 - 30\%) = 20.73\%$$

$$r_w = 8\% \times (1 - 30\%) \times \frac{900}{1\,670} + 20.73\% \times \frac{770}{1\,670} = 12.57\%$$

将(2)和(3)的结果汇总如下表所示。

不同负债水平下的相关计算结果

项目	负债(所得税税率=0)			负债(所得税税率=30%)		
	0	400万元	900万元	0	400万元	900万元
无负债公司价值(万元)	2 000			1 400		
负债公司价值(万元)	2 000	2 000	2 000	1 400	1 520	1 670
股权资本成本	15.00%	16.75%	20.73%	15.00%	16.75%	20.73%
债务资本成本	8.00%	8.00%	8.00%	8.00%	8.00%	8.00%
负债率	0.00%	20.00%	45.00%	0.00%	26.32%	53.89%
加权平均资本成本	15.00%	15.00%	15.00%	15.00%	13.82%	12.57%

计算结果表明,当所得税税率为30%时,负债水平越高,股权资本成本越高,在负债利率不变的条件下,随着负债水平的提高,加权平均资本成本逐渐下降,公司价值随之提高。

6. 解：
(1) 每年利息抵税 $= 4\,000 \times 7\% \times 25\% = 70$(万元)
(2) 利息抵税现值 $= 4\,000 \times 25\% = 1\,000$(万元)
或：利息抵税现值 $= 70/7\% = 1\,000$(万元)
(3) 债务期限 $= 10$(年)

$$利息抵税现值 = \sum_{t=1}^{10} \frac{70}{(1 + 7\%)^t} = 491.65(万元)$$

(4) 利率降至5%：

$$利息抵税现值 = \sum_{t=1}^{10} \frac{70}{(1 + 5\%)^t} = 540.52(万元)$$

(5) 目标债务/股权比率 $= 50\%$
目标负债率 $= 50\%/(1 + 50\%) = 33.33\%$

税前加权平均资本成本 = 7% × 33.33% + 10% × (1 − 33.33%) = 9.00%

无负债公司价值 = 400/(9% − 5%) = 10 000(万元)(按稳定增长模型计算)

考虑所得税时负债公司资本成本 = 7% × (1 − 25%) × 33.33% + 10% × (1 − 33.33%)
= 8.417%

负债公司价值 = 400/(8.417% − 5%) = 11 706(万元)

利息抵税现值 = 11 706 − 10 000 = 1 706(万元)

7. 解:

(1) 无负债股权资本成本和公司资本成本:

无负债股权资本成本 = 6% + 1 × 6.5% = 12.5%

公司资本成本 = 股权资本成本 = 12.5%

(2)(3) 考虑破产成本的公司价值如下表所示。

不同负债水平下的公司价值　　　　　　　　　　　　金额单位:万元

债务	利息抵税	破产概率	预期破产成本	公司价值
250	75	0.0	—	1 275
500	150	8.0%	64.0	1 286
750	225	20.5%	164.0	1 261
800	240	30.0%	240.0	1 200
900	270	45.0%	360.0	1 110
1 000	300	52.5%	420.0	1 080
1 250	375	70.0%	560.0	1 015

公司负债 500 万元时为最优资本结构,此时,公司价值为 1 286 万元。

8. 解:

(1) $V = D + E = D + \dfrac{(\text{EBIT} - I)(1 - T)}{r_e}$

其中:

EBIT = 12 000 000 − 6 000 000 − 5 000 000 = 1 000 000(元)

I = 1 000 000 × 8% + 1 000 000 × 9% = 170 000(元)

所以:

$V = 2\,000\,000 + \dfrac{(1\,000\,000 - 170\,000) \times (1 - 40\%)}{0.115} = 6\,330\,435(元)$

由于债务增加至 200 万元后,公司价值由 6 257 143 元(1 000 000 + 5 257 143)增加至 6 330 435 元,因此应提高债务水平。

(2) 当公司决定增加债务至 300 万元时:

I = 1 000 000 × 8% + 2 000 000 × 12% = 320 000(元)

$V = 3\,000\,000 + \dfrac{(1\,000\,000 - 320\,000) \times (1 - 40\%)}{0.15} = 5\,720\,000(元)$

由于债务增加至 300 万元后,公司价值下降了,因此应保持 200 万元的债务水平。

(3) 如果当前公司股票的市场价值为每股 20 元,则:

流通股数$(n) = \dfrac{V-D}{P} = \dfrac{5\,257\,143}{20} = 262\,857$(股)

当债务增加至 200 万元时：

$P_1 = \dfrac{\text{公司的最后价值} - \text{债务的初始价值}}{\text{初始普通股股数}}$

$= \dfrac{6\,330\,435 - 1\,000\,000}{262\,857} = 20.28$(元/股)

当债务增加至 300 万元时：

$P_1 = \dfrac{5\,720\,000 - 1\,000\,000}{262\,857} = 17.96$(元/股)

（4）由于公司是零增长公司，收益全部作为股利分配，因此 DPS = EPS。

$P = \dfrac{\text{DPS}}{r_e} \Rightarrow \text{EPS} = P \times r_e$

EPS($D = 1\,000\,000$) $= 20 \times 0.105 = 2.10$(元)

EPS($D = 2\,000\,000$) $= 20.28 \times 0.115 = 2.33$(元)

EPS($D = 3\,000\,000$) $= 17.96 \times 0.15 = 2.69$(元)

尽管当公司的债务水平为 300 万元时每股收益最高，但公司仍不应提高债务水平，因为当债务水平为 200 万元时，公司的股票价格最高。从股东财富最大化的视角分析，公司股票价格最高时的资本结构为最优。

（5）当 $D = 200$ 万元时：

旧债价值 $= \dfrac{100 \times 8\%}{9\%} = 88.89$(万元)

当 $D = 300$ 万元时：

旧债价值 $= \dfrac{100 \times 8\%}{12\%} = 66.67$(万元)

公司举债越多，财务风险越大，债务融资的成本也越高，因而导致债务价值下降。由于旧债并不优于新债，所以旧债的价值会下降。

9. 解：

（1）债务/股权比率：

债务/股权比率(按账面价值计算) = 2 000/3 000 = 66.67%

债务/股权比率(按市场价值计算) = 1 800/4 000 = 45.00%

负债率(按账面价值计算) = 66.67%/(1 + 66.67%) = 40.00%

负债率(按市场价值计算) = 45%/(1 + 45%) = 31.03%

资本成本(市场价值权重)：

税后债务资本成本 = 7% × (1 − 25%) = 5.25%

股权资本成本 = 5% + 1.2 × 6.5% = 12.80%

公司加权平均资本成本 = 5.25% × 31.03% + 12.8% × (1 − 31.03%) = 10.46%

（2）计算每种方案下的资本成本和公司价值：

无负债 β 系数 $= \dfrac{1.2}{1 + (1 - 25\%) \times 45\%} = 0.8972$

① 每种方案下的资本成本如表 1 所示。

表1 每种方案下的资本成本

项目	方案1	方案2	方案3
发行新股回购债务(万元)	1 000		
发行新债回购股票(万元)		1 000	2 000
债务/股东权益	16.00%	93.33%	190.00%
股权资本成本			
负债β系数	1.0049	1.5250	2.1757
股权资本成本	11.53%	14.91%	19.14%
债务资本成本			
债券市场收益率	6.00%	8.00%	11.00%
税后债务资本成本	4.50%	6.00%	8.25%
负债率	13.79%	48.27%	65.52%
加权平均资本成本	10.56%	10.61%	12.00%

表中方案1的计算如下：

债务/股东权益 = (1 800 - 1 000)/(4 000 + 1 000) = 16.00%

负债β系数 = 0.8972 × [1 + (1 - 25%) × 16%] = 1.0049

股权资本成本 = 5% + 1.0049 × 6.5% = 11.53%

税后债务资本成本 = 6% × (1 - 25%) = 4.50%

负债率 = 16%/(1 + 16%) = 13.79%

加权平均资本成本 = 4.50% × 13.79% + 11.53% × (1 - 13.79%) = 10.56%

表中方案2的计算如下：

债务/股东权益 = (1 800 + 1 000)/(4 000 - 1 000) = 93.33%

负债β系数 = 0.8972 × [1 + (1 - 25%) × 93.33%] = 1.5250

股权资本成本 = 5% + 1.5250 × 6.5% = 14.91%

税后债务资本成本 = 8% × (1 - 25%) = 6%

负债率 = 93.33%/(1 + 93.33%) = 48.27%

加权平均资本成本 = 6% × 48.27% + 14.91% × (1 - 48.27%) = 10.61%

表中方案3的计算方法以此类推。

② 每种方案下的公司价值计算结果如表2所示。

表2 每种方案下的公司价值　　　　　　　　　　　　金额单位：万元

方案	方案1	方案2	方案3
变动前			
资本成本	10.46%	10.46%	10.46%
公司价值	5 800	5 800	5 800
变动后			
公司价值变动	-55	-82	-744
公司价值	5 745	5 718	5 056
债务价值	800	2 800	3 800
股权价值	4 945	2 918	1 256

表中方案1的计算如下：

公司价值变动按下式计算：

公司价值变动 = 当前公司价值 × ($WACC_{当前}$ − $WACC_{变化后}$)/$WACC_{变化后}$

公司价值变动 = 5 800 × (10.46% − 10.56%)/10.56% = −55(万元)

变动后公司价值 = 5 800 + (−55) = 5 745(万元)

债务价值 = 1 800 − 1 000 = 800(万元)

股权价值 = 5 745 − 800 = 4 945(万元)

表中方案2的计算如下：

公司价值变动 = 5 800 × (10.46% − 10.61%)/10.61% = −82(万元)

变动后公司价值 = 5 800 + (−82) = 5 718(万元)

债务价值 = 1 800 + 1 000 = 2 800(万元)

股权价值 = 5 718 − 2 800 = 2 918(万元)

表中方案3的计算以此类推。

③ 根据资本成本最小的原则，应保持公司目前的资本结构，因为三个方案都降低了公司价值。

④ 如果公司收益变动较大，则表明公司的经营风险较高，公司应降低负债率。

⑤ 如果每种方案下的资金都用于项目投资(而不是购回债务或股权)，那么公司价值应加上项目的净现值。如果项目的风险与公司资产的风险不同，则需重新计算项目的资本成本。

10. 解：

首先，计算负债率为20%时的 β 系数。

负债率 = 10%：

债务/股权比率 = 10%/(1 − 10%) = 11.11%

无负债 β 系数 = 1.06/[1 + (1 − 25%) × 11.11%] = 0.9785

负债率 = 20%：

债务/股权比率 = 20%/(1 − 20%) = 25%

负债 β 系数 = 0.9785 × [1 + (1 − 25%) × 0.25] = 1.1620

其次，发行新债1 500万元回购股票，计算加权平均资本成本：

债务价值 = 1 500 + 1 500 = 3 000(万元)

BBB级债券与国债利差 = 2%

市场利率 = 5% + 2% = 7%(无风险利率 + 利差)

利息费用 = 3 000 × 7% = 210(万元)

利息保障倍数 = EBIT/利息 = 1 000/210 = 4.76

税后债务资本成本 = 7% × (1 − 25%) = 5.25%

股权资本成本 = 5% + 1.162 × 6.5% = 12.55%

加权平均资本成本 = 5.25% × 20% + 12.55% × (1 − 20%) = 11.09%

11. 解：

(1) 不同债务水平下的资本成本如下表所示。

不同债务水平下的资本成本

负债率	利率	债务/股权	负债β系数	股权资本成本	税后债务资本成本	加权平均资本成本
0	5%	0.000	1.200	13.80%	0	13.80%
10%	6%	0.111	1.300	14.45%	4.50%	13.46%
20%	7%	0.250	1.425	15.26%	5.25%	13.26%
30%	**8%**	**0.429**	**1.586**	**16.31%**	**6.00%**	**13.22%**
40%	10%	0.667	1.800	17.70%	7.50%	13.62%
50%	12%	1.000	2.100	19.65%	9.00%	14.33%
60%	14%	1.500	2.550	22.58%	10.50%	15.33%
70%	16%	2.333	3.300	27.45%	12.00%	16.64%
80%	18%	4.000	4.800	37.20%	13.50%	18.24%
90%	20%	9.000	9.300	66.45%	15.00%	20.15%

表中有关数据计算如下：

债务/股权比率 = 负债率/(1 - 负债率)

负债β系数 = 无负债β系数 × [1 + (1 - 所得税税率) × D/E]

负债率 = 10%时：

债务/股权比率 = 10%/(1 - 10%) = 11.11%

负债β系数 = 1.2 × [1 + (1 - 25%) × 11.11%] = 1.3

股权资本成本 = 6% + 1.3 × 6.5% = 14.45%

税后债务资本成本 = 6% × (1 - 25%) = 4.5%

加权平均资本成本 = 4.5% × 10% + 14.45% × (1 - 10%) = 13.46%

其他以此类推。

根据表中的数据，公司负债率为30%时，资本成本最低。

（2）发行债券回购股票后：

股票价值变动 = 20 × (13.80% - 13.22%)/13.22% = 0.88(元)

股票价格 = 20 + 0.88 = 20.88(元)

12．解：

（1）不考虑破产成本时公司价值。

股权融资时公司价值：

公司价值 = (200 × 0.5 + 120 × 0.5)/(1 + 6%) = 150.94(亿元)

混合融资时公司价值计算如下：

股权价值 = (60 × 0.5 + 0 × 0.5)/(1 + 6%) = 28.30(亿元)

债务价值 = (140 × 0.5 + 120 × 0.5)/(1 + 6%) = 122.64(亿元)

公司价值 = 28.30 + 122.64 = 150.94(亿元)

上述计算表明，在不考虑所得税、破产成本的条件下，负债公司价值和无负债公司价值相等。

（2）考虑破产成本时公司价值：

破产成本 = 120 × 20% = 24(亿元)

破产时：

债务价值 = 120 − 24 = 96（亿元）

股权融资时公司价值：

公司价值 = (200×0.5 + 120×0.5)/(1 + 6%) = 150.94（亿元）

混合融资时公司价值：

股权价值 = (60×0.5 + 0×0.5)/(1 + 6%) = 28.30（亿元）

债务价值 = (140×0.5 + 96×0.5)/(1 + 6%) = 111.32（亿元）

公司价值 = 28.30 + 111.32 = 139.62（亿元）

(3) 破产成本或财务危机成本现值 = 150.94 − 139.62 = 11.32（亿元）

或先计算财务危机成本，然后计算财务危机成本现值：

财务危机成本 = 新产品开发失败公司价值 × 破产成本占公司价值比例
= 120 × 20% = 24（亿元）

财务危机成本现值 = (0×0.5 + 24×0.5)/(1 + 6%) = 11.32（亿元）

13. 解：

(1) BER 公司目前资本成本计算如下：

股权资本成本 = 5% + 1.12 × 6.5% = 12.28%

债券利率 = 10/100 = 10%

所得税税率 = 10/40 = 25%

税后债务资本成本 = 10% × (1 − 25%) = 7.50%

负债率 = 100/(100×5 + 100) = 16.67%

加权平均资本成本 = 7.5% × 16.67% + 12.28% × (1 − 16.67%) = 11.48%

(2) 发行债券回购股票后资本成本计算如下：

发行债券回购股票 = 70（万股）

发行债券 = 70 × 5 = 350（万元）

债券价值 = 100 + 350 = 450（万元）

股权价值 = (100 − 70) × 5 = 150（万元）

无负债 β 系数 = $\dfrac{1.12}{1 + (1 − 25\%) \times (100/100 \times 5)}$ = 0.97

有效税率 = 名义税率 × $\dfrac{\text{息税前利润}}{\text{利息费用}}$ = 25% × $\dfrac{50}{(100 + 350) \times 13\%}$ = 21.37%

负债 β 系数 = 0.97 × [1 + (1 − 21.37%)(450/150)] = 3.26

股权资本成本 = 5% + 3.26 × 6.5% = 26.19%

税后债务资本成本 = 13% × (1 − 21.37%) = 10.22%

负债率 = 450/(450 + 150) = 75%

加权平均资本成本 = 10.22% × 75% + 26.19% × (1 − 75%) = 14.21%

14. 解：

(1) 公司目前的加权平均资本成本计算如下：

股权资本成本 = 6% + 1.15 × 6.5% = 13.48%

税后债务资本成本 = 9% × (1 − 25%) = 6.75%

股票市场价值 = 315 × 9 = 2 835（万元）（税后利润 × 市盈率）

长期债券市场价值 = 1 000 × 90% = 900(万元)
负债率 = 900/(900 + 2 835) = 24.10%
加权平均资本成本 = 6.75% × 24.10% + 13.48% × (1 - 24.10%) = 11.86%
(2) 公司发行股票回购债券(200万元)后资本成本和公司价值计算如下：
首先，计算无负债 β 系数。
债券价值 = 900 - 200 = 700(万元)
股票价值 = 2 835 + 200 = 3 035(万元)
债券到期收益率 = 9% - 1% = 8%
债务/股权比率 = 900/2 835 = 31.746%
无负债 β 系数 = 1.15/[1 + (1 - 25%) × 31.746%] = 0.9288
其次，计算发行股票回购债券后负债公司 β 系数和资本成本。
债务/股权比率 = 700/3 035 = 23.064%
负债 β 系数 = 0.9288 × [1 + (1 - 25%) × 23.064%] = 1.0895
股权资本成本 = 6% + 1.0895 × 6.5% = 13.08%
负债率 = 700/(700 + 3 035) = 18.74%
税后债务资本成本 = 8% × (1 - 25%) = 6.00%
加权平均资本成本 = 6.00% × 18.74% + 13.08% × (1 - 18.74%) = 11.75%
最后，计算发行股票回购债券后公司价值。
公司价值变动 = (900 + 2 835) × (11.86% - 11.75%)/11.75% = 34.97(万元)
变动后公司价值 = (900 + 2 835) + 34.97 = 3 769.97(万元)

15. 解：
(1) 公司目前加权平均资本成本计算如下：
股权资本成本 = 5% + 1.15 × 6.5% = 12.48%
税后债务资本成本 = 7% × (1 - 25%) = 5.25%
负债率 = 25%/(1 + 25%) = 20.00% [或 = 12 000/(12 000 + 48 000)]
加权平均资本成本 = 5.25% × 20% + 12.48% × (1 - 20%) = 11.03%
(2) 借款回购股票(24 000万元)后加权平均资本成本计算如下：
债务价值 = 12 000 + 24 000 = 36 000(万元)
股票价值 = 48 000 - 24 000 = 24 000(万元)
无负债 β 系数 = 1.15/[1 + (1 - 25%) × 25%] = 0.97
债务/股权比率 = 36 000/24 000 = 150%
负债 β 系数 = 0.97 × [1 + (1 - 25%) × 1.5] = 2.06
股权资本成本 = 5% + 2.06 × 6.5% = 18.39%
税后债务资本成本 = 8% × (1 - 25%) = 6.00%
负债率 = 36 000/(36 000 + 24 000) = 60.00%
加权平均资本成本 = 6% × 60% + 18.39% × (1 - 60%) = 10.96%
(3) 借款回购股票(24 000万元)后股票价值计算如下：
股票价值增加 = (12 000 + 48 000) × (11.03% - 10.96%)/10.96% = 383.21(万元)
回购普通股股数 = 24 000/12 = 2 000(万股)
回购后普通股股数 = 4 000 - 2 000 = 2 000(万股)

每股价格 = 12 + 383.21/2 000 = 12.19（元）

（4）下一年度资本支出15 000万元（债务融资）、支付现金股利（2元/股）后债务/股权比率计算如下：

股利 = 4 000万股 × 2元/股 = 8 000（万元）

债务价值 = 12 000 + 15 000 = 27 000（万元）

股权价值 = 48 000 × (1 + 12.48%) − 8 000 = 45 990（万元）

债务/股权比率 = 27 000/45 990 = 58.71%

16. 解：

（1）公司目前债务/股权比率计算如下：

半年利率 = $(1 + 8\%)^{1/2} - 1 = 3.92\%$

每张纯债券价值 = $\sum_{t=1}^{20} \frac{100 \times 6\%/2}{(1 + 3.92\%)^t} + \frac{100}{(1 + 3.92\%)^{20}} = 87.41$（元）

纯债券价值 = 87.41 × 500 = 43 705（万元）

每张可转换债券的交易价格 = 100（元）

每张可转换债券的股权价值 = 100 − 87.41 = 12.59（元）

可转换债券的股权价值 = 12.59 × 500 = 6 295（万元）

股票价值 = 8 000 × 10 + 6 295 = 86 295（万元）

债务/股权比率 = 43 705/86 295 = 50.65%

（2）公司目前的加权平均资本成本计算如下：

股权资本成本 = 5% + 1.2 × 6.5% = 12.8%

税后债务资本成本 = 8% × (1 − 25%) = 6%

负债率 = 50.65%/(1 + 50.65%) = 33.62%

加权平均资本成本 = 6% × 33.62% + 12.8% × (1 − 33.62%) = 10.51%

（3）公司计划借款2.5亿元回购股票、派发股利、资本支出后资本成本和公司价值计算如下：

所得税税率 = 25%

股票价值 = 86 295 − 10 000 − 10 000 + 2 500 = 68 795（万元）

债券价值 = 43 705 + 25 000 = 68 705（万元）

债务/股权比率 = 68 705/68 795 = 99.87%

无负债β系数 = 1.2/[1 + (1 − 25%) × 50.65%] = 0.8696

负债β系数 = 0.8696 × [1 + (1 − 25%) × 99.87%] = 1.5210

股权资本成本 = 5% + 1.5210 × 6.5% = 14.89%

税后债务资本成本 = 9% × (1 − 25%) = 6.75%

负债率 = 0.9987/(1 + 0.9987) = 49.97%

加权平均资本成本 = 6.75% × 49.97% + 14.89% × (1 − 49.97%) = 10.82%

公司价值变动 = (43 705 + 86 295) × (10.51% − 10.82%)/10.82% = −3 725（万元）

公司价值 = (43 705 + 86 295) + (−3 725) = 126 275（万元）

（4）如果其他条件保持不变，所得税税率变为40%，则举借新债后公司资本成本和公司价值计算结果如下表所示。为便于比较，表中也列示了所得税税率为25%时的数据。

公司价值(所得税税率分别为25%和40%时)　　　　金额单位:万元

项目	所得税税率	
	25%	40%
股票价值	68 795	68 795
债券价值	68 705	68 705
债务/股权比率	99.87%	99.87%
无负债β系数	0.8696	0.9203
负债β系数	1.5210	1.4718
股权资本成本	14.89%	14.57%
税后债务资本成本	6.75%	5.40%
负债率	49.97%	49.97%
加权平均资本成本	10.82%	9.99%
公司价值变动	-3 725	6 767
公司价值	126 275	136 767
税率变动对公司价值的影响	10 492	

如果其他条件保持不变,所得税税率变为40%,则举借新债后公司价值比(3)的计算结果增加10 492万元,其原因在于所得税税率从25%升至40%时,税后债务资本成本从6.75%降至5.40%;负债β系数从1.5210变为1.4718;加权平均资本成本从10.82%降至9.99%。

17. 解:

(1) 公司目前的资本成本计算如下:

股权资本成本 = 5% + 1.25 × 6.5% = 13.13%

税后债务资本成本 = (5% + 0.3%) × (1 - 25%) = 3.98%

负债率 = 30/(30 + 200) = 13.04%

加权平均资本成本 = 3.98% × 13.04% + 13.13% × (1 - 13.04%) = 11.94%

(2) 公司负债率为30%时的资本成本计算如下:

无负债β系数 = 1.25/[1 + (1 - 25%) × (30/200)] = 1.12

债务/股权比率 = 30%/(1 - 30%) = 42.86%

负债β系数 = 1.12 × [1 + (1 - 25%) × 42.86%] = 1.48

股权资本成本 = 5% + 1.48 × 6.5% = 14.62%

税后债务资本成本 = (5% + 2%) × (1 - 25%) = 5.25%

加权平均资本成本 = 5.25% × 30% + 14.62% × (1 - 30%) = 11.81%

(3) 公司价值增长6%对公司价值的影响计算如下:

$$公司价值 = 当前公司价值 + (WACC_{当前} - WACC_{变化后}) \times \frac{当前公司价值}{WACC_{变化后}}$$

按固定增长模型计算公司价值变动和股票价值增长率:

$$公司价值变动 = \frac{(200 + 30) \times (11.94\% - 11.81\%) \times (1 + 6\%)}{11.81\% - 6\%}$$

$$= 5.46(亿元)$$

股票价值增长 = $\frac{5.46}{200}$ = 2.73%

(4) 公司有大量的研发支出,必须关注代理成本(监管研发支出较难)和灵活性。研发支出多的公司表明公司的经营风险较大,因此应尽量降低负债率。

18. 解:

(1) 债务市场价值计算如下:

债券面值 = 100 000 万元,期限 = 10 年,每年利息 = 8 000 万元,市场利率 = 7.5%,则根据 Excel 函数,计算债券市场价值:在电子表格中输入" = PV(7.5%,10, - 8 000, - 100 000)",回车后即可得到债券的市场价值为 103 432 万元。

(2) 公司目前的资本成本计算如下:

股权资本成本 = 5% + 1.17 × 6.5% = 12.61%

税后债务资本成本 = 7.5% × (1 - 25%) = 5.63%

负债率 = 1 034.32/(1 034.32 + 120 × 30) = 22.32%

加权平均资本成本 = 5.63% × 22.32% + 12.61% × (1 - 22.32%) = 11.05%

(3) 每股价值增加 1.25 元,则:

股票价值 = 12 000 × (30 + 1.25) = 375 000(万元)

公司价值 = 103 432 + 375 000 = 478 432(万元)

加权平均资本成本(WACC)计算如下:

478 432 × (11.05% - WACC)/WACC = 1.25 × 12 000

解得:WACC = 10.71%

19. 解:

(1) 无负债时的公司价值计算如下:

未清偿债务价值 = 120(亿元)

股票市场价值 = 205(亿元)

破产成本 = 1.4% × 30% × (120 + 205) = 1.37(亿元)

债务抵税 = 120 × 25% = 30.00(亿元)

无负债公司价值 = (120 + 205) - 30 + 1.37 = 296.37(亿元)

(2) 负债率上升至 50%,违约率为 23.0%,公司价值(V)计算如下:

破产成本 = 23% × 30% × V

债务抵税 = 25% × 50% × V

V = 296.37 + 25% × 50% × V - 23% × 30% × V

V[1 - (25% × 50% - 23% × 30%)] = 296.37

解得:V = 313.95(亿元)

(3) 如果公司进入娱乐业,该行业的利润和风险比零售业要高,则预期公司最佳负债率将有所下降。

20. 解:

首先计算无负债公司价值:

负债公司价值 = 9.5 + 0.4 × 45 = 27.50(亿元)

负债率 = 9.5/(9.5 + 0.4 × 45) = 34.55%

违约概率 = (12.2% + 32.5%)/2 = 22.35%

破产成本 = 22.35% × 20% × 27.50 = 1.229(亿元)

债务抵税现值 = 9.5 × 25% = 2.375(亿元)

无负债公司价值 = 27.50 − 2.375 + 1.229 = 26.354(亿元)
然后计算不同负债率下的公司价值,结果如下表所示。

不同负债率下的公司价值

单位:亿元

负债率	无负债公司价值	负债	债务抵税现值	破产成本	负债公司价值
0.0	26.3540	0.00	0.0000	0.0000	26.3540
10.0%	26.3540	2.75	0.6875	0.0000	27.0415
20.0%	26.3540	5.50	1.3750	0.0776	27.6514
30.0%	26.3540	8.25	2.0625	0.6710	27.7455
40.0%	26.3540	11.00	2.7500	1.7875	27.3165
50.0%	26.3540	13.75	3.4375	2.5636	27.2279
60.0%	26.3540	16.50	4.1250	3.5750	26.9040
70.0%	26.3540	19.25	4.8125	4.4000	26.7665
80.0%	26.3540	22.00	5.5000	4.4000	27.4540
90.0%	26.3540	24.75	6.1875	5.5000	27.0415

根据表中的数据,公司负债率为30%时公司价值最大。

21. 解:
公司不同负债率下的资本成本如下表所示。

不同负债率下的资本成本

负债率	债务/股权比率	债务利率	负债β系数	股权资本成本	税后债务资本成本	加权平均资本成本
0.0	0.00	6.18%	0.72000	9.68%	4.64%	9.68%
10.0%	11.11%	6.18%	0.77999	10.07%	4.64%	9.53%
20.0%	25.00%	6.88%	0.85500	10.56%	5.16%	9.48%
30.0%	42.86%	7.13%	0.95144	11.18%	5.35%	9.43%
40.0%	66.67%	7.38%	1.08002	12.02%	5.54%	9.43%
50.0%	100.00%	9.38%	1.26000	13.19%	7.04%	10.12%
60.0%	150.00%	9.38%	1.53000	14.95%	7.04%	10.20%
70.0%	233.33%	10.88%	1.97998	17.87%	8.16%	11.07%
80.0%	400.00%	11.88%	2.88000	23.72%	8.91%	11.87%
90.0%	900.00%	12.88%	5.58000	41.27%	9.66%	12.82%

表中,β系数计算方法如下:
无负债β系数 $= 1.26/[1+(1-25\%) \times (2\,000/(100 \times 20))] = 0.72$
负债率为10%时β系数计算如下:
$$\beta_{10\%} = \frac{0.72}{1+(1-25\%) \times 11.11\%} = 0.77999$$
其他计算以此类推。
公司负债率为30%或40%为最佳负债率,在这种情况下,加权平均资本成本最低。

22.
(1) 公司目前的资本成本计算如下:
股权资本成本 $= 5\% + 1.25 \times 6.5\% = 13.13\%$
税后债务资本成本 $= 6.8\% \times (1-25\%) = 5.10\%$

负债率 = 150/(150 + 510) = 22.73%
加权平均资本成本 = 5.1% × 22.73% + 13.13% × (1 − 22.73%) = 11.30%
(2) 负债率提高到60%对税收优惠的影响计算如下:
债务 = (150 + 510) × 60% = 396.00(亿元)
利息费用 = 396 × 12% = 47.52(亿元)
息税前利润 = 34(亿元), 息税前利润 < 利息费用
有效税率 = 25% × (34/47.52) = 17.89%
息税前利润 < 利息费用, 不能享受全部的利息抵税的优惠。
(3) 公司负债率提高到60%时的资本成本计算如下:

债务/股权比率 = $\frac{22.73\%}{1 - 22.73\%}$ = 29.42%

$\beta_U = \frac{1.24}{1 + (1 - 25\%) \times 29.42\%} = 1.02$

负债率 = 60%

新债务/股权比率 = $\frac{60\%}{1 - 60\%}$ = 150%

新股票 β 系数 = 1.02 × [1 + (1 − 17.89%) × 1.5] = 2.28
股权资本成本 = 5% + 2.28 × 6.5% = 19.82%
税后债务资本成本 = 12% × (1 − 17.89%) = 9.85%
加权平均资本成本 = 9.85% × 60% + 19.82% × 40% = 13.84%
(4) 负债率提高到60%对公司价值的影响:

公司价值变动 = $\frac{(150 + 510) \times (11.3\% - 13.84\%)}{13.84\%}$ = −121.13(亿元)

公司价值 = (150 + 510) + (−121.13) = 538.87(亿元)
如果公司负债率提高到60%, 则公司价值将降低, 因此公司不应将负债率提高到60%。

五、案例分析题

(1) 根据案例给出的资料, XYZ公司每年的EBIT保持不变, 且收益全部用于股利分配, 收益增长率为0, 股票价值、公司价值、资本成本可采用下列公式计算:

$$E = \frac{DIV}{r_e} = \frac{NI}{r_e} = \frac{(EBIT - r_d D)(1 - T)}{r_e}$$

V = 债务市场价值 + 股权市场价值 = $D + E$

$$r_w = \frac{D}{V} \times r_d (1 - T) + \frac{E}{V} \times r_e$$

在调整XYZ公司资本结构时, MM模型并不完全适用, 因为MM模型假设不论公司债务水平多少, 债务资本成本保持不变。现实的情况是, 负债经营会加大财务风险。随着债务水平的提高, 债务的利率水平或资本成本也会随之提高。

(2) 不同债务水平下的公司价值、股票价格计算结果如表1所示。

表1　不同债务水平下的公司价值、股票价格

项目	负债总额(万元)			
	0	250	500	750
股权价值(万元)	2 885	2 681	2 379	2 027
公司价值(万元)	2 885	2 931	2 879	2 777
股票价格(元/股)	28.85	29.31	28.79	27.77
回购股数(万股)	0.00	8.53	17.37	27.01
剩余股数(万股)	100.00	91.47	82.63	72.99

表中有关数据计算如下：

当 $D=250$ 万元时：

$$E=\frac{(500-7\%\times250)\times(1-25\%)}{13.5\%}=2\,681(万元)$$

$$V=250+2\,681=2\,931(万元)$$

$$P_1=\frac{V_1-0}{n_0}=\frac{2\,931}{100}=29.31(元/股)$$

$$回购股数=\frac{250}{29.31}=8.53(万股)$$

$$剩余股数=100-8.53=91.47(万股)$$

当 $D=500$ 万元时：

$$E=\frac{(500-8\%\times500)\times(1-25\%)}{14.5\%}=2\,379(万元)$$

$$V=500+2\,379=2\,879(万元)$$

$$P_1=\frac{V_1-0}{n_0}=\frac{2\,879}{100}=28.79(元/股)$$

$$回购股数=\frac{500}{28.79}=17.37(万股)$$

$$剩余股数=100-17.37=82.63(万股)$$

其他计算以此类推。

上述分析表明，债务水平为250万元时，公司价值最大。因此，负债250万元为最佳资本结构。

(3) 发行新债回购股票后公司价值与股票价格计算结果如表2所示。

表2　发行新债回购股票后公司价值与股票价格

项目	金额
初始债券(万元)	250
发行新债(万元)	250
股权价值(万元)	2 392
旧债券价值(万元)	219
新债券价值(万元)	250
公司价值(万元)	2 861
股票价格(元/股)	28.88

表中有关数据计算如下：

$$E = \frac{(500 - 7\% \times 250 - 8\% \times 250) \times (1 - 25\%)}{14.5\%} = 2\,392(万元)$$

旧债务价值 $= \dfrac{250 \times 7\%}{8\%} = 219(万元)$

新债务价值 $= \dfrac{250 \times 8\%}{8\%} = 250(万元)$

$V = 219 + 250 + 2\,392 = 2\,861(万元)$

$$P_1 = \frac{V_1 - D_0}{n_0} = \frac{2\,861 - 219}{91.47} = 28.88(元/股)$$

上述计算表明，发行新债使旧债的价值降低了31万元(250 - 219)。

（4）不同债务水平下的每股收益(EPS)如表3所示。

假设XYZ公司的初始债务等于0，每股收益按下式计算：

$$\text{EPS} = \frac{(\text{EBIT} - r_d \times D)(1 - T)}{n}$$

表3　不同债务水平下的每股收益

债务(万元)	利率	净利润(万元)	股数(万股)	每股收益(元)
0	0.00	375	100	3.75
250	7.00%	362	91	3.98
500	8.00%	345	83	4.16
750	9.00%	324	73	4.44

上述计算表明，随着债务水平的提高，每股收益不断提高，但股票价格最高时的债务水平并不是使每股收益达到最大时的债务水平。

（5）加权平均资本成本计算结果如表4所示。

表4　不同债务水平下的资本成本

D(万元)	E(万元)	V(万元)	r_d	r_e	D/V	r_w
0	2 885	2 885	0.00	13.00%	0.00	13.00%
250	2 681	2 931	7.00%	13.50%	8.53%	12.80%
500	2 379	2 879	8.00%	14.50%	17.37%	13.02%
750	2 027	2 777	9.00%	16.00%	27.01%	13.50%

债务水平为250万元时为最佳资本结构，此时，加权平均资本成本最低，股票价格最高。

（6）在上述分析中，如果公司的经营风险高于预期，则不仅会影响公司的息税前利润，而且会提高公司风险，需要重新评估公司的β系数、债务资本成本、股权资本成本和公司价值。相反，如果公司的经营风险低于预期，则会降低公司风险，从而降低资本成本。

（7）在上述分析的基础上，根据XYZ公司与同行业竞争者的相关数据，利用回归模型估计的XYZ公司负债率计算如下：

债务/股权比率 = 0.10 - 2.8 × (EBIT的方差) + 2.0 × (EBIT/市场价值) + 0.3 × 税率

$D/E = 0.1 - 2.8 \times 20\% + 2 \times 28\% + 0.3 \times 25\% = 17.5\%$

$D/V = 17.5\% / (1 + 17.5\%) = 14.89\%$

按回归模型估计的 XYZ 公司负债率为 14.89%，在这一水平下，公司债务水平介于 250 万—500 万元。

与同行业竞争者比较，XYZ 公司的 EBIT 波动率低于竞争对手，EBIT/公司市场价值比率高于竞争对手，表明公司的经营风险相对较低，初始获利能力较强，因此，公司的债务水平应高于同行业平均水平。由于公司的所得税税率高于竞争对手，因此负债经营可以获得更多的抵税效应。

（8）XYZ 公司发行新债回购股票，可以获得利息抵税效应、提高股票价格，是一个好的资本结构调整方式。但在分析中假设公司的收益全部用于股利分配，公司增长率为零，这种假设与现实可能不相符。在分析中应该进行敏感性分析，比较不同的增长率、资本成本对公司价值的影响。

根据假设和估价模型计算的负债率和根据回归模型计算的负债率存在偏差，表明在分析时，模型可能遗漏了某些影响公司资本结构的重要因素。公司的主管们可能提出许多问题，与公司的经营风险、系统风险（β 系数）、信用评级、资产结构、盈利能力、现金流量、税率、股利政策，以及同类产品的竞争、经济环境、经济周期、货币政策、环境和环保等相关的因素等都会影响公司资本结构。

第八章 股利政策

[关键知识点]

现金股利、股票回购、股票股利、股票分割、股利政策无关论、差别税收理论、交易成本与代理成本、信号传递理论、剩余股利政策、固定股利、固定股利支付率。

习题与案例

一、单项选择题

1. 下列关于股票回购的说法中正确的是(　　)。
   A. 股票回购是现金股利的替代方式　　B. 股票回购与现金股利无关
   C. 股票分割是股票回购的替代方式　　D. 股票股利是股票回购的替代方式
2. 当公司宣告派发股利时,这一事件向市场传递的信号是(　　)。
   A. 公司的经营业绩稳定　　B. 公司未来的投资支出较大
   C. 公司的负债水平过高　　D. 公司的内部资金太少
3. 公司采用剩余股利政策的首要原因是(　　)。
   A. 保持理想的资本结构　　B. 使股利与公司盈余紧密结合
   C. 保持各期发放的股利相等　　D. 用于盈利性投资项目资本的需要
4. 公司的股利随着公司收益的变动而变动,这种股利政策是(　　)。
   A. 剩余股利政策　　B. 低正常股利加额外股利政策
   C. 固定股利支付率政策　　D. 固定股利或稳定增长股利政策
5. 下列各项中不能用于分配股利的是(　　)。
   A. 净收益　　B. 资本公积
   C. 盈余公积　　D. 上年度未分配利润
6. 对公司利润分配进行超额累积利润限制的主要原因是(　　)。
   A. 避免资本结构失调　　B. 避免损害少数股东权益
   C. 避免经营者短期行为　　D. 避免公司帮助股东避税
7. 确定股东是否有资格领取股利的截止日期为(　　)。
   A. 除息日　　B. 股利支付日　　C. 股权登记日　　D. 股利宣告日
8. 公司股票分割一般不会引起(　　)。
   A. 每股收益变化　　B. 发行在外的股数变化
   C. 每股市价变化　　D. 公司财务结构变化
9. 股票股利是指公司将应分给投资者的股利以股票的形式发放,下列选项中体现股票股利特点的是(　　)。

A. 股票股利只是资本在股东权益账户之间的转移,属于公司资本的运用
B. 股票股利将资本从留存收益账户转移到股东权益账户
C. 股票股利改变每位股东的股权比例,增加公司资产
D. 股票股利降低了公司的资产负债率

10. 根据差别税收理论,公司留存收益而不是支付股利的主要原因是(　　)。
A. 股利收入所得税税率低于资本利得所得税税率
B. 资本利得税要递延到股票真正售出时才发生
C. 在风险相同的条件下,支付股利的股票要求的预期税前收益率比较低
D. 在风险相同的条件下,支付股利的股票要求的预期税前收益率等于不支付股利的股票要求的预期税前收益率

二、多项选择题

1. 现金股利与股票回购的相同之处在于(　　)。
   A. 公司价值都将降低　　　　　　B. 都产生现金流出
   C. 都将减少股东权益　　　　　　D. 股票价格都会有所变化
   E. 都将减少发行在外的流通股股数

2. 公司将回购的股票作为"库存股",在我国库存股主要用于(　　)。
   A. 公司发行的可转债转换股票　　B. 员工持股和股权激励
   C. 也可出售增加公司现金　　　　D. 债务融资抵押品
   E. 采取股票对价进行并购

3. 我国相关法律对公司股利的分配进行了一定的限制,主要内容包括(　　)。
   A. 资本保全　　B. 公司积累　　C. 净利润　　D. 超额累计利润
   E. 兼顾各方利益

4. 如果公司认为目前股票市价较高,则要想降低公司的股票价格,可以采用的方式有(　　)。
   A. 发放股票股利　　　　　　　　B. 发放现金股利
   C. 进行股票分割　　　　　　　　D. 进行股票合并
   E. 回购股票

5. 影响股利政策的因素有(　　)。
   A. 法律因素　　　　　　　　　　B. 契约性约束因素
   C. 公司因素　　　　　　　　　　D. 股东因素
   E. 社会环境因素

6. 下列有关股利发放的代理理论的观点中正确的有(　　)。
   A. 股利发放将减少由于控制权和所有权分离而产生的代理成本
   B. 股利发放增加了资本市场的监管,减轻了代理冲突
   C. 较高的股利支付率隐含着较高的外部融资成本,降低了公司价值
   D. 股利支付率越高,外部融资成本相对越低
   E. 最佳股利支付率是股利支付增加的外部融资成本与减少的代理成本相互权衡的结果

7. 信号传递理论认为,股利是管理当局向外界传递其掌握的内部信息的一种手段,下列

说法中正确的有(　　)。
　　A. 外部投资者通常会根据公司的股利政策所传递出的信号进行证券估价
　　B. 公司增发现金股利可能向市场传递公司未来没有更好的投资机会
　　C. 公司减发现金股利可能向市场传递公司未来没有更好的投资机会
　　D. 公司增发股利可能向市场传递公司经营业绩比较好
　　E. 公司减发股利可能预示留存收益创造的收益高于股东进行股利再投资创造的收益
8. 下列利润分配方式中不改变股东权益总额的有(　　)。
　　A. 股票股利　　　B. 现金股利　　　C. 股票分割　　　D. 股票回购
　　E. 固定股利
9. 确定公司利润分配政策时需要考虑的法律因素主要包括(　　)。
　　A. 资本保全限制　　　　　　　　B. 公司积累限制
　　C. 超额累积利润限制　　　　　　D. 稳定股价限制
　　E. 满足可转换条款
10. 下列各项中属于股票回购给公司带来的益处的有(　　)。
　　A. 股票回购在一定程度上降低了公司被收购的风险
　　B. 股票回购可以改变公司的资本结构,降低负债比例,发挥财务杠杆作用
　　C. 股票回购可以避免股利波动带来的负面影响
　　D. 股票回购可以减少全部流通股的数量,降低股票价格
　　E. 股票回购导致公司股票市价上升,使公司价值达到最大

三、判断题

1. 股票分割不仅有利于促进股票流通和交易,而且有助于公司并购政策的实施。(　　)
2. 公司发放股票股利引起每股收益下降,从而导致每股市价有可能下跌,每位股东所持股票的市场价值总额也将随之下降。(　　)
3. 在除息日之前,股利权从属于股票持有者。从除息日开始,新购入股票的人不能分享本次已宣告发放的股利。(　　)
4. 资本保全约束要求公司在分配收益时按一定的比例和基数提取各种公积金。(　　)
5. 股票回购容易造成公司现金紧缺,资产的流动性变差。(　　)
6. 股利政策无关论认为,公司价值是由公司投资决策所确定的本身获利能力和风险组合决定,而不是由公司盈余分割方式决定的。(　　)
7. 实证研究发现,资产组合的系统风险较高的投资者常常偏好低股利收益率的股票,而年龄较大、收入较低的投资者偏好高股利收益率的股票。(　　)
8. 在固定股利支付率政策下,公司每年发放的股利会与公司收益的变动保持一致,从而使股票市价保持基本稳定。(　　)
9. 所谓剩余股利政策,就是公司有着良好的投资机会时,公司的盈余应该首先满足投资机会的需要。(　　)
10. 在我国上市公司的股利分配方案中常常出现"转增""送股"等概念,送股股本来自公司年度税后利润,而转增股本却来自公积金。(　　)

四、计算分析题

1. 假设你持有 15% 的 LGS 公司流通在外的普通股,每股股价为 64 元,流通在外的普通股股数为 50 000 股,公司管理层宣布进行 1∶4 的股票分割计划。

要求:

(1) 试分析股票分割后你所持有的股票总价值的变化。

(2) 公司管理层相信在股票分割后因市场有正面反应,股价只会下跌 40%,试分析你的获利情况。

2. 某运输公司未来 5 年预计税后利润如下表所示。公司现有发行在外的普通股 100 万股,公司有以下股利政策可供选择:

(1) 保持 30% 的股利支付率。

(2) 发放固定金额的股利,使其总额为 5 年税后利润的 50%。

(3) 除发放每股 0.1 元的固定小额现金股利外,如果任一年的利润超过 2 000 000 元,则在年末发放额外股利,其金额为超过 2 000 000 元部分的 50%。

公司未来 5 年预计税后利润　　　　　　　　　　　　　　　　单位:元

年份	税后利润
1	1 300 000
2	2 000 000
3	900 000
4	1 600 000
5	2 700 000

要求:计算每种情况下公司每年发放的现金股利。

3. MAC 公司是一家从事房地产开发的上市公司,现有流通在外的普通股 500 000 股。公司当期的税后利润为 660 000 元,市盈率为 10 倍。公司董事会宣布按每 10 股送 2 股的方案发放股票股利。

要求:

(1) 分别计算股票股利发放前和发放后的股票价格。

(2) 假设在股利发放前某投资者拥有 1 000 股该公司股票,分析股利发放后投资者股票总价值的变化。

4. 某公司正在决定是以现金股利还是以股票回购方式向股东发放多余的现金 500 万元。该公司目前的每股收益为 1.5 元,每股价格为 20 元。在支付 500 万元之前公司简易资产负债表如下表所示。

简易资产负债表　　　　　　　　　　　　　　　　　　　　单位:万元

资产	金额	负债和股东权益	金额
现金	500	负债	1 000
其他资产	2 500	股东权益	2 000
资产总计	3 000	负债和股东权益总计	3 000

要求：

(1) 评价两种方案对股价、每股收益和市盈率的影响。

(2) 如果采用股票回购方案，公司希望通过市场回购股票使每股收益上升为 2.5 元，计算公司应回购的股票数量。

5. MBC 公司拥有 20 万股面值为 2 元的流通在外的普通股。由于金融危机，人们估计经济将进入一个持续低增长时期，其吸引的投资必定很少。此前，公司认为有必要将其收益的大部分进行再投资，以保持其平均每年 12% 的收益增长率。现在看来，5% 的收益增长率比较切合实际，但这会要求增加股利分配。此外，公司的股东要求收益率至少为 14%，2020 年投资项目总额为 80 万元。预计 2020 年公司净利润为 200 万元，公司目前的股利支付率为 20%。

要求：

(1) 假定 2020 年投资项目的资本全部来自留存收益，满足投资需求后的利润全部向股东派发股利，试计算 2020 年每股股利(DPS)和股利支付率。

(2) 假设公司股利固定增长率为 5%，根据(1)的计算结果确定普通股的内在价值。

(3) 如果公司继续保持 20% 的股利支付率，股利固定增长率为 12%，计算普通股的内在价值，并结合(3)的计算结果评价股利支付率提高对股东财富的影响。

6. MIB 公司 2020 年实现净利润 1 500 万元，公司的目标资本结构为 40% 的负债和 60% 的股东权益，公司流通在外的普通股为 500 万股。若公司 2021 年投资计划所需的资本为 2 000 万元。

要求：

(1) 按照剩余股利政策计算公司的股利发放额、股利支付率和每股股利。

(2) 如果公司股利支付率为 40%，在市盈率为 10、每股收益为 3 元的条件下，计算公司为满足下一年度投资计划所需资本应增发的普通股股数(公司目标资本结构保持不变)。

7. PAT 公司 2020 年年末资产总额为 5 000 万元，负债比率为 40%，其股权资本包括普通股和留存收益，每股净资产为 10 元，负债的年平均利率为 8%。公司 2021 年年初未分配利润为 –270 万元(超过税法规定的税前弥补期限)，当年实现营业收入 6 000 万元，变动成本率为 60%，固定经营成本为 1 000 万元，公司所得税税率为 25%，公司按 10% 提取盈余公积金。

要求：

(1) 计算公司 2020 年年末的股权资本和普通股股数。

(2) 假设负债总额和普通股股数保持 2020 年的水平不变，计算公司 2021 年的税后利润和每股收益。

(3) 结合(2)，如果公司 2021 年采取固定股利政策(每股股利 0.5 元)，计算公司本年度提取的盈余公积金和发放的股利额。

(4) 如果公司 2021 年采取剩余股利政策，计划下年度追加投资 2 000 万元，继续保持 2020 年的资本结构不变，分析公司 2021 年是否应给股东派发股利。

(5) 结合(4)，如果下年度追加投资所需股权资本通过增发优先股来解决，优先股的股息率为 12%，资本结构仍保持 2020 年的不变，追加投资后假设负债的平均利率上升为 10%，预计下年度实现的息税前利润与 2021 年相同，计算追加投资后的财务杠杆系数(DFL)。

8. BEC 公司 2020 年实现净利润 3 000 万元，既可用于发放股利，又可留存，假设公司目前不存在有息负债。2021 年公司预计有三个可以考虑的追加投资机会，需要追加的投入资本

(来自有息长期负债和股权资本)分别为:机会A 2 400万元,机会B 3 600万元,机会C 4 800万元。公司适用的所得税税率为25%。

要求:针对以下三种不同的股利分配政策完成相应表格(表1、表2、表3)中的空白部分。

(1) 如果BEC公司采用剩余股利政策,则最优资本结构为30%的负债和70%的股东权益。有息长期负债假设全部为平价债券,债券的票面年利率为8%。无风险收益率为5%,公司股票的β系数为1.2,市场组合的收益率为10%。

表1　BEC公司的股利政策与资本支出计划(剩余股利政策)

项目	投资机会		
	A	B	C
资本支出预算额(万元)	2 400	3 600	4 800
净利润(万元)	3 000	3 000	3 000
资本支出所需的股权资本(万元)			
股利发放额(万元)			
股利支付率			
增发的普通股(万元)			
增发的长期债券(万元)			
股权资本成本			
税后债务资本成本			
新增资本的加权平均资本成本			

(2) 如果BEC公司采用固定股利政策,则固定的股利支付额为900万元。有息长期负债假设全部为平价债券,债券的票面年利率为8%。目前,公司股票的总市价为5 000万元。外部筹资时发行债券筹资优先于增发普通股筹资,但长期债券筹资额不得高于追加投资资本的45%。

表2　BEC公司的股利政策与资本支出计划(固定股利政策)

项目	投资机会		
	A	B	C
资本支出预算额(万元)	2 400	3 600	4 800
净利润(万元)	3 000	3 000	3 000
留存收益满足资本支出数额(万元)			
股利发放额(万元)			
股利支付率			
增发的长期债券(万元)			
增发的普通股(万元)			
股权资本成本			

(3) 如果BEC公司采用固定股利支付率政策,则股利支付率为35%,股利固定增长率为6%。有息长期负债假设全部为平价债券,债券的票面年利率为8%。目前,公司股票的总市

价为8 000万元。外部筹资时发行债券筹资优先于增发普通股筹资,但长期债券筹资额不得高于追加投资资本的40%。

表3 BEC公司的股利政策与资本支出计划(固定股利支付率政策)

项目	投资机会		
	A	B	C
资本支出预算额(万元)	2 400	3 600	4 800
净利润(万元)	3 000	3 000	3 000
留存收益满足资本支出数额(万元)			
股利发放额(万元)			
股利支付率			
增发的长期债券(万元)			
增发的普通股(万元)			
股权资本成本			

9. WGN公司本年实现净利润1 650万元,其中50%用于公司目前极佳的投资项目,剩余部分可作为股利发放。公司目前流通在外的普通股为206.25万股,每股市价为32元。王先生作为公司的主要股东(持有18.75万股),对公司的许多管理政策表示不满,管理部门希望通过回购其持有的股票解决这一问题。王先生表示同意并要价32元/股。假设目前市场上用于估值的市盈率为4倍。

要求:分析公司是否应该回购王先生的股票。假设如果王先生的股票被回购,则公司不对其支付股利(提示:计算在回购与不回购情况下的股票价格和所得股利,以决定剩余股东的每股股票价值)。

10. BBC公司当前税后利润为6 000万元,流通在外的普通股为1 000万股,当前每股市价为50元。公司计划向现有股东分配4 000万元的收益,分配方案有两种:以现金股利方式,或以股票回购方式。公司主要股东主张采取股票回购方式,并建议以每股54元的价格回购740 741股。如果发放现金股利4 000万元,则股利发放后,每股市价将为50元。

要求:
(1)假设不考虑税收因素,两种方案对BBC公司股东财富有什么影响?
(2)如果大多数股东的边际税率比较高,则哪种方案更有利?
(3)除税收因素外,你认为公司采取股票回购方式的目的或动机是什么?

11. 某公司当前息税前利润为100万元,年利息费用和折旧费用均为40万元。现有债务要求公司每年向偿债基金存入30万元。公司希望今年能发放20万元的现金股利,但这要求公司的现金流量(在满足偿债基金需求和支付股利之前的现金流量)大于公司的股利、利息和偿债基金需求三者之和,否则公司现有的债务契约将禁止发放现金股利。假设公司所得税税率为30%。

要求:
(1)该公司能否发放计划中的现金股利?
(2)该公司最多能发放多少现金股利?

12. SAT公司是一家上市公司,有关资料如下:

资料1——2020年3月31日,公司股票每股市价为25元,每股收益为2元;股东权益项目构成如下:普通股4000万股,每股面值1元,共计4000万元;资本公积500万元;留存收益9500万元。公司实行稳定增长的股利政策,股利年增长率为5%。目前一年期国债利率为4%,市场组合风险溢价为6%。

资料2——2020年4月1日,公司公布2019年度分红方案:凡在2020年4月15日前登记在册的本公司股东,有权享有每股1.15元的现金股息分红,除息日是2020年4月16日,享有本次股息分红的股东可于5月16日领取股息。

要求:

(1) 根据资料1,计算SAT公司股票的市盈率;若SAT公司股票所含系统风险与市场组合的风险一致,确定SAT公司股票的β系数;若SAT公司股票的β系数为1.05,运用资本资产定价模型计算其必要收益率。

(2) 假定目前普通股每股市价为23元,根据资料1和资料2,运用股利折现模型计算股权资本成本。

(3) 假定SAT公司发放10%的股票股利替代现金分红,并于2020年4月16日完成该分配方案,结合资料1计算完成分配方案后的普通股股数和股东权益各项目的数额。

(4) 假定2020年3月31日SAT公司准备用现金按照每股市价25元回购800万股股票,且公司净利润与市盈率保持不变,结合资料1计算净利润、股票回购之后的每股收益、股票回购之后的每股市价。

13. 你是一个机构投资者,收集到五家医药公司的有关信息(见下表),并对其股利政策进行评估。假设这期间平均无风险利率为5%,市场风险溢价为6.5%。

五家医药公司收益、资本成本、股利政策比较

公司	FCFE（万元）	股利（万元）	ROE	β系数	资本成本	比较(3)和(5)	股利/FCFE
	(1)	(2)	(3)	(4)	(5)	(6)	(7)
A	500	300	8.00%	0.85			
B	600	120	14.50%	1.32			
C	-150	50	4.00%	1.25			
D	200	100	1.50%	0.90			
E	-50	80	14.00%	1.05			

要求:

(1) 计算表中第(5)栏、第(7)栏中的数据,比较净资产收益率(ROE)和资本成本,在第(6)栏填列"是"或"否"。

(2) 你认为这五家公司中,哪些公司应提高股利支付率,哪些公司应降低股利支付率?

(3) 如果未来医药行业有较大的发展机会,在什么条件下你会修改在问题(2)中所得出的某些结论?

14. Int公司正考虑是否应该支付股利。目前,公司未清偿债务为1亿元,流通在外的普通股为3000万股,每股市价为10元;净利润为9000万元,折旧费为1000万元。公司的股权资本成本为12%,债务资本成本为7%,所得税税率为25%。公司预计的投资项目如下表所示。

表 Int 公司投资项目　　　　　　　　　　　　　　　　　　单位：万元

项目	初始投资	EBIT	年折旧	项目期限	残值
1	1 000	100	50	5	250
2	4 000	500	100	10	1 000
3	5 000	500	100	10	1 000

公司计划未来投资项目所需资本的25%通过债务融资解决。

要求：

(1) 公司应选择哪一个投资项目？假设项目风险与公司风险相同。

(2) 公司应支付（如果有）多少股利？

15. ASD公司当前流通在外的普通股为5 000万股，每年股利为2元。公司负债率为30%，所得税税率为25%，公司简易利润表如表1所示。随着公司投资机会的变化，公司将考虑调整股利政策。

表 1　ASD 公司简易利润表　　　　　　　　　　　单位：万元

项目	当前	明年
EBITDA	100 000	120 000
折旧	20 000	22 000
EBIT	80 000	98 000
利息	20 000	21 100
EBT	60 000	76 900
所得税	15 000	19 225
净利润	45 000	57 675

公司当前的资本支出为5亿元，下一年度，公司预计将有如表2所示的五个投资项目。

表 2　ASD 公司投资项目

项目	投资额(万元)	内部收益率	β 系数
A	10 000	9.5%	0.8
B	20 000	11.0%	1.0
C	30 000	12.0%	1.4
D	40 000	14.0%	2.0
E	50 000	16.0%	2.4

公司当前股票的 β 系数为1.0，当前国债利率为5%，市场风险溢价为6.5%。公司估计今年和明年营运资本追加支出分别为5 000万元和6 000万元。公司计划将其净资本支出和营运资本追加支出所需资本的30%通过债务融资解决，假设债务利率为8%。

要求：

(1) 公司当前的股利支付率是多少？发放的股利占股权自由现金流量的比例是多少？

(2) 计算各投资项目和公司加权平均资本成本。如果按项目资本成本与按公司加权平均资本成本进行项目决策发生矛盾,你会以哪种标准进行项目决策?为什么?明年预计的资本支出是多少?也就是说,你会接受五个投资项目中的哪几个项目。

(3) 公司明年可用于发放股利的现金有多少?也就是说,公司发放股利的最大数量是多少?

(4) 公司会支付最大数量的股利吗?为什么?公司做出决定时要考虑其他哪些因素?

(5) 公司当前有 1 亿元的现金余额(支付了当年的股利之后),如果明年支付的股利为 1.25 亿元,则明年年底现金余额预计为多少?

16. 假设你被邀请对 CNN 公司今后 5 年内可用于回购股票和支付股利的现金流量进行预测。在预测之前,假设 2020 年公司有关基础数据和增长情况如下:

(1) 净利润为 450 亿元,预计每年递增 10%。

(2) 资本支出为 490 亿元,折旧为 290 亿元,估计每年递增 8%。

(3) 营业收入为 3 700 亿美元,预计每年递增 5%。

(4) 营运资本为 370 亿元,营运资本占收入的比率保持在 2020 年的水平。

(5) 通过债务融资解决的净资本支出和营运资本追加支出的比例为 30%。

要求:

(1) 估计公司今后 5 年可用于支付股利和回购股票的现金。

(2) 有关现金流量的各种不确定性会影响你的股利决策和股票回购决策吗?

17. CNB 公司正在考虑重新修订公司的股利政策。2020 年,公司实现的净利润为 7 000 万元,资本支出为 1.5 亿元,折旧为 6 000 万元,营运资本为 8 000 万元,营业收入为 80 000 万元。公司可以预期:

(1) 净利润在今后 5 年每年递增 15%。

(2) 资本支出和折旧在今后 5 年每年递增 10%。

(3) 营运资本占营业收入的比例保持在 2020 年的水平,营业收入预计每年递增 12%。公司目前的净资本支出和经营性营运资本全部来自股权融资。

要求:

(1) 估计今后 5 年公司各年支付现金股利的最大值。

(2) 如果公司打算通过债务融资解决 25%的净资本支出和经营性营运资本,则(1)的答案会发生怎样的变化?

五、案例分析题

SSR 公司是由两位软件工程师创办的合伙企业。随着企业的发展,两位创始人希望引入其他股东,将企业改组成公司形式,并在合适的时机上市筹资。到目前为止,公司创造的盈余全部用于再投资,因此不存在股利分配问题。在引入其他投资者或成为上市公司后,两位创始人需要了解有关股利政策的相关问题。假设你最近被一家咨询公司聘用,其要求你为 SSR 公司的股利政策提供帮助。为此,你被要求给公司的两位创始人提供一份书面材料,在这份材料中你需要对股利政策的相关理论和实务问题向两位创始人进行解释。

1. 由沃伦·巴菲特(Warren Buffett)创建于 1956 年的伯克希尔·哈撒韦公司,是一家世界著名的保险和多元化投资集团,总部在美国。该公司主要通过国民保障公司和 GEICO 公司及再保险巨头通用科隆再保险公司等附属机构从事财产/伤亡保险、再保险业务。伯克希尔·哈撒韦公司在珠宝经销连锁店 Helzberb Diamonds、糖果公司 See's Candies,InC.、从事飞行培训业务的 Flight Safety 公司等拥有股份;公司还持有美国运通、可口可乐、吉列等公司的股份。查阅巴菲特传记等资料,发现巴菲特很少向投资者派发现金红利。请向 SSR 公司两位创始人解释巴菲特思想,说明公司在什么时候应该向投资者派发现金股利。

2. 假设某公司有关资料如下:股票账面价值 = 初始价值,股票价格(P_0) = 30 元/股,净资产收益率(ROE) = 15%,每股收益(EPS) = 4.5 元(30×15%),每股股利 = 每股收益×股利支付率,股利增长率(g) = (1 - 股利支付率)×净资产收益率,股权资本成本(r_e) = 股利收益率 + 股利增长率。假设公司无论采取何种股利政策,公司投资机会均保持不变。如果提高股利支付率,则公司资本预算所需要的股权资本可通过发行新股筹得;如果公司留存收益超过资本预算所需要的股权资本,则公司可通过回购股票减少股本。为简化,假设没有交易费用。请根据股利无关论说明股利支付率对股权资本成本的影响。

3. 根据 2 中的数据,假设股利支付率分别为 0、50%、100% 时股票价格分别为 30 元/股、25 元/股、20 元/股。请根据税收差别理论说明不同股利支付率对股权资本成本的影响。

4. 举例说明公司如何根据股东偏好确定股利政策。

5. 你认为股利增加或减少会向市场传递什么信号?请根据信号传递理论解释下列现象:

(1) 一家制造公司在过去 5 年内每年以 5% 的增长率向股东派发现金股利。2020 年 4 月,公司年报宣布对 2019 年的收益进行股利分配,股利支付从每股 1.0 元提高至 1.02 元,你认为股价对此公告会做出何种反应?为什么?

(2) 一家软件公司上市后近年来高速增长,创造的利润全部留存,以满足日益增长的投资机会,因此公司从未派发股利。但它宣布下季度将开始派发股利,你认为股价会做出何种反应?为什么?

(3) 一家小制造厂商在过去 5 年内每年都向股东支付每股 1 元的股利,它宣布明年每股股利将提高至 1.25 元,你认为股价会有何变动?为什么?

(4) 一家服装零售商宣布由于收入和盈利的迅速下滑,下年将削减股利,你认为股价会做何反应?为什么?

(5) 某公司迫于股东压力,宣布通过出售部分资产的形式大大提高对股东的股利支付,你认为股价会有何变动?为什么?

6. 一个资本支出少、股利支付水平高的公司,正在进军一个资本支出较多的新行业。公司应采取何种股利政策?在实际中可能遇到什么问题?

7. 假如你正在比较三家公司不同的股利支付。在除息日,三家公司的有关信息如下表所示。

三家公司股利发放前后每股价格   单位:元

项目	A 公司	B 公司	C 公司
股利发放前每股价格	50	70	100
股利发放后每股价格	48	67	95
每股股利	4	4	5

如果你是一个免税投资者,你会利用哪家公司的股利套利获得超额收益?具体怎么做?

8. 一家有超额现金的公司要决定是支付定期股利,还是支付额外股利,抑或是进行股票回购,在做出决定时要考虑哪些因素?

9. 一家培训教育上市公司,2018 年、2019 年现金分红分别为 14.19 亿元、14.8 亿元,占当期归属于上市公司股东净利润的 123%、82%,占当期可供分配利润的 99%、97%。你认为该公司派发股利的现金是从哪里来的?这种分配方案是否造成现金短缺,以及是否影响公司正常经营及资本支出?

参 考 答 案

一、单项选择题

| 1. B | 2. A | 3. D | 4. C | 5. B |
| 6. D | 7. C | 8. D | 9. B | 10. B |

二、多项选择题

| 1. BCD | 2. ABCE | 3. ABCD | 4. ABC | 5. ABCD |
| 6. ABCE | 7. ABDE | 8. AC | 9. ABC | 10. AC |

三、判断题

| 1. √ | 2. × | 3. √ | 4. × | 5. √ |
| 6. √ | 7. √ | 8. × | 9. × | 10. √ |

四、计算分析题

1. 解:

(1) 股票分割前后持股价值:

股票分割前持股价值 = 64 × 50 000 × 15% = 480 000(元)

股票分割后持股 = 50 000 × 15% × 4 = 30 000(股)

股票分割后持股价值 = (64/4) × 30 000 = 480 000(元)

可见股票分割前后持股价值保持不变。

(2) 股票分割后股价下跌 40%:

股票分割后股价 = 64 × (1 - 40%) = 38.4(元/股)

股票分割后持股价值 = 30 000 × 38.4 = 1 152 000(元)

股票分割获利 = 1 152 000 - 480 000 = 672 000(元)

2. 解:

(1) 和(3) 每年股利如下表所示。

每年税后利润和股利　　　　　　　　　　　　　　　　　　　单位：元

年份	税后利润	（1）每年股利	（3）每年股利
1	1 300 000	390 000	100 000
2	2 000 000	600 000	100 000
3	900 000	270 000	100 000
4	1 600 000	480 000	100 000
5	2 700 000	810 000	450 000
合计	8 500 000	2 550 000	850 000

表中，(1)和(3)两种股利政策下每年股利计算如下：

第(1)种股利政策下每年股利 = 每年税后利润 × 30%

第(3)种股利政策下第1—4年股利 = 1 000 000 × 0.1 = 100 000(元)

第(3)种股利政策下第5年股利 = 1 000 000 × 0.1 + (2 700 000 − 2 000 000) × 50% = 450 000(元)

第(2)种股利政策下每年发放的现金股利计算如下：

固定股利/税后利润 = 50%，则：

5年支付股利 = 8 500 000 × 50% = 4 250 000(元)

每年支付的固定股利 = 4 250 000/5 = 850 000(元)

3. 解：

(1) 股利发放前股票价格 = $\dfrac{660\,000}{500\,000} \times 10 = 13.2$(元/股)

股利发放后股票价格 = $\dfrac{660\,000}{500\,000 \times (1 + 2/10)} \times 10 = 11$(元/股)

(2) 股利发放前股票总价值 = 13.2 × 1 000 = 13 200(元)

股利发放后股票总价值 = 11 × 1 000 × (1 + 2/10) = 13 200(元)

4. 解：

(1) 发放现金股利、股票回购的影响。

发放现金股利：

公司已发行的普通股股数 = 2 000 ÷ 20 = 100(万股)

每股现金股利 = 500 ÷ 100 = 5(元)

股利发放之后，由于公司总资产下降500万元，股东权益也下降500万元，变为1 500万元，故新股价格 = 1 500 ÷ 100 = 15(元/股)。

发放股利之后，公司的每股收益保持不变，仍为1.5元，但市盈率将变为：

市盈率 = 15 ÷ 1.5 = 10(倍)

股票回购：

股票回购后公司流通在外的普通股股数 = 100 − (500 ÷ 20) = 75(万股)

除权之后，新股价格 = 1 500 ÷ 75 = 20(元/股)，所以股价未发生变化。

公司的净利润 = 1.5 × 100 = 150(万元)

每股收益 = 150 ÷ 75 = 2(元)，所以每股收益上升。

市盈率 = 20 ÷ 2 = 10(倍)

(2) 由于预计回购后每股收益为2.5元，则有：

$$150 \div (100 - 回购股数) = 2.5(元)$$

解得:

回购股数 = 40(万股)

5. 解:

(1) 股利支付率计算如下:

$$DPS = \frac{200 - 80}{20} = 6(元)$$

$$EPS = 200 \div 20 = 10(元)$$

股利支付率 = DPS/EPS = 60%

(2) 股利固定增长率为5%,股票内在价值为:

$$P_0 = \frac{DPS_1}{r_e - g} = \frac{6}{14\% - 5\%} = 66.67(元)$$

(3) 如果按20%的股利支付率计算,$DPS_1 = 10 \times 20\% = 2(元)$,则有:

$$P_0 = \frac{2}{14\% - 12\%} = 100(元)$$

在(2)中,股利支付率为60%,公司增长率为5%,公司将大部分收益作为股利返还给股东,由于增长减缓减减少了对资本的需求,结果导致股价下跌了33%。

6. 解:

(1) 投资计划所需的股权资本 = 2 000 × 60% = 1 200(万元)

股利发放额 = 1 500 - 1 200 = 300(万元)

股利支付率 = (300 ÷ 1 500) × 100% = 20%

每股股利 = 300 ÷ 500 = 0.6(元)

(2) 股利支付额 = 1 500 × 40% = 600(万元)

留存收益 = 1 500 - 600 = 900(万元)

需对外发行新股筹资额 = 1 200 - 900 = 300(万元)

股票发行价格 = 10 × 3 = 30(元)

应增发的普通股股数 300 ÷ 30 = 10(万股)

7. 解:

(1) 2020年年末的股权资本 = 5 000 × (1 - 40%) = 3 000(万元)

2020年年末普通股股数 = 3 000 ÷ 10 = 300(万股)

(2) 2021年的税后利润 = [6 000 × (1 - 60%) - 1 000 - 5 000 × 40% × 8%] × (1 - 25%)
= 930(万元)

每股收益 = 930 ÷ 300 = 3.1(元)

(3) 提取的盈余公积金 = (930 - 270) × 10% = 66(万元)

发放的股利额 = 300 × 0.5 = 150(万元)

(4) 追加投资所需股权资本 = 2 000 × (1 - 40%) = 1 200(万元)

公司当期实现的净利润为930万元,因此根据剩余股利政策,公司当年不应给股东派发股利。

(5) 公司需要发行的优先股 = 1 200 - 930 = 270(万元)

公司按原有的资本结构筹集资金后负债 = (5 000 + 2 000) × 40% = 2 800(万元)

2021 年度公司的息税前利润 = 6 000 × (1 - 60%) - 1 000 = 1 400(万元)

DFL = 1 400 / [1 400 - 2 800 × 10% - 270 × 12% / (1 - 25%)] = 1.3(倍)

8. 解:

(1)(2)(3)计算结果分别如表 1、表 2、表 3 所示。

表 1 BEC 公司的股利政策与资本支出计划(剩余股利政策)

项目	投资机会		
	A	B	C
资本支出预算额(万元)	2 400	3 600	4 800
净利润(万元)	3 000	3 000	3 000
资本支出需要的股权资本(万元)	1 680	2 520	3 360
股利发放额(万元)	1 320	480	0
股利支付率	44%	16%	0%
增发的普通股(万元)	0	0	360
增发的长期债券(万元)	720	1 080	1 440
股权资本成本	11%	11%	11%
税后债务资本成本	6%	6%	6%
新增资本的加权平均资本成本	9.5%	9.5%	9.5%

以投资机会 A 为例进行说明:

资本支出需要的股权资本 = 2 400 × (1 - 30%) = 1 680(万元)

股利发放额 = IF(净利润 > 资本支出需要的股权资本, 净利润 - 资本支出需要的股权资本, 0)

股利支付率 = 1 320/3 000 = 44%

增发的普通股 = IF(净利润 > 资本支出需要的股权资本, 0, 资本支出需要的股权资本 - 净利润)

增发的长期债券 = 2 400 - 1 680 = 720(万元)

股权资本成本 = 5% + 1.2 × (10% - 5%) = 11%

税后债务资本成本 = 8% × (1 - 25%) = 6%

加权平均资本成本 = 6% × 30% + 11% × (1 - 30%) = 9.5%

表 2 BEC 公司的股利政策与资本支出计划(固定股利政策)

项目	投资机会		
	A	B	C
资本支出预算额(万元)	2 400	3 600	4 800
净利润(万元)	3 000	3 000	3 000
留存收益满足资本支出数额(万元)	2 100	2 100	2 100
股利发放额(万元)	900	900	900
股利支付率	30%	30%	30%
增发的长期债券(万元)	300	1 500	2 160
增发的普通股(万元)	0	0	540
股权资本成本	18%	18%	18%

以投资机会 A 为例进行说明：

留存收益满足资本支出数额 = 3 000 - 900 = 2 100(万元)

股利支付率 = 900/3 000 = 30%

增发的长期债券 = IF[(资本支出预算额 - 留存收益满足资本支出数额) < 资本支出预算额 × 45%, 资本支出预算额 - 留存收益满足资本支出数额, 资本支出预算额 × 45%]

增发的普通股 = 资本支出预算额 - 留存收益满足资本支出数额 - 增发的长期债券

股权资本成本 = 固定股利/股票总市值 = 900/5 000 = 18%

表3 BEC公司的股利政策与资本支出计划(固定股利支付率政策)

项目	投资机会		
	A	B	C
资本支出预算额(万元)	2 400	3 600	4 800
净收益(万元)	3 000	3 000	3 000
留存收益满足资本支出数额(万元)	1 950	1 950	1 950
股利发放额(万元)	1 050	1 050	1 050
股利支付率	35%	35%	35%
增发的长期债券(万元)	450	1 440	1 920
增发的普通股(万元)	0	210	930
股权资本成本	19.91%	19.91%	19.91%

以投资机会 A 为例进行说明：

留存收益满足资本支出数额 = 净利润 - 净利润 × 35%
$$= 3\,000 - 3\,000 \times 35\% = 1\,950(万元)$$

股利发放额 = 净利润 × 35% = 3 000 × 35% = 1 050(万元)

增发的长期债券 = IF[(资本支出预算额 - 留存收益满足资本支出数额) < 资本支出预算额 × 40%, 资本支出预算额 - 留存收益满足资本支出数额, 资本支出预算额 × 40%]

增发的普通股 = 资本支出预算额 - 留存收益满足资本支出数额 - 增发的长期债券

股权资本成本 = $\dfrac{D_1}{P_0} + g = \dfrac{1\,050 \times (1 + 6\%)}{8\,000} + 6\% = 19.91\%$

9. 解：

资本支出 = 1 650 × 50% = 825.00(万元)

股利 = 1 650 × (1 - 50%) = 825.00(万元)

每股股利 = 825/206.25 = 4(元)

假设不回购每股价值 = 32 + 4 = 36(元)

假设回购支付现金 = 32 × 18.75 = 600(万元)

回购后剩余股利 = 1 650 - 825 - 600 = 225(万元)

回购后剩余股数 = 206.25 - 18.75 = 187.50(万股)

回购后每股股利 = 225/187.50 = 1.20(元)

回购后每股收益 = 1 650/187.50 = 8.80(元)

回购后股票价格(P) = EPS × P/EPS = 8.8 × 4 = 35.20(元/股)

回购后每股价值 = 35.20 + 1.20 = 36.40(元)

公司应回购股票，因为股东每股可获得收益 0.40 元(36.40 - 36)。

10. 解:

(1) 如果不考虑税收因素,则两种方案对股东财富没有影响。如果回购股票,则回购后每股市价为54元;如果发放现金股利,则股东财富仍为每股54元(每股股利4元和每股价值50元)。

(2) 如果大多数股东的边际税率比较高,那么股票回购方式优于现金股利方式。因为股东收到现金股利需立即缴纳股利所得税,而对于股票回购,只有当股票出售时,股东才需缴纳资本利得税。

(3) 公司采取股票回购方式主要有以下目的:第一,用于公司兼并或收购;第二,满足可转换债券和认股权证的行使;第三,改善公司资本结构;第四,分配公司的剩余现金。

11. 解:

(1) 税后现金净流量 = (100 - 40) × (1 - 30%) + 40 = 82(万元)

由于股利、利息、偿债基金之和大于公司现金净流量,公司计划中的现金股利不能发放。

(2) 公司发放现金股利的最大值 = 82 - 40 - 30 = 12(万元)

12. 解:

(1) 市盈率 = 25/2 = 12.5(倍)

股票的 β 系数 = 1(公司股票所含系统风险与市场组合的风险一致)

股票的必要收益率(r) = $r_f + \beta \times (r_m - r_f)$ = 4% + 1.05 × 6% = 10.3%

(2) 股权资本成本 = $\dfrac{\text{第一年预期股利}}{\text{当年普通股市价}}$ + 股利固定增长率

$= \dfrac{1.15 \times (1 + 5\%)}{23} + 5\% = 10.25\%$

(3) 普通股股数 = 4 000 × (1 + 10%) = 4 400(万股)

股本 = 4 400 × 1 = 4 400(万元)

资本公积 = 500(万元)

留存收益 = 9 500 - 400 = 9 100(万元)

股票股利400万股,以面值计价,所以派发股票股利引起留存收益减少400万元和股本增加400万元。

(4) 净利润 = 普通股股数 × 每股收益 = 4 000 × 2 = 8 000(万元)

每股收益 = 净利润/普通股股数 = 8 000/(4 000 - 800) = 2.5(元)

每股市价 = 每股收益 × 市盈率 = 2.5 × 12.5 = 31.25(元)。

13. 解:

(1) 有关结果如下表所示。

五家医药公司收益、资本成本、股利政策比较

公司	FCFE(万元)	股利(万元)	ROE	β 系数	资本成本	比较(3)和(5)	股利/FCFE
	(1)	(2)	(3)	(4)	(5)	(6)	(7)
A	500	300	8.00%	0.85	10.95%	否	60.00%
B	600	120	14.50%	1.32	14.24%	是	20.00%
C	-150	50	4.00%	1.25	13.75%	否	-33.33%
D	200	100	1.50%	0.90	11.30%	否	50.00%
E	-50	8	14.00%	1.05	12.35%	是	-16.00%

(2) A 公司和 D 公司的净资产收益率小于资本成本,如果没有更好的投资机会,则公司应将收益返还给投资者,因此这两家公司应提高股利支付率;B 公司可维持现有的股利政策;C 公司净资产收益率小于资本成本,且股权自由现金流量(FCFE)为负数,因此公司不应支付股利;E 公司净资产收益率大于资本成本,由于 FCFE 为负数,因此应降低股利支付率。

(3) 如果未来医药行业有较大的发展机会,且 A 公司和 D 公司的净资产收益率大于资本成本,则公司应将现金进行投资,这样可为股东创造更多的财富。

14. 解:

(1) 公司负债率 = 10 000/(10 000 + 3 000 × 10) = 25%

公司加权平均资本成本 = 7% × (1 - 25%) × 25% + 12% × 75% = 10.31%

投资项目净现值如下表所示。

投资项目净现值　　　　　　　　　　　　　　　　　　　　　单位:万元

项目	初始投资	EBIT	年折旧	项目期限	残值	各年 NCF	NPV
1	1 000	100	50	5	250	125	-377
2	4 000	500	100	10	1 000	475	-745
3	5 000	500	100	10	1 000	475	-1 745

表中,项目各年现金净流量(NCF)和净现值(NPV)计算如下:

$NCF_1 = 100 \times (1 - 25\%) + 50 = 125(万元)$

$NPV_1 = -377$

在 Excel 电子表格中输入"= -1 000 + PV(10.31%, 5, -125) + 250/(1 + 10.31%)^5"。其他计算以此类推。

项目的净现值 < 0,三个投资项目在财务上均不可行,因此,资本支出等于零。

(2) 公司股权自由现金流量 = 净利润 + 折旧 = 9 000 + 1 000 = 10 000(万元)

公司股利支付的最大值为 10 000 万元。

15. 解:

(1) 当前股利支付率 = 2 × 5 000/45 000 = 22.22%

公司股权自由现金流量如表 1 所示。

表 1　ASD 公司股权自由现金流量　　　　　　　　　　　　　单位:万元

项目	当前	明年
净利润	45 000	57 675
资本支出 - 折旧	30 000	38 000
营运资本追加支出	5 000	6 000
债务增加额	10 500	13 200
股权自由现金流量	20 500	26 875

当前股利/股权自由现金流量比率 = 10 000/20 500 = 48.78%

(2) 投资项目资本成本及项目决策如表 2 所示。

表 2　ASD 公司投资项目资本成本及项目决策

项目	投资额(万元)	内部收益率	β 系数	r_e	r_d(税后)	r_w	决策
A	10 000	9.5%	0.80	10.20%	6%	8.94%	接受
B	20 000	11.0%	1.00	11.50%	6%	9.85%	接受
C	30 000	12.0%	1.40	14.10%	6%	11.67%	接受
D	40 000	14.0%	2.00	18.00%	6%	14.40%	拒绝
E	50 000	16.0%	2.40	20.60%	6%	16.22%	拒绝

公司股权资本成本 = 5% + 1 × 6.5% = 11.5%

公司加权平均资本成本 = 8% × (1 - 25%) × 30% + 11.5% × 70% = 9.85%

如果按公司加权平均资本成本进行项目决策,则应选择 B、C、D、E 四个项目,放弃 A 项目。在上述五个项目中,除 B 项目外,其他四个项目的风险均与公司风险不同,当项目风险与公司风险不同时,正确的决策标准应按项目资本成本进行项目决策,而不是根据公司加权平均资本成本进行项目决策。在本题中,应选择 A、B、C 三个项目,放弃 D、E 项目,即下年度预计投资额为 60 000 万元。

(3) 明年可用于发放股利的最大值为 26 875 万元,见表 1 第三栏。

(4) 是否支付最大数量的股利取决于未来的投资机会及其经营风险,如果未来不确定性较大,则公司不会支付最大数量的股利。

(5) 公司目前有 1 亿元的现金余额(支付了当年的股利之后),如果它明年支付的股利为 1.25 亿元,则明年年底现金余额预计为 24 375 万元(10 000 + 26 875 - 12 500)。

16. 解:

(1) 公司预计股权自由现金流量如下表所示。

CNN 公司预计股权自由现金流量　　　　　　　　　　单位:亿元

项目	0	1	2	3	4	5
净利润	450	495	545	600	660	726
资本支出 - 折旧	200	216	233	252	272	294
营业收入	3 700	3 885	4 079	4 283	4 497	4 722
营运资本	370	389	408	428	450	472
增量营运资本		19	19	20	22	22
债务融资		71	76	82	88	95
股权自由现金流量		331	369	410	454	505

表中,各年营运资本按营业收入的 10% 计算。

各年股权自由现金流量为公司每年支付股利或股票回购的最大值。

(2) 在实务中,公司支付的现金股利或股票回购的数额一般小于股权自由现金流量。特别是当公司的经营风险大,未来股权自由现金流量波动率大时,公司应保留一定的现金流量,这不仅有助于满足公司未来投资机会的需要,而且能够缓解资金流动性压力。

17. 解:

(1) 公司预计股权自由现金流量如下表所示。

CNB 公司预计股权自由现金流量　　　　　　　　　　　　　　　单位:万元

项目	0	1	2	3	4	5
无债务融资						
净利润	7 000	8 050	9 258	10 647	12 244	14 081
资本支出	15 000	16 500	18 150	19 965	21 962	24 158
折旧	6 000	6 600	7 260	7 986	8 785	9 664
营业收入	80 000	89 600	100 352	112 394	125 881	140 987
经营性营运资本	8 000	8 960	10 035	11 239	12 588	14 099
追加营运资本		960	1 075	1 204	1 349	1 511
债务融资	0	0	0	0	0	0
股权自由现金流量		-2 810	-2 707	-2 536	-2 282	-1 924
债务融资(25%)						
债务融资		2 715	2 991	3 296	3 632	4 001
股权自由现金流量		-95	284	760	1 350	2 077

如果公司的净资本支出和经营性营运资本均来自股权融资,那么各年股权自由现金流量均为负数,公司不应支付现金股利。

(2)如果公司的净资本支出和经营性营运资本的25%来自债务融资,则从第二年开始,股权自由现金流量为正数,这可以看作公司可支付现金股利的最大值。但是,由于股权自由现金流由负数转为正数是债务融资造成的,而不是经营或投资活动创造的现金流量,如果公司未来投资项目的收益大于项目的资本成本,则公司不应借钱支付现金股利,而应用于满足经营或投资活动的资金需求。

五、案例分析题

1. 公司是否派发现金股利的基本准则是:公司在投资收益大于或等于资本成本时应该把现金用于投资而不是派发现金股利;只有在公司有富余现金的同时又没有投资机会和发展前景时,才考虑把盈余以现金股利的方式归还给股东,由股东自己进行再投资(例如,进行金融资产投资)。

巴菲特在2013年的致股东信中指出:"一家盈利的公司可以有不同的方式分配盈余(互相之间并不排斥)。公司管理层首先需要检视对现有业务再投资的可能性——提高效率,开拓市场,延伸或完善产品线,拓宽使公司领先于竞争对手的护城河。"不同的投资者可能渴望得到不同程度的股利支付,且股利要被征税对长期投资者不利,这些在巴菲特看来都是派发股利的劣势所在。巴菲特早年在运作伯克希尔·哈撒韦公司时就曾表示不愿给公司股东分红。在1985年的致股东信中,巴菲特表示,只有当伯克希尔·哈撒韦公司无法从自己的生意模式中为股东提供具有吸引力的回报时才会考虑分红。伯克希尔·哈撒韦公司之所以不分红是由于它有足够的能力获得高于市场的回报并维持利润。巴菲特表示将大笔现金返还给投资者将是灾难。2017年3月8日,该公司股票的每股价格为268 030美元。

2. 根据MM股利无关论,无论股利支付率如何变化,股票价格保持30元/股不变,股权资本成本保持15%不变,不同股利支付率下股利增长率、股利支付额和股权资本成本如表1所示。

表 1　不同股利支付率对股权资本成本的影响(股利无关论)

项目	股利支付率		
	0	50%	100%
股利增长率	15.00%	7.50%	0.00
股利(元)	0.00	2.25	4.50
股票价格(元/股)	30.00	30.00	30.00
股权资本成本	15.00%	15.00%	15.00%

3. 根据税收差别理论,如果股利收入所得税税率高于资本利得所得税税率,则支付股利的股票只有比具有同等风险但不支付股利的股票提供一个更高的预期税前收益率,才能补偿纳税义务给股东造成的价值损失,从而使支付股利的股票价格下跌。在税收差别理论下,为了获得税赋效应,减少股利纳税额,投资者希望公司降低股利支付率。在本题中,股利支付率分别为 0、50%、100% 时,股权资本成本将从 15.00% 上升到 22.50%,如表 2 所示。

表 2　不同股利支付率对股权资本成本的影响(税收差别理论)

项目	股利支付率		
	0	50%	100%
股利增长率	15.00%	7.50%	0.00
股利(元)	0.00	2.25	4.50
股票价格(元/股)	30.00	25.00	20.00
股权资本成本	15.00%	16.50%	22.50%

4. 公司在制定股利政策时要遵循市场学中的市场细分原理,即每家公司都会试图以其特定的股利支付率来吸引一些喜好它的追随者。根据投资者的股利偏好,可以将其归纳为三种类型的追随者群体,即股利偏好型、股利厌恶型、股利中性型;每一种股票都会吸引一批偏好该公司股利支付水平的投资者。一些学者研究发现,富裕或年轻的投资者、股利所得税税率和资本利得税税率差异较大的投资者、资产组合的系统风险较高的投资者,常常偏好低股利收益率的股票,而年龄较大、收入较低的投资者偏好高股利收益率的股票。

据统计,伯克希尔·哈撒韦公司在 1967 年向股东支付了上市后首次也是唯一的一次红利——每股 10 美分。在伯克希尔·哈撒韦公司董事会上,巴菲特被说服答应了每股派发 10 美分的红利。这家公司的律师们争辩说,伯克希尔·哈撒韦公司现在做得这么好,如果不分红有可能被指控不合理地保留收益。每股派发 10 美分红利,听起来并不多,可巴菲特花了 24 小时认识到这一分红方案就是一个谬论。但那时已经太迟了,他这一不寻常的应允给合伙人和股东们分配了 101 733 美元,而他知道这笔钱总有一天会变成数百万美元。八个月后,巴菲特给伯克希尔·哈撒韦公司的股东们提供了一种交换方式。如果有人希望得到能产生收入的证券,则他可以用股票来交换利率为 7.5% 的公司债。一共有 32 000 股股票交了上来。通过这种方式,巴菲特把股东中偏好股利的人清洗了出去,这样可以确保剩下的股东更多地关心公司的成长,而不是股利。这种做法可降低流通在外的股票,使巴菲特的控制权更大。

5. 外部投资者通常会根据公司的股利政策所传递出的信号进行证券估价,确定股票的投资策略。一般来说,增发股利向市场传递的是一种积极的信号,会提高股票价格;减发股利向市场传递的是一种消极的信号,会降低股票价格。在实务中,对公司股利政策的解释要十分谨慎,公司增发股利不一定是"好消息",也可能是没有更好的投资机会,而将剩余现金返还给股东。反过来说,公司减发股利也不一定是"坏消息",可能是公司未来有较好的投资机会,从长远来看,留存现金,满足未来投资需求,有利于股东的长期利益。

(1) 投资者预期股利增长率为5%,但宣布的股利增长率为2%,低于预期,股利政策公告后股票价格可能下跌。

(2) 股票价格可能做出消极反应,公司支付股利会向市场传递公司未来的投资机会减少、收益增长率降低,从而导致股票价格下跌;也可能是其他原因引起公司派发股利,例如公司筹集到更便宜的债务,从而释放出更多自由现金流用于支付股利;还可能是公司股东更偏爱资本利得而不是股利。

(3) 公司宣布提高股利对股票价格的影响取决于投资者对这一事件的分析,如果市场相信提高股利是公司业绩提升的信号,则这一股利政策的市场反应是积极的,即会提高股票价格。如果市场认为公司提高股利可能暗示投资机会减少或收益增长率降低,则这一股利政策的市场反应是消极的,即会降低股票价格。

(4) 如果因收入和盈利下降而减少股利支付,那么这是一个坏消息,会引起股票价格下跌。

(5) 这一消息对股票价格的反应预期是积极的。因为公司正处于股东的压力之下,股东认为公司资产的收益率低于市场收益率,所以出售这些资产将是积极的行为,将现金返还给股东将会加强市场的积极反应,因为它减少了公司将这些现金投资于其他差项目的可能性。

6. 公司应采取低股利政策,以保留更多的现金用于资本支出。由于信息不对称,降低股利支付可能引起公司股票价格下跌。在信息对称的情况下,降低股利支付也可能吸引另外一些客户,即愿意接受低股利支付率的客户,希望将资金留存企业以获得更多的收益。

7. 作为免税投资者,其收益基于股价下跌与股利之间的差额。因此,可以利用A公司、B公司、C公司的股利套利获得超额收益。三种股票的收益:A公司股票收益2元[(48-50)+4],B公司股票收益1元[(67-70)+4],C公司股票收益0元[(95-100)+5]。当然,股票价格的变化很快,出售时股票价格可能瞬间发生变化。

8. 如果公司持有的超额现金是临时性的现金,例如出售资产获得的现金等,则公司应支付额外股利或进行股票回购,而不是作为定期股利。这是因为,与承诺未来一定时期支付一定量回报的定期股利不同,股票回购可被看作一次性的现金回报,即使有超额现金也不能保证未来有能力继续创造这些现金流量。同样,支付额外股利不必承诺未来期间发放类似股利。在这两种方法中,如果公司认为股票价格被低估了,则最好采取股票回购方式分配超额现金,特别是公司在股市中受到冲击时回购股票的行为可支持股票价格。根据税收差别理论,如果股利收入所得税税率高于资本利得所得税税率,则派发现金股利可能要缴纳较多的税款。不仅如此,股票回购缴纳税款具有延迟效应。根据信号传递理论,股票回购一般向市场传递公司股票价格被低估的信号,从而可能引起股票价格上升。股票回购还是加强内部人对公司控制权的途径,因为它减少了流通在外的股票数量,如果内部人不将自己持有的股票卖给公司,那么他们将持有公司更大比例的股权。股票回购可能提高公司负债水平,改善资本结构。

9. 公司派发现金股利的最大值一般是指公司股权自由现金流量,影响股权自由现金流量的因素主要有净利润、折旧、追加的经营性营运资本、资本支出及债务净融资等。如果公司派发的现金股利大于净利润,则其资金基本上来源于债务融资,即公司借钱分红。高股利政策不仅会影响公司资金的流动性,影响公司的投资支出,降低公司的收益增长率,还会提高财务杠杆比率,提高公司的破产概率。

第九章 长期融资

[关键知识点]

普通股、优先股、IPO、股票融资定价、增发与配股融资、备用承销、私募股权投资、多层次资本市场、IPO折价、市盈率与利率分析、长期借款、长期借款利率、长期借款的偿还、担保方式、赎回条款、回售条款、转换条款、债券发行价格、债券品种、直接融资、间接融资、经营租赁、融资租赁、直接租赁、售后回租、杠杆租赁、节税性租赁、非节税性租赁。

习题与案例

一、单项选择题

1. 下列各项中,属于普通股特征的是(　　)。
   A. 优先分派剩余财产
   B. 普通股股东只有选举权,没有被选举权
   C. 股利的支付具有强制性
   D. 公司增发新股时,现有普通股股东具有优先认购权

2. 上市公司仅向现有股东同比例发行新股的方式是(　　)。
   A. 配股　　　　B. 增发　　　　C. 新股上市　　　　D. 股票股利

3. 优先股是相对于普通股而言的,下列各项中属于优先股特征的是(　　)。
   A. 股份公司分派股利的顺序是优先股在前,普通股在后
   B. 对投资者的支付通常会随着公司的发展而增长
   C. 股利的支付具有强制性
   D. 股东具有投票权,是投资者操纵目标公司的有力工具

4. 发行价格由市场供求决定,且更贴近上市价格,发行人有权选择理想的股东结构,有助于上市公司改善治理结构,提高公司质量,符合这一特征的新股发行方式是(　　)。
   A. 固定价格方式　　　　　　　　B. 累计投标询价方式
   C. 竞价方式　　　　　　　　　　D. 混合方式

5. 与公开发行相比,私募发行的优点是(　　)。
   A. 发行方式更为灵活,发行人可以对发行条件加以修改以适应交易各方的要求
   B. 募集对象广泛,影响深远
   C. 需要支付更高的承销费用,发行费用加大
   D. 限制条款较少,经营灵活性不受限

6. 下列关于公司增发新股的对象描述正确的是(　　)。
   A. 现有股东　　　　　　　　　　B. 新股东

C. 机构投资者　　　　　　　　　　D. 包含现有股东在内的所有股东

7. 在公司清偿时，清偿权在信用债券和其他债券之后，但在优先股和普通股之前的债券是（　　）。

　　A. 附认股权债券　　　　　　　　B. 零息债券
　　C. 收益债券　　　　　　　　　　D. 次级信用债券

8. 下列描述中不属于零息债券特征的是（　　）。

　　A. 票面利率为零　　　　　　　　B. 不必支付利息
　　C. 按高于面值的价格出售　　　　D. 到期按面值归还本金

9. 由出租人、承租人和贷款人三方组成的租赁为（　　）。

　　A. 直接租赁　　B. 售后回租　　C. 转租赁　　D. 杠杆租赁

10. 如果租赁资产的维修费、保养费、折旧费等由出租人负担，则这种租赁方式是（　　）。

　　A. 经营租赁　　B. 直接租赁　　C. 售后回租　　D. 杠杆租赁

二、多项选择题

1. 根据《公司法》等规定，普通股股东拥有的权利包括（　　）。

　　A. 投票权　　　　　　　　　　　B. 收益权
　　C. 优先认股权　　　　　　　　　D. 剩余财产分配权
　　E. 优先分派剩余财产

2. 相对于普通股而言，优先股的权利包括（　　）。

　　A. 投票权　　B. 收益权　　C. 有限表决权　　D. 转换权
　　E. 优先分派剩余财产

3. 证券发行成本主要有（　　）。

　　A. 承销费　　B. 承销进出差价　　C. 发行折价　　D. 超常收益
　　E. 发行延迟或撤销的成本

4. 股票的融资方式有（　　）。

　　A. 私募股权融资　　B. IPO融资　　C. 配股融资　　D. 增发融资
　　E. 红利转投资融资

5. 私募发行是指发行时公司向特定少数投资者募集资本的一种发行方式，其优点主要有（　　）。

　　A. 避免了证券注册、招股说明书印刷等一系列费用，发行费用相对较低
　　B. 对于不够上市资格的公司来说，可以较快地募集到所需资本
　　C. 可以在最短的时间内提高公司的知名度和美誉度
　　D. 资本成本较低，私募发行的投资者与公开发行的投资者相比较少看重回报率
　　E. 发行方式更为灵活

6. 新股发行价格确定的方式有（　　）。

　　A. 市盈率法　　　　　　　　　　B. 每股净资产倍率法
　　C. 固定价格方式　　　　　　　　D. 累计投标询价方式
　　E. 竞价方式

7. 债务担保的方式主要有（　　）。

A. 母公司担保　　　　　　　B. 第三方担保
C. 担保公司　　　　　　　　D. 资产质(抵)押
E. 同行业公司担保

8. 影响公司债券发行价格的因素主要包括(　　)。
A. 发行人的类型　　　　　　B. 发行人的资信
C. 债券期限　　　　　　　　D. 赎回与转换条款
E. 所得税税率

9. 债券的偿还与收回方式有(　　)。
A. 设计赎回条款　　　　　　B. 设立偿债基金
C. 分期偿还债券　　　　　　D. 债券调换
E. 转换成普通股

10. 租赁融资的优点主要表现在(　　)。
A. 能够迅速获得所需资产　　B. 增加了融资的灵活性
C. 可以减少设备引进费　　　D. 有利于减轻所得税负担
E. 融资成本低

三、判断题

1. A股是供我国境内个人或法人买卖,以人民币标明票面金额并以外币认购和交易的股票。(　　)
2. 风险投资的退出方式包括首次上市、收购和清算。(　　)
3. 普通股融资不会影响公司的控制权或管理权,但新股东对公司已积累的盈余具有分配权,这就会降低普通股的每股净收益,从而可能引起普通股市价下跌。(　　)
4. IPO折价是指新股首次公开发行二级市场的首日交易价格明显低于一级市场的发行价格。(　　)
5. 通过IPO完成上市和融资两项最重要的工作,是公司在生命周期特定时点改变其财务和所有权结构的重要方式。(　　)
6. 对于成熟的资本市场而言,合理的市盈率水平应是市场平均收益率水平的倒数。(　　)
7. 例行性保护条款是对借款公司资产的流动性及偿债能力等方面的要求条款。(　　)
8. 资产质押和抵押的根本区别在于是否转移担保财产的占有。(　　)
9. 附可赎回条款的债券可以降低投资者的风险或增加债券的吸引力。(　　)
10. 附回售条款的债券赋予投资者在债券到期日之前的某一时点将债券回售给发行人的权利。(　　)
11. 可转换债券赋予债券持有人用其债券交换不同于债券发行人的另一家公司的普通股的权利。(　　)
12. 直接融资通常指股票和债券融资,间接融资通常指贷款融资。(　　)
13. 短期租赁和低价值资产租赁又称节税性租赁。(　　)
14. 使用权资产(租赁资产)的租赁费支出属于资本化支出,不得在所得税前抵扣,使承租人丧失了税金的抵税效应。(　　)
15. 新租赁会计准则的核心变化就是将经营租赁表外业务表内化。(　　)

16. 一般来说,市场投资者对含有赎回条款的债券会要求较低的收益率,而对含有转换条款的债券则要求较高的收益率。　　　　　　　　　　　　　　　　(　　)

四、计算分析题

1. 海星公司是一家上市公司,公司拟决定在 2021 年年底前投资建设一个项目。公司为此需要筹措资金 10 亿元,其中 2 亿元可以通过公司自有资金解决,剩余 8 亿元需要从外部筹措。

公司 2020 年 12 月 31 日的有关财务数据如下:

(1) 资产总额为 100 亿元,资产负债率为 40%。

(2) 公司长期借款年利率为 6%,每年年末支付一次利息。借款合同规定公司资产负债率不得超过 55%。

(3) 公司 2020 年净利润为 30 亿元;2021 年预计净利润达 40 亿元。公司适用的所得税税率为 25%。公司发行在外的普通股为 50 亿股;假定公司采用固定股利分配政策,年股利为每股 0.7 元。

财务部从公司实际情况出发,设计了两套融资方案,具体内容如下:

方案一,以增发股票的方式融资 8 亿元。公司目前的普通股每股市价为 15 元,拟增发股票每股价格为 10 元,为此,公司需要增发 8 000 万股股票以筹集 8 亿元资金。为了给公司股东以稳定的回报,维护其良好的市场形象,公司仍将维持其设定的每股 0.7 元的固定股利分配政策。

方案二,以发行公司债券的方式融资 8 亿元。鉴于目前银行存款利率较低,公司拟发行公司债券,假设债券息票率为 4.8%,期限为 8 年,每年付息一次,到期一次还本,发行总额 8 亿元。

要求:分析上述两种融资方案的优缺点,并从中选出较佳的融资方案。

2. 假设某公司流通在外的普通股股数为 60 万股,股票现行市场价格为每股 100 元。公司最近宣布通过认股权配售融资 1 050 万元,用于新的投资项目,并决定新股票以每股 70 元的价格向老股东出售。

要求:

(1) 计算新股发行数量。

(2) 假设公司规定每持有 1 股股票可以获得一个认股权,计算购买 1 股新股所需要的认股权份数。

(3) 假设认股权配售融资额等于预期融资额 1 050 万元,计算每份认股权的价值。

(4) 如果公司某一股东在认股权配售前持有 4 股股票,公司宣布认股权配售后,这位股东将会如何做? 对他的财富有什么影响?

3. XYZ 公司希望在今年发行 20 年期、面值 1 000 元的债券,预计融资额为 2 000 万元。投资银行告诉公司的财务总监,这种债券很难发行,只有当债券利率为 12% 时才能受到投资者的欢迎。但对 XYZ 公司来说,12% 的利率是无法接受的。于是,投资银行建议 XYZ 公司在发行债券的同时,每张债券附 50 个认股权。认股权证赋予持有者以每股 25 元的价格购买 1 股普通股的权利。这样,投资者可能愿意以 10% 的利率购买债券。目前股票的市场价格为每股 25 元,投资者预期第 5 年股票价格将上升为每股 36.75 元。如果不提前行使认股权的话,则认股权证将于 10 年后到期。如果投资者在第 5 年行使认股权,则每份认股权证价值为 3 元。

要求:

(1) 计算纯债券(不含转换或赎回条款的债券)价值和每张债券认股权证价值。

(2) 如果投资者在第 5 年行使认股权,试求投资者投资该债券的收益率。

(3) 根据(1)和(2)的分析,解释投资者为什么愿意购买10%利率的附认股权证的债券。

(4) 计算附认股权证债券的税后资本成本。

4. XYZ公司拟发行面值为1 000元、期限为20年的可转换债券,预计融资额为2 000万元。投资银行认为,该债券的息票率预计为10.5%;每张债券可转换普通股40股;相同条件纯债券的市场利率为12%;该债券在发行后5年内不得赎回,5年后可转换债券价值大于1 200元时,公司可赎回债券,赎回价格为每张1 100元。公司股票当前市场价格为每股25元,上年度股利为每股1.48元,股利稳定增长率为8%。

要求:

(1) 计算可转换债券转换价格。

(2) 计算纯债券价值。

(3) 计算债券的转换价值。

(4) 计算可转换债券价值大于1 200元时的年份。

(5) 计算可转换债券税后资本成本、纯债券税后债务资本成本、股票资本成本。

(6) 假设XYZ公司当前的资本构成为债务5 000万元、股权5 000万元。如果公司发行可转换债券融资2 000万元,计算公司加权平均资本成本。

(7) 假设XYZ公司当前的资本构成与(6)相同,公司发行认股权证融资2 000万元,有关条件与计算题3相同,计算公司加权平均资本成本。

(8) 如果公司不发行可转换债券或附认股权证债券融资,计算公司加权平均资本成本。

5. 假设BBC公司正在考虑筹措长期资本50万元,投资银行为该公司提供了以下几种方案,为简化,假设不考虑筹资费用。

(1) 发行利率为8%的可转换债券,面值1 000元,每张债券可转换100股公司股票,转换价格为每股10元。

(2) 发行利率为8%的债券,面值1 000元,每张债券附100份认股权证,每份认购价格为10元。

要求:

(1) 该公司融资前资本结构如下表所示,计算可转换债券融资、附认股权证债券融资后的资本结构(假设不考虑短期负债)。

公司融资前资本结构　　　　　　　　　　　　　　　　　　　　单位:元

项目	融资前
长期负债	0
普通股(面值1元)	100 000
资本公积	0
留存收益	50 000
股东权益	150 000
负债和股东权益	150 000

(2) 说明附认股权证债券和可转换债券融资的区别。

6. ACC公司拟发行面值为1 000元、期限为20年的可转换债券,投资银行认为该债券的息票率预计为10%;每张债券可转换普通股20股;相同条件纯债券的市场利率为12%;该债券在发行后10年内不得赎回,但10年后,公司有权在任何时候以每张1 050元的价格赎回该可转换债券,以后每年降低5元。公司股票当前市场价格为每股35元;下年度股利为每股2.8元,股利稳定增长率为8%。

要求:

(1) 计算可转换债券转换价格。

(2) 计算纯债券价值。

(3) 计算各期每张可转换债券的转换价值、纯债券价值、赎回价格、市场价值(假设可转换债券市场价值第0年为1000元,以后每年增加50元,直到第9年;第10年至第20年等于债券的转换价值。)

(4) 根据(3)的计算结果描述每张可转换债券的转换价值、纯债券价值、赎回价格、市场价值、底价之间的关系。

7. ABC公司拟发行面值为1000元、期限为20年的可转换债券,投资银行认为该债券的息票率预计为9.5%;每张债券可转换普通股50股;相同条件纯债券的市场利率为12%;该债券在发行后5年内不得赎回,但5年后,公司有权在任何时候以每张1050元的价格赎回该可转换债券。公司股票当前市场价格为每股15元,股票收益率为15.5%,其中5.5%为股利率,10%为股价稳定增长率。

要求:

(1) 假设某投资者按面值购买ABC公司可转换债券,在第5年将可转换债券转换为普通股,第5年股票转换价值为1208元,计算投资者的内部收益率(IRR)。比较纯债券、可转换债券、股票投资风险。

(2) 分析可转换债券持有人是否会在规定期间将持有的可转换债券转换为普通股股票。

8. ASS公司拟在某繁华地段投资建设一个蛋糕现做现销的销售点,设备总投资为50000元,使用期限为5年,无残值,采用直线法计提折旧。公司所得税税率为25%。设备有以下投资方案:

(1) 向银行贷款购买,假设贷款利率为10%,税后利率为8%,借款期限为5年。

(2) 向租赁公司租赁一台设备,租赁费率为8%,每年支付租赁费为11595元,连续支付5年,每期期初支付。

要求:做出购买或租赁设备的决策。

9. XYZ公司目前未偿付债券为6000万元,息票率为15%。5年前该债券的发行费用为300万元,在25年期限内按直线法分期摊销,该债券为可赎回债券,赎回溢价为10%。公司准备发行新债券赎回旧债券。投资银行保证公司能够再另外发行价值6000万~7000万元的新债券,期限为20年,利率为12%。为了能够得到偿付旧债券的资金,公司要在赎回旧债券前的1个月出售新债券。所以,这1个月要支付新旧债券的利息,但公司可以把新债券投资于利率为11%的短期债券。预计长期债券的利率不会低于12%,新债券的发行费用为265万元。公司所得税税率为34%。

要求:

(1) 计算债券调换投资成本或税后现金流出量现值。主要包括:① 赎回旧债券税后溢价;② 新债券税后发行费用及费用现值;③ 旧债券发行费用税后净节约额;④ 追加新旧债券利息(收入/支出)。

(2) 计算债券调换的年利息节约现值,即新旧债券利息差额。

(3) 计算债券调换的净现值。分析公司是否应该发行新债券赎回旧债券。

五、案例分析题

中南公司是一家小型软件制造商,公司经营较为成功,现在公司计划首次公开发行普通股,但面临如何确定合适的普通股价格问题。公司和其投资银行认为,正确的方法是选择几家相似的但已公开发行普通股的公司做估价等方面的比较。

有几家软件制造商,在规模、资产结构和资产负债率方面与中南公司较为相近。在这几家公司中,三A公司和四海公司更为相似,有关数据如下表所示。

三家公司相关数据

项目	三A公司	四海公司	中南公司
	每股收益(元)		净利润(元)
2021年	4.50	7.50	1 200 000
2016年	3.00	5.50	816 000
	每股价格(元)		
2021年	36.00	65.00	
	每股股利(元)		股利总额(元)
2021年	2.25	3.75	600 000
2016年	1.50	2.75	420 000
	每股账面价值(元)		账面价值(元)
2021年	30.00	55.00	9 000 000
2021年其他数据:			
市场价值/账面价值比率	1.20	1.18	
资产总额(万元)	2 800	8 200	2 000
债务总额(万元)	1 200	3 000	1 100
销售收入(万元)	4 100	14 000	3 700

在分析这些数据时,假设2016年和2021年是这三家公司较为正常的年份。也就是说,这几年的销售、收益和股利既不特别好,也不特别差。三A公司在深圳证券交易所上市,四海公司在上海证券交易所上市;目前,中南公司在场外交易市场交易。

要求:

(1) 假设中南公司有100股股票,计算公司的每股收益、每股股利和每股账面价值。

(2) 根据(1)的计算结果,分析中南公司的股票能否在同一市场与三A公司或四海公司股票以同样的价格出售。

(3) 分析中南公司董事会是否会进行股票分割,例如将100股分割为1 000股、10 000股或更多股,说明原因。

(4) 假设中南公司将其股票分割为400 000股,计算每股收益、每股股利和每股账面价值。

(5) 计算三家公司五年复合增长率。

(6) 计算三家公司股利支付率

(7) 计算三家公司2021年净资产收益率。

(8) 计算三家公司2021年资产负债率。

(9) 以2021年数据为基础,计算三A公司和四海公司的市盈率、股票市场价值/每股股利比率、股票市场价值/账面价值比率。

(10) 根据(9)的计算结果,计算中南公司400 000股股票的价格范围。

(11) 根据稳定增长模型计算三A公司和四海公司的股权资本成本,然后利用稳定增长模型估计中南公司的股票价格。

(12) 分析中南公司的股票应以什么样的价格向公众公开发行。请找出一个平衡价格,这一价格要低到足以吸引投资者来购买股票而又不会使股票发行后价格立即猛涨的程度。请考虑一下复合增长率、净资产收益率及总资产收益率。

(13) 如果你前面所选择的价格用于确定股票公开发行时的价格,计算中南公司实际能筹措到多少资本。假设股票筹资费率为8%。

参 考 答 案

一、单项选择题

1. D　　2. A　　3. A　　4. B　　5. A
6. D　　7. D　　8. C　　9. D　　10. A

二、多项选择题

1. ABCD　2. BCDE　3. ABCDE　4. ABCD　5. ABCE
6. ACDE　7. ABCD　8. ABCD　9. ABCDE　10. ABCD

三、判断题

1. ×　　2. √　　3. ×　　4. ×　　5. √
6. √　　7. ×　　8. √　　9. ×　　10. √
11. ×　　12. √　　13. √　　14. √　　15. √
16. ×

四、计算分析题

1. 解：

公司融资前后各种指标计算结果如下表所示。

公司融资前后各种指标

指标	融资前	发行新股	发行新债	差额
股东权益(亿元)	60.000	68.000	60.000	8.000
债务(亿元)	40.000	40.000	48.000	−8.000
资产负债率	0.400	0.370	0.444	−0.074
股数(亿股)	50.000	50.800	50.000	0.800
每股价格(元)	15.000	10.000	15.000	−5.000
股票价值总额(亿元)	750.000	508.000	750.000	−242.000
每股收益(元)	0.600	0.787	0.800	−0.013
股利(亿元)	35.000	35.560	35.000	0.560
利息(亿元)	2.400	2.400	2.784	−0.384
利息抵税(亿元)	0.600	0.600	0.700	−0.096

两种融资方案的优缺点如下：

方案一的优点如下：第一，公司不必偿还本金和固定利息；第二，可以降低公司资产负债率，以2020年12月31日的财务数据为基础，资产负债率将由融资前的40%降至37%[=(100×40%)/(100+8)]。缺点如下：第一，公司现金股利支付压力增大，增发股票会使公司普通股增加8 000万股，由于公司采用固定股利分配政策（即每股支付0.70元），因此公司以后每年需要为此多支出现金流量5 600万元（8 000×0.70），发行公司债券方式下每年多支付利息3 840万元（80 000×4.8%）。因此，发行股票支付股利发生的现金支出大于发行债券支付利息发生的现金支出1 760万元（5 600 − 3 840），现金支付压力较大。第二，采用增发股票方式会使公司每股收益下降0.013元（0.800 − 0.787），从而影响盈利能力指标。第三，采用增发股票方式，公司无法享有发行公司债券所带来的利息抵税效应，本题中，利息抵税效应为960万元。第四，采用增发股票方式，一方面导致股票价格下跌，另一方面会分散公司控制权。

方案二的优点如下：第一，可以相对减轻公司现金支付压力。由于公司当务之急是解决资金紧张问题，而在近期，公司发行债券每年支付利息的现金支出为27 840万元（400 000×6% + 80 000×4.8%），比增发股票方式少支出现金1 760万元，从而可以减轻公司现金支付压力。第二，因发行公司债券所承担的利息费用还可以为公司带来抵税利益。如果考虑这一因素，公司发行债券的实际资本成本将低于票面利率4.8%。第三，可以保证普通股股东的控制权。第四，可以发挥财务杠杆作用。缺点是会使公司资产负债率上升。以2021年12月31日的财务数据为基础，资产负债率将由融资前的40%升至44.4%[=(100×40%+8)/(100+8)]，导致公司财务风险增加。但是44.4%的资产负债率水平仍符合公司长期借款合同的要求。

融资建议：将上述两种融资方案进行权衡，公司应采用发行公司债券的方式融资。

2. 解：

(1) 发行新股数量 = 10 500 000/70 = 150 000（股）

(2) 购买1股新股所需要的认股权数 = 600 000/150 000 = 4（份）

(3) 每份认股权价值如表1所示。

表1 每份认股权价值 单位：元

项目	认股权配售前	认股权配售后	说明
股票市场价值	60 000 000	70 500 000	← = 60 000 000 + 10 500 000
股数（股）	600 000	750 000	← = 600 000 + 150 000
每股价格	100	94	← = 70 500 000/750 000
股东认购新股每股节约		24	← = 94 − 70
每份认股权的价值		6	← = 24/4

影响认股权价值的因素有两个：一是股票市场价格和认购价格；二是购买一份新股所需要的认股权数。在采用认股权融资时，公司股票的市场价值为6 000万元，当公司发行新股时，假设它刚好带来1 050万元的新资本，即普通股的市场价值恰好增加了1 050万元。事实上，发行新股所筹措的资本可能大于或小于1 050万元。实际数值的大小取决于对股票预期值的大小。如果市场恰好反映了所筹措的新资本，那么发行后全部普通股的市场价值将为7 050万元，其流通在外的普通股股数为75万股，则股票新的市场价值为94元/股（7 050/

75)。认股权配售给老股东提供了以每股 70 元购买其价值 94 元的股票特权,因而每股节约了 24 元。由于每购买一股新股需要 4 份认股权,则每份认股权的价值为 6 元(24/4)。

(4) 当公司宣布以认股权配售融资时,老股东面临两种选择:一是行使认股权;二是出售认股权。在任何情况下,认股权配售对老股东来说,既无所得又无所失。如果公司某一股东在认股权配售前持有 4 股股票,每股市场价值 100 元,则该股东持有公司股票的市场价值为 400 元。如果他行使认股权,出资 70 元购买新股票,则其投资额为 470 元,持有 5 股股票,每股价值 94 元,股票总价值 470 元,减去购买新股支出 70 元,财富总价值为 400 元;如果他出售认股权,则收到现金 24 元,持有 4 股股票,股票总价值 376 元,加上出售认股权收入 24 元,财富总价值仍为 400 元。不同情况下投资者财富如表 2 所示。

表 2　认股权配售行权或出售前后投资者财富　　　　　　　　单位:元

项目	认股权配售前	认股权配售后(行权)	认股权配售后(出售)
认购新股(投资支出)	0	-70	0
持有股票(股)	4	5	4
每股价格	100	94	94
股票总价值	400	470	376
出售认股权价值(现金)			24
投资者财富价值	400	400	400

3. 解:

(1) 纯债券价值和每张债券认股权证价值计算如下:

$$纯债券价值 = \sum_{t=1}^{20} \frac{1\,000 \times 10\%}{(1+12\%)^t} + \frac{1\,000}{(1+12\%)^{20}} = 850.61(元)$$

$$每张债券认股权证价值 = 3 \times 50 = 150.00(元)$$

(2) 已知第 5 年股票价格为每股 36.75 元,认股权证持有者第 5 年行权,每张债券获利 587.50 元[50 × (36.75 - 25)]。

根据 Excel 中的 IRR 函数计算,附认股权证债券投资必要收益率为 14.65%,如表 1 所示。

表 1　附认股权证债券投资必要收益率

项目	0	1	2	3	4	5	6	……	19	20
初始融资(元)	1 000									
利息和到期本金(元)		-100	-100	-100	-100	-100	-100	……	-100	-1 100
第 5 年行权获利(元)						-587.50				
现金流量(元)	1 000	-100	-100	-100	-100	-687.50	-100	……	-100	-1 100
债券投资必要收益率　14.65%						根据 Excel 中的 IRR 函数计算				

(3) 投资者购买附认股权证债券的预期收益率(必要收益率)为 14.65%,比投资于纯债券高 2.65 个百分点。这就是投资者可能购买附认股权证债券的原因。注意,这也意味着这一投资比纯债券投资冒更大的风险。因为如果第 5 年股票价格并未按预期达到每股 36.75 元,则第 5 年的大部分收益将无法实现。

(4) 假设所得税税率为 40%,附认股权证债券的税后资本成本如表 2 所示。

表 2　附认股权证债券税后资本成本

项目	0	1	2	3	4	5	6	……	19	20
初始融资(元)	1 000									
税后利息(元)		-60	-60	-60	-60	-60	-60	……	-60	-60
到期本金(元)										-1 000
第 5 年行权支付(元)						-587.50				
现金流量(元)	1 000	-60	-60	-60	-60	-647.50	-60	……	-60	-1 060
税后资本成本	10.32%					根据 Excel 中的 IRR 函数计算				

4. 解：

(1) 可转换债券转换价格 = 1 000/40 = 25(元)

(2) 纯债券价值 = 887.96(元)

根据 Excel 中的 PV 函数，在 Excel 电子表格中输入" = PV(12%, 20, -1 000 * 10.5%, -1 000)"。

这表明，该可转换债券的最低价值为 887.96 元，因为在这个价格水平上，该债券所支付的利率已同一般纯债券的利率保持一致。可转换债券的最低价值并不是一成不变的，它同市场利率和公司财务风险(或违约风险)呈反方向变化。

(3) 转换价值是由可转换债券转换为普通股时的股票价格所决定的，其计算公式为：

$$C_t = P_0 \times (1 + g)^t \times R$$

例如，$t = 0$，$t = 5$，$t = 6$ 时的转换价值为：

$$C_0 = 20 \times (1 + 8\%)^0 \times 40 = 800(元)$$
$$C_5 = 20 \times (1 + 8\%)^5 \times 40 = 1 175(元)$$
$$C_6 = 20 \times (1 + 8\%)^6 \times 40 = 1 269(元)$$

(4) 根据赎回条款，当可转换债券价值大于 1 200 元时，公司将赎回债券。可转换债券价值大于 1 200 元时的年份计算如下：

增长率 = 8%，可转换债券当前价值 = 800 元，可转换债券价值 > 1 200 元，根据 Excel 中的 NPER 函数，计算赎回年份：在 Excel 电子表格中输入"= NPER(8%, -800, 1 200)"，回车后即可得到赎回年份为 5.27 年，即公司将在第 6 年赎回债券。

(5) 可转换债券内部收益率如表 1 所示。

表 1　可转换债券内部收益率

项目	0	1	2	3	4	5	6
可转换债券融资(元)	1 000						
利息(元)		-105	-105	-105	-105	-105	-105
转换价值(元)							-1 269
现金流量(元)	1 000	-105	-105	-105	-105	-105	-1 374
可转换债券内部收益率	13.68%						

所得税税率为 40%，税后利息 = 105 × 60% = 63(元)，税后资本成本如表 2 所示。

表2 可转换债券税后资本成本

项目	0	1	2	3	4	5	6
可转换债券融资(元)	1 000						
税后利息(元)		−63	−63	−63	−63	−63	−63
转换价值(元)							−1 269
现金流量(元)	1 000	−63	−63	−63	−63	−63	−1 332
可转换债券税后资本成本	9.80%						

纯债券税后债务资本成本 = 12% × (1 − 40%) = 7.2%

股权资本成本 = 1.48 × (1 + 8%)/20 + 8% = 15.99%

(6) 公司加权平均资本成本计算如表3所示。

表3 公司加权平均资本成本(可转换债券融资)

项目	市场价值(万元)	权重	资本成本	加权平均资本成本
债务	5 000	41.67%	7.20%	3.00%
可转换债券	2 000	16.67%	9.80%	1.63%
股权	5 000	41.67%	15.99%	6.66%
合计	12 000	100.00%		11.29%

(7) 假设 XYZ 公司当前的资本构成与(6)相同,公司发行认股权证融资2 000万元,有关条件与计算题3相同,公司加权平均资本成本如表4所示。

表4 公司加权平均资本成本(附认股权证融资)

项目	市场价值(万元)	权重	资本成本	加权平均资本成本
债务	5 000	41.67%	7.20%	3.00%
附认股权证债券	2 000	16.67%	10.32%	1.72%
股权	5 000	41.67%	15.99%	6.66%
合计	12 000	100.00%		11.38%

(8) 如果不发行可转换债券或附认股权证债券融资,则公司加权平均资本成本计算如下:

加权平均资本成本 = 50% × 7.2% + 50% × 15.99% = 11.6%

公司在融资前的加权平均资本成本稍高于融资后。从两种融资方式的资本成本来看,发行附认股权证债券的融资成本稍高于发行可转换债券,这表明投资者对附认股权证债券投资要求的收益率高,或持有附认股权证债券的风险大于持有可转换债券的风险。当然,这里假设公司在第5年将赎回可转换债券。虽然附认股权证债券的资本成本高于可转换债券,但是如果公司需要长期资金,则应发行附认股权证债券。这是因为,认股权证行使转换权时,持有者支出的是现金,使公司的现金流量增加;而可转换债券行使转换权时,持有者付出的是债券,未给公司带来任何现金流量。

5. 解:

(1) 公司融资前后资本结构如下表所示。

公司融资前后资本结构　　　　　　　　　　　　　　　　　　　单位：元

项目	融资前	可转换债券融资		附认股权证债券融资	
		发行时	行权后	发行时	行权后
长期负债	0	500 000	0	500 000	500 000
普通股(面值1元)	100 000	100 000	150 000	100 000	150 000
资本公积	0	0	450 000	0	450 000
留存收益	50 000	50 000	50 000	50 000	50 000
股东权益	150 000	150 000	650 000	150 000	650 000
负债和股东权益	150 000	650 000	650 000	650 000	1 150 000

（2）附认股权证债券与可转换债券虽然都属于股票期权的变种，但两者也有许多不同之处：

第一，附认股权证债券一般以定向募集形式发行；而可转换债券大多为公开发行。

第二，认股权证既可伴随公司长期债券一起出售，又可和债券相脱离而独立流通，因此，附认股权证债券又称分离交易可转换债券；可转换债券的转换性质则不能脱离债券而独立存在。

第三，认股权证行使转换权时，持有者支出的是现金，公司的现金流量会增加；可转换债券行使转换权时，持有者付出的是债券，未给公司带来任何现金流量。结果是认股权证行使转换权增加了公司股权资本而不改变负债；可转换债券行使转换权将公司的负债变为股权资本。前者使公司资产总额发生变化，而后者保持公司资产总额不变。与此同时，两者所导致的资本结构也不相同。

第四，认股权证行使转换权后，低票面利率的债券仍会继续流通在外，而可转换债券行使转换权后，债券被收回，公司不再拥有低资本成本的优势。

第五，认股权证一般是不可赎回的，而可转换债券一般是可赎回的。

6. 解：

（1）可转换债券转换价格 = 1 000/20 = 50（元）

（2）纯债券价值 = 850.61（元）

根据 Excel 中的 PV 函数，在 Excel 电子表格中输入" = PV（12%，20， - 1 000 * 10%， - 1 000）"。

（3）各期每张可转换债券的转换价值、纯债券价值、赎回价格、市场价值如下表所示。

每张可转换债券的转换价值、纯债券价值、赎回价格、市场价值　　　　　单位：元

年份	转换价值	纯债券价值	赎回价格	市场价值
0	700	851	0	1 000
1	756	853	0	1 050
2	816	855	0	1 100
3	882	858	0	1 150
4	952	861	0	1 200
5	1 029	864	0	1 250
6	1 111	867	0	1 300

(单位:元)(续表)

年份	转换价值	纯债券价值	赎回价格	市场价值
7	1 200	872	0	1 350
8	1 296	876	0	1 400
9	1 399	881	0	1 450
10	1 511	887	1 050	1 511
11	1 632	893	1 045	1 632
12	1 763	901	1 040	1 763
13	1 904	909	1 035	1 904
14	2 056	918	1 030	2 056
15	2 221	928	1 025	2 221
16	2 398	939	1 020	2 398
17	2 590	952	1 015	2 590
18	2 797	966	1 010	2 797
19	3 021	982	1 005	3 021
20	3 263	1 000	1 000	3 263

（4）根据(3)的计算结果,每张可转换债券的转换价值、纯债券价值、赎回价格、市场价值、底价之间的关系如下图所示。

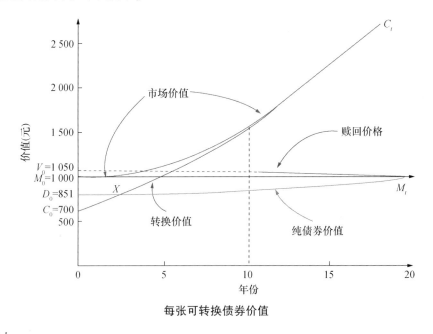

每张可转换债券价值

图中：
① 与纵轴相交于 M_0 点并与横轴平行的直线 M_0M_t 代表每张可转换债券的面值 1 000 元（即到期值）。
② D_0M_t 线代表每张可转换债券的纯债券价值,在 $t=0$ 时每张可转换债券的纯债券价值等于 851 元,未来各年逐年上升,20 年后刚好等于面值。
③ C_0C_t 线代表每张可转换债券的转换价值,在 $t=0$ 时每张可转换债券的转换价值等于

700元,未来各年随着股票市场价值的上升而上升。

④ V_0M_t 线代表每张可转换债券的赎回价格,由于该可转换债券有10年保护期,第10年公司可赎回债券,前10年赎回价格用虚线表示,第10年至第20年则用实线表示。

⑤ M_0C_t 线代表每张可转换债券的市场价值,在 $t=0$ 时每张可转换债券的市场价值等于1 000元,未来各年随着股票市场价值等的上升而上升。

⑥ D_0XC_t 线代表每张可转换债券价值的底价。可转换债券市场价值与底价之间的差距代表可转换债券溢价(期权价值)。在其他因素不变的情况下,纯债券价值与转换价值越接近(无论两者谁高),溢价部分越大;纯债券价值与转换价值之间的差距越大,溢价部分越小;当纯债券价值与转换价值相等时,溢价部分最大。随着债券到期日(或转换日)的接近,可转换债券的市场价值与转换价值几乎相等,即可转换债券溢价为零。

7. 解:
投资者在第5年行权,将可转换债券转为股权,其内部收益率计算如下表所示。

投资者行权内部收益率

项目	0	1	2	3	4	5
利息(元)	-1 000	95	95	95	95	95
转换价值(元)						1 208
现金流量(元)	-1 000	95	95	95	95	1 303
内部收益率	12.73%	根据Excel中的IRR函数计算				

计算表明,内部收益率为12.73%,其中9.5%为利息收益,3.23%为资本收益。利息收益是确定的,而资本收益具有较大的风险。纯债券的全部收益均以利息形式表示,而可转换债券的收益仅有一部分来自利息收益,两者相比,可转换债券的风险大于纯债券,投资者要求的收益率至少为12.73%。与股票投资相比,投资者要求的收益率为15.5%,大于可转换债券要求的收益率,这表明可转换债券的投资风险小于股票。

(2)对投资者来说,可转换债券赎回条款相当于一种卖出买权,买权的买方是发行公司。当可转换债券的市场价格等于或大于赎回价格时,公司通常会行使赎回权。如果公司打算赎回债券,则通常会给债券持有人一定的宽限期,如一个月时间。在宽限期内债券的持有人有三种选择:一是按转换比率将债券转换为普通股;二是在市场上将可转换债券出售给那些愿意转换的投资者;三是按赎回价格取得现金,公司赎回债券。在本题中,ABC公司预期债券发行5年后将债券按每张1 050元的价格赎回,此时每张可转换债券的转换价值为1 208元,如果投资者在公司规定的期间内将可转换债券转换为股票,则每张债券可转换成的普通股每股价值为1 208元。如果债券持有人在规定期间内未将可转换债券转换成普通股股票,则他只能接受公司1 050元的赎回价格。因此,可转换债券持有人会选择在规定的期间内将可转换债券转换为普通股股票。

8. 解:
(1)银行借款购买设备。首先计算各年本息偿还额(如表1所示),然后计算举债购买设备税后现金流出量现值(如表2所示)。

表 1　银行借款本息偿还额　　　　　　　　　　　　　　　　　　　　　　　　单位:元

年末	年偿还额 (1)	年初本金 (2)	利息 (3)=(2)×10%	本金偿还 (4)=(1)−(3)	年末本金 (5)=(2)−(4)
1	13 190	50 000	5 000	8 190	41 810
2	13 190	41 810	4 181	9 009	32 801
3	13 190	32 801	3 280	9 910	22 892
4	13 190	22 892	2 289	10 901	11 991
5	13 190	11 991	1 199	11 991	0

表 2　举债购买设备税后现金流出量现值　　　　　　　　　　　　　　　　　单位:元

年末 t	债务偿还 (1)	利息 (2)	折旧费 (3)	抵税额 (4)=[(2)+(3)]×25%	税后现金流出量 (5)=(1)−(4)	税后现金流出量现值 (6)=(5)/(1+8%)^t
1	13 190	5 000	10 000	3 750	9 440	8 741
2	13 190	4 181	10 000	3 545	9 645	8 269
3	13 190	3 280	10 000	3 320	9 870	7 835
4	13 190	2 289	10 000	3 072	10 118	7 437
5	13 190	1 199	10 000	2 800	10 390	7 071
合计	65 950	15 949	50 000			39 353

（2）租赁设备。首先计算租赁设备费用抵税额(如表 3 所示)，然后计算税后现金流出量现值(如表 4 所示)。

表 3　租赁设备费用抵税额　　　　　　　　　　　　　　　　　　　　　　　单位:元

年末 t	租赁费 (1)	租赁费 利息 (2)=(4)_{t−1}×8%	租赁费 本金 (3)=(1)−(2)	尚未支付的本金 (4)	折旧 (5)	抵税额 (6)=[(2)+(5)]×25%
0	11 595.00		11 595.00	38 404.00		0.00
1	11 595.00	3 072.32	8 522.68	29 881.32	10 000	3 268.08
2	11 595.00	2 390.51	9 204.49	20 676.83	10 000	3 097.63
3	11 595.00	1 654.15	9 940.85	10 735.98	10 000	2 913.54
4	11 595.00	858.88	10 736.12	−0.14	10 000	2 714.72
5					10 000	2 500.00

表 4　租赁设备税后现金流出量现值　　　　　　　　　　　　　　　　　　　单位:元

年末 t	租赁费 (1)	抵税额 (6)=[(2)+(5)]×25%	税后现金流出量 (7)=(1)−(6)	税后现金流出量现值 (8)=(7)/(1+8%)^t
0	11 595.00	0	11 595.00	11 595.00
1	11 595.00	3 268.10	8 326.92	7 710.11
2	11 595.00	3 097.64	8 497.37	7 285.13
3	11 595.00	2 913.55	8 681.46	6 891.62
4	11 595.00	2 714.73	8 880.28	6 527.27
5		2 500.00	−2 500.00	−1 701.46
合计				38 307.46

结论:由于银行借款利率高于租赁费率,因此租赁设备优于举债购买设备。

9. 解:

(1) 与债券调换相关的现金流出量主要包括:

① 赎回旧债券溢价。在债券到期日前赎回旧债券,公司必须支付超过面值的溢价。这部分支出构成了现金流出量。但这笔支出属于可免税费用,因此公司溢价成本低于支付的溢价。

② 新债券发行费用。发行新债券,公司必须支付法律费、印刷费及其他与新债券发行相关的费用。这些费用在债券发行时一次性支付,并在债券期限内分期摊销,分期抵消所得税。

③ 旧债券未摊销发行费用的税收节约。旧债券尚未摊销的那部分发行费用在旧债券赎回时会立即作为费用支出,抵减当年公司的所得税,形成一项税赋节约额。

④ 旧债券利息支出。在新旧债券调换期间,公司支付旧债券的利息一般列作投资支出,并可以抵减一部分所得税。但新债券在尚未调换旧债券前,可以进行1个月短期投资,投资收益可以抵消旧债券的利息支出。

债券调换税后现金流出量现值如表1所示。

表1 债券调换税后现金流出量现值 单位:元

项目	数额	说明
① 赎回旧债券税后溢价	3 960 000	← = 60 000 000 * 10% * (1 - 34%)
② 新债券发行费用	2 650 000	
每年发行费用抵税额	45 050	← = (2 650 000/20) * 34%
新债券税后发行费用	7.92%	← = 12% * (1 - 34%)
每年发行费用抵税额现值	444 953	← = PV(7.92%,20, -45 050)
新债券税后发行费用净值	2 205 047	← = 2 650 000 - 444 953
③ 旧债券发行费用		
旧债券发行费用未摊销额*	2 400 000	← = (3 000 000/25) * 20
税后节约额	816 000	← = 2 400 000 * 34%
旧债券发行费用每年摊销额**	120 000	← = 2 400 000/20
旧债券发行费用抵税额现值	402 976	← = PV(7.92%,20, -120 000) * 34%
旧债券发行费用税后净节约额	-413 024	← = -816 000 + 402 976
④ 追加新旧债券利息(收入/支出)		
旧债券1个月额外税后利息支出	495 000	← = 60 000 000 * 15% * (1/12) * (1 - 34%)
新债券短期投资1个月利息收入	363 000	← = 60 000 000 * 11% * (1/12) * (1 - 34%)
利息净支出	132 000	← = 495 000 - 363 000
债券调换税后费用现值总额	5 884 023	← = 3 960 000 + 2 205 047 - 413 024 + 132 000

*如果此时赎回旧债券,这部分未摊销发行费用立即作为费用开支,同时带来一项税后节约额。
**旧债券赎回后,发行费用摊销额120 000元在以后的20年不再发生。

(2)(3) 债券调换的年利息节约现值、债券调换的净现值如表2所示。

表 2　债券调换的年利息节约现值、债券调换的净现值　　　　　　　单位:元

项目	数额	说明
旧债券税后利息	5 940 000	← = 60 000 000 * 15% * (1 − 34%)
新债券税后利息	4 752 000	← = 60 000 000 * 12% * (1 − 34%)
债券调换年利息节约现值	11 733 727	← = PV(7.92%, 20, −(5 940 000 − 4 752 000))
债券调换的净现值	5 849 704	← = 11 733 727 − 5 884 023

结论:由于债券调换的净现值大于零,所以调换旧债券是有利可图的。

注意:① 由于现金流量的风险与相应的债券风险相同,因此计算现金流量现值时应以利率(即债券的税后成本)为折现率。② 新债券的偿还期与旧债券的剩余偿还期相同。如果旧债券的剩余偿还期较短,而新债券的偿还期较长,那么仅应考虑债券到期以前的现金流量。③ 尽管调换债券可以增加公司价值,但我们还应考虑这时调换债券能否最大限度地增加公司预期价值。如果利率不断下跌,那么公司最好等待一个最恰当的时机去赎回旧债券。计算债券调换净现值很简单,但做出什么时候调换的决策是很困难的,这一决策取决于财务人员对金融市场的判断水平。

五、案例分析题

(1) 根据题中的数据,中南公司每股收益等指标计算结果如表 1 所示。

表 1　中南公司每股收益等指标(股数 = 100 股)　　　　　　　单位:元

项目	2016 年	2021 年
每股收益	8 160	12 000
每股股利	4 200	6 000
每股账面价值		90 000

(2) 由于中南公司流通在外的普通股股数太少,从而极大地夸大了每股收益、每股股利和每股账面价值。如果中南公司试图根据上面的每股指标发行股票,那么它很难在一个合理的价格水平上找到投资者。

(3) 中南公司董事会也许会明智地分割其股票,这样每股收益、每股股利、每股账面价值比较接近三 A 公司和四海公司的数值。这将把公司股票的价格引导到合理的界限内。

(4) 如果公司进行股票分割,1 股股票分割为 4 000 股,将导致流通在外的普通股股数变为 400 000 股,则新的每股收益等指标计算结果如表 2 所示。

表 2　中南公司每股收益等指标(股数 = 400 000 股)　　　　　　　单位:元

项目	2016 年	2021 年
每股收益	2.04	3.00
每股股利	1.05	1.50
每股账面价值		22.50

(5) 三家公司五年复合增长率如表 3 所示。

表3　三家公司五年复合增长率　　　　　　　　　　　　单位:%

公司	每股收益复合增长率	每股股利复合增长率	平均值
三A公司	8.45	8.45	8.45
四海公司	6.40	6.40	6.40
中南公司	8.02	7.39	7.71

表中,三A公司每股收益复合增长率 = $\sqrt[5]{4.5/3} - 1 = 8.45\%$

其他指标复合增长率计算方式相同。

(6) 三家公司股利支付率如表4所示。

表4　三家公司股利支付率　　　　　　　　　　　　单位:%

公司	股利支付率	
	2016年	2021年
三A公司	50.00	50.00
四海公司	50.00	50.00
中南公司	51.47	50.00

上述结果表明,三家公司股利支付率基本相同,即股利支付率在50%左右。

(7)(8) 三家公司2021年净资产收益率、资产负债率如表5所示。

表5　三家公司2021年净资产收益率、资产负债率　　　　　　　　单位:%

公司	净资产收益率	资产负债率
三A公司	15.00	42.86
四海公司	13.64	36.59
中南公司	13.33	55.00

上述结果表明,中南公司的净资产收益率相对较低,资产负债率相对较高,表明中南公司的风险大于其他两家公司,因而应按相对较低的倍数发行股票。

(9) 根据2021年数据,三A公司和四海公司的价格乘数如表6所示。

表6　三A公司和四海公司的价格乘数

公司	市盈率乘数(P_{2021}/EPS)	股利价格乘数(P_{2021}/DPS)	账面价值乘数(P_{2021}/BV)
三A公司	8.00	16.00	1.20
四海公司	8.67	17.33	1.18

(10) 根据2021年数据,中南公司股票价格如表7所示。

表7　中南公司股票价格　　　　　　　　　　　　单位:元

价格乘数	根据三A公司乘数计算	根据四海公司乘数计算
市盈率乘数	24	26.01
股利价格乘数	24	26.00
账面价值乘数	27	26.55

根据表7,中南公司 400 000 股股票的价格范围为 24—27 元/股。

(11) 中南公司股票预计发行价格如表8所示。

表8　中南公司股票预计发行价格

公司	每股股利(元)	增长率	当前股票价格(元)	股权资本成本
三 A 公司	2.25	8.45%	36.00	15.23%
四海公司	3.75	6.40%	65.00	12.54%
中南公司	1.50	7.71%		
中南公司股票价格(元):				
根据三 A 公司股权资本成本计算	21.49	← =1.5*(1+7.71%)/(15.23% −7.71%)		
根据四海公司股权资本成本计算	33.44	← =1.5*(1+7.71%)/(12.54% −7.71%)		

(12) 根据上述计算结果,中南公司股票每股价格范围在 21.49—33.44 元。公司股票价格应该锁定在这一范围的下限。这是因为:第一,中南公司有较高的资产负债率;第二,中南公司的规模相对较小;第三,中南公司在交易所是新客户,其股票不在交易所交易。

中南公司的实际股票价格可能由承销商和中南公司协商而定。我们不能说出确切的价格是多少,但每股价格很可能低于 21.49 元,20 元可能是一个值得参考的数据。

(13) 如果中南公司股票筹资费率为 8%,则按照股票公开发行价格每股 20 元计算,中南公司股票筹资净额计算如下:

$$股票筹资净额 = 20 \times 400\,000 \times (1 - 8\%) = 7\,360\,000 (元)$$

第十章　营运资本管理

[关键知识点]

营运资本、净营运资本、流动资产组合策略、流动负债组合策略、营运资本融资策略、现金周转期、现金管理动机、目标现金存货模型、目标现金随机模型、现金集中管理、应收账款信用成本、应收账款信用政策、应收账款收账策略、存货成本、经济采购批量、商业信用、商业票据、短期借款、现金预算。

习题与案例

一、单项选择题

1. 如果净营运资本大于零,说明流动资产所占用的资金来源于(　　)。
   A. 流动负债和长期负债　　　　B. 流动负债
   C. 长期负债　　　　　　　　　D. 流动负债和股权融资

2. 某公司的原材料购买和产品销售均采用商业信用方式,应收账款的平均收账天数为45天,应付账款的平均付款天数为25天,存货平均周转天数为60天。假设一年按360天计算,则公司年现金周转率为(　　)。
   A. 2.7次　　　B. 4.5次　　　C. 9次　　　D. 36次

3. 存货模式下,与现金持有量成正比例关系的是(　　)。
   A. 现金周转期　　　　　　　　B. 现金交易成本
   C. 现金总成本　　　　　　　　D. 现金机会成本

4. 假设PE集团下属X、Y、Z三个子公司,其账户余额分别为-300万元、600万元和-200万元,为它们服务的同一银行提供的存款利率为4%,透支利率或贷款利率为6%,则PE集团建立现金池的存贷款利息的收支净额为(　　)。
   A. 利息净收入4万元　　　　　B. 利息净支出4万元
   C. 利息净收入6万元　　　　　D. 利息净支出6万元

5. 下列各项中,属于应收账款机会成本的是(　　)。
   A. 坏账损失　　　　　　　　　B. 收账费用
   C. 应收账款占用资金的应计利息　D. 对客户资信进行调查的费用

6. 某公司采用30天信用期的产品销量为10 000件,若将信用期放宽至45天,产品销量将增至12 000件,产品的单价为5元,单位变动成本为3元,该公司由于放宽信用期而增加的收益为(　　)。
   A. 2 000元　　　B. 4 000元　　　C. 20 000元　　　D. 24 000元

7. 在其他因素不变的情况下,公司采用积极的收账政策,可能导致的后果是(　　)。

A. 坏账损失增加　　　　　　　　B. 收账费用增加

C. 平均收账期延长　　　　　　　D. 应收账款投资增加

8. 下列关于短期资金和长期资金的说法中,正确的是(　　)。

　　A. 一般短期资金的风险比长期资金要小

　　B. 公司采用无到期日的普通股来融资,风险较小

　　C. 长期资金的利率高,所以在利息成本方面具有较大的不确定性

　　D. 长期资金的成本比短期资金要低

9. 收益性和风险性均较高的营运资本融资政策是(　　)。

　　A. 配合型融资政策　　　　　　B. 激进型融资政策

　　C. 稳健型融资政策　　　　　　D. 混合型融资政策

10. 某公司的周转信贷协定为 3 000 万元,贷款利息为 7%,承诺费率为 5%,如果该公司年度平均借款余额为 1 400 万元,则该公司享有周转信贷协议的代价是(　　)。

　　A. 50 万元　　　B. 100 万元　　　C. 150 万元　　　D. 80 万元

二、多项选择题

1. 在选择营运资本组合策略时,应注意的问题主要有(　　)。

　　A. 资产与负债偿还期相匹配

　　B. 净营运资本应以长期资金来源来解决

　　C. 净营运资本应以短期资金来源来解决

　　D. 保留一定的资金或融资能力

　　E. 流动资产投资应采用长期资金

2. 交易性需求是公司持有现金以满足日常经营业务现金支付的需求,主要包括(　　)。

　　A. 支付工资　　B. 证券投资　　C. 缴纳税款　　D. 购买材料

　　E. 支付股利

3. 采用随机模式控制现金持有量,影响最优现金返回线(R)的因素包括(　　)。

　　A. 现金余额上限　　　　　　　B. 现金余额下限

　　C. 有价证券的日利率　　　　　D. 每日现金余额变化的方差

　　E. 每次现金与有价证券转换的交易成本

4. 应收账款的信用成本是指公司持有应收账款所付出的代价,主要包括(　　)。

　　A. 管理成本　　B. 机会成本　　C. 交易成本　　D. 短缺成本

　　E. 坏账成本

5. 应收账款信用政策包括(　　)。

　　A. 信用条件　　B. 信用标准　　C. 坏账准备　　D. 信用期间

　　E. 收账政策

6. 信用条件是公司接受客户信用时所提出的付款要求,一般包括(　　)。

　　A. 信用期限　　B. 收账政策　　C. 信用标准　　D. 现金折扣

　　E. 折扣期限

7. 在存货管理中,与存货相关的成本主要有(　　)。

　　A. 购置成本　　B. 订货成本　　C. 储存成本　　D. 缺货成本

　　E. 机会成本

8. 下列各项中,属于短期融资方式的有( )。
   A. 商业信用   B. 应计项目   C. 短期借款   D. 短期融资券
   E. 短期流动资金
9. 如果净营运资本<0,则意味着公司不能从短期资产中筹集足够的现金来解决负债问题,解决的方式主要是( )。
   A. 控制和降低存货投资
   B. 重新审核并紧缩信贷,减少公司的应收账款
   C. 放松信贷政策,增加公司的应收账款
   D. 增加长期负债或者发行股票确保流动性
   E. 减少长期负债或者发行股票以降低融资成本
10. 现金预算是短期融资计划的基本工具,现金预算的构成主要包括( )。
    A. 现金流入量   B. 现金流出量
    C. 现金净流量   D. 现金筹措与运用
    E. 投资收回现金

三、判断题

1. 如果净营运资本<0,则说明流动资产所占用的资金除流动负债提供的资金外,还有一些来自长期负债。( )
2. 流动资产组合策略就是根据流动资产各项目风险与收益的特征,合理确定流动资产内部各个项目之间的比例关系。( )
3. 在其他条件一定的情况下,债务期限越短,公司偿付本息的缓冲时间就越短,发生违约的概率就越小。( )
4. 按随机模式要求,当现金余额高于最优返回线时,应及时购买有价证券,以保证最佳现金余额。( )
5. 名义现金池是集团下属的各分(子)公司的银行账户虚拟集中到一起(不发生现金物理转移),由集团总部现金管理者对集中后的现金头寸进行统一管理。( )
6. 信用标准是客户获得公司商业信用所应具备的最低条件,如果客户达不到这些条件,就不能享受公司按商业信用提供的各种优惠,或只能享受较低的信用优惠。( )
7. 现金折扣是公司对顾客在商品价格上所做的扣减,公司提供现金折扣可以减少坏账损失和收账费用。( )
8. 信用受评人的"5C"是指品德、能力、资本、抵押品和经济状况。( )
9. 采用循环协议借款,除支付利息之外,还要支付协议费,而在信用额度借款的情况下,一般无须支付协议费。( )
10. 商业折扣是公司给予在规定日期以前付款的客户的价格优惠,其目的是尽快收回货款。( )

四、计算分析题

1. 假设BBB公司以赊购方式购买原材料,以赊销方式销售产品,赊购原材料的信用条件是30天付款期,赊销产品的信用条件是60天收款期;其平均应付账款周转期为35天,平均应收账款周转期为70天,从原材料购进到产品售出期间为85天,即平均存货周转期。公司

每年经营现金需求量为720万元,一年按360天计算。

要求:

(1) 计算公司的经营周转期、现金周转期。

(2) 为保证公司正常经营,公司应持有多少现金?

(3) 假设公司的融资利率为12%,如果现金周转期缩短20天,则每年可为公司节约多少现金?增加多少利润?

2. 某公司全年的现金需求量为800万元,其原材料购买采用赊购方式,产品销售采用赊销方式。公司应收账款的期初、期末余额分别为400万元和200万元,存货的期初、期末余额分别为800万元和1 000万元,全年的赊销收入净额为3 600万元,销售成本为8 100万元,一年按360天计算。

要求:

(1) 计算应收账款周转期和存货周转期。

(2) 如果公司应付账款周转期为25天,采用现金周转模式计算最佳现金持有量。

3. GTM公司现金收支平衡,预计全年(按360天计算)现金需求量为810 000元,现金与有价证券转换的交易成本为每次500元,有价证券的年利率为10%。

要求:

(1) 计算最佳现金持有量。

(2) 分别计算最佳现金持有量下的全年持有现金总成本、全年现金交易成本和全年持有现金机会成本。

(3) 计算最佳现金持有量下的全年有价证券交易次数和有价证券交易间隔期。

4. SAP公司根据现金流动性要求和有关补偿性余额的协议,认为任何时候其现金余额不能低于500元,根据以往经验测算出每日现金余额波动的标准差为300元,有价证券年利率为10.8%,每次有价证券转换的交易成本为40元,一年按360天计算。

要求:

(1) 计算公司最优现金返回线的现金持有量(R)。

(2) 分别计算公司现金余额的上限(H)和平均现金持有量。

(3) 确定有效现金控制范围。

5. 根据现金流动性要求和有关补偿性余额的协议,F公司的最低现金余额为6 000元,每次有价证券转换的交易成本为100元,有价证券年利率为12%,每日现金余额及其可能出现的概率如下表所示。

F公司每日现金余额及其可能出现的概率

概率	现金余额(元)
0.2	8 000
0.5	10 000
0.3	12 000

要求:

(1) 如果一年按360天计算,计算F公司最优现金返回线的现金持有量(R)和现金余额的上限(H)。

(2) 若此时现金余额为15 000元,公司应如何调整现金?

(3) 若此时现金余额为 30 000 元,公司应如何调整现金?

6. 已知 PT 公司每季度的现金需求量为 360 000 元,每次有价证券转换的交易成本为 80 元,有价证券的月利率为 0.3%。

要求:

(1) 利用存货模式确定最佳现金持有量、每季度持有现金的机会成本和出售有价证券的交易成本以及现金持有总成本。

(2) 假设利用随机模式计算得出的最佳现金持有量是利用存货模式确定的最佳现金持有量的 2 倍,公司认为任何时候其银行活期存款及现金余额均不能低于 100 000 元,计算现金余额的上限以及预期每日现金余额变化的标准差(每月按 30 天计算)。

(3) 如果公司目前的现金余额为 300 000 元,根据随机模式确定至少应购买多少张市场价格为 20 元的债券(不考虑其他相关费用)。

7. 某公司目前的信用条件为 $n/40$,实现的赊销额为 2 400 万元,坏账损失率估计为 1%,收账费用为 10 万元。为了扩大销售规模,提高市场份额,公司拟将信用期限延长至 60 天。如果采用这种信用条件,预计赊销额会增加 10%,坏账损失率将提高到 2%,收账费用将增加到 15 万元。信用条件变化后新老客户的付款习惯无差别。产品的变动成本率为 60%,公司应收账款占用资金的机会成本为 15%。

要求:

(1) 分别计算公司现行信用条件和拟改变信用条件下应收账款的信用成本。

(2) 计算分析公司是否应该延长信用期限。

8. AAA 公司预计年度赊销收入净额为 1 800 万元,其信用条件为 $n/30$,变动成本率为 70%,资本成本为 12%,预计坏账损失率为 4%,收账费用为 10 万元。为了加速应收账款的收回,公司拟推出新的信用条件"2/10,1/20,$n/30$",预计大约有 60% 的客户将利用 2% 的折扣,30% 的客户将利用 1% 的折扣,预计坏账损失率将降为 2%,收账费用将降为 6 万元。

要求:

(1) 计算公司现行信用条件下应收账款的机会成本。

(2) 计算公司拟改变信用条件下应收账款的机会成本。

(3) 计算分析公司是否应该采用新的信用条件。

9. PC 公司 2015 年成立,主要从事个人电脑的组装和销售业务,公司产品质量优良,价格合理,在市场上颇受欢迎,销路很好,因此公司也迅速发展壮大。但是到了 2021 年年末,公司有些问题开始呈现出来:过去为了扩大销售规模、占领市场,公司一直采用比较宽松的信用政策,客户拖欠的款项数额越来越大,时间越来越长,严重影响了资金的周转循环,公司不得不依靠长期负债及短期负债筹集资金。假如现在公司请你做财务顾问,协助其改善财务问题。

财务人员将有关资料整理如下:公司考虑将其信用条件由 "1/15,$n/30$" 改为 "2/10,$n/30$",以加速应收账款的收回。目前,约有 50% 的客户享有公司提供的 1% 的现金折扣,而在信用条件被改为 "2/10,$n/30$" 后,享有现金折扣的客户预期会上升到 60%。不管是在何种信用条件下,在所有未享受现金折扣的客户中,有一半客户会准时付款,而另一半客户则会在信用期过后的第 10 天付款。因为公司只改变了信用条件,并未放宽信用标准,所以其坏账损失预期仍然停留在目前销售总额 1% 的水平上。然而,在现金折扣被提高到 2% 后,公司的销售额预期可由目前的每年 360 000 元上升至每年 450 000 元。公司的变动成本率为 65%,应收账款投资必要收益率为 8%。

要求:

(1) 为改善公司目前的财务状况,PC 公司应采取什么措施?

(2) 分别计算 PC 公司在信用条件改变前与改变后的平均收账期、现金折扣费用、应收账款机会成本及坏账损失。

(3) 计算信用条件改变给 PC 公司带来的增量收益,并分析说明 PC 公司是否应该改变其信用条件。

(4) 假定在 PC 公司改变其信用条件后,仍有 50% 的客户会提前付款以享受现金折扣,有 25% 的客户会准时付款,其余 25% 的客户则会在信用期过后的第 10 天付款,而销售额预期不会改变,则 PC 公司平均收账期会缩短几天? 是否应该改变其信用条件?

(5) 在(4)的前提下,若 PC 公司改变其信用条件,现金折扣率应不超过多少?

10. VS 公司是一家面向零售店的空气过滤器分销商,它从几家制造商购买过滤器。过滤器的订货批量为 1 000 件,每次订货成本为 40 元。零售店对过滤器的需求量为每月 20 000 件,过滤器的储存成本为每月每件 0.1 元。

要求:

(1) 计算最佳订货批量、最佳订货批量成本。

(2) 如果每件过滤器每月的储存成本下降 0.05 元,计算最佳订货批量。

(3) 如果订货成本下降为每次 10 元,计算最佳订货批量。

11. 四平公司是万通通信公司的常年原材料供应商,其付款条件为"2/10, $n/30$"。年末,万通集团(万通通信母公司)查账时发现,万通通信的会计人员对此项交易的处理方式是,一般在收到货物后 15 天支付货款。

当查账人员询问为什么不取得现金折扣时,负责该项交易的会计人员不假思索地回答道:"这一交易的资本成本仅为 2%,而银行贷款成本却为 8%。因此,根本没有必要接受现金折扣。"

要求:

(1) 请判断会计人员的做法对公司是否有利,并说明原因。

(2) 计算丧失现金折扣的实际成本。

(3) 如果公司不能获得银行贷款,而必须进行商业信用融资,为了降低年利息成本,为公司提出建议。

12. 某企业拟采购一批商品,供应商提供的信用期为 60 天,如果提前付款,其报价如下:① 立即付款,价格为 9 750 元;② 30 天内付款,价格为 9 870 元;③ 31—60 天内付款,价格为 10 000 元。目前企业资金充裕,全年按 360 天计算。

要求:

(1) 计算立即付款条件下的现金折扣和放弃现金折扣的成本率。

(2) 计算 30 天内付款条件下的现金折扣和放弃现金折扣的成本率。

(3) 计算 60 天内付款条件下的现金折扣并确定最有利的付款日期。

(4) 如果公司资金紧张,银行贷款利率为 8%,分析公司应否放弃现金折扣。

(5) 如果公司有一短期投资机会,预计投资收益率为 20%,分析公司应否放弃现金折扣。

13. 天一公司是一家季节性很强的公司,常因资金不到位而使公司的生产效益受到严重影响。今年问题同样存在,急需解决的资金缺口在 200 万元,财务人员经过讨论形成以下四个备选的融资方案。

方案一：银行短期贷款。ABC 银行愿意提供期限为 3 个月的短期借款 200 万元，年利率为 8%，银行要求保留 20% 的补偿性余额。

方案二：票据贴现。将面额为 220 万元的未到期（不带息）商业汇票提前 3 个月进行贴现，贴现率为 9%。

方案三：商业信用融资。天龙公司愿意以"2/10、n/30"的信用条件，向其销售 200 万元的 A 材料。

方案四：安排专人将 250 万元的应收账款催回。

天一公司的产品销售利润率为 9%。

要求：请你协助财务人员分析天一公司短期资金筹集方式，并做出选择。

14. 某季节性公司因业务需要考虑在 8 月份融资 50 万元，现有以下四种融资方案。

方案一：同某商业银行签订期限为 1 年的借款合同，周转信用额度为 50 万元。未使用部分的承诺费为 0.5%，借款年利率为 8%。假设只在 8 月份使用这笔资金，8 月份按 30 天计算，一年按 360 天计算。

方案二：放弃 8 月份 50 万元货款的现金折扣，其信用条件为"3/10，n/40"。

方案三：发行期限为 30 天、金额为 50 万元的短期债券，年利率为 6%，发行费用为发行总额的 0.5%。

方案四：发行期限为 60 天、金额为 50 万元的短期债券，年利率为 5%，发行费用为发行总额的 0.5%。因为仅 8 月份（30 天）需要这笔资金，所以待 30 天收回后可以在 9 月份投资到有价证券，年收益率为 7%，购买和销售有价证券总的交易费为发行额的 0.4%。

要求：

（1）计算各方案的融资费用。

（2）是否一定要选择成本最低的融资方式？为什么？

五、案例分析题

激进、折中、稳健三家公司分别实施与公司名称相一致的营运资本管理策略。三家公司简易资产负债表如表 1 所示。

表 1　三家公司简易资产负债表　　　　　　　　　　　单位：元

项目	激进公司	折中公司	稳健公司
流动资产	150 000	200 000	300 000
固定资产	200 000	200 000	200 000
资产总计	350 000	400 000	500 000
流动负债	200 000	100 000	50 000
长期负债	0	100 000	200 000
负债合计	200 000	200 000	250 000
股东权益合计	150 000	200 000	250 000
负债和股东权益总计	350 000	400 000	500 000

假设公司短期借款利率为 12%，长期借款利率为 10%，所得税税率为 40%。

三家公司的产品成本函数如下：

产品成本 = 固定成本 + 变动成本

激进公司产品成本 = 200 000 + 0.7 × 营业收入

折中公司产品成本 = 270 000 + 0.65 × 营业收入

稳健公司产品成本 = 385 000 + 0.6 × 营业收入

由于三家公司的流动资产不同,在不同的经济环境下,三家公司的营业收入也不相同,如表 2 所示。

表 2　三家公司营业收入　　　　　　　　　　　　　　　　　　单位:元

	激进公司	折中公司	稳健公司
经济上涨时期	1 200 000	1 250 000	1 300 000
经济平缓时期	900 000	1 000 000	1 150 000
经济萧条时期	700 000	800 000	1 050 000

要求:

1. 编制三家公司简易利润表,主要项目有营业收入、营业成本与费用(不包括利息)、息税前利润、利息、税前利润、所得税、净利润。如果发生亏损,则所得税为零。

2. 比较三家公司总资产收益率(ROA = 息税前利润/总资产)和净资产收益率(ROE = 净利润/净资产),分析哪家公司在经济上涨时期最好、哪家公司在经济平缓时期最好、哪家公司在经济萧条时期最好。

3. 假设在经济平缓时期,短期贷款利率上升至 25% ,分析这会对三家公司净资产收益率产生何种影响。

4. 假设激进公司因库存短缺而产量减少,变动成本率上升至 80% ,分析这会对其净资产收益率产生何种影响(假设处于经济平缓时期)。

5. 分析公司在营运资本管理中应该注意哪些问题。

参 考 答 案

一、单项选择题

1. A　　　2. B　　　3. D　　　4. A　　　5. C
6. B　　　7. B　　　8. B　　　9. B　　　10. D

二、多项选择题

1. ABD　　2. ACDE　　3. BCDE　　4. ABE　　5. ABE
6. ADE　　7. ABCD　　8. ABCD　　9. ABD　　10. ABCD

三、判断题

1. ×　　2. √　　3. ×　　4. ×　　5. √
6. √　　7. ×　　8. √　　9. √　　10. ×

四、计算分析题

1. 解:

(1) 经营周转期 = 平均存货周转期 + 平均应收账款周转期

$$= 85 + 70 = 155(天)$$

现金周转期 = 经营周转期 – 平均应付账款周转期
$$= 155 - 35 = 120(天)$$

（2）现金持有量 = 年现金需求量/现金周转率
$$= 720/(360/120) = 240(万元)$$

（3）现金周转期缩短 20 天,则：

每年现金节约额 $= (720/360) \times 20 = 40(万元)$

每年增加利润 $= 40 \times 12\% = 4.8(万元)$

2. 解：

（1）应收账款周转率 $= 3\,600 \times 2/(400 + 200) = 12(次)$

应收账款周转期 $= 360/12 = 30(天)$

存货周转率 $= 8\,100 \times 2/(800 + 1\,000) = 9(次)$

存货周转期 $= 360/9 = 40(天)$

（2）现金周转率 $= 360/45 = 8(次)$

最佳现金持有量 $= 800/8 = 100(万元)$

3. 解：

（1）最佳现金持有量 $= \sqrt{\dfrac{2 \times 810\,000 \times 500}{10\%}} = 90\,000(元)$

（2）全年持有现金总成本 $= \sqrt{2 \times 810\,000 \times 500 \times 10\%} = 9\,000(元)$

全年现金交易成本 $= (810\,000/90\,000) \times 500 = 4\,500(元)$

全年持有现金机会成本 $= (90\,000/2) \times 10\% = 4\,500(元)$

（3）全年有价证券交易次数 $= 810\,000/90\,000 = 9(次)$

有价证券交易间隔期 $= 360/9 = 40(天)$

4. 解：

（1）$R = \sqrt[3]{\dfrac{3 \times 40 \times 300^2}{4 \times (10.8\% \div 360)}} + 500 = 2\,580(元)$

（2）$H = 3 \times 2\,580 - 2 \times 500 = 6\,740(元)$

平均现金持有量 $= \dfrac{4 \times 2\,580 - 500}{3} = 3\,273(元)$

（3）有效现金控制范围为 500—6 740 元。

5. 解：

（1）现金余额期望值 $= 0.2 \times 8\,000 + 0.5 \times 10\,000 + 0.3 \times 12\,000 = 10\,200(元)$

每日现金余额的标准差(σ)

$= \sqrt{(8\,000 - 10\,200)^2 \times 0.2 + (10\,000 - 10\,200)^2 \times 0.5 + (12\,000 - 10\,200)^2 \times 0.3}$

$= 1\,400(元)$

$R = \sqrt[3]{\dfrac{3 \times 100 \times 1\,400^2}{4 \times (12\% \div 360)}} + 6\,000 = 13\,612(元)$

$H = 3 \times 13\,612 - 2 \times 6\,000 = 28\,835(元)$

（2）当现金余额为 15 000 元时,不进行现金调整。

（3）当现金余额为 30 000 元时,应投资 16 388 元(30 000 – 13 612)于有价证券。

6. 解:

(1) 有价证券的季度利率 = 0.3% × 3 = 0.9%

$$最佳现金持有量 = \sqrt{\frac{2 \times 360\,000 \times 80}{0.9\%}} = 80\,000(元)$$

每季度持有现金的机会成本 = 80 000/2 × 0.9% = 360(元)

每季度出售有价证券的交易成本 = 360 000/80 000 × 80 = 360(元)

每季度现金持有总成本 = $\sqrt{2 \times 360\,000 \times 80 \times 0.9\%}$ = 720(元)

或:每季度现金持有总成本 = 360 + 360 = 720(元)

(2) 有价证券的日利率 = 0.3%/30 = 0.01%

最优现金返回线的现金余额(R) = 80 000 × 2 = 160 000(元)

现金余额下限 = 100 000 元

现金余额上限 = 3 × 160 000 − 2 × 100 000 = 280 000(元)

根据:

$$160\,000 = \sqrt[3]{\frac{3 \times 80 \times \sigma^2}{4 \times 0.01\%}} + 100\,000$$

解得:

每日现金余额变化的标准差(σ) = 18 974(元)

(3) 如果当前的现金余额为 300 000 元,则应购买债券的张数(n)为:

$$n = [(300\,000 - 160\,000) - 80]/20 = 6\,996(张)$$

7. 解:

(1) 公司现行信用条件和拟改变信用条件下应收账款的信用成本如表 1 所示。

表 1　应收账款的信用成本　　　　　　　　　　单位:万元

项目	现行信用条件($n/40$)	拟改变信用条件($n/60$)
应收账款平均余额	266.67	440.00
维持赊销业务所需要的资金	160.00	264.00
应收账款机会成本	24.00	39.60
坏账损失	24.00	52.80
收账费用	10.00	15.00
应收账款信用成本	58.00	107.40

表 1 中现行信用条件下应收账款信用成本计算如下:

应收账款平均余额 = 2 400 ÷ (360 ÷ 40) = 266.67(万元)

维持赊销业务所需的资本 = 266.67 × 60% = 160(万元)

应收账款的机会成本 = 160 × 15% = 24(万元)

坏账损失 = 2 400 × 1% = 24(万元)

收账费用 = 10 万元

应收账款信用成本 = 24 + 24 + 10 = 58(万元)

拟改变信用条件下应收账款的信用成本计算方式相同。

(2) 信用条件分析评价如表 2 所示。

表2 信用条件分析评价　　　　　　　　　　　　　　　　单位:万元

项目	现行信用条件($n/40$)	拟改变信用条件($n/60$)
年赊销额	2 400	2 640.00
变动成本(变动成本率60%)	1 440	1 584.00
信用成本前收益	960	1 056.00
信用成本		
其中:应收账款机会成本	24	39.60
坏账损失	24	52.80
收账费用	10	15.00
小计	58	107.40
信用成本后收益	902	948.60

通过计算分析,公司应该延长信用期限至60天,因为延长信用期限带来的信用成本后收益(948.60万元)大于现行信用条件下的信用成本后收益(902万元)。

8. 解:

(1) 现行信用条件下应收账款的机会成本计算如下:

应收账款平均余额 = 1 800 ÷ (360 ÷ 30) = 150(万元)

维持赊销业务所需的资金 = 150 × 70% = 105(万元)

应收账款的机会成本 = 105 × 12% = 12.6(万元)

(2) 拟改变信用条件下应收账款的机会成本计算如下:

应收账款周转期 = 60% × 10 + 30% × 20 + 10% × 30 = 15(天)

应收账款周转次数 = 360/15 = 24(次)

应收账款平均余额 = 1 800 ÷ 24 = 75(万元)

维持赊销业务所需的资金 = 75 × 70% = 52.5(万元)

应收账款的机会成本 = 52.5 × 12% = 6.3(万元)

拟改变信用条件的现金折扣 = 1 800 × (2% × 60% + 1% × 30%) = 27(万元)

结合(1)(2)中的计算结果,对两个信用条件方案比较分析如下表所示。

信用条件分析评价　　　　　　　　　　　　　　　　单位:万元

项目	现行信用条件($n/30$)	拟改变信用条件($2/10,1/20,n/30$)
年赊销额	1 800.00	1 800.00
减:现金折扣	—	27.00
年赊销净额	1 800.00	1 773.00
变动成本(变动成本率70%)	1 260.00	1 260.00
信用成本前收益	540.00	513.00
信用成本		
其中:应收账款机会成本	12.60	6.30
坏账损失	72.00	36.00
收账费用	10.00	6.00
小计	94.60	48.30
信用成本后收益	445.40	464.70

通过计算分析,公司如果实行新的信用条件,则信用成本后收益将增加19.3万元,因此,公司应该采用新的信用条件。

9. 解:

(1) 公司应制定较高的信用标准,以保证未享受现金折扣的客户也能在信用期付款;另外,公司应制定合理的收账政策,努力加强欠款回收。

(2) 信用条件改变前:

平均收账期 = 50% × 15 + 25% × 30 + 25% × 40 = 25(天)
现金折扣费用 = 360 000 × 50% × 1% = 1 800(元)
应收账款机会成本 = 360 000/360 × 25 × 65% × 8% = 1 300(元)
坏账损失 = 360 000 × 1% = 3 600(元)

信用条件改变后:

平均收账期 = 60% × 10 + 20% × 30 + 20% × 40 = 20(天)
现金折扣费用 = 450 000 × 60% × 2% = 5 400(元)
应收账款机会成本 = 450 000/360 × 20 × 65% × 8% = 1 300(元)
坏账损失 = 450 000 × 1% = 4 500(元)

(3) 销售增加的边际收益 = (450 000 − 360 000) × (1 − 65%) = 31 500(元)
应收账款机会成本减少 = 1 300 − 1 300 = 0(元)
现金折扣费用增加 = 5 400 − 1 800 = 3 600(元)
坏账损失增加 = 4 500 − 3 600 = 900(元)
扣除信用成本后的收益 = 31 500 + 0 − 3 600 − 900 = 27 000(元)

由于改变信用条件使公司获得了增量收益,因此 PC 公司应该将信用条件由"1/15,$n/30$"改为"2/10,$n/30$"。

(4) 由于预期销售额不变,因此只能比较成本费用。信用条件改变后:

平均收账期 = 50% × 10 + 25% × 30 + 25% × 40 = 22.5(天)
平均收账期缩短 = 25 − 22.5 = 2.5(天)
应收账款机会成本 = 360 000/360 × 22.5 × 65% × 8% = 1 170(元)
应收账款机会成本减少 = 1 300 − 1 170 = 130(元)
现金折扣费用增加 = 360 000 × 50% × 2% − 1 800 = 1 800(元)
成本费用增加 = 1 800 − 130 = 1 670(元)

由于改变信用条件后,在预期收入不变的情况下,成本费用净增加,因此 PC 公司不应该改变信用条件。

(5) 假设现金折扣率为 X,则:

360 000 × 50% × X − 1 670 = 0

解得:

X = 0.9278%

所以,当 PC 公司现金折扣率不超过 0.9278% 时可以改变信用条件。

10. 解:

(1) 最佳订货批量为 4 000 件过滤器,即每月订货 5 次。

$$\text{最佳订货批量} = \sqrt{\frac{2 \times 40 \times 20}{100}} = 4(千件)$$

每月订货次数 = $\dfrac{20\,000}{4\times 1\,000}$ = 5(次)

最佳订货批量成本 = $\sqrt{2\times 40\times 20\times 100}$ = 400(元)

注意:每1 000件批量的储存成本 = $0.1\times 1\,000$ = 100(元)

(2) 如果每件过滤器每月的储存成本下降0.05元:

最佳订货批量 = $\sqrt{\dfrac{2\times 40\times 20}{50}}$ = 5.66(千件)

(3) 如果订货成本下降为每次10元:

最佳订货批量 = $\sqrt{\dfrac{2\times 10\times 20}{100}}$ = 2(千件)

11. 解:

(1) 会计人员混淆了资金5天的使用成本和1年的使用成本,这两个成本是不可比的,必须将时间长度转化一致才具有可比性。

(2) 在第15天付款,放弃现金折扣的成本是很高的:

放弃现金折扣的实际利率 = $\dfrac{2\%}{1-2\%}\times \dfrac{360}{15-10}$ = 146.94%

(3) 如果公司能按8%的利率获得银行贷款,则公司应贷款,且在第10天支付货款,并在第30天偿还这笔贷款的本金和20天利息。

如果公司无法取得银行贷款,则公司可在第30天支付货款,而不是在第15天支付货款。在这种情况下,现金折扣的年资本成本为36.73%。

放弃现金折扣的实际利率 = $\dfrac{2\%}{1-2\%}\times \dfrac{360}{30-10}$ = 36.73%

12. 解:

(1) 如果立即付款,则:

现金折扣 = $\dfrac{10\,000-9\,750}{10\,000}\times 100\%$ = 2.5%

放弃现金折扣的成本率 = $\dfrac{2.5\%\times 360}{(1-2.5\%)\times(60-0)}$ ≈ 15.38%

(2) 如果30天内付款,则:

现金折扣 = $\dfrac{10\,000-9\,870}{10\,000}\times 100\%$ ≈ 1.3%

放弃现金折扣的成本率 = $\dfrac{1.3\%\times 360}{(1-1.3\%)\times(60-30)}$ ≈ 15.81%

(3) 如果31—60天内付款,则没有现金折扣。

因为公司资金充裕,最有利的付款日期是30天。

(4) 如果公司资金紧张,但贷款利率低于放弃现金折扣的成本率,则公司应该贷款并享受现金折扣。

(5) 由于投资机会的预计收益率高于放弃现金折扣的成本率,因此公司应该放弃现金折扣。

13. 解:

方案一:

实际可动用的借款 $= 200 \times (1 - 20\%) = 160$(万元)$< 200$ 万元

实际利率 $= \dfrac{8\%}{1 - 20\%} \times 100\% = 10\%$,大于产品销售利润率 9%,故该方案不可行。

方案二:

贴现息 $= 220 \times \dfrac{9\%}{12} \times 3 = 4.95$(万元)

贴现实得现款 $= 220 - 4.95 = 215.05$(万元)

方案三:

公司放弃现金折扣的成本率 $= \dfrac{2\%}{1 - 2\%} \times \dfrac{360}{30 - 10} \times 100\% = 36.73\%$,大于产品销售利润率 9%。可见,若公司放弃现金折扣,则要付出高达 36.73% 的资本成本,融资期限也只有 1 个月,而要享受现金折扣,则融资期限只有 10 天。

方案四:

安排专人催收应收账款必然会发生一定的收账费用,同时如果催收过急,则会影响公司和客户的关系,最终会导致原有客户减少,不利于维持或扩大公司销售规模,因此该方案不可行。

综上所述,天一公司选择方案二(票据贴现方式)进行融资为佳。

14. 解:

(1) 各方案融资费用计算如下:

方案一融资费用 $= \dfrac{500\,000 \times 0.5\% \times 11}{12} + \dfrac{500\,000 \times 8\%}{12} = 5\,625$(元)

方案二融资费用 $= 500\,000 \times \left(\dfrac{3\%}{1 - 3\%} \times \dfrac{360}{40 - 10} \times \dfrac{30}{360} \right) = 15\,464$(元)

方案三融资费用 $= 500\,000 \times 0.5\% + 500\,000 \times 6\% \times 30/360 = 5\,000$(元)

方案四融资费用 $= 500\,000 \times 5\% \times 60/360 + 500\,000 \times 0.5\% -$
$\qquad 500\,000 \times 7\%/12 + 500\,000 \times 0.4\%$
$\quad = 5\,750$(元)

(2) 成本最低的融资方式不一定是最佳融资方式。方案三 30 天短期债券的融资成本最低,但短期债券市场的风险大于银行贷款,融资的弹性比较低。尽管 60 天短期债券比 30 天短期债券的融资成本高,但考虑到公司 30 天后也许还会需要资金,所以 60 天的短期债券具有较大的弹性。

在对融资方式进行决策时,公司不仅要考虑成本因素,还要考虑未来的公司资金需求、融资难易程度等多种因素。

五、案例分析题

1. 三家公司简易利润表如表 1 所示。

表 1　三家公司简易利润表　　　　　　　　　　　　　　　　　　　　单位：万元

项目	激进公司			折中公司			稳健公司		
	上涨	平缓	萧条	上涨	平缓	萧条	上涨	平缓	萧条
营业收入	120.00	90.00	70.00	125.00	100.00	80.00	130.00	115.00	105.00
营业成本与费用	104.00	83.00	69.00	108.25	92.00	79.00	116.50	107.50	101.50
息税前利润	16.00	7.00	1.00	16.75	8.00	1.00	13.50	7.50	3.50
利息	2.40	2.40	2.40	2.20	2.20	2.20	2.60	2.60	2.60
税前利润	13.60	4.60	-1.40	14.55	5.80	-1.20	10.90	4.90	0.90
所得税	5.44	1.84	0.00	5.82	2.32	0.00	4.36	1.96	0.36
净利润	8.16	2.76	-1.40	8.73	3.48	-1.20	6.54	2.94	0.54

2. 三家公司总资产收益率和净资产收益率如表 2 所示。

表 2　三家公司总资产收益率和净资产收益率　　　　　　　　　　　　　单位：%

项目	激进公司			折中公司			稳健公司		
	上涨	平缓	萧条	上涨	平缓	萧条	上涨	平缓	萧条
总资产收益率	45.71	20.00	2.86	41.88	20.00	2.50	27.00	15.00	7.00
净资产收益率	54.40	18.40	-9.33	43.65	17.40	-6.00	26.16	11.76	2.16

在经济上涨时期,激进公司的总资产收益率和净资产收益率最高;在经济平缓时期,激进公司与折中公司的总资产收益率和净资产收益率基本相同,这两个指标都好于稳健公司;但在经济萧条时期,稳健公司税前利润和净利润均大于零,是唯一净资产收益率为正的公司。

3. 从三家公司净资产收益率分析,在经济平缓时期,当短期借款利率从 12% 上升至 25% 时,激进公司的净资产收益率从 18.4% 下降至 8%,折中公司的净资产收益率从 17.4% 下降至 13.5%,稳健公司的净资产收益率从 11.76% 下降至 10.2%。

4. 在经济平缓时期,在短期贷款利率为 12% 的情况下,如果变动成本率从 70% 上升至 80%,则激进公司的净资产收益率将从 18.4% 下降至 -29.33%。事实上,每家公司的净资产收益率对变动成本率都很敏感,但激进公司的变动成本率对净资产收益率的敏感程度大于其他两家公司。

5. 公司在营运资本管理中必须采取慎重的态度。通常情况下应确定一个恰当的额度,当营运资本高于这一额度时,表明资产的利用程度较低,或表现为资产周转速度较慢,没有为公司提供更高的收益。此外,如果营运资本过于紧缩,也可能造成损失。例如,减少存货,虽然降低了资金占用成本,但在某些情况下,可能导致公司原材料供应中断,或不得不降低销量,从而影响公司信誉。特别是在不得不多次订货时,营运资本紧张使得变动成本增加很快。如果商业信用条件过于苛刻,则会影响公司的营业收入。

第三篇

公司理财专题

第十一章　经济增加值与价值管理
第十二章　期权定价与公司财务
第十三章　公司战略与实物期权
第十四章　衍生工具与风险管理
第十五章　公司并购与资产剥离

第十一章 经济增加值与价值管理

[关键知识点]

经济增加值、税后净经营利润、投入资本收益率、EVA调整项目、市场增加值、价值驱动因素、内含增长率、可持续增长率、财务战略矩阵、价值创造体系、价值评价体系、价值分享体系。

习题与案例

一、单项选择题

1. 下列关于经济增加值的表述中错误的是( )。
   A. 经济增加值不仅考虑了债务资本成本,还考虑了股权资本成本
   B. 经济增加值是一种剩余价值指标
   C. 当投入资本收益率大于加权平均资本成本时,经济增加值为正
   D. 经济增加值在数量上等于税后净经营利润超过债务资本成本后的剩余价值

2. 公司在研发费用发生的当年将其作为费用一次性摊销,这种会计处理方法的后果是( )。
   A. 降低了研发费用发生当年公司的经营业绩
   B. 高估了公司资本占用额
   C. 提高了当年公司的经济增加值
   D. 对公司经营业绩和经济增加值没有影响

3. 下列关于递延税项的描述中错误的是( )。
   A. 当会计利润大于应纳税所得额时,形成"递延所得税资产"
   B. 当会计利润大于应纳税所得额时,形成"递延所得税负债"
   C. 对递延税项的调整是将其贷方余额加回到投入资本总额中
   D. 将当期递延税项贷方余额增加值加回到当期的税后净经营利润中

4. 下列关于市场增加值(MVA)、经济增加值(EVA)、净现值(NPV)的说法中正确是( )。
   A. MVA是从总体上衡量公司为股东创造价值的能力的指标
   B. MVA可以分解为债务MVA和股权MVA
   C. 如果MVA大于零,则EVA一定大于NPV
   D. EVA是公司价值实现的微观决策标准

5. 某业务单元的经营活动能够创造价值,但现金短缺,则该业务单元处于财务战略矩阵的( )。
   A. 第一象限　　　B. 第二象限　　　C. 第三象限　　　D. 第四象限

6. 某业务单元的资本收益率差幅(ROIC - WACC)大于零,但增长率差幅($G_{销售}$ - SGR)小于零,则该业务单元处于财务战略矩阵的(   )。
　　　A. 第一象限　　　B. 第二象限　　　C. 第三象限　　　D. 第四象限
7. 某业务单元虽然能够产生足够的现金流量维持自身发展,但是业务的增长反而会降低经营价值,则该业务单元处于财务战略矩阵的(   )。
　　　A. 第一象限　　　B. 第二象限　　　C. 第三象限　　　D. 第四象限
8. 下列不属于价值导向管理体系的是(   )。
　　　A. 价值创造体系　　　　　　　　　B. 价值评价体系
　　　C. 价值分享体系　　　　　　　　　D. 杜邦分析体系
9. 有形资产属于价值创造体系中的(   )。
　　　A. 财务资源　　　B. 信息资源　　　C. 组织资源　　　D. 人力资源
10. 下列关于增长率的说法中错误的是(   )。
　　　A. 可持续增长率与杠杆比率正相关　　　B. 可持续增长率与股利支付率负相关
　　　C. 内含增长率与股利支付率负相关　　　D. 内含增长率与股利支付率正相关

二、多项选择题

1. 在其他因素保持不变的情况下,能够增加经济增加值,为股东创造价值的措施有(   )。
　　　A. 提高投入资本收益率
　　　B. 降低资本成本
　　　C. 如果新投资的投入资本收益率大于加权平均资本成本,则增加资本投入
　　　D. 如果被剥离资产的投资收益率小于资本成本,则减少资本投入
　　　E. 如果被剥离资产的投资收益率小于资本成本,则增加资本投入
2. 将会计利润调整到经济增加值时需要调整一些项目,主要是为实现下列(   )目的。
　　　A. 消除会计稳健原则的影响
　　　B. 消除管理当局进行盈余管理的机会
　　　C. 使业绩计量免受过去会计计量误差的影响
　　　D. 分析公司价值创造的动因
　　　E. 剔除非经营活动、非经常性活动的损益
3. 计算经济增加值需要调整的项目有(   )。
　　　A. 研发费用　　　B. 商誉　　　C. 递延税项　　　D. 资产减值准备
　　　E. 存货跌价准备
4. 分析公司经营效率的关键业绩指标主要有(   )。
　　　A. 净资产收益率　　　　　　　　　B. 投入资本收益率
　　　C. 自由现金流量　　　　　　　　　D. 经济增加值
　　　E. 市场增加值
5. 下列关于公司价值及公司价值创造的源泉的论述中正确的有(   )。
　　　A. 公司价值来源于存量资产创造的价值和公司未来增长机会创造的价值
　　　B. 公司价值为初始投入资本与未来经济增加值现值之和
　　　C. 未来经济增加值的现值主要指未来增量投资创造的各期经济增加值的现值

D. 未来经济增加值的现值来源于存量资产创造的经济增加值现值和未来增长机会创造的经济增加值

　　E. 存量资产的价值创造主要取决于公司存量资产的经营效率

6. 如果以经济增加值为关键业绩指标,则下列关于价值驱动因素的论述中正确的是(　　)。

　　A. 如果新投资的投入资本收益率大于加权平均资本成本,则会增加经济增加值

　　B. 如果被剥离资产的投资收益率小于资本成本,则剥离资产会增加经济增加值

　　C. 提高投入资本收益率或降低债务资本成本会增加经济增加值

　　D. 提高投入资本收益率或降低资本成本会增加经济增加值

　　E. 提高会计利润一定会提高经济增加值

7. 财务战略矩阵第一象限的业务单元可采取的财务策略有(　　)。

　　A. 筹措外部资金,满足销售增长的需要

　　B. 缩小经营规模,使公司的可持续增长率与销售增长率相平衡

　　C. 降低股利支付率或提高留存收益比率

　　D. 拆分或剥离现有业务

　　E. 通过业务重组降低资本成本

8. 财务战略矩阵第三象限的业务单元可采取的财务策略有(　　)。

　　A. 将多余的现金用于业务重组,提高投入资本收益率

　　B. 通过扩大销售规模、提高价格、减少费用等途径提高边际收益

　　C. 通过有效管理营运资本等提高资产效率

　　D. 优化资本结构、降低资本成本

　　E. 将该业务单元的业务出售,并将多余的现金返还给股东

9. 下列关于价值导向管理体系的说法中正确的有(　　)。

　　A. 价值创造体系主要回答公司价值创造的驱动因素

　　B. 价值评价体系主要回答不同的价值驱动因素对公司价值创造的贡献程度

　　C. 价值分享体系主要回答如何回报不同贡献程度的价值驱动因素

　　D. 价值评价体系是对价值创造的驱动因素进行科学评价的标准、过程和方法

　　E. 价值导向管理体系主要研究财务资源创造与评价体系

10. 反映公司关键业绩指标(KPI)的SMART的原则是(　　)。

　　A. 业绩指标必须是具体的(Specific)

　　B. 业绩指标必须是可以衡量的(Measurable)

　　C. 业绩指标必须是可以达到的(Attainable)

　　D. 业绩指标要与其他目标具有一定的相关性(Relevant)

　　E. 业绩指标必须具有明确的截止期限(Time-bound)

三、判断题

1. 从本质上说,EVA是公司价值实现的内在动力,MVA是公司价值的外在市场表现,NPV是公司价值实现的微观决策标准。(　　)

2. 市场增加值的大小主要取决于公司资产或投资未来创造的价值。(　　)

3. 项目净现值是它在寿命周期内所追加的经济增加值的现值。(　　)

4. EVA 与会计利润的主要区别在于前者只考虑了以利息形式反映的债务资本成本,忽略了股权资本成本。( )

5. 投入资本总额可以理解为公司全部资产减去商业信用后的净值。( )

6. 市场价值最大化只关注公司在资本市场上的价值定位,忽略了公司的资本占用量,不能反映价值的创造。( )

7. 在财务战略矩阵中,第四象限表示资本收益率差幅大于零,增长率差幅大于零。
( )

8. 价值评价体系主要解决如何确定公司的薪酬战略和薪酬政策。( )

9. 股东价值是通过为客户提供超越竞争对手的价值,降低客户购买成本、时间成本、精神成本、体力成本等实现的。( )

10. 在以 EVA 为基础的薪酬激励计划下,员工的奖金与 EVA 指标直接挂钩。( )

四、计算分析题

1. 以主教材第三章【例 3-4】为例,计算 ESP 公司的经济增加值。

2. 以第三章计算分析题 16 的数据为基础,计算 XYZ 公司的经济增加值。

3. 以第三章计算分析题 17 的数据为基础,计算 FSA 公司的经济增加值。

4. 假设 DSA 公司存量资产的投入价值(IC)为 10 000 万元,税后净经营利润为 1 200 万元,预期投入资本收益率(ROIC)为 12%,资本成本为 10%。为扩大收益、增加公司价值,公司预期在未来 5 年每年年初追加投资 1 000 万元,预计这些投资的预期收益率为 12%,预期资本成本保持在 10% 的水平上。5 年后,公司将继续投资 1 000 万元,且收益每年增长 5%,新投入资本收益率与资本成本均为 10%。

要求:

(1) 假设公司持续经营,根据 EVA 模型,计算公司价值,并将公司价值分为现有存量资产创造的经济增加值和未来增量投资创造的经济增加值。

(2) 以(1)为基础方案,对影响经济增加值的因素进行敏感性分析,即改变某一参数或变量后,计算经济增加值和公司价值,并与基础方案进行比较。

方案一:降低初始投入资本。假设初始投入资本降至 5 000 万元(降低 50%),税后净经营利润为 1 200 万元;其他变量保持不变。

方案二:降低初始投入资本、租赁资产。假设公司管理层能够以租赁的方式租赁资产(初始投入资本的 50%),进一步假设这些租赁资产的租赁成本为 4 000 万元;经过调整,公司年度税后净经营利润为 1 200 万元,投入资本收益率为 13.33%;其他变量保持不变。

方案三:投入资本收益率变动。假设公司现有存量资产收益率由 12% 提高至 12.5%,每年再投资收益率降至 11.5%;其他变量保持不变。

方案四:投入资本收益率和资本成本同时提高。假设现有存量资产和再投资的收益率从 12% 提高至 13.5%,资本成本从 10% 提高至 11%;其他变量保持不变。

5. 2015 年 6 月 26 日,《合肥日报》报道:中国(合肥)国际动漫城项目(以下简称"动漫城项目")系中国长安动漫产业集团在合肥市投资建设的国际化旅游文化项目。项目的定位是围绕合肥旅游文化产业发展,以动漫文化产业为主题,涵盖动漫产品研发、影视制作、动漫衍生品和文化娱乐综合体等多种业态。项目建成后,将成为中部地区标志性的旅游文化产业项目,弥补安徽省动漫旅游的空白。动漫城项目总投资预计为 140 亿元,其中动漫及动漫衍生品投资 65 亿元。动漫城项目计划于 2015 年 7 月正式开工建设,2018 年基本建成。届时,项目将带来巨大人气,预计每年门票收入可达 14 亿元。

(1) 为简化,假设该项目的投资额等于项目的初始投入资本,且资金均来自股权投资;不考虑项目建设期其他成本费用,例如项目的机会成本等。

(2) 项目建成后,假设第 1 年门票收入为 14 亿元,以后各年每年增长率分别为 10%、12%、15%、18%、16%、12%、10%,第 9 年以后每年稳定增长率为 6%;各种成本费用率(包括税收)为门票收入的 60%。动漫及动漫衍生品收入第 1 年为 8 亿元,以后各年增长率与门票收入增长率相同;各种成本费用率为 50%。

(3) 假设目前无风险利率为 4%,市场平均收益率为 10.5%,经风险预测,项目的 β 系数为 1.2。

要求:采用两阶段计算动漫城项目未来经济增加值现值与项目的整体价值。第 1 年至第 8 年为项目高速增长期,第 9 年以后为稳定增长期。

6. XYZ 集团为专门从事家电类产品生产与销售的上市公司,其下设四个子公司,分别从事电视、冰箱、洗衣机、微波炉四类家电产品的生产和销售,这些子公司的有关数据如下表所示。

XYZ 集团各子公司主要财务比率　　　　　　　　　　　　　　　　单位:%

项目	电视	冰箱	洗衣机	微波炉
销售增长率	9	13	8	5
投入资本收益率(ROIC)	8	15	8	12
净资产收益率(ROE)	13	18	14	16
加权平均资本成本(WACC)	10	12	9	11
股利支付率	50	40	25	60

要求:

(1) 计算 XYZ 集团各子公司留存收益比率,按简化公式计算资本收益率差幅(ROIC−WACC)和增长率差幅($G_{销售}$ − SGR)。

(2) 根据(1)的计算结果,说明各子公司在财务战略矩阵中处于哪个象限,不同的子公司应采用何种财务策略提高公司价值创造的能力或改善价值毁损状况。

五、案例分析题

以第三章格力电器的实际财务报表与预计财务报表计算和分析经济增加值。

1. 以格力电器实际数据为基础,计算格力电器实际经济增加值。
2. 以格力电器预测数据为基础,计算格力电器预测经济增加值。
3. 对格力电器经济增加值进行分析。经济增加值的分析可采用经济增加值动量指标。这一指标的说明如下:

Stewart(2010)将经济增加值和营业收入增长率相结合,提出了经济增加值动量(EVA Momentum)的分析方法。经济增加值动量的计算方法如下:

$$经济增加值动量 = \frac{本期经济增加值增量}{上一期营业收入}$$

经济增加值动量可以进一步分解为经营效率(Productivity Gains)指标和盈利增长效率

(Profitable Growth)指标,如下式所示:

$$经济增加值动量 = \Delta\left(\frac{经济增加值}{营业收入}\right) + \frac{经济增加值}{营业收入} \times 营业收入增长率$$

$$= 经营效率 + 盈利增长效率$$

经济增加值动量不仅可以衡量公司价值创造的效率,而且可以判断公司的成长类型,如下图所示。

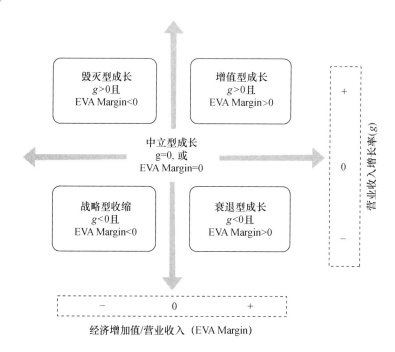

价值成长型矩阵

资料来源:STEWART B. EVA momentum: the one ratio that tells the whole story[J]. Journal of Applied Corporate Finance, 2010, 21(2):74-86。

中立型成长是指营业收入增长率或营业收入增加值率(经济增加值/营业收入)二者中有一个指标为零。处于这一象限时对经济增加值动量无影响。

增值型成长是指营业收入增长率和营业收入增加值率均大于零。前者表明公司的市场份额在扩张,后者表明公司价值创造的效率在提高,处于这一象限的组合是公司经营的最佳状态。

毁灭型成长是指营业收入增长率大于零,但营业收入增加值率小于零。由于单位营业收入的价值创造为负,因此营业收入越高,价值毁灭程度越高,公司应极力避免这一象限的组合。

战略型收缩是指营业收入增长率和营业收入增加值率均小于零。表明公司所在的市场萎缩,且伴随着价值毁损。处于这一象限意味着公司的经营规模发生了收缩,可能是公司剥离部分业务造成的,也可能是由于经营环境等造成经营受阻。

衰退型成长是指营业收入增加值率大于零,营业收入增长率小于零。在这一象限下,公司的营业收入虽然还可以为股东创造价值,但市场竞争力在下降。

根据上述模型确定格力电器经济增加值动量实际值(2011—2019 年)和预测值(2020—

2025 年),确定格力电器的价值成长类型,分析影响经济增加值动量的因素。

参 考 答 案

一、单项选择题

1. D　　　2. A　　　3. A　　　4. B　　　5. A
6. B　　　7. C　　　8. D　　　9. A　　　10. D

二、多项选择题

1. ABCD　　2. ABC　　3. ABCDE　　4. ABCDE　　5. ABDE
6. ABD　　7. ABC　　8. ABCDE　　9. ABCD　　10. ABCE

三、判断题

1. √　　2. ×　　3. √　　4. ×　　5. √
6. √　　7. ×　　8. ×　　9. √　　10. √

四、计算分析题

1. 解:
ESP 公司经济增加值和公司价值计算结果如下表所示。

ESP 公司经济增加值和公司价值　　　　　金额单位:亿元

项目	基期	2018 年	2019 年	2020 年	2021 年	2022 年	2023 年
净利润		36.63	40.29	43.51	46.13	48.43	50.85
加:税后利息费用		4.77	5.24	5.66	6.00	6.30	6.62
税后净经营利润		41.40	45.53	49.18	52.13	54.73	57.47
期初投入资本		320.00	358.40	394.24	425.78	451.33	473.89
投入资本收益率		12.94%	12.71%	12.47%	12.24%	12.13%	12.13%
加权平均资本成本		9.98%	9.98%	9.98%	9.98%	9.98%	9.03%
经济增加值(EVA)		9.48	9.78	9.85	9.66	9.71	14.68
高速增长期 EVA 现值	36.75						
稳定增长期 EVA 现值	226.42						
期初投入资本	320.00						
公司价值	583.17						

表中:
2018 年经济增加值 = 320 × (12.94% − 9.98%) = 9.47(亿元)(与 Excel 计算存在偏差)
其他各年计算方法相同。

高速增长期 EVA 现值,在 Excel 电子表格中输入" = NPV(9.98%,9.48,9.78,9.85,9.66,9.71)",回车后即可得到高速增长期 EVA 现值为 36.75 亿元。

稳定增长期 EVA 现值 $= \dfrac{14.68}{(9.03\% - 5\%)} \times \dfrac{1}{(1 + 9.98\%)^5} = 226.42$(亿元)

公司价值 = 36.75 + 226.42 + 320.00 = 583.17(亿元)

2. 解：

XYZ 公司经济增加值和公司价值计算结果如下表所示。

XYZ 公司经济增加值和公司价值 金额单位：万元

项目	基期	2020 年	2021 年	2022 年	2023 年	2024 年	2025 年
净利润		75	104	137	156	177	178
加：税后利息费用		45	52	59	65	72	76
税后净经营利润		120	156	196	221	249	255
期初投入资本(IC)		2 000	2 240	2 464	2 710	2 927	3 161
加权平均资本成本(WACC)		8.31%	8.13%	8.01%	7.97%	7.91%	7.68%
IC×WACC		166.15	182.21	197.39	216.03	231.41	242.87
经济增加值(EVA)		−46.15	−26.58	−1.40	5.28	17.43	11.78
稳定增长期 EVA 价值					439.12		
各年 EVA 合计		−46.15	−26.58	−1.40	5.28	456.55	
累计资本成本		8.31%	17.12%	26.50%	36.58%	47.38%	
EVA 现值		−42.61	−22.70	−1.10	3.87	309.78	
EVA 现值合计	247.23						
公司价值	2247.23						

表中：

$$稳定增长期 EVA 价值 = \frac{11.78}{(7.68\% - 5\%)} = 439.12(万元)$$

由于各年加权平均资本成本不同，需要计算各年累计资本成本，以 2021 年为例：

累计资本成本(2021 年) = (1 + 8.31%) × (1 + 8.13%) − 1 = 17.12%

其他各年计算以此类推。

$$EVA 现值合计 = \frac{-46.15}{(1 + 8.31\%)} + \frac{-26.58}{(1 + 17.12\%)} + \frac{-1.40}{(1 + 26.50\%)} + \frac{5.28}{(1 + 36.58\%)} + \frac{456.55}{(1 + 47.38\%)}$$
$$= 247.23(万元)$$

公司价值 = EVA + 期初投入资本 = 247.23 + 2 000 = 2 247.23(万元)

3. 解：

FSA 公司经济增加值和公司价值计算结果如下表所示。

FSA 公司经济增加值和公司价值 单位：亿元

项目	基期	2021 年	2022 年	2023 年	2024 年	2025 年	2026 年
净利润		6 386	6 892	7 378	7 901	8 382	8 722
加：税后利息费用		168	182	186	189	191	188
递延税款增加(减少)		83	(58)	107	(65)	88	(120)
调整后税后净经营利润		6 637	7 016	7 671	8 025	8 661	8 790
期初投入资本		16 810	19 234	17 477	19 186	17 252	18 609

(单位:亿元)(续表)

项目	基期	2021年	2022年	2023年	2024年	2025年	2026年
投入资本收益率		39.48%	36.48%	43.89%	41.83%	50.20%	47.24%
加权平均资本成本		8.45%	8.39%	8.40%	8.34%	8.35%	7.71%
差额		31.03%	28.09%	35.49%	33.49%	41.85%	39.53%
经济增加值(EVA)		5 216	5 403	6 203	6 425	7 220	7 356
稳定增长期价值						198 275	
EVA+稳定增长期价值		5 216	5 403	6 203	6 425	205 495	
累计资本成本		8.45%	17.55%	27.42%	38.05%	49.58%	
EVA 现值		4 810	4 596	4 868	4 654	137 381	
EVA 现值合计	156 309						
期初投入资本	16 810						
公司价值	173 119						

4. 解:

DSA 公司经济增加值和公司价值计算结果如表1所示。

表1 DSA 公司经济增加值和公司价值

	A	B	C
12	基本数据	价值	说明
13	现有存量资产价值(万元)	10 000.00	
14	税后净经营利润(万元)	1 200.00	
15	投入资本收益率	12%	
16	资本成本	10%	
17	每年年初投资额(万元)	1 000.00	
18	投入资本收益率	12%	
19	资本成本	10%	
20	5年后增长率	5%	
21	5年后投入资本收益率与资本成本	10%	
22			
23	(1)基础方案:计算 DSA 公司的 EVA(万元)		
24	现有资产价值		
25	投入资本	10 000.00	
26	EVA 现值	2 000.00	← =(B25*(B15−B16))/B16
27	未来增量投资价值		
28	第1年年初投资的 EVA 现值	200.00	← =B17*((B18−B19)/B19)
29	第2年年初投资的 EVA 现值	181.82	← =($B$17*($B$18−$B$19)/$B$19)/(1+$B$19)^1
30	第3年年初投资的 EVA 现值	165.29	← =($B$17*($B$18−$B$19)/$B$19)/(1+$B$19)^2
31	第4年年初投资的 EVA 现值	150.26	← =($B$17*($B$18−$B$19)/$B$19)/(1+$B$19)^3
32	第5年年初投资的 EVA 现值	136.60	← =($B$17*($B$18−$B$19)/$B$19)/(1+$B$19)^4
33	增长价值 EVA 合计	833.97	← =SUM(B28:B32)
34	公司市场价值(MA)	12 833.97	← =B25+B26+B33

由于5年后投入资本收益率和资本成本相等,因此经济增加值等于零。各年经济增加值

现值是根据永续年金现值公式计算的。

（2）不同方案的经济增加值和公司价值计算结果如表2所示。

表2 不同方案经济增加值和公司价值　　　　　　　　　　　单位：万元

项目	基础方案	方案一	方案二	方案三	方案四
现有资产价值					
投入资本	10 000	5 000	9 000	10 000	10 000
EVA 现值	2 000	7 000	3 000	2 500	2 273
未来增量投资价值					
第1年年初投资的 EVA 现值	200	200	200	100	227
第2年年初投资的 EVA 现值	182	182	182	91	205
第3年年初投资的 EVA 现值	165	165	165	83	184
第4年年初投资的 EVA 现值	150	150	150	75	166
第5年年初投资的 EVA 现值	137	137	137	68	150
增长价值 EVA 合计	834	834	834	417	932
公司市场价值（MA）	12 834	12 834	12 834	12 917	13 205

下图列示了基础方案与各方案经济增加值和初始投入资本比较。

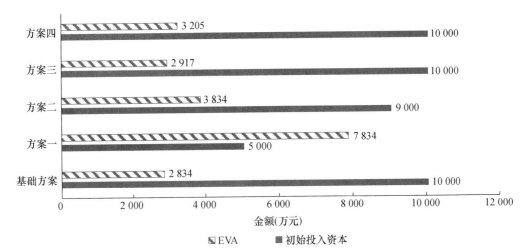

基础方案与各方案经济增加值和初始投入资本比较

方案一：降低初始投入资本，其他变量保持不变。根据表2中的数据，虽然降低了初始投入资本50%，但是提高了初始投入资本收益率（从12%提高至24%），与基础方案相比，公司价值保持不变（12 834万元），经济增加值从2 834万元（2 000+834）增加至7 834万元（7 000+834）。如果降低初始投入资本属于对公司不良资产的剥离，那么这是一种提高经济增加值的方法。如果公司现有投入资本中有部分投资是出于战略需要，即未来增长需要的投资（现在暂时收益低甚至亏损），且对管理者业绩考核的标准是经济增加值，就会形成减少投入资本的强烈动因，从而放弃公司未来的增长价值。

方案二：降低初始投入资本、租赁资产，其他保持不变。租赁资产的结果是公司价值保持不变,经济增加值增加1 000万元,恰好等于投入资本减少了1 000万元。

方案三:公司现有存量资产收益率由12%提高到12.5%,每年再投资部分收益率降低为11.5%,其他变量保持不变。其结果是经济增加值和公司价值各增加了83.01万元,这是投入资本收益率提高0.5%、再投资收益率降低0.5%共同作用的结果。

方案四:投入资本收益率和资本成本同时提高,其他变量保持不变。投入资本收益率提高至13.5%,资本成本提高至11%,使经济增加值和公司价值各增加了371万元。

四个方案与基础方案比较,方案一与其他方案最大的不同是经济增加值大于初始投入资本,这表明在一定条件下,减少资本占用是获得经济增加值的重要因素。但是如果仅以经济增加值为管理层业绩考核的标准,则可能影响公司未来的增长价值。特别是在公司前期的大量投资是为了满足战略需要的情况下。如果为了降低投入资本,剥离暂时亏损、未来增长的资产,则虽然会提高经济增加值,但是会影响公司未来的增长价值。

5. 解:

动漫城项目预计收入、成本、利润和项目的经济增加值如下表所示。

合肥国际动漫城项目经济增加值 金额单位:亿元

项目	第1年	第2年	第3年	第4年	第5年	第6年	第7年	第8年	第9年
营业收入									
门票等收入	14.00	15.40	17.25	19.84	23.41	27.15	30.41	33.45	35.46
动漫及动漫衍生品	8.00	8.80	9.86	11.34	13.38	15.52	17.38	19.12	20.27
营业收入合计	22.00	24.20	27.11	31.18	36.79	42.68	47.80	52.58	55.74
成本费用									
门票等	8.40	9.24	10.35	11.90	14.05	16.30	18.25	20.08	21.28
动漫及动漫衍生品	4.00	4.40	4.93	5.67	6.69	7.76	8.69	9.56	10.13
成本费用合计	12.40	13.64	15.28	17.57	20.74	24.06	26.94	29.64	31.42
税后净经营利润	9.60	10.56	11.83	13.60	16.05	18.62	20.86	22.94	24.32
资本成本	9.40%	9.40%	9.40%	9.40%	9.40%	9.40%	9.40%	9.40%	9.40%
投入资本收益率	6.86%	7.54%	8.45%	9.72%	11.46%	13.30%	14.89%	16.38%	17.37%
经济增加值	-3.56	-2.60	-1.33	0.45	2.88	5.46	7.70	9.79	11.16

根据表中数据计算项目价值如下:

根据Excel中的NPV函数计算高速增长期EVA现值,在Excel电子表格中输入"=NPV(9.4%,-3.56,-2.60,-1.33,0.45,2.88,5.46,7.70,9.79)",回车后即可得到高速增期EVA现值为7.77亿元。

$$稳定增长期EVA现值 = \frac{11.16}{9.4\% - 6\%} \times \frac{1}{(1 + 9.4\%)^8} = 159.97(亿元)$$

项目经济增加值 = 159.97 + 7.77 = 167.74(亿元)

项目价值 = 140 + 167.74 = 307.74(亿元)

6. 解:

(1) XYZ集团各子公司主要财务比率如下表所示。

XYZ 集团各子公司主要财务比率   单位:%

项目	电视	冰箱	洗衣机	微波炉
销售增长率($G_{销售}$)	9.00	13.00	8.00	5.00
投入资本收益率(ROIC)	8.00	15.00	8.00	12.00
净资产收益率(ROE)	13.00	18.00	14.00	16.00
加权平均资本成本(WACC)	10.00	12.00	9.00	11.00
股利支付率	50.00	40.00	25.00	60.00
留存收益比率	50.00	60.00	75.00	40.00
可持续增长率(ROE×留存收益比率,SGR)	6.50	10.80	10.50	6.40
资本收益率差幅(ROIC−WACC)	−2.00	3.00	−1.00	1.00
增长率差幅($G_{销售}$−SGR)	2.50	2.20	−2.50	−1.40

(2) 根据(1)的结果,可以得到:

电视子公司的资本收益率差幅(ROIC−WACC)为−2%<0,增长率差幅($G_{销售}$−SGR)为2.5%>0,位于财务战略矩阵的第四象限。该业务单元的经营活动既不能创造价值,又不能支持其自身的发展。如果不能彻底改变这一局面,就必须出售该业务单元的资产,全面退出该业务。

冰箱子公司的资本收益率差幅(ROIC−WACC)为3%>0,增长率差幅($G_{销售}$−SGR)为2.2%>0,位于财务战略矩阵的第一象限。该业务单元的经营活动能够创造价值,但现金短缺。对此,可采取的财务策略是:① 筹措资金,满足销售增长的需要;② 缩小经营规模,使公司的可持续增长率与销售增长率相平衡。

洗衣机子公司的资本收益率差幅(ROIC−WACC)为−1%<0,增长率差幅($G_{销售}$−SGR)为−2.5%<0,位于财务战略矩阵的第三象限。该业务单元虽然能够产生足够的现金流量维持自身发展,但是业务的增长反而会降低经营价值,这是公司处于衰退期的前兆。对此,可采取的财务策略是:① 将多余的现金用于该业务单元的业务重组,提高投入资本收益率;② 通过扩大销售规模、提高价格、减少费用等途径提高边际收益;③ 通过有效管理营运资本等提高资产效率;④ 优化资本结构、降低资本成本;⑤ 将该业务单元的业务出售,并将多余的现金返还给股东。

微波炉子公司的资本收益率差幅(ROIC−WACC)为1%>0,增长率差幅($G_{销售}$−SGR)为−1.4%<0,位于财务战略矩阵的第二象限。该业务单元的经营活动能够创造价值,并产生剩余现金。根据是否存在增长机会,通常采取不同的财务策略,如果存在增长机会,则可将多余的现金投资于现有业务单元,促进现有业务的扩张,或者通过收购实现外部增长;如果目前尚未发现有利的增长机会,则可通过现金股利或股票回购方式将多余的现金返还给股东。

五、案例分析题

1. 格力电器调整后税后净经营利润如表1所示,调整后投入资本及经济增加值如表2所示。

第十一章 经济增加值与价值管理

表1 格力电器调整后税后经营利润（2010—2019年）

单位：亿元

项目	2010年	2011年	2012年	2013年	2014年	2015年	2016年	2017年	2018年	2019年
净利润	43.03	52.97	74.46	109.36	142.53	126.24	155.25	225.09	263.79	248.27
加：利息×(1－所得税税率)	－2.63	－3.79	－3.92	－1.16	－8.01	－16.33	－40.59	3.64	－8.00	－20.53
研发费用×(1－所得税税率)	0.00	0.00	0.00	0.00	0.00	0.00	0.00	0.00	58.94	49.83
递延所得税资产减少(增加)	－4.83	－1.61	－12.21	－27.72	－25.10	－5.71	－9.04	－11.70	－5.12	－11.91
递延所得税负债增加(减少)	0.24	－0.11	1.17	1.69	－0.72	－0.13	0.36	1.23	1.33	3.92
减：税后非经营性、非经常性损益	19.92	15.40	7.62	18.20	－3.34	3.34	－0.44	8.73	4.88	－3.65
调整后税后经营利润（NOPAT）	15.89	32.06	51.88	63.97	112.04	100.73	106.42	209.53	306.06	273.23

表2 格力电器调整后投入资本、经济增加值（2010—2019年）

金额单位：亿元

年份	2009年	2010年	2011年	2012年	2013年	2014年	2015年	2016年	2017年	2018年	2019年
归属于母公司股东权益	99.70	133.03	176.07	267.43	345.83	441.53	475.21	538.64	655.95	913.27	1101.54
少数股东权益	6.83	7.09	7.70	8.37	8.84	9.79	10.45	10.60	12.40	13.88	18.94
有息债务合计	9.62	37.54	74.98	70.19	56.15	78.99	86.81	107.01	186.46	220.68	159.91
递延所得税负债	0.30	0.54	0.43	1.60	3.29	2.57	2.44	2.80	4.03	5.36	9.28
递延所得税资产	－10.46	－15.29	－16.90	－29.11	－56.83	－81.93	－87.64	－96.68	－108.38	－113.50	－125.41
未摊销的资本化研发费用	0.00	0.00	0.00	0.00	0.00	0.00	0.00	0.00	69.88	58.91	58.91
减：超额现金	0.00	0.00	0.00	0.00	0.00	0.00	0.00	0.00	0.00	0.00	0.00
减：非经营性资产	11.10	25.12	0.16	8.18	20.52	22.34	37.05	16.35	32.58	33.98	10.47
投入资本	94.89	137.79	242.12	310.30	336.76	428.61	450.22	546.02	787.76	1064.62	1212.70
投入资本收益率(%)		16.75	23.27	21.43	20.62	33.27	23.50	23.64	38.37	38.85	25.66
加权平均资本成本(%)		9.78	9.78	9.78	9.78	9.78	9.78	9.78	9.78	9.78	9.78
差额(%)		6.97	13.49	11.65	10.84	23.49	13.72	13.86	28.59	29.07	15.88
经济增加值		6.61	18.59	28.21	33.64	79.10	58.81	62.40	156.11	229.00	169.06

2. 格力电器预测经济增加值和公司价值计算过程可参阅第三章提供的Excel电子表格"格力电器报表预测与价值评估",计算结果如表3所示。

表3 格力电器预测经济增加值和公司价值 金额单位:亿元

项目	基期	2020年	2021年	2022年	2023年	2024年	2025年
税后净经营利润							
净利润		229.97	252.20	282.57	313.61	344.90	361.84
加:利息×(1-所得税税率)		8.03	9.58	10.63	11.86	13.10	14.06
研发费用×(1-所得税税率)		58.02	63.83	71.49	79.35	87.29	91.65
递延所得税资产减少(增加)		0.00	0.00	0.00	0.00	0.00	0.00
递延所得税负债增加(减少)		0.00	0.00	0.00	0.00	0.00	0.00
调整后税后净经营利润		296.02	325.61	364.69	404.82	445.29	467.55
期初投入资本							
归属于母公司股东权益		1 101.53	1 150.64	1 273.15	1 410.41	1 562.75	1 730.29
少数股东权益		18.94	18.94	18.94	18.94	18.94	18.94
有息债务合计		159.91	210.51	231.52	259.24	287.71	316.43
递延所得税负债		9.28	9.28	9.28	9.28	9.28	9.28
递延所得税资产		-125.41	-125.41	-125.41	-125.41	-125.41	-125.41
未摊销的研发费用		58.91	68.26	75.09	84.1	93.35	102.69
减:超额现金(假设为0)		0.00	0.00	0.00	0.00	0.00	0.00
减:非经营性资产		10.47	0.00	0.00	0.00	0.00	0.00
调整后期初投入资本		1 212.69	1 332.22	1 482.57	1 656.56	1 846.62	2 052.22
投入资本收益率(%)		24.41	24.44	24.60	24.44	24.11	22.78
加权平均资本成本(%)		9.78	9.78	9.77	9.77	9.78	8.82
差额(%)		14.63	14.66	14.83	14.67	14.33	13.96
经济增加值(EVA)		177.42	195.30	219.87	243.02	264.62	286.49
稳定增长期 EVA						7 499.74	
EVA+稳定增长期 EVA		177.42	195.30	219.87	243.02	7 764.36	
累计资本成本(%)		14.63	31.43	50.92	73.06	97.86	
EVA 现值		154.78	148.60	145.69	140.43	3 924.17	
EVA 现值合计	4 513.67						
期初投入资本	1 212.69						
公司价值	5 726.36						

在税后净经营利润和投入资本调整中,为简化,假设各年研发费用摊销等于零;预测期资产减值准备、坏账准备、待处理财务损溢、固定资产清理等均等于零。

上述计算结果表明,格力电器预测期经济增加值为4 513.67亿元,加上期初(2019年年末)投入资本1 212.69亿元,公司价值等于5 726.36亿元。

3. 经济增加值动量关注企业市场行为所带来的价值创造效率的提升,改进了经济增加值以规模为导向的缺陷。根据案例中给出的经济增加值动量公式,可以将公式分解,公式分解方式可参阅Excel电子表格"案例格力电器经济增加值解析"。根据公式,计算的格力电器预测经济增加值动量如表 4 所示。

表 4　格力电器预测经济增加值动量

项目	2020 年	2021 年	2022 年	2023 年	2024 年	2025 年
营业收入(亿元)	2 100.420	2 310.460	2 587.720	2 872.370	3 159.610	3 317.590
经济增加值(亿元)	177.420	195.300	219.870	243.020	264.620	286.490
经济增加值动量(%)	0.422	0.851	1.063	0.895	0.752	0.692
指标分解：						
经济增加值/营业收入(%)	8.447	8.453	8.497	8.461	8.375	8.635
营业收入增长率(%)	6.000	10.000	12.000	11.000	10.000	5.000
增量(经济增加值/营业收入)(%)	-0.085	0.006	0.044	-0.036	-0.086	0.260
(经济增加值/营业收入)×营业收入增长率(%)	0.507	0.845	1.020	0.931	0.838	0.432

格力电器实际经济增加值动量的计算结果可参阅 Excel 电子表格"案例格力电器经济增加值解析"。格力电器实际和预测的经济增加值动量如图 1 所示。从图 1 中可以看出，格力电器实际的经济增加值动量指标变动幅度较大，在 2015 年和 2019 年均为负数。

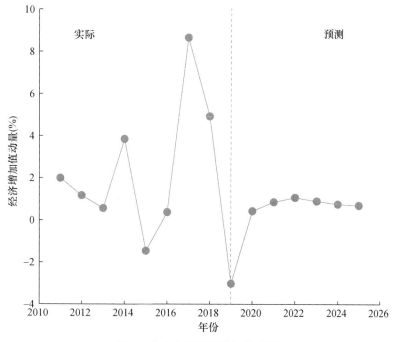

图 1　格力电器经济增加值动量

经济增加值动量不仅可以衡量公司价值创造的效率，而且可以判断公司的成长类型。根据经济增加值动量判断格力电器各年的成长类型如图 2 所示。从图 2 中可以看出，除 2015 年、2019 年外，格力电器各年成长类型均落在增值型成长区域内。这表明公司营业收入增长率和营业收入增加值率均大于零。前者表明公司的市场份额在扩张，后者表明公司价值创造的效率在提高，处于这一象限的组合是公司经营的最佳状态。

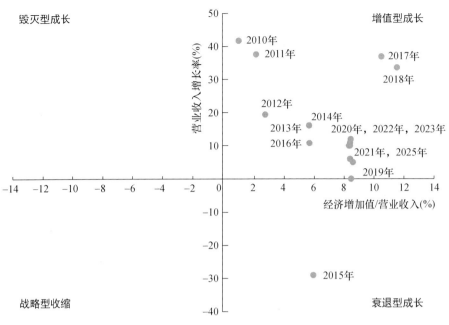

图 2　格力电器成长类型

第十二章 期权定价与公司财务

[关键知识点]

期权合约、买权(看涨期权)、卖权(看跌期权)、行权价格(履约价格)、期权费(权利金)、欧式期权、美式期权、内含价值、时间价值、买权—卖权平价、无套利定价、风险中性定价、多期二项式期权定价、B-S模型、保值比率、优先认购权、备兑协议、附认股权证债券、可转换债券、可售回债券(股票)、可赎回债券、股票及债券期权价值、违约概率。

习题与案例

一、单项选择题

1. 欧式期权的行权时间是( )。
   A. 在期权有效期内的任何营业日 B. 只能在期权的到期日
   C. 在未来的任何时刻 D. 只能在分派红利之后的任何营业日

2. 如果市场利率上升,将会使( )。
   A. 买权和卖权的时间价值都上升
   B. 买权和卖权的时间价值都下降
   C. 买权的时间价值上升,卖权的时间价值下降
   D. 买权的时间价值下降,卖权的时间价值上升

3. 一个股票买权买方可能承受的最大损失是( )。
   A. 行权价格 B. 购买看涨期权合约的权利金
   C. 股票价格减去买权价格 D. 行权价格减去买权价格

4. 如果标的资产的现时市场价格(S)大于期权行权价格(K),则说明( )。
   A. 看涨期权处于有价状态 B. 看涨期权处于无价状态
   C. 看跌期权处于有价状态 D. 看跌期权处于平价状态

5. 假设JP公司当前的股票价格为每股100美元。一张JP公司3个月欧式看跌期权的执行价格为102美元,权利金为4美元。忽略委托佣金,若使持有人在期权到期日履约并获得一定的收益,则到期日每股价格可能( )。
   A. 跌到96美元 B. 跌到99美元 C. 涨到106美元 D. 涨到108美元

6. 假设你购买了一张执行价格为80元的看涨期权合约,合约价格为3元。忽略交易成本,这一头寸的盈亏平衡价格是( )。
   A. 74元 B. 77元 C. 83元 D. 240元

7. 根据买权—卖权平价关系,一张无红利分派股票的欧式看跌期权的价值等于( )。
   A. 当前股票价值 – 行权价格现值 + 看涨期权价值

B. 当前股票价值 + 行权价格现值 − 看涨期权价值

C. 看涨期权价值 − 行权价格现值 + 当前股票价值

D. 看涨期权价值 + 行权价格现值 − 当前股票价值

8. 在 B−S 欧式买权评价模型中，说明欧式买权被执行概率的项目是（　　）。

  A. $N(d_1)$ B. $SN(d_1)$ C. $N(d_2)$ D. $Ke^{-rT}N(d_2)$

9. 在其他条件一定的情况下，下列因素与卖权价值呈反向变动关系的是（　　）。

  A. 标的资产市价   B. 行权价格

  C. 标的资产价格的波动性   D. 合约剩余有效期

10. 假设 1 年期的欧式股票买权，当前每股股票价格为 60 元，行权价格为 65 元，预计到期日股票价格可能上升为 75 元，也可能下跌至 55 元。投资者为了套期保值，进行买入该股票和卖出买权的投资组合，则按照无风险套利定价法，投资者应该（　　）。

  A. 购买 1 股股票，同时卖出 0.5 份买权

  B. 购买 1 股股票，同时卖出 1 份买权

  C. 购买 1 股股票，同时卖出 1.5 份买权

  D. 购买 1 股股票，同时卖出 2 份买权

11. 下列构成可转换债券最低极限价值的是（　　）。

  A. 纯债券价值   B. 转换价值

  C. 期权价值   D. 纯债券价值与转换价值中较大者

12. 公司发行可转换债券时附加的可赎回条款，对于投资者而言，相当于一种（　　）。

  A. 买入买权   B. 买入卖权   C. 卖出买权   D. 卖出卖权

13. 若公司发行普通股的每股市价为 10 元，认股权证的普通股每股认购价格为 6 元，换股比例为 0.5，则该认股权证的内含价值为（　　）。

  A. 0 元   B. 2 元   C. 4 元   D. 6 元

14. 假设 ABC 公司发行年利率为 6.5%、15 年期、面值为 1 000 元、每年付息一次、到期还本的可转换债券，转换比率为 20 股，市场利率为 10%，该债券发行 5 年后公司有权在任何时间以每张 1 028 元的价格赎回。如果该公司股票现行市价为每股 40 元，预计以后每年将以 8% 的比率稳定增长，则第 5 年年末该可转换债券的转换价值为（　　）。

  A. 733.79 元   B. 800.00 元   C. 1 175.46 元   D. 1 288.41 元

15. A 公司发行认股权证 100 000 张，每张认股权证可以购买 50 只普通股股票，该股票现行市价为每股 12 元，认股权证行权前公司发行在外的普通股为 1 000 万股，投资者持有认股权证可以以 10 元/股的价格认购该公司股票，则稀释后普通股每股预期价格为（　　）。

  A. 11.00 元   B. 11.33 元   C. 11.82 元   D. 12.00 元

16. A 公司发行认股权证 100 000 张，每张认股权证可以购买 50 只普通股股票，该股票现行市价为每股 12 元，认股权证行权前公司发行在外的普通股为 1 000 万股，投资者持有认股权证可以以 10 元/股的价格认购该公司股票，则每份认股权证的内含价值为（　　）。

  A. 50.00 元   B. 66.00 元   C. 66.67 元   D. 72.00 元

17. 南山可转换债券的纯债券价值为 1 020 元/张，转换价值为 1 025 元/张，债券到期日前的期权价值为 125 元/张，则南山可转换债券价值为（　　）。

  A. 895 元/张   B. 900 元/张   C. 1 145 元/张   D. 1 150 元/张

二、多项选择题

1. 期权按照权利行使时间不同可以分为( )。
   A. 看涨期权　　B. 看跌期权　　C. 欧式期权　　D. 美式期权
   E. 百慕大期权

2. 期权作为一种金融商品具有的显著特点是( )。
   A. 期权的交易对象是一种权利
   B. 期权交割的时间是固定的
   C. 期权具有以小搏大的杠杆效应
   D. 期权合约买者和卖者的权利与义务是不对称的
   E. 这种权利具有很强的时间性,超过规定的有效期限不行使,期权即自动失效

3. 按照有无内含价值,期权价值主要表现为( )。
   A. 有价　　　　B. 溢价　　　　C. 平价　　　　D. 折价
   E. 无价

4. 通常情况下,期权价值的构成因素包括( )。
   A. 内含价值　　B. 执行价值　　C. 权利金　　　D. 期权费
   E. 时间价值

5. 下列各项中,能够正确揭示期权价值、内含价值和时间价值之间关系的论述有( )。
   A. 当期权处于有价时,买权内含价值等于标的资产价格减去行权价格
   B. 当期权处于无价或平价时,期权价值完全由时间价值构成
   C. 当期权处于有价时,期权价值由内含价值和时间价值两部分构成
   D. 通常期权时间价值在平价时最大,而向有价和无价期权转化时,时间价值逐步递减
   E. 期权到期时的时间价值为零,期权价值完全由内含价值构成

6. 假设1年后到期的欧式股票买权,当前每股股票价格为100元,行权价格为105元,预计到期日股票价格可能上涨为120元,也可能下跌至80元。如果无风险利率为6%,下列符合风险中性定价法的基本思想的论述有( )。
   A. 1年后股票价格上涨或下跌的概率分别为0.35和0.65
   B. 1年后股票价格上涨或下跌的概率分别为0.65和0.35
   C. 该欧式股票买权1年后的预期价值为9.75元
   D. 该欧式股票买权1年后的预期价值为13.09元
   E. 在风险中性假设条件下,该欧式股票买权的当前价值为9.20元

7. 下列属于B-S模型假设条件的有( )。
   A. 期权为美式期权
   B. 市场提供了连续交易的机会
   C. 标的资产价格的变动符合几何布朗运动
   D. 标的资产在期权有效期内不支付股息和利息
   E. 市场是完善的,即没有交易手续费、税负、保证金、融资限制等

8. 根据B-S模型,欧式期权价格取决于( )。
   A. 标的资产市场价格　　　　　　B. 期权行权价格

C. 合约剩余有效期 　　　　　　　D. 无风险利率
E. 标的资产价格波动率

9. 下列各项中,与美式买权价值和卖权价值均呈同方向变化的有(　　)。
A. 标的资产市场价格 　　　　　　B. 期权行权价格
C. 合约剩余有效期 　　　　　　　D. 标的资产价格波动率
E. 无风险利率

10. 下列属于对 B-S 模型正确理解的有(　　)。
A. 模型中的 $N(d_1)$ 等于保值比率 Δ
B. 模型中的 $N(d_2)$ 表明在风险中性世界中 S_T 大于 K 的概率
C. $Ke^{-rT}N(d_2)$ 是 K 的风险中性期望值的现值
D. $SN(d_1)$ 是 S_T 的风险中性期望值的现值
E. 模型中买权价值等于标的资产价格期望现值减去行权价格现值

11. 下列关于附认股权证债券的描述中正确的有(　　)。
A. 附认股权证债券一般是捆绑发行,发行后分别在权证市场和债券市场进行交易
B. 附认股权证债券可以有效降低融资成本
C. 附认股权证债券无赎回和强制转股条款
D. 附认股权证债券价值由纯债券价值和认股权证价值两部分构成
E. 购入附认股权证债券的投资者可获得股利和利息收益

12. 影响认股权证价值的因素包括(　　)。
A. 无风险利率 　　　　　　　　　B. 股票价格波动率
C. 认股权证有效期限 　　　　　　D. 股利
E. 股权稀释

13. 可转换债券可以看作一份债券和一份公司股票的买权组合,到期日前可转换债券价值取决于(　　)。
A. 债券期限　　B. 期权价值　　C. 纯债券价值　　D. 转换价值
E. 时间价值

14. 下列关于可转换债券价值的说法中正确的有(　　)。
A. 纯债券价值与转换价值越接近,可转换债券期权价值越大
B. 纯债券价值与转换价值之间的差距越大,期权价值相对越小
C. 纯债券价值与转换价值相等时,期权价值相对最大
D. 随着债券到期日的接近,可转换债券期权价值接近于零
E. 可转换债券到期日前,其价值等于纯债券价值和转换价值中的较大值

三、判断题

1. 期权价值实际上是期权合约中约定的到期对标的资产交割的价格。(　　)
2. 百慕大权证的价值一般比同等条款的美式权证高,但低于同等条款的欧式权证。
(　　)
3. 一份可按 50 元买入某项资产的期权,在期权到期日,如果该项资产的市价为 56 元,则此时期权有价,其内含价值为 6 元。(　　)
4. 从理论上说,一个期权通常不会以低于其内含价值的价格出售。(　　)

5. 期权的时间价值反映了期权合约在到期前获利机会的价值,距到期日越近,其价值就越高。（ ）

6. 通常一个期权的时间价值在它平价时最小,而向有价期权和无价期权转化时时间价值逐步递增。（ ）

7. 无论是对于买权还是对于卖权而言,当期权处于平价或无价状态时,其价值完全由时间价值构成,内含价值为零。（ ）

8. 在其他条件不变的情况下,执行价格越高,买权价值就越高。（ ）

9. 在一个风险中立的世界里,所有可交易证券的期望收益都是无风险利率。（ ）

10. 在无套利定价过程中,要考虑标的资产价格上升和下降的实际概率。（ ）

11. 无论是认购权证还是认售权证,标的资产价格波动率越大,其价值越高。（ ）

12. 由于同时具有期权性和债券性,可转换债券的利率通常高于纯债券的利率。（ ）

13. 公司的股票可以解释为以公司资产为标的资产、以债券面值为行权价格、以债券期限为权利期间的一种欧式买入期权。（ ）

14. 在其他条件不变的情况下,纯债券价值与转换价值越接近,可转换债券溢价部分越小;纯债券价值与转换价值之间的差距越大,可转换债券溢价部分越大。（ ）

15. 根据期权理论,股票价值等于公司资产价值减去预期债券现值及公司资产卖权价值。（ ）

16. 根据期权理论,债券价值等于预期债券现值减去公司资产卖权价值。（ ）

17. 在 B-S 模型中,违约风险中性概率为"$1 - N(d_2)$",而债券违约风险溢价则是公司债券利率与无风险利率的差额。（ ）

四、计算分析题

1. 一份以股票为标的资产的买权相关数据如下:$S = 10$ 元,$K = 6$ 元。

要求:

（1）如果每股价格上升 20%,计算买权内含价值的增长幅度。

（2）如果初始每股价格分别为 7 元、20 元,重新计算（1）。

（3）假设 Y 表示股票市场价格变动率,即从 S_0 变为 S_1;Z 表示买权内含价值变动率,即从 c_0 变为 c_1;Z/Y 表示标的资产价格变动对买权内含价值的影响或杠杆效应,分析股票价格变动对买权价格的影响。

2. 根据下列两种情况,构造投资组合,并对这一投资组合的特点进行分析。

（1）假设你持有一只 A 公司的股票,并购买了一份关于 A 公司股票的卖权,其履约价格为 25 元,期权到期日为 1 年。在卖权到期日,如果 A 公司股票的每股市价分别为 0 元、5 元、10 元、15 元、20 元、25 元、30 元、35 元、40 元、45 元,请图示到期日你的投资组合价值(股票投资价值和期权价值)。假设股票的购买价格为 20 元,说明构造这一投资组合的作用。

（2）假设你持有一份到期值为 25 元的无风险债券,并购买了一份关于 A 公司股票的买权,其履约价格为 25 元/股,期权到期日为 1 年。在买权到期日,如果 A 公司股票的每股市价分别为 0 元、5 元、10 元、15 元、20 元、25 元、30 元、35 元、40 元、45 元,请图示到期日你的投资组合价值(债券投资价值和期权价值)。假设股票的购买价格为 25 元,说明构造这一投资组合的作用。

（3）根据买权—卖权平价关系写出（1）和（2）的等式关系。

3. 根据下列两种情况，构造投资组合，并对这一投资组合的特点进行分析。

(1) 假设你持有一只 A 公司的股票，并卖出一份关于 A 公司股票的买权，其履约价格为 25 元，期权到期日为 1 年。在买权到期日，如果 A 公司股票的每股市价分别为 0 元、5 元、10 元、15 元、20 元、25 元、30 元、35 元、40 元、45 元，请图示到期日你的投资组合价值(股票投资价值和期权价值)。

(2) 假设你是一位以 B 公司股票为标的资产的卖权出售者，其履约价格为 15 元，到期日为 1 年。为规避风险，你同时持有一份到期值为 15 元(与履约价格相同)的无风险债券。在卖权到期日，如果股票每股市价分别为 0 元、5 元、10 元、15 元、20 元、25 元、30 元、35 元、40 元、45 元，请图示到期日你的投资组合价值。

(3) 根据买权—卖权平价关系写出(1)和(2)的等式关系。

4. 将计算题 2、计算题 3 相比较，根据买权—卖权平价关系，说明股票价值、债券价值和公司价值的关系。假设两种期权均为欧式期权，且履约价格、到期日均相等。

5. 假设 A 股票每股价格为 36 元，履约价格为 34 元，无风险利率为 10%，当前 9 个月的欧式买权价格为 6.4 元，9 个月的欧式卖权价格为 3.6 元。

要求：

(1) 根据买权—卖权平价关系，在给定卖权价格条件下计算买权价值(按连续复利计算)。

(2) 根据买权—卖权平价关系，在给定买权价格条件下计算卖权价值(按连续复利计算)。

(3) 将计算结果与买权或卖权现行价格比较，你认为应采取何种投资策略进行套利活动，试举例说明。

6. 假设某股票当前每股价格为 100 元，1 年后可能上涨 20%（期末价格为 120 元），也可能下跌 15%（期末价格为 85 元），无风险利率为 6%（国库券年利率），债券的当前价格为 1 元。现有一份股票看涨期权，执行价格为 100 元，期限为 1 年。

要求：

(1) 采用无套利法复制出买权价值，根据买权—卖权平价关系计算卖权价值。

(2) 采用风险中性法计算买权、卖权价值。

7. 假设某股票当前每股价格为 100 元，1 年后可能上涨 25%（期末价格为 125 元），也可能下跌 15%（期末价格为 85 元），无风险利率为 8%（国库券年利率）。现有一份股票看涨期权，执行价格为 100 元，期限为 2 年。

要求：采用二期二项式期权定价模型计算该买权价值。

8. 假设某股票当前每股价格为 50 元，考虑三个阶段（每个阶段时间为 0.25 年）的价格变化，假设每个阶段股票价格可能上涨或下跌 20%，无风险债券利率为 8%，债券的当前价格为 1 元。现有一份股票看涨期权，执行价格为 52 元。

要求：采用三期二项式期权定价模型计算该买权价值。

9. 以 KW 公司股票为标的资产的欧式卖权的执行价格为 84 元，到期时间为 2 年。已知该公司当前的股票每股价格为 80 元，以后每年将上升或下降 20%，假设无风险利率为 5%。

要求：

(1) 计算该股票价格预计上升或下跌的概率。

(2) 采用二期二项式期权定价模型计算该卖权价值。

10. 假设 DL 公司股票当前每股价格为 36 元，股票收益的标准差为 0.28，无风险利率为 6%（连续复利），期权有效期为 18 个月。

要求：
(1) 当行权价格为 36 元时，计算欧式买权价格。
(2) 在(1)的条件下，计算欧式卖权价格。
(3) 在(1)的条件下，假设股利支付率为 1%，计算欧式买权、卖权价格。

11. 2019 年 12 月 30 日晚间，新希望发布公告将于 2020 年 1 月 3 日在网上发行 40 亿元可转债，期限 6 年。本次募集资金(扣除发行费用)将全部投资于生猪养殖项目。希望转债(127015)有关资料如表 1 所示

表 1　希望转债(127015)有关资料

发行规模	400 亿元	发行价格(元)	100
债券期限	2020.01.03—2026.01.03	起息日	2020.01.03
付息频率	1 年 1 次	每年付息日	01.03
票面利率	各年利率:0.20%,0.40%, 0.80%,1.20%,1.60%,2.00%		
初始转股价格(元)	19.63	初始转股比例	5.0942
转股期	2020.07.09—2026.01.03		
回售触发价格(元)	13.74	强赎触发价格(元)	25.52
到期赎回价格(元)	106		
信用评级	AAA	剩余天数	1 995

假设现在是 2020 年 7 月 17 日，新希望股票市场价格为 30.9 元/股。

2020 年 7 月 10 日，5 年期中国国债收益率为 2.84%，10 年期为 3.03%。假设 6 年期中国国债收益率为 3.01%。可转债历史隐含波动率如表 2 所示，为简化，假设以可转债历史隐含波动率中位数 26.55% 为希望转债的隐含波动率。

表 2　可转债历史隐含波动率分布　　　　　　　　　　　　　单位:%

项目	2003—2019.07	2003—2019.07 (剔除 2007 年、2008 年、2015 年)
均值	30.39	27.62
最高值	75.06	66.13
75% 分位数	38.74	32.31
中位数	26.55	24.64
25% 分位数	21.18	20.21
最低值	10.03	10.03
2019 年 7 月值	22.19	22.19
历史分位点	29.60	36.00

资料来源:Wind 资讯、国信证券经济研究所。

要求：
(1) 计算纯债券价值。
(2) 假设不考虑股利支付率，根据 B-S 模型计算该可转债券的期权价值及可转债价值。

12. ABC 公司资产当前市场价值为 1 200 万元，公司资产价值标准差为 30%，无风险利率为 6%，公司一年后到期的零息债券面值为 1 000 万元。公司正在考虑两个互斥的投资方案:

方案 A 投资净现值为 100 万元;方案 B 投资净现值为 150 万元。如果选择方案 A,则公司资产价值标准差将上升到 0.4;如果选择方案 B,则标准差将下降为 0.25。

要求:

(1) 计算接受投资方案前公司债券、股票的市场价值。

(2) 分别计算接受投资方案 A 或投资方案 B 后,公司债券、股票的市场价值。

(3) 分析不同方案对债券价值、股票价值的影响;你认为股东会选择哪一个投资方案?

(4) 假设公司出于环保等原因投资于净现值为 -40 万元的方案 C,该方案的风险较高,将使公司资产价值标准差提高至 50%,计算公司债券价值和股票价值,与(1)的结果进行对比,并说明原因。

13. A 公司和 B 公司希望合并为一家公司,其有关资料如下表所示。

A 公司和 B 公司基本资料

项目	A 公司	B 公司
公司资产价值(万元)	2 000.00	3 000.00
债券价值(零息债券)(万元)	1 600.00	1 000.00
债券期限(年)	10	10
公司资产价值标准差	40%	50%
国债利率	10%	10%
两家公司价值的相关系数	0.4	

要求:

(1) 计算两家公司合并前股票价值、债券价值、公司价值。

(2) 计算两家公司合并后公司价值的标准差。

(3) 计算两家公司合并后股票价值、债券价值、公司价值。

五、案例分析题

2020 年 7 月 24 日,苹果公司每股市价为 370.46 美元,AAPL201218C00480000 买权合约相关资料如下:行权价格为 480 元,期权到期时间为 2020 年 12 月 18 日,隐含波动率为 31.91%;AAPL201218P00480000 卖权合约相关资料如下:隐含波动率为 35.07%,其他参数与买权合约相同。假设无风险利率为 0.25%。

根据上述材料,回答下列问题:

1. 采用 B-S 模型分别计算合约买权价格、卖权价格。
2. 采用 Excel 函数分析买权价格、卖权价格对各种参数 (S, K, r, T, σ) 变化的敏感性并图示。

参 考 答 案

一、单项选择题

1. B   2. C   3. B   4. A   5. A
6. C   7. D   8. C   9. A   10. D
11. D   12. C   13. B   14. C   15. B

16. C   17. D

部分解析：

5. 若使持有人在期权到期日履约并获得一定的收益，则到期日每股价格要在98美元（102 – 4）以下，因此选A（跌到96美元）。

6. 买入买权盈亏平衡价格 = 80 + 3 = 83（元）

10. 如果到期日每股股票价格上升为75元，则期权到期时价值为10元；如果到期日每股股票价格下跌至55元，则期权到期时无价值。根据无套利定价法，保值比率 = (10 – 0) ÷ (75 – 55) = 0.5，取其倒数为2，表示套期保值所需出售的期权份数，即购买1股股票，同时卖出2份买权。

13. 认股权证的内含价值 = 0.5 × (10 – 6) = 2（元），大于零，因此该认股权证的内含价值即为2元。

14. 第5年年末该可转换债券的转换价值 = 40 × (1 + 8%)^5 × 20 = 1 175.46（元）

15. 稀释后股票预期价格 = (12 × 10 000 000 + 50 × 100 000 × 10) ÷ (10 000 000 + 50 × 100 000) = 11.33（元/股）

17. 可转换债券价值 = 1 025 + 125 = 1 150（元/张）

二、多项选择题

1. CDE	2. ACDE	3. ACE	4. AE	5. ABCDE
6. BCE	7. BCDE	8. ABCDE	9. CD	10. ABCDE
11. ABCD	12. ABCDE	13. BCD	14. ABCD	

部分解析：

6. 假设1年后股票价格上涨的概率为 P，根据风险中性定价法可知：

$120P + 80(1 – P) = 100 × (1 + 6\%)$

解得 P 为0.65，则股票价格下跌的概率为0.35。

该欧式股票买权1年后的预期价值 = (120 – 105) × 0.65 + 0 × 0.35 = 9.75（元）

在风险中性假设条件下该欧式股票买权的当前价值 = 9.75/1.06 = 9.20（元）

三、判断题

1. ×	2. ×	3. √	4. √	5. ×
6. ×	7. √	8. ×	9. √	10. ×
11. √	12. ×	13. √	14. ×	15. ×
16. √	17. √			

四、计算分析题

1. 解：

（1）当 $S_0 = 10$ 元时，买权内含价值（c_0）= $S – K$ = 10 – 6 = 4（元）。

当 $S_1 = 12$ 元时，买权内含价值（c_1）= $S – K$ = 12 – 6 = 6（元）。

买权内含价值增长率（Z）= 6/4 – 1 = 50%

（2）如果初始每股价格分别为7元、20元，股票价格增长率为20%，履约价格保持不变，则买权内含价值计算结果如下表所示。

股票价格变化与买权内含价值变动关系   单位:元

项目	情形 1	情形 2	情形 3
初始每股价格(S_0)	10.00	7.00	20.00
履约价格(K)	6.00	6.00	6.00
买权内含价值(c_0)	4.00	1.00	14.00
股票价格增长率(Y)	20%	20%	20%
变动后每股价格(S_1)	12.00	8.40	24.00
变动后买权内含价值(c_1)	6.00	2.40	18.00
买权内含价值增长率(Z)	50.00%	140.00%	28.57%

上述计算结果表明,在履约价格一定的情况下,标的资产价格上升使买权内含价值增长率呈下降趋势。

(3) Z/Y 表示标的资产价格变动对买权内含价值的影响或杠杆效应,则:

$$\frac{Z}{Y} = \frac{(c_1 - c_0)/c_0}{(S_1 - S_0)/S_0} = \frac{[(S_1 - K) - (S_0 - K)]/(S_0 - K)}{(S_1 - S_0)/S_0}$$

$$= \frac{(S_1 - S_0)/(S_0 - K)}{(S_1 - S_0)/S_0} = \frac{S_0}{S_0 - K} = \frac{1}{1 - K/S_0}$$

在(1)中,$K/S = 6/10 = 60\%$,则:

$$Z/Y = 1/(1 - 60\%) = 2.5$$

上述计算结果表明,标的资产价格每变动一个百分点,买权内含价值将变动 2.5 个百分点。例如,在(1)中,股票价格上升 20%,买权内含价值上升 50%(=20%×2.5)。

如果 $S > K$,且 $c > 0$,则 K/S 与 Z/Y 之间的关系如下图所示。

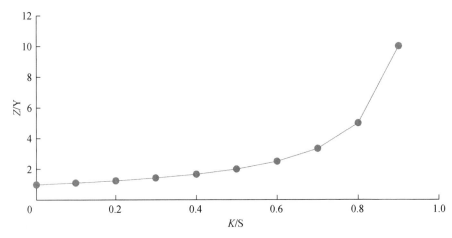

标的资产价格变动对买权内含价值的影响

履约价格与标的资产的市场价格越接近,期权的杠杆作用就越大。相对来说,由于买权内含价值变动率大于股票价格变动率,因此当标的资产价格远远高于履约价格时,买权内含价值变得越来越大,但其增长幅度会变得越来越小。

2. 解:

(1) 买入卖权与股票投资组合价值如表1和图1所示。

表 1　买入卖权与股票投资组合价值

股票价格(元/股)	买入卖权价值(元)	股票价值(元)	投资组合价值(元)
0	25	0	25
5	20	5	25
10	15	10	25
15	10	15	25
20	5	20	25
25	0	25	25
30	0	30	30
35	0	35	35
40	0	40	40
45	0	45	45

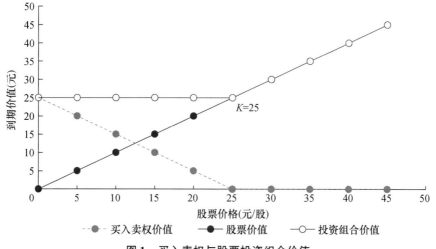

图 1　买入卖权与股票投资组合价值

如果你持有一只股票,同时买入一份卖权,则构成的投资组合可以规避下方风险。例如,你支付 20 元购买了这只股票,当股票价格跌至 20 元/股以下时你便会遭受损失。如果你同时持有一份卖权,则当股票价格下跌时可以行使卖权,此时投资组合的价值为 25 元,即股票价值 20 元加上行使卖权的损益 $(K-S_T)$ 元。即使股票价格跌至零,投资组合的价值始终保持 25 元不变,即股票价格下跌的损失刚好与行使卖权的收益相抵消。如果股票价格上升,投资者放弃行权,则期权价值为零,但股票价值随之上升。

(2) 买入买权与无风险债券投资组合价值如表 2 和图 2 所示。

表2　买入买权与无风险债券投资组合价值　　　　　　　　　　　单位:元

股票价格(元/股)	买入买权价值(元)	无风险债券价值(元)	投资组合价值(元)
0	0	25	25
5	0	25	25
10	0	25	25
15	0	25	25
20	0	25	25
25	0	25	25
30	5	25	30
35	10	25	35
40	15	25	40
45	20	25	45

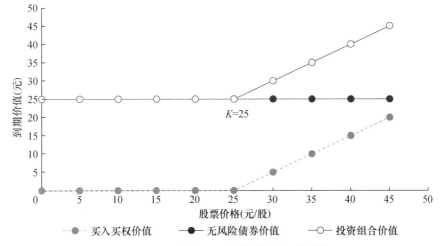

图2　买入买权与无风险债券投资组合价值

如果你持有一份无风险债券,同时买入一份买权,则构成的投资组合可以规避下方风险。例如,从图2中可以看出,无论股票价格是上升还是下跌,无风险债券的价值始终为25元;如果股票价格跌至25元/股以下,则你可以行使买权,获得的损益为$(S_T - K)$元,如果股票价格大于25元,则投资组合的价值由两部分构成:无风险债券价值加上买权的内含权价值$(S_T - 25)$元。

(3) 图1和图2中的投资组合价值相等,投资者相当于持有一份买权,其特点是买权持有者既可以获得上方收益,又可以规避下方风险。

根据买权—卖权平价关系,(1)和(2)的等式关系可写作:

$$买入卖权 + 股票 = p + S$$
$$买入买权 + 无风险债券现值 = c + PV(K)$$
$$p + S = c + PV(K)$$
$$c = S + p - PV(K)$$

3. 解：

（1）卖出买权与股票投资组合价值如表1和图1所示。

表1 卖出买权与股票投资组合价值

股票价格(元/股)	卖出买权价值(元)	股票价值(元)	投资组合价值(元)
0	0	0	0
5	0	5	5
10	0	10	10
15	0	15	15
20	0	20	20
25	0	25	25
30	−5	30	25
35	−10	35	25
40	−15	40	25
45	−20	45	25

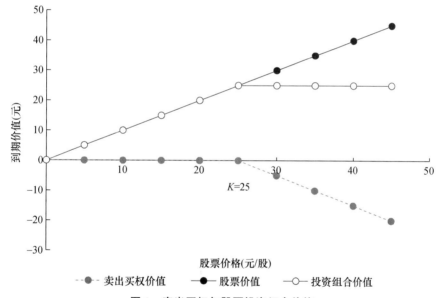

图1 卖出买权与股票投资组合价值

持有一只股票，同时卖出一份买权。当股票价格上升大于履约价格时，买权的持有者不履约，你可以获得权利金。股票价格上升的收益与卖出买权的损失相抵消。

（2）卖出卖权与无风险债券投资组合价值如表2和图2所示。

表2 卖出卖权与无风险债券投资组合价值

股票价格(元/股)	卖出卖权价值(元)	无风险债券价值(元)	投资组合价值(元)
0	−25	25	0
5	−20	25	5
10	−15	25	10

(续表)

股票价格(元/股)	卖出卖权价值(元)	无风险债券价值(元)	投资组合价值(元)
15	−10	25	15
20	−5	25	20
25	0	25	25
30	0	25	25
35	0	25	25
40	0	25	25
45	0	25	25

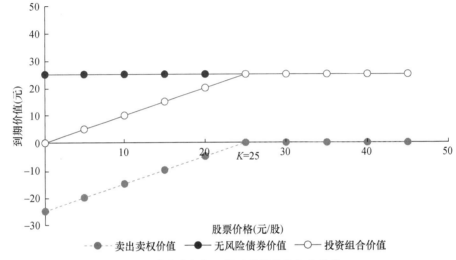

图2　卖出卖权与无风险债券投资组合价值

持有一份无风险债券,同时卖出一份卖权,不论股票价格是上升还是下跌,无风险债券价值保持不变。当股票价格下跌时,卖权的持有者会行使期权,你会遭受损失,持股无风险债券可以部分抵消股票价格下跌的风险。

(3) 图1和图2中的投资组合价值相等,投资者相当于持有一份卖权,其特点是当股票价格上升时,卖权持有者不行使期权,投资者可以获得固定的权利金收入。

根据买权—卖权平价关系,(1)和(2)的等式关系可写作:

$$\text{卖出买权} + \text{股票} = -c + S$$
$$\text{卖出卖权} + \text{无风险债券现值} = -p + PV(K)$$
$$-c + S = -p + PV(K)$$

4. 解:

根据计算题2和计算题3的结果,将两者联系起来,就可以得到买权—卖权平价关系:

$$p + S = c + PV(K)$$
$$-c + S = -p + PV(K)$$

公司的股票可以解释为以公司资产为标的资产、以债券面值为行权价格、以债券期限为权利期间的一种欧式买入期权,而以股票为标的资产的买权变成了买权的买权。在这种情况下,买权真正的标的资产是公司资产,而不是公司股票,通过以股价为中介,买权价值(股票价值)主要与公司资产价值及债券价值有关。根据计算题2构造的投资组合和计算题3构造的投资组合,可以得到类似主教材的图12-12,该图描述了股票价值、债券价值和公司价值的关系。

公司资产买权价值(股票价值)计算方法如下:

$$-c + S = -p + PV(K)$$
$$c = S + p - PV(K)$$

公司资产买权价值 = 公司资产价值 + 公司资产卖权价值 − 预期债券现值

公司债券价值计算方法如下:

预期债券现值 − 公司资产卖权价值 = 公司资产价值 − 公司资产买权价值

债券价值 = 预期债券现值 − 公司资产卖权价值

根据上述公式,股票价值(买入买权价值)和债券价值计算结果如下面表和图所示。

股票价值(买入买权价值)和债券价值 单位:元

标的资产价值	投资组合				投资组合		
	买入卖权价值	无风险债券价值	标的资产价值	股票价值	标的资产价值	买入买权价值	债券价值
0	25	25	0	0	0	0	0
5	20	25	5	0	5	0	5
10	15	25	10	0	10	0	10
15	10	25	15	0	15	0	15
20	5	25	20	0	20	0	20
25	0	25	25	0	25	0	25
30	0	25	30	5	30	5	25
35	0	25	35	10	35	10	25
40	0	25	40	15	40	15	25
45	0	25	45	20	45	20	25
50	0	25	50	25	50	25	25
55	0	25	55	30	55	30	25
60	0	25	60	35	60	35	25
65	0	25	65	40	65	40	25
70	0	25	70	45	70	45	25
75	0	25	75	50	75	50	25
80	0	25	80	55	80	55	25
85	0	25	85	60	85	60	25
90	0	25	90	65	90	65	25

从图中可以看出,股票价值相当于买入买权价值,债券到期时,如果公司资产价值(标的资产价值)大于债券价值(履约价格),则股票价值等于公司资产价值与债券价值的差额,公司价值越大,股票价值就越大;如果公司资产价值小于债券价值,公司将无力偿还债券,按股东承担有限责任的观点,债权人将接受公司的全部资产,或者说股东将不行使买权,此时买权一文不值(即股票价值为零)。从理论上说,股票持有人的上方收益是无限的(他们分享了公司资产价值超过债券价值的所有部分),而下方风险是锁定的。

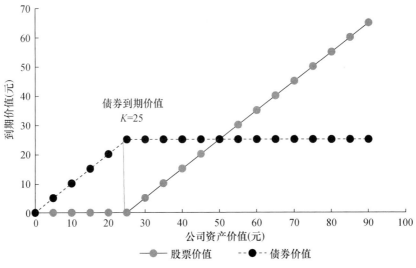

股票价格、债券价格和公司价值

从债权人的角度来看,债券到期时,如果公司资产价值大于债券价值,则债权人将公司资产以债券面值"出售"给股东;如果公司资产价值小于债券价值,则债权人将得到小于债券面值的公司资产。此时,债权人有两项权益:① 他们是公司资产的持有者;② 他们是公司资产买权的出售者,即承担将公司资产出售给股东的义务。从理论上说,债券持有人的上方收益是固定的,下方风险是有限的(以债券面值为限)。

5. 解:

(1) 在给定卖权价格的条件下,买权价值为:

$$c = p + S - Ke^{-rT} = 3.6 + 36 - 34 \times e^{-0.1 \times 0.75} = 8.06 \text{ 元})$$

(2) 在给定买权价格的条件下,卖权价值为:

$$p = c - S + Ke^{-rT} = 6.4 - 36 + 34 \times e^{-0.1 \times 0.75} = 1.94(\text{元})$$

(3) 由于8.06元大于现行买权价格(6.4元),说明买权价格被低估了;而1.94元小于现行卖权价格(3.6元),说明卖权价格被高估了,这时会产生套利行为。例如,投资者可买入买权,卖出卖权,出售股票,同时以现金31.54元$(34 \times e^{-0.1 \times 0.75})$按无风险利率投资,如下表所示。

投资者套利活动现金流量   单位:元

投资组合	初始现金流量	到期日投资组合现金流量	
		$S_T > 34$	$S_T < 34$
买入买权	-6.40	$S_T - 34$	0
卖出卖权	3.60	0	$-(34 - S_T)$
出售股票	36.00	$-S_T$	$-S_T$
无风险投资	-31.54	34	34
合计	1.66	0	0

在上述投资组合中,初始现金净流量为1.66元。9个月后,在任何一种情况下,投资者均可获得34元的无风险投资本利和,并以无风险投资所得到的34元按履约价格(34元)购买一

只股票,该股票正好用于平仓卖空的股票,因此到期现金净流量为零。

6. 解:

(1) 单期无套利期权定价如表1所示。

表1 单期无套利期权定价　　　　　　　　　　　　金额单位:元

	A	B	C	D	E	F	G	H	I	J
1	参数									
2	上涨, u	1.20								
3	下跌, d	0.85								
4	初始股票价格, S	100								
5	(1+利率), (1+r)	1.06								
6	执行价格, K	100								
7										
8		股票价格					债券价格			
9				120	<--=$B$10*B2				1.06	<--=$G$10*$B$5
10		100					1.00			
11				85	<--=$B$10*B3				1.06	<--=$G$10*$B$5
12										
13		买权价值								
14				20	<--=MAX(D9-$B$6,0)					
15			???							
16				0	<--=MAX(D11-$B$6,0)					
17	解资产组合难题:股票A和债券B组合提供期权现金流量									
18	A	0.5714	<--=D14/(D9-D11)			120A+10.06B=20				
19	B	-45.8221	<--=-D11*B18/B5			85A+1.06B=0				
20	买权价值	11.3208	<--=B18*B4+B19*G10			1 Call=0.5714 Shares + (-45.8221) Bonds				
21	卖权价值	5.66	<--=B20+B6/B5-B4			p=c+PV(K)-S				

注:单元格B2、B3中的数值分别代表股票价格上涨($u=1+20\%$)、下跌($d=1-15\%$)时的数值。

注意在买权—卖权平价中的现值 PV(K);在连续时间框架(标准 B-S 框架)中,PV(K) = $K \times \text{Exp}(-r \times T)$。因为在这里框架是离散的时间,现值 PV($K$) 也只能是离散的时间: PV($K$) = $K/(1+r)T$, $T=1$。

根据无套利定价原则,可根据股票和债券的组合复制买权价值。如果期权和期权复制在期末的价格满足"1 Call = A Shares + B Bonds",则:

$$120A + 1.06B = 20$$
$$85A + 1.06B = 0$$

解得:

$$A = \frac{20}{120-85} = 0.5714$$

$$B = \frac{0-85A}{1.06} = -45.8221$$

根据该线性方程的解,1Call = 0.5714 Shares +（-45.8221）Bonds。如果股票价格上涨,买入 0.5714 份股票并以 6% 的利率借入 45.8221 份债券,就可以复制一份看涨期权,即:

$$买权价值 = 0.5714 \times 100 + (-45.8221) = 11.3208(元)$$

根据买权—卖权平价关系计算卖权价值:

$$S + p = c + PV(K)$$

$$p = c + PV(K) - S = 11.3208 + 100/1.06 - 100 = 5.66(元)$$

(2) 采用风险中性法计算期权价值结果如表 2 所示。

表 2　风险中性期权定价　　　　　　　　　金额单位:元

	A	B	C
1	上涨,u	1.20	
2	下跌,d	0.85	
3	初始股票价格,S	100.00	
4	(1 + 利率),(1 + r)	1.06	
5	期权执行价格,K	100.00	
6	风险中性概率		
7	上升概率,p	0.6000	< - - = (B4 - B2)/(B1 - B2)
8	下跌概率,$1 - p$	0.4000	< - - = 1 - B7
9	期权定价		
10	买权价值	11.32	< - - = (B7 * MAX(B3 * B1 - B5,0) + B8 * MAX(B3 * B2 - B5,0))/B4
11	卖权价值	5.66	< - - = (B7 * MAX(B5 - B3 * B1,0) + B8 * MAX(B5 - B3 * B2,0))/B4
12	卖权价值	5.66	< - - = B10 + B5/B4 - B3（买权—卖权平价关系）

表中,风险中性概率计算如下:

$$p = \frac{(1+r) - d}{u - d} = \frac{(1+6\%) - 0.85}{1.2 - 0.85} = 0.6$$

$$1 - p = \frac{u - (1+r)}{u - d} = \frac{1.20 - (1+6\%)}{1.2 - 0.85} = 0.4$$

或: $1 - p = 1 - 0.6 = 0.4$

买权价值(单元格 B10)和卖权价值(单元格 B11)计算如下:

$$买权内含价值 = MAX(S - K, 0)$$

$$卖权内含价值 = MAX(K - S, 0)$$

7. 解:

采用二期二项式期权定价模型计算买权价值,结果如下表所示。

计算步骤如下:

第一,计算各个时期的风险中性概率。

第二,根据股票价格上升(u)或下跌(d)变化,计算股票第 1 年年末和第 2 年年末对应各种状态的价格。

第三,根据买权内含价值公式从第二期(最后一期)出发计算出第二期的买权价值。

第四,根据风险中性定价法求出对应的第 1 年年末期权价值(上升时为 32.41 元,下跌时为 3.328 元);再次运用风险中性定价法求出现在时点期权价值(18.56 元)。

二期二项式买权价值   金额单位:元

	A	B	C	D	E	F
1	参数					
2	上涨, u	1.25				
3	下跌, d	0.85		风险中性概率		
4	初始股票价格, S	100.00		上升, p	0.5750	<--=(B5–B3)/(B2–B3)
5	(1+利率), (1+r)	1.08		下跌, 1–p	0.4250	<--=1–E4
6	执行价格, K	100.00				
7						
8	股票价格		=A11*B2			
9					156.25	<--=C10*B2
10			125.00			
11	100.00				106.25	<--=C10*B3
12			85.00			
13					72.25	<--=C12*B3
14			=A11*B3			
15	买权价值					
16			=(E4*E17+E5*E19)/B5			
17					56.25	<--=MAX(E9–$B$6,0)
18			32.41			
19	18.56				6.25	<--=MAX(E11–$B$6,0)
20			3.328			
21	=(E4*C18+E5*C20)/B5				0.00	<--=MAX(E13–$B$6,0)
22				=(E4*E19+E5*E21)/B5		

8. 解:

(1) 风险中性概率计算如下:

$$p = \frac{(1+r)-d}{u-d} = \frac{1+2.02\%-0.80}{1.20-0.80} = 0.5505$$

$$1-p = \frac{u-(1+r)}{u-d} = \frac{1.20-(1+2.02\%)}{1.20-0.80} = 0.4495$$

本题期权期限为0.25年,按连续复利计算的年度无风险利率为2.02%,即根据Excel中的函数,在相应的单元格中输入"=EXP(0.08*0.25)–1",回车后即可得到调整后的年度无风险利率。

与二期二项式期权定价方法相同,通过计算各个时期的风险中性概率,从最后一期出发采用逆序法,依次计算出各期的看涨期权(买权)价值,结果如下图所示。

采用三期二项式期权定价模型计算买权价值,首先根据各期股票价格、期权的履约价格计算第三期($t=3$)买权价值;据此根据风险中性概率计算第二期($t=2$)买权价值;再据此根据风险中性概率计算第一期($t=1$)买权价值;最后计算当前($t=0$)买权价值。

例如,在最后一个结点($t=3$),如果股票价格连续上升,则最后一期股票价格为86.40元(50×1.2^3);如果连续上升二期、下降一期,则最后一期股票价格为57.60元($50 \times 1.2^2 \times$

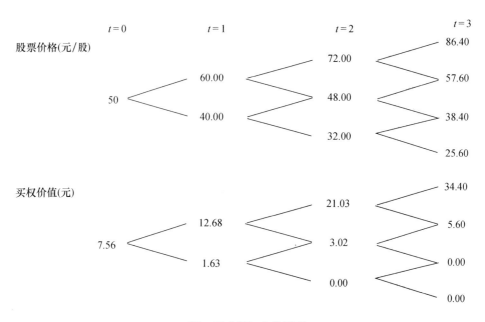

三期二项式期权定价模型

0.8)。其他以此类推。

各结点买权价值计算如下：

当 $t=3$ 时,股票价格连续上升三期,买权价值为 34.40 元,即 "=MAX(86.40−52,0)";股票价格连续上升二期、下降一期,买权价值为 5.60 元,即 "=MAX(57.60−52,0)"。其他以此类推。

当 $t=2$ 时,第一个结点买权价值为 21.03 元,即：

$$\text{买权价值} = (0.5505 \times 34.40 + 0.4495 \times 5.60)/1.0202 = 21.03(\text{元})$$

其他以此类推。

当 $t=1$ 时,第一个结点买权价值为 12.68 元,即：

$$\text{买权价值} = (0.5505 \times 21.03 + 0.4495 \times 3.02)/1.0202 = 12.68(\text{元})$$

其他以此类推。

当 $t=0$ 时,当前买权价值为 7.56 元,即：

$$\text{买权价值} = (0.5505 \times 12.68 + 0.4495 \times 1.63)/1.0202 = 7.56(\text{元})$$

9. 解：

(1) 该股票价格预计上升概率(p)和下跌概率($1-p$)计算如下：

$$p = \frac{(1+r)-d}{u-d} = \frac{(1+5\%)-0.8}{1.2-0.8} = 0.625$$

$$1-p = 1-0.625 = 0.375$$

(2) 卖权价值计算结果如下表所示。表中,各结点股票价格是在前一结点股票价格的基础上上升或下跌 20% 计算的。例如,单元格 C10 点股票价格为 96 元(80×1.2);单元格 C12 点股票价格为 64 元(80×0.8),其他结点股票价格以此类推。

卖权价值计算如下：最后一个结点(2 年)的卖权价值是根据 $\text{MAX}(K-S_T,0)$ 计算的。例如,当股票价格为 115.20 元时,卖权价值为 0;当股票价格为 76.80 元时,卖权价值为 7.20 元

$(84-76.80)$；当股票价格为 51.20 元时，卖权价值为 32.80 元$(84-51.2)$。之前各结点(1年、0年)卖权价值计算如下：

单元格 $C18=(0.625\times0+0.375\times7.20)/1.05=2.57(元)$

单元格 $C20=(0.625\times7.20+0.375\times32.80)/1.05=16.00(元)$

单元格 $A19=(0.625\times2.57+0.375\times16.00)/1.05=7.25(元)$

因此，该卖权价值为 7.25 元。

二期二项式期权定价　　　　　　　　　　　　　单位:元

	A	B	C	D	E	F
1	参数					
2	上涨，u	1.20				
3	下跌，d	0.80		风险中性概率		
4	初始股票价格，S	80.00		上升p	0.625	<--=(B5–B3)/(B2–B3)
5	(1+利率)，(1+r)	1.05		下跌1-p	0.375	<--=1–E4
6	执行价格，K	84.00				
7	期限（年）	2				
8			=A11*B2			
9	股票价格				115.20	<--=C10*B2
10			96.00			
11		80.00			76.80	<--=C10*B3
12			64.00			
13					51.20	<--=C12*B3
14			=A11*B3			
15	卖权价值					
16			=(E4*E17+E5*E19)/B5			
17					0	<--=MAX($B$6–E9,0)
18			2.57			
19		7.25			7.20	<--=MAX($B$6–E11,0)
20			16.00			
21	=(E4*C18+E5*C20)/B5				32.80	<--=MAX($B$6–E13,0)
22			=(E4*E19+E5*E21)/B5			

10. 解：

(1)(2) B-S 模型(无股利)如表 1 所示。

表1　B-S模型(无股利)

参数	数额	说明
输入项		
S	36	当前股票价格
K	36	执行价格
r	6%	年度无风险利率
T	1.5	期限(年)
sigma	28%	历史波动率
输出项		
d_1	0.4339	<－－ =(LN(S/K)+(r+0.5*sigma^2)*T)/(sigma*SQRT(T))
d_2	0.0910	<－－ =d_1－sigma*SQRT(T)
$N(d_1)$	0.6678	<－－ =NORMSDIST(d_1)
$N(d_2)$	0.5362	<－－ =NORMSDIST(d_2)
买权价格	6.3983	<－－ =S*N(d_1)－K*exp(－r*T)*N(d_2)
$-d_1$	－0.4339	<－－ =－d_1
$-d_2$	－0.0910	<－－ =－d_2
$N(-d_1)$	0.3322	<－－ =NORMSDIST(－d_1)
$N(-d_2)$	0.4638	<－－ =NORMSDIST(－d_2)
卖权价格	3.2998	<－－ =call price－S+K*Exp(－r*T)
卖权价格	3.2998	<－－ =K*exp(－r*T)*N(－d_2)－S*N(－d_1)

表1中：

$$d_1 = \frac{\ln(S/K)+(r+\sigma^2/2)\times T}{\sigma\times\sqrt{T}} = \frac{\ln(36/36)+(0.06+0.28^2/2)\times 1.5}{0.28\times\sqrt{1.5}} = 0.4339$$

$$d_2 = d_1 - \sigma\times\sqrt{T} = 0.4339 - 0.28\times\sqrt{1.5} = 0.0910$$

$$N(d_1) = N(0.4339) = 0.6678$$

$$N(d_2) = N(0.0910) = 0.5362$$

$$c = SN(d_1) - Ke^{-rT}N(d_2) = 36\times 0.6678 - 36[e^{-0.06\times 1.5}]\times 0.5362 = 6.3983(元)$$

$$N(-d_1) = N(-0.4339) = 1 - N(0.4339) = 1 - 0.6678 = 0.3322$$

$$N(-d_2) = N(-0.0910) = 1 - N(-0.0910) = 1 - 0.5362 = 0.4638$$

$$p = Ke^{-rT}N(-d_2) - SN(-d_1) = 36[e^{-0.06\times 1.5}]\times 0.3322 - 36\times 0.4638 = 3.2998(元)$$

(3) B-S模型(连续股利)如表2所示。

表2　B-S模型(连续股利)

参数	数额	说明
输入项		
S	36	当前股票价格
K	36	执行价格
r	6%	年度无风险利率

(续表)

参数	数额	说明
T	1.5	期限(年)
sigma	28%	历史波动率
y	1%	股利支付率
输出项		
d_1	0.3902	<−−= (LN(S/K) + (r − y + 0.5 * sigma^2) * T)/(sigma * SQRT(T))
d_2	0.0472	<−−= d_1 − sigma * SQRT(T)
$N(d_1)$	0.6518	<−−= 使用公式 NORMSDIST(d_1)
$N(d_2)$	0.5188	<−−= 使用公式 NORMSDIST(d_2)
买权价格	6.0446	<−−= S * EXP(− y * T) * N(d_1) − K * exp(− r * T) * N(d_2)
$-d_1$	−0.3902	<−−= −d_1
$-d_2$	−0.0472	<−−= −d_2
$N(-d_1)$	0.3482	<−−= 1 − N(d_1)
$N(-d_2)$	0.4812	<−−= 1 − N(d_2)
卖权价格	3.4821	<−−= call price − S + K * EXP(− r * T)
卖权价格	3.4821	<−−= K * EXP(− r * T) * N(−d_2) − S * EXP(− y * T) * N(−d_1)

表2中,计算 d_1、买权价格、卖权价格时需要考虑股利支付率:

$$d_1 = \frac{\ln(S/K) + (r - y + \sigma^2/2) \times T}{\sigma \times \sqrt{T}}$$

$$= \frac{\ln(36/36) + (0.06 - 0.01 + 0.28^2/2) \times 1.5}{0.28 \times \sqrt{1.5}} = 0.3902$$

$$d_2 = d_1 - \sigma \times \sqrt{T} = 0.3902 - 0.28 \times \sqrt{1.5} = 0.0472$$

$$c = Se^{-yT}N(d_1) - Ke^{-rT}N(d_2) = 36e^{-0.01 \times 1.5} \times 0.6518 - 36e^{-0.06 \times 1.5} \times 0.5188 = 6.0446$$

$$p = c + Ke^{-rT} - S = SN(d_1) - Ke^{-rT}N(d_2) + Ke^{-rT} - S$$

$$= S[N(d_1) - 1] + Ke^{-rT}[1 - N(d_2)] = Ke^{-rT}N(-d_2) - Se^{-yT}N(-d_1)$$

$$= 36e^{-0.06 \times 1.5} \times 0.4812 - 36e^{-0.01 \times 1.5} \times 0.3482 = 3.4821$$

11. 解:

(1)根据中债2019年12月30日数据,6年期 AAA 企业债收益率为3.85%,为简化,假设以此为希望转债投资者要求的最低收益率,到期时债券赎回价格为106元。按3.85%折现,希望转债纯债券价值为89.9329元,计算过程如表1所示。

表1 希望转债纯债券价值

项目	2020.07.17	2021.01.03	2022.01.03	2023.01.03	2024.01.03	2025.01.03	2026.01.03
剩余年限		0.4658	1.4658	2.4658	3.4658	4.4658	5.4658
利率		0.20%	0.40%	0.80%	1.20%	1.60%	2.00%
现金流量(元)		0.20	0.40	0.80	1.20	1.60	106.00
现值(元)	89.9329	0.1965	0.3785	0.7288	1.0527	1.3516	86.2248

(2)希望转债期权价值与转换价值如表2所示。

表 2　希望转债期权价值与转换价值　　　　　　　　　　　　　　　金额单位：元

参数	数额	说明
输入项		
S	30.90	新希望股票市场价格（2020.07.17）
K	19.63	执行价格，初始转股价格
r	3.01%	6年期中债国债收益率（2020.07）
T	5.47	期权到期时间（以年为单位）（1995/365）
sigma	26.55%	历史隐含波动率中位数（2003—2019.07）
输出项		
d_1	1.3063	<-- =[LN(S/K)+(r+0.5*sigma^2)*T]/(sigma*SQRT(T))
d_2	0.6856	<-- =d_1-sigma*SQRT(T)
$N(d_1)$	0.9043	<-- =NORMSDIST(d_1)
$N(d_2)$	0.7535	<-- =NORMSDIST(d_2)
买权价格	15.39	<-- =S*N(d_1)-K*exp(-r*T)*N(d_2)
转换价值		
初始转股比率	5.0942	<-- =100/19.63
股票价格	30.90	新希望股票价格
转换价值	157.41	<-- =5.0942*30.90

希望转债价值 = MAX(纯债券价值或转换价值) + 期权价值
　　　　　 = MAX(89.93, 157.41) + 15.39 = 172.81(元)

12. 解：

(1)(2)(4) 计算结果如下表所示。

各方案股票价值、债券价值和公司价值

参数	基础数据	方案 A	方案 B	方案 C	说明
输入项					
S	1 200	1 200	1 200	1 160	标的资产价值：公司价值（万元）
K	1 000	1 000	1 000	1 000	执行价格：零息债券面值（万元）
r	6.00%	6.00%	6.00%	6.00%	年度无风险利率
T	1.00	1.00	1.00	1.00	到期时间（年）：债券到期时间
sigma	30.00%	40.00%	25.00%	50.00%	标的资产价值波动率：公司价值标准差
输出项					
d_1	0.9577	0.8058	1.0943	0.6668	<-- =(LN(S/K)+(r+0.5*sigma^2)*T)/(sigma*SQRT(T))
d_2	0.6577	0.4058	0.8443	0.1668	<-- =d_1-sigma*SQRT(T)
$N(d_1)$	0.8309	0.7898	0.8631	0.7476	<-- =NORMSDIST(d_1)
$N(d_2)$	0.7446	0.6576	0.8007	0.5663	<-- =NORMSDIST(d_2)
买权价格	295.80	328.52	281.59	333.90	<-- =S*N(d_1)-K*exp(-r*T)*N(d_2)
卖权价格	37.57	70.29	23.35	115.66	<-- =call price-S+K*Exp(-r*T)
公司价值					
股票价值	295.80	328.52	281.59	333.90	<-- 看涨期权价格（公司资产买权价格）
债券价值	904.20	871.48	918.41	826.10	<-- 公司价值-看涨期权价格
公司价值	1 200.00	1 200.00	1 200.00	1 160.00	<-- 股票价值+债券价值
债券利率	10.60%	14.75%	8.88%	21.05%	<-- =(1 000/826.1)^(1/1)-1

(3) 对于公司来说,选择方案 B 风险低、债券利率低、净现值高。对于股东来说,选择方案 A 会增加股东财富,即方案 A 的股票价值从 295.80 万元上升至 328.52 万元,方案 B 的股票价值则下降至 281.59 万元。在这种情况下,公司风险部分地转移给了债权人,使债券价值从 904.20 万元下降至 871.48 万元。如果选择方案 B,则虽然提高了债券价值,但降低了股票价值。其原因是股票价值随着标准差的提高而上升,债券价值则随着标准差的提高而下降。上升和下降刚好相互抵消,公司价值保持不变。股票价值、债券价值与公司资产价值标准差的关系如下图所示。

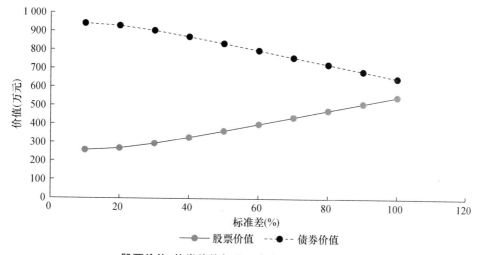

股票价值、债券价值与公司资产价值标准差关系

(4) 如果选择方案 C,则公司价值将降至 1 160 万元,公司资产价值标准差将由 30% 提高至 50%。在公司价值降低、标准差提高的情况下,即使其他因素保持不变,股票价值将由 295.80 万元增加至 333.90 万元,增加了 38.10 万元;债券价值将由 904.20 万元减少至 826.10 万元,减少了 78.10 元;这意味着债券持有人不但承担了项目投资的全部损失(-40 万元),而且将价值 38.10 万元的财富转移给了股东。上述分析表明,当标的资产价值风险加大时,债券持有人承担了更大的风险,而股票价值(买权价值)变得更有价值,这也是股东愿意从事高风险投资的主要原因。

13. 解:

(1)(2)(3) 合并前后两家公司股票价值、债券价值、公司价值如下表所示。

合并前后两家公司股票价值、债券价值、公司价值　　　　金额单位:万元

项目	合并前公司价值			合并后公司价值
	A 公司	B 公司	合并公司	
输入项				
S(标的资产价值)	2 000	3 000		5 000
K(债券价值)	1 600	1 000		2 600
r(无风险利率)	10%	10%		10.00%
T(期限)	10	10		10

（金额单位：万元）（续表）

项目	合并前公司价值			合并后公司价值
	A 公司	B 公司	合并公司	
sigma（标准差）	40%	50%		39.24%
输出项				
d_1	1.5994	2.1178		1.9533
d_2	0.3345	0.5367		0.7123
$N(d_1)$	0.9451	0.9829		0.9746
$N(d_2)$	0.6310	0.7043		0.7619
买权价格	1 518.86	2 689.63		4 144.32
卖权价格	107.47	57.51		100.81
股票价值	1 518.86	2 689.63	4 208.49	4 144.32
债券价值	481.14	310.37	791.51	855.68
公司价值	2 000.00	3 000.00	5 000.00	5 000.00
各公司价值/合并前公司价值	40.00%	60.00%		

表中，两家公司合并后资产价值标准差计算如下：

$$\sigma_{AB} = \sqrt{w_A^2 \sigma_A^2 + w_B^2 \sigma_B^2 + 2 w_A w_B \rho_{AB} \sigma_A \sigma_B}$$
$$= \sqrt{(0.4^2 \times 0.4^2 + 0.6^2 \times 0.5^2 + 2 \times 0.4 \times 0.6 \times 0.4 \times 0.4 \times 0.5)}$$
$$= 39.24\%$$

两家公司股票价值从合并前的 4 208.49 万元减少至 4 144.32 万元，减少了 64.17 万元；债券价值则从合并前的 791.51 万元增加至 855.68 万元，增加了 64.17 万元。因此，合并的结果是财富从股东转移给了债权人。由此可知，合并后公司财富在股东和债权人之间被重新分配。

五、案例分析题

1. 苹果公司 AAPL201218C00480000 买权合约和 AAPL201218P00480000 卖权合约，行权价格为 480 美元，到期时间为 2020 年 12 月 18 日，买权价格、卖权价格计算结果如表 1 所示。

表 1　苹果公司买权、卖权价格　　　　　　　　　　　　金额单位：美元

	A	B	C	D
1	项目	买权	卖权	说明
2	输入项			
3	S	370.46	370.46	当前股票价格
4	K	480.00	480.00	执行价格
5	r	0.25%	0.25%	无风险利率
6	T	0.4027	0.4027	<--- = (7 + 31 + 30 + 16)/365
7	sigma	31.91%	35.07%	隐含波动率
8	输出项			
9	d_1	−1.1729	−1.0481	<--- = (LN(S/K) + (r + 0.5 * sigma^2) * T)/(sigma * SQRT(T))

（金额单位：美元）（续表）

	A	B	C	D
10	d_2	-1.3755	-1.2707	<- - - = d_1 - sigma * SQRT(T)
11	$N(d_1)$	0.1204	0.1473	<- - - = NORMSDIST(d_1)
12	$N(d_2)$	0.0845	0.1019	<- - - = NORMSDIST(d_2)
13	$-d_1$		1.0481	<- - - = -d_1
14	$-d_2$		1.2707	<- - - = -d_2
15	$N(-d_1)$		0.8527	<- - - = 1 - N(d_1)
16	$N(-d_2)$		0.8981	<- - - = 1 - N(d_2)
17	买权价格	4.0895	5.6927	<- - - = S * N(d_1) - K * exp(-r * T) * N(d_2)
18	卖权价格		114.7497	<- - - = K * exp(-r * T) * N(-d_2) - S * N(-d_1)
19	卖权价格		114.7497	<- - - = call price - S + K * EXP(-r * T)

2. B-S期权定价敏感性分析

关于敏感性分析主要是应用模拟运算表功能求出变化，然后根据结果画图，以更直观地描述两个变量之间的关系。以表1中的数据为例加以说明。

（1）买权价格、卖权价格对股票价格（标的资产价格）（S）变化的敏感性。对买权价格来说，首先，确定一个股票价格变化范围，此处选用 300 美元至 540 美元的区间，如 A22:A34 单元格区域所示。其次，单击 B21 单元格，在单元格内输入"= B17"，使其求出的价格等于买权价格（4.09元）。然后，选择 A21:B34 单元格区域，单击【数据】→【模拟分析】→【模拟运算表】，在对话框中设置【输入引用列的单元格】为股票价格对应的单元格 $B$3，完成后单击【确定】按钮。最后，运用模拟运算表的结果，画出对应的买权价格对股票价格的敏感性对应图，如表2所示。

表2 买权价格对股票价格（S）变化的敏感性

单位：美元

	A	B	C
20	买权价格对股票价格(S)变化的敏感性		
21		4.09	
22	300	0.27	
23	320	0.68	
24	340	1.50	
25	360	2.97	
26	380	5.36	
27	400	8.96	
28	420	13.98	
29	440	20.60	
30	460	28.92	
31	480	38.93	
32	500	50.58	
33	520	63.72	
34	540	78.20	

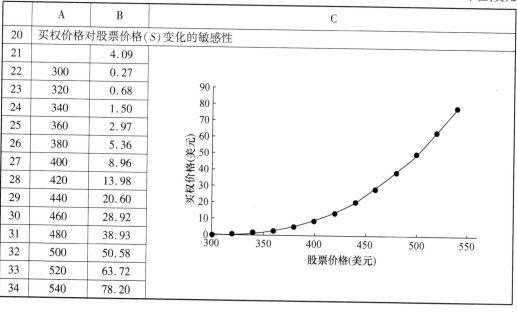

对卖权价格来说,首先,确定一个股票价格变化范围,此处选用300美元至900美元的区间,如A37:A49单元格区域所示。其次,单击B36单元格,在单元格内输入"=C18",使其求出的价格等于卖权价格(114.75元)。然后,选择A36:B49单元格区域,单击【数据】→【模拟分析】→【模拟运算表】,在对话框中设置【输入引用列的单元格】为股票价格对应的单元格$C$3,完成后单击【确定】按钮。最后,运用模拟运算表的结果,画出对应的卖权价格对股票价格的敏感性对应图,如表3所示。

表3 卖权价格对股票价格(S)变化的敏感性   单位:美元

	A	B	C
35	卖权价格对股票价格(S)变化的敏感性		
36		114.75	
37	300	180.05	
38	350	132.74	
39	400	90.89	
40	450	57.60	
41	500	33.91	
42	550	18.71	
43	600	9.77	
44	650	4.88	
45	700	2.35	
46	750	1.10	
47	800	0.50	
48	850	0.23	
49	900	0.10	

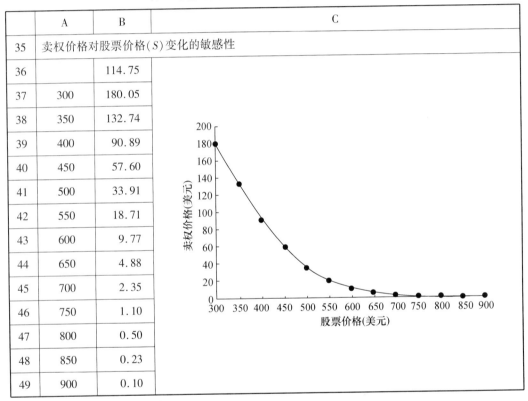

通过对表2和表3进行比较可以发现,买权价格与股票价格(标的资产价格)正相关,卖权价格与股票价格(标的资产价格)负相关。

影响买权、卖权价格的其他参数,如行权价格(K)、无风险利率(r)、期权到期期限(T)、隐含波动率(σ)的分析方法与股票价格(S)分析方法相同。

(2)买权价格、卖权价格对行权价格(K)变化的敏感性分别如表4、表5所示。

表4 买权价格对行权价格(K)变化的敏感性　　　　　单位:美元

	A	B	C
130	买权价格对行权价格(K)变化的敏感性		
131		4.09	
132	300	75.88	
133	320	60.25	
134	340	46.62	
135	360	35.17	
136	380	25.89	
137	400	18.62	
138	420	13.11	
139	440	9.05	
140	460	6.13	
141	480	4.09	
142	500	2.69	
143	520	1.74	
144	540	1.12	

表5 卖权价格对行权价格(K)变化的敏感性　　　　　单位:美元

	A	B	C
145	卖权价格对行权价格(K)变化的敏感性		
146		114.75	
147	300	6.73	
148	320	11.62	
149	340	18.41	
150	360	27.22	
151	380	38.01	
152	400	50.63	
153	420	64.87	
154	440	80.47	
155	460	97.17	
156	480	114.75	
157	500	133.00	
158	520	151.74	
159	540	170.86	

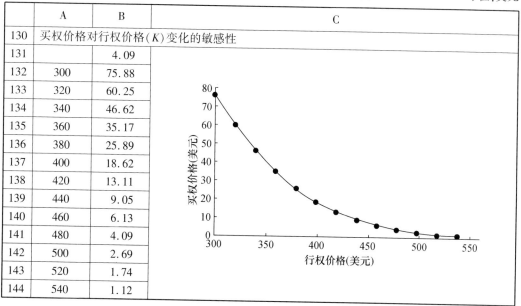

根据表4和表5,买权价格与行权价格负相关,卖权价格与行权价格正相关。

(3) 买权价格、卖权价格对无风险利率(r)变化的敏感性分别如表6、表7所示。

表 6　买权价格对无风险利率(r)变化的敏感性

	A	B	C
160	买权价格对无风险利率(r)变化的敏感性		
161		4.09	
162	0.10%	4.07	
163	0.20%	4.08	
164	0.30%	4.10	
165	0.40%	4.11	
166	0.50%	4.13	
167	0.60%	4.15	
168	0.70%	4.16	
169	0.80%	4.18	
170	0.90%	4.20	
171	1.00%	4.21	

表 7　卖权价格对无风险利率(r)变化的敏感性

	A	B	C
172	卖权价格对无风险利率(r)变化的敏感性		
173		114.75	
174	0.10%	115.01	
175	0.20%	114.84	
176	0.30%	114.66	
177	0.40%	114.49	
178	0.50%	114.32	
179	0.60%	114.14	
180	0.70%	113.97	
181	0.80%	113.80	
182	0.90%	113.63	
183	1.00%	113.45	

根据表 6 和表 7，买权价格与无风险利率正相关，卖权价格与无风险利率负相关。

(4) 买权价格、卖权价格对到期期限(T)变化的敏感性分别如表 8、表 9 所示。

表8 买权价格对到期期限(T)变化的敏感性

	A	B	C
184	买权价格对到期期限(T)变化的敏感性		
185		0.4027	
186	0.10	0.10	
187	0.20	0.20	
188	0.30	0.30	
189	0.40	0.40	
190	0.50	0.50	
191	0.60	0.60	
192	0.70	0.70	
193	0.80	0.80	
194	0.90	0.90	
195	1.00	1.00	

表9 卖权价格对到期期限(T)变化的敏感性

	A	B	C
196	卖权价格对到期期限(T)变化的敏感性		
197		114.75	
198	0.10	109.57	
199	0.20	110.67	
200	0.30	112.52	
201	0.40	114.69	
202	0.50	116.97	
203	0.60	119.28	
204	0.70	121.57	
205	0.80	123.82	
206	0.90	126.02	
207	1.00	128.17	

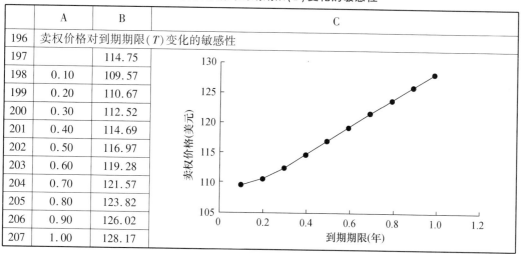

根据表8、表9,买权价格、卖权价格与期权到期期限均正相关。

(5) 买权价格、卖权价格对隐含波动率(σ)变化的敏感性分别如表10、表11所示。

表 10 买权价格对隐含波动率(σ)变化的敏感性

	A	B	C
208	买权价格对隐含波动率(σ)变化的敏感性		
209		4.09	
210	10.0%	0.00	
211	12.5%	0.01	
212	15.0%	0.04	
213	17.5%	0.16	
214	20.0%	0.41	
215	22.5%	0.84	
216	25.0%	1.46	
217	27.5%	2.26	
218	30.0%	3.23	
219	32.5%	4.37	
220	35.0%	5.65	
221	37.5%	7.07	
222	40.0%	8.59	

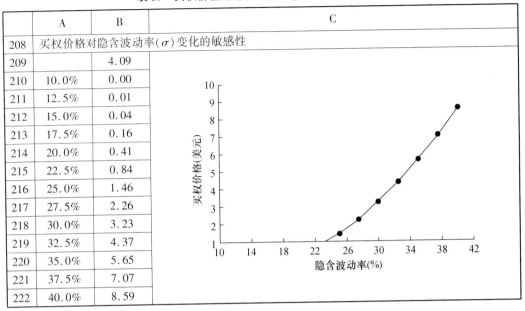

表 11 卖权价格对隐含波动率(σ)变化的敏感性

	A	B	C
223	卖权价格对隐含波动率(σ)变化的敏感性		
224		114.75	
225	10.0%	109.06	
226	12.5%	109.06	
227	15.0%	109.10	
228	17.5%	109.22	
229	20.0%	109.47	
230	22.5%	109.90	
231	25.0%	110.51	
232	27.5%	111.31	
233	30.0%	112.29	
234	32.5%	113.43	
235	35.0%	114.71	
236	37.5%	116.12	
237	40.0%	117.65	

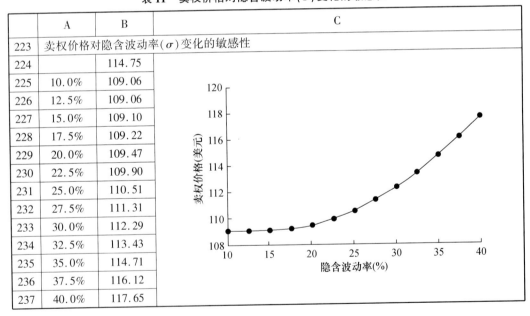

根据表 10、表 11,买权价格、卖权价格与隐含波动率均正相关。

第十三章 公司战略与实物期权

[关键知识点]

产业结构理论、战略资源理论、核心能力理论、实物期权、扩展的净现值、灵活性期权、战略价值、财务价值、递增期权、柔性期权、扩张(缩小)期权、放弃期权、延期期权、实物期权与金融期权。

习题与案例

一、单项选择题

1. 下列关于战略资源理论的描述中错误的是(　　)。
   A. 资源理论是以公司内部专有资源为基础研究公司战略
   B. 公司能够利用某些核心资源或能力获得超出行业平均收益
   C. 公司能够利用外部资源获得超出行业平均收益
   D. 公司战略研究的主要内容是如何培育公司独特的战略资源
2. 在项目投资分析中,折现现金流量法隐含的假设是(　　)。
   A. 未来以现金流量度量的收益是可以预测的
   B. 未来以现金流量度量的收益是不可以预测的
   C. 未来现金流量不确定性越大,投资的价值就越大
   D. 未来现金流量不能充分反映投资项目的真实价值
3. 在项目投资分析中,实物期权分析法隐含的假设是(　　)。
   A. 以现金流量度量的未来收益是一种精确的估计
   B. 未来投资的不确定性越大,期权价值就越大
   C. 未来投资的不确定性越大,期权价值就越小
   D. 未来现金流量可以准确反映投资项目的真实价值
4. 下列关于项目价值的描述中错误的是(　　)。
   A. 净现值方法是项目价值评估的动态方法
   B. 实物期权分析方法用于评估不确定情况下未来机会的价值
   C. 实物期权分析方法用于评估投资项目的灵活性价值
   D. 博弈论方法用于分析竞争性互动情况的价值
5. 下列关于递增期权和柔性期权的描述中错误的是(　　)。
   A. 递增期权通常先做出小额试探性投资,当不确定性消除后再进行大额投资
   B. 柔性期权是指公司多阶段投资以后,根据不同情景选择不同行为的灵活性期权
   C. 采取柔性期权,公司能够灵活应对不断变化的客户需求

D. 柔性期权前期投资额小，后期投资额大

6. 采用B-S模型评估项目价值时，下列有关参数描述错误的是(　　)。
　　A. 以实物资产价值或项目价值为标的资产价值
　　B. 以进一步投资的成本或放弃原投资所能收回的价值为行权价格
　　C. 实物期权定价中的折现率不能采用无风险利率
　　D. 可采用近似资产的收益分布和蒙特卡罗模拟等方法估计波动率

7. 下列关于公司战略和战略价值的描述中错误的是(　　)。
　　A. 成本优势比差异化优势能够获得更高的价格溢价
　　B. 净现值的价值驱动因素主要来源于公司可持续的竞争优势
　　C. 博弈论描述了公司与竞争者战略相互之间产生影响时的决策关系
　　D. 项目投资价值主要来源于一系列公司未来投资机会的期权集合

8. 当租赁资产的价值低于租赁费价值时，承租人就会取消租赁，而将资产归还给出租人。这一策略属于(　　)。
　　A. 扩张期权　　B. 放弃期权　　C. 缩小期权　　D. 延期期权

9. 一个产业链条上的上游公司拥有下游公司的一个增长期权，下列描述中错误的是(　　)。
　　A. 英特尔公司拥有戴尔公司业务增长的买方期权
　　B. 戴尔公司拥有英特尔公司业务增长的买方期权
　　C. 微软公司拥有英特尔公司的增长期权
　　D. 如果英特尔公司业务发展迅速，则微软公司也会从中受益

10. 外国航空公司即使亏损经营也要维持飞往中国的航线，因为航线也是一种期权，这种期权是指(　　)。
　　A. 延期期权　　B. 看跌期权　　C. 缩小期权　　D. 看涨期权

二、多项选择题

1. 最具代表性的公司竞争战略理论主要有(　　)。
　　A. 产业结构理论　　B. 竞争优势理论　　C. 战略资源理论　　D. 成本领先理论
　　E. 核心能力理论

2. 一个产业的竞争状态和盈利能力是各种基本竞争力之间相互作用的结果，这些竞争力是指(　　)。
　　A. 竞争者　　B. 购买方　　C. 供应方　　D. 替代产品
　　E. 潜在竞争者

3. 根据核心能力理论，公司的资源主要分为(　　)。
　　A. 公共资源　　　　　　　　B. 专有资源
　　C. 组织与管理能力　　　　　D. 资产定价技术
　　E. 创新能力

4. 扩展（战略型）的净现值估值模型主要包括(　　)。
　　A. 根据折现现金流量法评估投资项目产生的预期现金流量的价值
　　B. 根据实物期权分析法评估公司应变能力所带来的灵活性价值
　　C. 根据博弈论或产业组织经济学等方法评估公司战略价值

D. 根据竞争优势理论确定项目价值
E. 根据成长机会理论确定项目价值

5. 根据投资项目的具体情况不同,可以将实物期权分为(　　)。
   A. 放弃期权　　B. 延期期权　　C. 停启期权　　D. 缩小期权
   E. 扩张期权

6. 实物期权价值的影响因素主要有(　　)。
   A. 无风险利率　　　　　　　B. 投资项目收益波动率
   C. 标的资产的价值漏损　　　D. 项目未来现金流量现值
   E. 项目投资成本的现值及投资存续期间

7. 下列各项中,能够揭示不同类型实物期权特征的有(　　)。
   A. 扩张期权是一种看涨期权,旨在扩大上方投资收益
   B. 放弃期权是一种看跌期权,旨在锁定下方投资风险
   C. 递增期权为公司提供"获得有利可图的逐渐增加投资"的机会
   D. 柔性期权是指公司多阶段投资以后,根据不同情景选择不同行为的灵活性期权
   E. 递增期权需要额外投资,而柔性期权可以充分利用已有投资

8. 下列与实物期权有关的项目投资机会有(　　)。
   A. 开发后续产品的机会　　　B. 扩大产品市场份额的机会
   C. 扩大或更新厂房、设备的机会　D. 延缓投资项目的机会
   E. 放弃项目投资的机会

9. 下列关于扩张期权的特点的说法中正确的有(　　)。
   A. 如果投资项目出现"有利机会",则采取扩大投资策略
   B. 如果投资项目出现"不利情况",则采取缩小投资策略
   C. 如果投资项目出现"有利机会",则采取缩小投资策略
   D. 如果投资项目出现"不利情况",则采取扩大投资策略
   E. 无论投资项目出现何种情况,都采取扩大投资策略

10. 折现现金流量(DCF)法和实物期权分析(ROA)法的特点表现在(　　)。
    A. DCF法更适合分析确定环境中并不复杂的项目
    B. ROA法更适合分析不确定环境中的复杂项目
    C. 对于收益率高、风险高的项目应采用ROA法
    D. 对于收益率高、风险低的项目应采用DCF法
    E. 对于收益率高、风险低的项目应采用ROA法

三、判断题

1. 迈尔斯认为,一个项目的初始投资不仅给公司直接带来现金流量,而且赋予公司对有价值的"增长机会"进一步投资的权利。(　　)

2. 折现现金流量法认为项目具有"灵活性"价值,项目决策与决策后可能出现的新信息有关。(　　)

3. 实物期权分析法假设项目具有"灵活性"价值,管理者可以根据新的信息做出扩张、缩小、放弃等决策,以影响后续的现金流量或项目寿命期。(　　)

4. 扩张期权是一种看涨期权,旨在规避下方投资风险。(　　)

5. 一般来说，扩张期权对于处于较稳定且收益率较低行业的项目要比处于变化剧烈且收益率较高行业的项目明显更有价值。（ ）

6. 公司在确定投资战略时不需要考虑竞争对手的反应以及投资对自身价值可能产生的积极或消极影响。（ ）

7. 如果不能建立可持续的竞争优势，则先期投资者的先发优势将会丧失，公司可能遭受损失。（ ）

8. 公司支付的财产保险费就相当于一种延期期权，期权的行权价格就是保险合同规定的偿付额。（ ）

9. 放弃期权主要应用于资本密集型产业，如航空、铁路、金融服务、新产品开发等领域。（ ）

10. 延期期权可使项目决策者有更多的时间研究未来的发展变化，从而避免不利情况发生所引发的损失，延期期权机会成本等于零。（ ）

四、计算分析题

1. MIT 公司是一家大型信息技术公司，主要从事信息产业中的系统集成、网络、软件与信息服务等业务。目前公司开发了一套新的计算机操作系统（以下简称"新系统"），并申请注册取得相应的专利权，期限为 20 年。与该新系统开发和生产相关的资料如下：

（1）根据对新系统潜在市场和预期售价的分析，预计其投入市场后每年可为公司带来现金净流量 11.28 亿元，同类项目的投资必要收益率为 10%。

（2）新系统的初始开发成本为 100 亿元。

（3）目前无风险利率为 6.5%，已上市的各信息技术公司价值的平均标准差为 15%。

（4）假设新系统仅在专利有效期内会给公司带来超额收益，专利期满后由于竞争的存在公司不再具有获取超额收益的优势。

要求：

（1）计算新系统投入市场后带来的现金流量现值。

（2）计算新系统的净现值，并按照传统的投资决策分析方法对该投资项目进行评价。

（3）如果公司打算推迟新系统的开发与生产 1 年，采用期权定价理论估计该专利权的价值，并计算该项目调整后的净现值，同时说明公司是否应该推迟新系统的开发与生产。

2. FHK 公司是一家大型的汽车生产公司，为了实现多元化经营，公司正准备投资收购一家计算机公司，收购成本为 10 亿元，预计经营期限为 16 年，并且收购后这一公司预期将会给 FHK 公司带来现金流量现值 12 亿元。由于这项收购属于跨行业投资，公司管理当局在计算机行业没有丰富的管理经验，对其未来市场能否良好发展没有太大的把握，为了规避这项投资风险，FHK 公司与一家国际知名的计算机公司（AIT）签订协议，约定在未来 4 年内，FHK 公司随时可以将该被收购公司以 9 亿元的价格出售给 AIT 公司并退出计算机行业。通过对被收购公司现金流量的模拟计算得出，其标准差为 35%，假设标的资产价值漏损等于 1 除以项目所需时间为 6.25%（假设项目的现值以每年大约 $1 \div n$ 的速度下降），4 年期的无风险利率为 8%。

要求：

（1）计算该项目放弃期权价值。

（2）计算该项目考虑放弃期权价值后的净现值。

3. FUR公司是一家国内知名的房地产开发公司,目前拟进入汽车制造行业,生产一种新型的低耗能的小汽车。公司预计生产该种汽车的初始投资为1 200万元,在未来经营的5年内每年产生的现金净流量均为325万元。

公司预计,随着生产技术和管理的不断成熟与发展,在投产经营的第3年年末,可以引进国外的先进技术,对现有生产线进行技术改造,以提高产品的质量和产量,并可以延长该汽车生产线的经营期限到10年。预计将投入技术改造成本3 000万元,未来7年每年生产销售小汽车的现金净流量分别为480万元、620万元、840万元、1 000万元、650万元、480万元、350万元。改造后生产线的投资价值具有很大的不确定性,假设随着市场情况的变化,投资价值波动率(年标准差)估计为25%。

现行的无风险利率为6%,假设汽车行业的β系数为1.2,市场风险溢价为5%。

要求:

(1) 计算该投资项目现在进行投资的净现值。

(2) 计算在第3年年末进行技术改造所获得的净现值。

(3) 从实物期权的角度分析该项目的净现值。

4. 假设SAT公司正在考察一座被废弃的铜矿,一项由地质学家做出的勘测表明,这座矿山仍然蕴藏着1 000万吨铜矿石,开采成本约为1 000万元,开采能力为每年40万吨,当前铜价为每吨5万元,预计铜价每年的涨幅为4%。当地政府愿意签署一项为期25年的矿山租约。预计平均生产成本为每吨3.5万元,一旦启动项目,预计生产成本每年上涨3%。铜价的年化标准差为25%,25年期的国债利率为7%。

要求:

(1) 根据传统的折现现金流量法估算矿山的价值。

(2) 根据实物期权分析法估算矿山的价值。

(3) 如何解释这两种价值之间的差额?

5. 假设你需要分析一家具有大量油藏的石油公司的价值。根据预测,油田油藏量约为1 500万桶,立刻开采它们的成本约为1.6亿美元。当前每桶油价为40美元,每桶平均开采成本约为25美元。该公司对油田具有20年的开采权,假设20年期的国债利率为7%。公司打算每年开采4%的油藏,假设油价的年化标准差为20%。

要求:计算该公司石油开采权价值。

6. 假设你需要分析某个资本预算项目。如果现在启动该项目,则启动成本为4亿元;预计该项目现金流量现值为5亿元;通过对该项目现金流量进行模拟,其标准差等于0.2。假设你在未来5年内拥有对该项目的权利,5年期国债利率为6%,标的资产价值漏损为5%。

要求:

(1) 根据传统的折现现金流量法估算项目价值。

(2) 根据实物期权分析法估算项目期权价值。

(3) 两种价值为何不同,决定这一差额的主要因素是什么?

7. CSA公司是一家专门开发新药的生物制药公司,目前正在考虑上市。虽然它还没有产品的销售和盈利记录,却拥有针对某种抗癌化疗药品为期10年的专利。该药品可以显著减轻病人化疗的副作用。虽然这种药品在技术上具有可行性,但制造成本极其高昂,因而目前潜在的市场相对比较小。根据对项目的现金流量分析,如果项目立即开启,则其现金流量现值为6亿元,项目的投入成本为10亿元。针对这项技术发展的各种情形模拟结果表明,项目现金流量现值的变化幅度很大,其年化标准差为60%。假设10年期国债利率为6%,标的资产价值漏损根据每年损失的项目现金流量现值计算。

要求:

(1)估算该项目期权价值。

(2)分析这一价值估算数对项目现金流量标准差的敏感性,并评价该项目的可行性。

8. 假设ABC电视台拥有在未来两年内对奥运会赛事进行电视直播的权利,并试图将这项权利出售给另一家有线电视公司。ABC电视台预计奥运会赛事的直播成本为5亿元;预计各种赛事的直播将获得4.5亿元现金流量现值。这一估值变化很大,预期现金流量现值的标准差为30%,无风险利率为5%。

要求:

(1)以当前估值为基础,计算奥运会直播项目的净现值。

(2)估计公司将直播权出售给另一家有线电视公司的期权价值。

9. ADA公司正在考虑在海南某市与一家当地房地产开发商合资建造度假公寓。预计这一项目的总成本为15亿元,项目期限为25年,预计项目现金流量现值为13.5亿元。ADA公司在这一合资项目中将持有40%的股份。此外,公司还拥有在未来5年内任何时候将其所有的股份以4.5亿元的价格出售给那位开发商的权利。

要求:

(1)假设海南某市房地产价值的标准差为40%,无风险利率为5%,估算这项放弃期权价值。

(2)你认为ADA公司是否应该参加这一合资项目?

(3)你认为投资项目的现金流量现值为多少,度假公寓开发商才能获得收益。

10. RAY公司正在考虑扩大其在印度尼西亚的经营规模。对投资项目的初步分析得出以下结论:

(1)在未来10年内,预计该项目初始投资额为8亿元,项目每年税后现金流量为1亿元,项目的资本成本为12%。

(2)如果项目产生的现金流量大大超过预期,公司在未来10年内就会拥有排他性权利(通过生产许可证),可将经营拓展到东南亚其他地区。预计未来扩张项目的投资额为18亿元,扩张项目在未来15年内每年税后现金流量为1.25亿元。预计扩张项目现金流量现值的标准差为40%。假设这一投资项目的资本成本同样为12%,无风险利率为6.5%。

要求:

(1)估算初始投资项目净现值。

(2)估算项目扩张期权价值。

11. 你的公司正在考虑购买10台新机器替换旧机器,每台新机器的购买价格为580万元,新机器的使用年限为4年,每台新机器的预期现金流量如下表所示。

每台新机器预期现金流量

单位:万元

项目	0	1	2	3	4
现金流量	-580	100	200	300	400

负责该更新项目的财务人员估计其资本成本为25%。

要求：

（1）如果不考虑期权价值，估计仅购买 1 台新机器的净现值，并做出决策。

（2）公司采购经理建议现在购买 1 台新机器，然后根据机器运行效果，在 1 年后再考虑购买另外 9 台新机器。假设新机器的现金流量标准差为 30%，无风险利率为 6%，请对这一策略进行估值。

12. 某项目预期现金流量如下表所示，假设风险调整后的折现率为 12%。

项目预期现金流量 单位：万元

项目	0	1	2	3	4
现金流量	−780	100	200	300	400

要求：

（1）计算无期权时项目净现值。

（2）假设在未来 4 年任何一年年末都可以以 300 万元的价格出售该资产，放弃该项目。这是一个美式期权但可以按一组 B-S 看跌期权来估值。在每种情况下，计算剩余现金流量的年末价值。

（3）计算该项目剩余价值上的放弃期权价值（假设无风险利率为 6%，项目的波动率为 55%，标的资产价值漏损为 0）。

五、案例分析题

ASD 公司正在考虑一个投资项目，预计这项投资需耗资 12 亿元，未来现金流量现值为 10 亿元。项目提议者认为，虽然现在投资项目是亏损的，但是这一投资存在巨大的潜在市场。现在启动项目，公司可以获得先动优势，为未来的进一步扩张提供机会。

要求：假设现在启动项目，可以在未来 5 年内继续追加投资 25 亿元，扩张项目现金流量现值的标准差为 25%，无风险利率为 5%。你认为扩张项目现金流量现值为多少恰好能够抵消现在启动项目的亏损。

参 考 答 案

一、单项选择题

1. C   2. A   3. B   4. A   5. D
6. C   7. A   8. B   9. B   10. D

二、多项选择题

1. ACE   2. ABCDE   3. ABCE   4. ABC   5. ABCDE
6. ABCDE   7. ABCDE   8. ABCDE   9. AB   10. ABCD

三、判断题

1. √   2. ×   3. √   4. ×   5. ×
6. ×   7. √   8. ×   9. √   10. ×

四、计算分析题

1. 解:

(1) 新系统投入市场后带来的现金流量现值为 96.03 亿元。根据 Excel 年金现值公式,在电子表格中输入"= PV(10%,20,-11.28)",回车后即可得到现值为 96.03 亿元。

(2) 该投资项目的净现值 = 96.03 - 100 = -3.97(亿元)

由于该投资项目的净现值小于零,按照传统的投资决策分析方法,该项目应予以舍弃。

(3) 根据题中条件可知:开发新系统产生的现金流量现值(S)为 96.03 亿元,新系统初始开发成本(K)为 100 亿元,专利有效期(T)为 20 年,无风险利率(r)为 6.5%,预期现值的标准差(σ)为 15%,推迟新系统开发与生产的成本(y)为 5%(= 1÷20),项目推迟 1 年的期权价值如下表所示。

推迟新系统开发与生产期权价值和调整后项目净现值　　　　金额单位:亿元

参数	数额	说明
输入项		
S	96.03	标的资产价值(项目现金流量现值)
K	100	执行价格(初始开发成本)
r	6.50%	无风险利率
T	20	期权到期期限(年)
sigma	15%	项目的波动率
y	5%	标的资产价值漏损
输出项		
d_1	0.7223	<- - = (LN(S/K) + (r - y + 0.5 * sigma^2) * T)/(sigma * SQRT(T))
d_2	0.0515	<- - = d_1 - sigma * SQRT(T)
$N(d_1)$	0.7649	<- - = NORMSDIST(d_1)
$N(d_2)$	0.5205	<- - = NORMSDIST(d_2)
推迟 1 年期权价值	12.84	<- - = S * exp(-y * T) * N(d_1) - K * exp(-r * T) * N(d_2)
调整后项目净现值	8.87	<- - = 12.84 - 3.97

表中:

$$d_1 = \frac{\ln(S/K) + \left(r - y + \frac{\sigma^2}{2}\right)T}{\sigma\sqrt{T}}$$

$$= \frac{\ln(96.03/100) + \left(6.5\% - 5\% + \frac{0.15^2}{2}\right) \times 20}{0.15 \times \sqrt{20}} = 0.7223$$

$d_2 = 0.7223 - 0.15 \times \sqrt{20} = 0.0515$

利用调整股利后的 B-S 模型计算专利权价值:

专利权价值 $= Se^{-yT} N(d_1) - Ke^{-rT} N(d_2)$

$= 96.03 \times e^{-5\% \times 20} \times 0.7649 - 100 \times e^{-6.5\% \times 20} \times 0.5205 = 12.84$(亿元)

调整后项目净现值 = 12.84 - (96.03 - 100) = 8.87(亿元)

上述计算结果表明,尽管存在推迟新系统开发与生产的成本,但是公司最好还是等待而不是立即开发与生产新系统。因为如果公司立即开发与生产新系统,那么将导致投资损失3.97亿元,而等待1年,即公司将该投资项目延迟至最长期限为1年之内的任意时刻进行,由于具有灵活性和选择权利,因此具有8.87亿元的价值。

2. 解:

(1) 标的资产价值为被收购公司现金流量现值(12亿元),执行价格为出售被收购公司获得的价款(9亿元),标的资产价值标准差为35%,期权有效期为4年,标的资产价值漏损为6.25%(=1÷16),4年期的无风险利率为8%,放弃期权价值计算如下表所示,金额单位为亿元。

放弃期权价值

参数	数额	说明
输入项		
S	12	标的资产价值(项目现金流量现值)
K	9	执行价格(回售成本)
r	8%	无风险利率
T	4	期权到期期限(年)
sigma	35%	项目的波动率
y	6.25%	标的资产价值漏损
输出项		
d_1	0.8610	<-- =(LN(S/K)+(r-y+0.5*sigma^2)*T)/(sigma*SQRT(T))
d_2	0.1610	<-- =d_1-sigma*SQRT(T)
$N(d_1)$	0.8054	<-- =NORMSDIST(d_1)
$N(d_2)$	0.5639	<-- =NORMSDIST(d_2)
$-d_1$	-0.8610	<-- =-d_1
$-d_2$	-0.1610	<-- =-d_2
$N(-d_1)$	0.1946	<-- =1-$N(d_1)$
$N(-d_2)$	0.4361	<-- =1-$N(d_2)$
放弃期权	1.0309	<-- =K*exp(-r*T)*N($-d_2$)-S*exp(-y*T)*N($-d_1$)

表中:

$$d_1 = \frac{\ln(12/9) + \left(8\% - 6.25\% + \frac{0.35^2}{2}\right) \times 4}{0.35 \times \sqrt{4}} = 0.8610$$

$d_2 = 0.8610 - 0.35 \times \sqrt{4} = 0.1610$

根据卖权价值计算公式,放弃期权的价值为:

$$p = 9 \times e^{-8\% \times 4} \times 0.4361 - 12 \times e^{-6.25\% \times 4} \times 0.1946 = 1.0309(亿元)$$

(2) 考虑放弃期权价值后的净现值为:

放弃期权价值后项目净现值 = (12-10) + 1.0309 = 3.0309(亿元)

3. 解:

(1) 技改前项目净现值(DCF法):

项目资本成本 = 6% + 1.2 × 5% = 12%

$$\mathrm{NPV}_{技改前} = -1\,200 + \frac{325}{(1+12\%)} + \frac{325}{(1+12\%)^2} + \cdots + \frac{325}{(1+12\%)^5}$$
$$= -1\,200 + 1\,171.55 = -28.45(万元)$$

(2) 技改后项目净现值(DCF 法),以第 3 年为预测基点:

$$\mathrm{NPV}_{技改后} = -3\,000 + \frac{480}{(1+12\%)} + \frac{620}{(1+12\%)^2} + \cdots + \frac{350}{(1+12\%)^7}$$
$$= -3\,000 + 2\,926.58 = -73.42(万元)$$

以第 0 年为预测基点:

$$\mathrm{NPV}_{技改后} = \frac{-3\,000}{(1+12\%)^3} + \frac{2\,926.58}{(1+12\%)^3}$$
$$= -2\,135.34 + 2\,083.08 = -52.26(万元)$$

在 DCF 法下,现在投资低耗能小汽车的价值为 1 171.55 万元,年末净现值为 -28.45 万元,净现值小于零,说明此项投资不可行。根据预测数据,公司在第 3 年年末投资 3 000 万元进行技术改造,其投资价值为 2 083.08 万元,净现值为 -52.26 万元。按照传统的投资分析方法,此项投资也不可行。

(3) 扩张期权和调整后项目净现值如下表所示。

扩张期权和调整后项目净现值   金额单位:万元

参数	数额	说明
输入项		
S	2 083.08	标的资产价值(投资项目现值)
K	3 000.00	执行价格(投资额)
r	6%	无风险利率
T	3	期权到期期限(年)
sigma	25%	项目的波动率
输出项		
d_1	-0.2102	<-- = (LN(S/K) + (r + 0.5 * sigma^2) * T)/(sigma * SQRT(T))
d_2	-0.6432	<-- = d_1 - sigma * SQRT(T)
$N(d_1)$	0.4168	<-- = NORMSDIST(d_1)
$N(d_2)$	0.2600	<-- = NORMSDIST(d_2)
扩张期权价值	216.52	<-- = S * N(d_1) - K * exp(-r * T) * N(d_2)
传统净现值	-28.45	技改前项目净现值
调整后项目净现值	188.07	<-- = 216.52 + (-28.45)

实际上,公司现在要做的决策是:是否投资低耗能的小汽车,至于第 3 年是否增加投资进行技改,要视当时的情况而定。如果现在投资低耗能的小汽车,3 年后就有机会进行再投资,否则公司将失去再投资的机会。或者说,如果现在投资低耗能的小汽车,则除了可以获得 5 年的现金流入量,还有一个 3 年后进行技改项目的机会。那么,这一机会的价值是多少呢?用期权的概念解释,这样一个机会的价值相当于一个期限为 3 年、执行价格为 3 000 万元、标的资产当前价值为 2 083.08 万元的扩张期权的价值。假设无风险利率为 6%,根据 B-S 模型,

这一机会的价值为 216.52 万元,因此,现在投资低耗能的小汽车提供的净现值为 188.07 万元,净现值大于零,公司应该投资低耗能的小汽车。

4. 解:

(1) 根据折现现金流量法估算项目价值。

首先,根据增长年金估算项目现金流入量现值:

$$PV = A_0 \times \left[\frac{1-(1+g)^n/(1+r)^n}{r-g}\right]$$

$$= 40 \times 5 \times \left[\frac{1-(1+4\%)^{25}/(1+7\%)^{25}}{7\%-4\%}\right]$$

$$= 200 \times 16.96073 = 3\,392.15(万元)$$

根据增长年金估算项目现金流出量现值:

$$PV = A_0 \times \left[\frac{1-(1+g)^n/(1+r)^n}{r-g}\right]$$

$$= 40 \times 3.5 \times \left[\frac{1-(1+3\%)^{25}/(1+7\%)^{25}}{7\%-3\%}\right]$$

$$= 140 \times 15.3556 = 2\,149.78(万元)$$

其次,估算项目现金净流量现值和项目净现值:

项目现金净流量现值 = 3 392.15 − 2 149.78 = 1 242.37(万元)

项目净现值 = 1 242.37 − 1 000 = 242.37(万元)

(2) 根据实物期权分析法估算项目期权价值,结果如下表所示。

矿山项目期权价值 金额单位:万元

参数	数额	说明
S	1 242	标的资产价值(项目现金流量现值)
K	1 000	执行价格(投资额)
r	7%	无风险利率
T	25	期权到期期限(年)
sigma	25%	项目的波动率
y	4%	标的资产价值漏损
d_1	1.3986	< − − = (LN(S/K) + (r − y + 0.5 * sigma^2) * T)/(sigma * SQRT(T))
d_2	0.1486	< − − = d_1 − sigma * SQRT(T)
$N(d_1)$	0.9190	< − − = NORMSDIST(d_1)
$N(d_2)$	0.5591	< − − = NORMSDIST(d_2)
项目期权价值	323	< − − = S * exp(−y * T) * N(d_1) − K * exp(−r * T) * N(d_2)

(3) 根据传统的折现现金流量法估算项目的净现值大于零,项目是可行的。实物期权分析法估算矿山持有者的期权价值将随着铜价的上升而上升,矿主应该开采该矿山。

5. 解:

油藏量价值 = 1 500 × (40 − 25) = 22 500(万美元)

该公司石油开采权价值计算如下表所示。

石油开采权价值 金额单位:万美元

参数	数额	说明
S	22 500	标的资产价值(项目现金流量现值)
K	16 000	执行价格(投资额)
r	7%	无风险利率
T	20	期权到期期限(年)
sigma	20%	项目的波动率
y	4%	标的资产价值漏损
d_1	1.4992	< - - =(LN(S/K)+(r-y+0.5*sigma^2)*T)/(sigma*SQRT(T))
d_2	0.6048	< - - =d_1-sigma*SQRT(T)
$N(d_1)$	0.9331	< - - =NORMSDIST(d_1)
$N(d_2)$	0.7273	< - - =NORMSDIST(d_2)
项目期权价值	6 564	< - - =S*exp(-y*T)*N(d_1)-K*exp(-r*T)*N(d_2)

6. 解:

(1) 项目净现值 = 50 000 - 40 000 = 10 000(万元)

(2) 项目期权价值计算结果如下表所示。

项目期权价值 金额单位:万元

参数	数额	说明
S	50 000	标的资产价值(项目现金流量现值)
K	40 000	执行价格(投资额)
r	6%	无风险利率
T	5	期权到期期限(年)
sigma	20%	项目的波动率
y	5%	标的资产价值漏损
d_1	0.8344	< - - =(LN(S/K)+(r-y+0.5*sigma^2)*T)/(sigma*SQRT(T))
d_2	0.3872	< - - =d_1-sigma*SQRT(T)
$N(d_1)$	0.7980	< - - =NORMSDIST(d_1)
$N(d_2)$	0.6507	< - - =NORMSDIST(d_2)
项目期权价值	11 791	< - - =S*exp(-y*T)*N(d_1)-K*exp(-r*T)*N(d_2)

(3) 折现现金流量法和实物期权分析法最重要的区别是项目风险的标准差对项目的价值影响不同。在实物期权分析法下,标准差越高,项目的期权越有价值。在传统的折现现金流量法下,项目的风险越大,资本成本越高,项目的净现值越小。

7. 解:

(1) 项目净现值 = 600 - 1 000 = -400(百万元)

项目期权价值计算结果如下表所示。

项目期权价值 金额单位:百万元

参数	数额	说明
S	600	标的资产价值(项目现金流量现值)
K	1 000	执行价格(投资额)
r	6%	无风险利率
T	10	期权到期期限(年)
sigma	60%	项目的波动率
y	2%	标的资产价值漏损
d_1	0.9078	<--=(LN(S/K)+(r-y+0.5*sigma^2)*T)/(sigma*SQRT(T))
d_2	-0.9895	<--=d_1-sigma*SQRT(T)
$N(d_1)$	0.8180	<--=NORMSDIST(d_1)
$N(d_2)$	0.1612	<--=NORMSDIST(d_2)
项目期权价值	327	<--=S*exp(-y*T)*N(d_1)-K*exp(-r*T)*N(d_2)

(2)项目期权价值是项目现金流量标准差的增函数,如下图所示。

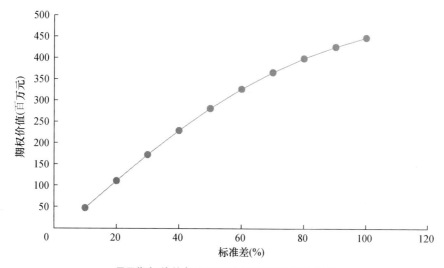

项目期权价值与项目现金流量标准差的关系

上述分析结果表明,高科技产品风险越高,期权越有价值。对于本项目来说,当前项目净现值为负数,由于项目期权价值不能弥补项目的亏损,因此项目是不可行的。

8.解:
(1)项目净现值=45 000-50 000=-5 000(万元)
(2)项目期权价值计算结果如下表所示。

项目期权价值 金额单位:万元

参数	数额	说明
S	45 000	标的资产价值(项目现金流量现值)
K	50 000	执行价格(投资额)
r	5%	无风险利率
T	2	期权到期期限(年)
sigma	30%	项目的波动率
y	0	标的资产价值漏损
d_1	0.1993	<- - =LN(S/K)+(r-y+0.5*sigma^2)*T)/(sigma*SQRT(T))
d_2	-0.2250	<- - =d_1-sigma*SQRT(T)
$N(d_1)$	0.5790	<- - =NORMSDIST(d_1)
$N(d_2)$	0.4110	<- - =NORMSDIST(d_2)
项目期权价值	7 457	<- - =S*exp(-y*T)*N(d_1)-K*exp(-r*T)*N(d_2)

ABC电视台奥运会直播项目的净现值为负数,但这一直播权的期权价值可以弥补项目的亏损,公司应出售这一直播权。

9. 解:

(1) ADA公司项目现金流量现值 = 1 350×40% = 540(百万元)

ADA公司放弃期权价值计算结果如下表所示。

ADA公司放弃期权价值 金额单位:百万元

参数	数额	说明
S	540	标的资产价值(项目现金流量现值)
K	450	执行价格(回售成本)
r	5%	无风险利率
T	5	期权到期期限(年)
sigma	40%	项目的波动率
y	0	标的资产价值漏损
d_1	0.9306	<- - =LN(S/K)+(r-y+0.5*sigma^2)*T)/(sigma*SQRT(T))
d_2	0.0361	<- - =d_1-sigma*SQRT(T)
$N(d_1)$	0.8240	<- - =NORMSDIST(d_1)
$N(d_2)$	0.5144	<- - =NORMSDIST(d_2)
$-d_1$	-0.9306	<- - =$-d_1$
$-d_2$	-0.0361	<- - =$-d_2$
$N(-d_1)$	0.1760	<- - =1-N(d_1)
$N(-d_2)$	0.4856	<- - =1-N(d_2)
放弃期权价值	75.12	<- - =K*exp(-r*T)*N($-d_2$)-S*exp(-y*T)*N($-d_1$)

(2) 根据传统的折现现金流量法:

ADA公司项目净现值 = (1 350-1 500)×40 = -60(百万元)

放弃期权价值(0.7512亿元)可以弥补项目的亏损(-0.6000亿元),建议ADA公司参与这一项目。

(3) 对于度假公寓开发商来说,投资项目现金流量现值至少要高于9.7512亿元,才能刚好等于项目放弃期权价值和项目初始投资,即：

投资项目现金流量现值 = 75.12 + 1 500 × 60% = 975.12(百万元)

10. 解：

(1) 初始投资项目净现值。

$$NPV = -800 + 100 \times \left[\frac{1-(1+12\%)^{-10}}{12\%}\right] = -234.98(百万元)$$

(2) 扩张项目期权价值。

首先,计算扩张项目现金流量现值,即确定标的资产价值：

$$NPV = 125 \times \left[\frac{1-(1+12\%)^{-15}}{12\%}\right] = 851.36(百万元)$$

然后,计算扩张项目期权价值,结果如下表所示。

扩张项目期权价值   金额单位:百万元

参数	数额	说明
S	851.36	标的资产价值(项目现金流量现值)
K	1 800.00	执行价格(追加投资额)
r	6.5%	无风险利率
T	10	期权到期期限(年)
sigma	40%	项目的波动率
y	0	标的资产价值漏损
d_1	0.5544	<-- = (LN(S/K) + (r - y + 0.5 * sigma^2) * T)/(sigma * SQRT(T))
d_2	-0.7105	<-- = d_1 - sigma * SQRT(T)
$N(d_1)$	0.7104	<-- = NORMSDIST(d_1)
$N(d_2)$	0.2387	<-- = NORMSDIST(d_2)
项目期权价值	380.46	<-- = S * exp(-y * T) * N(d_1) - K * exp(-r * T) * N(d_2)

公司现在启动在印度尼西亚的投资项目,就有机会在东南亚其他地区进行扩张投资,现在投资的扩张期权价值为3.8046亿元,可以弥补现行项目的亏损。

11. 解：

(1) 购买1台新机器的净现值计算如下：

$$NPV = -580 + \frac{100}{(1+25\%)} + \frac{200}{(1+25\%)^2} + \frac{300}{(1+25\%)^3} + \frac{400}{(1+25\%)^4}$$

$$= -54.56(万元)$$

计算结果表明,购买1台新机器的净现值为负值,因此,更换新机器是无利可图的。

(2) 在1年后购买其他9台新机器的期权价值如下表所示。

购买 9 台新机器的期权价值 金额单位:万元

参数	数额	说明
S	525.44	标的资产价值(机器现金流量现值)
K	580.00	执行价格(机器成本)
r	6%	无风险利率
T	1	期权到期期限(年)
sigma	30%	项目的波动率
d_1	0.0207	<--- =(LN(S/K)+(r+0.5*sigma^2)*T)/(sigma*SQRT(T))
d_2	-0.2793	<--- =d_1-sigma*SQRT(T)
$N(d_1)$	0.5083	<--- =NORMSDIST(d_1)
$N(d_2)$	0.3900	<--- =NORMSDIST(d_2)
购买 1 台新机器期权价值	54.03	<--- =S*N(d_1)-K*exp(-r*T)*N(d_2)
购买 9 台新机器期权价值	486.25	<--- =54.03*9

在 1 年后购买其他 9 台新机器的期权价值为 486.25 万元,项目净现值为 431.69 万元 (486.25-54.56)。考虑期权价值,这个项目是可行的。这里的关键因素是项目的波动率。项目的波动率越低(或项目的不确定性越小),该项目的价值就越低。下图描述了项目期权价值对现金流量标准差的敏感性。

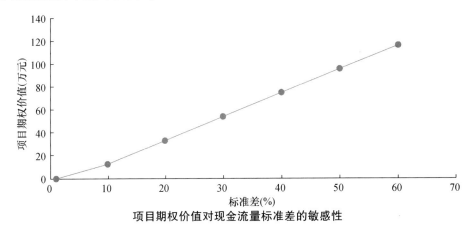

项目期权价值对现金流量标准差的敏感性

12. 解:

(1) 无期权时项目净现值计算如下:

$$\text{NPV} = -780 + \frac{100}{(1+12\%)} + \frac{200}{(1+12\%)^2} + \frac{300}{(1+12\%)^3} + \frac{400}{(1+12\%)^4}$$
$$= -63.53(\text{万元})$$

(2) 剩余现金流量的年末价值计算如下:

第 1 年年末资产的期望价值是未来预期现金流量的现值。

$$\text{PV}_1 = \frac{200}{(1+12\%)^1} + \frac{300}{(1+12\%)^2} + \frac{400}{(1+12\%)^3} = 702.44(\text{万元})$$

第 2 年年末资产的期望价值是未来预期现金流量的现值。

$$\text{PV}_2 = \frac{300}{(1+12\%)} + \frac{400}{(1+12\%)^2} = 586.73(\text{万元})$$

第 3 年年末资产的期望价值是未来预期现金流量的现值。

$$PV_3 = \frac{400}{(1+12\%)} = 357.14(万元)$$

第 4 年年末,从未来预期现金流量来看,该资产没有价值,但它可以按 300 万元(其残料或残值)出售。

(3)作为一组看跌期权价值,其价值计算如下表所示。

一组看跌期权价值 金额单位:万元

参数	0	1	2	3	4
S		702.4	586.7	357.1	0.0
K		300.0	300.0	300.0	300.0
r		6%	6%	6%	6%
T		3	2	1	0
sigma		55%	55%	55%	55%
y		0	0	0	0
d_1		1.5584	1.4056	0.7011	
d_2		0.6057	0.6278	0.1511	
$N(d_1)$		0.9404	0.9201	0.7584	
$N(d_2)$		0.7277	0.7349	0.5601	
$-d_1$		-1.5584	-1.4056	-0.7011	
$-d_2$		-0.6057	-0.6278	-0.1511	
$N(-d_1)$		0.0596	0.0799	0.2416	
$N(-d_2)$		0.2723	0.2651	0.4399	
放弃期权价值		26.40	23.64	38.01	300.00
放弃期权现值	315.48	<--- =NPV(6%,26.40,23.64,38.01,300)			
经过调整的净现值	251.95	<--- = -63.53+315.48			

第 1 年年末放弃期权意味着对该资产来说,在未来 3 年内可以得到 300 万元,采用 B-S 模型给这个 1 年期的放弃期权定价,价值为 26.40 万元。

第 2 年年末,有一个价值为 586.7 万元资产的看跌期权,其执行价格为 300 万元,采用 B-S 模型给这个 2 年期的放弃期权定价,价值为 23.64 万元。

第 3 年年末,有一个价值为 357.1 万元资产的看跌期权,其执行价格为 300 万元,该期权还有 1 年多到期,采用 B-S 模型给这个 3 年期的放弃期权定价,价值为 38.01 万元。

第 4 年年末,从未来预期现金流量来看,该资产没有价值,但它可以按 300 万元(其残料或残值)出售,该放弃期权价值为 300 万元。

作为一组 B-S 看跌期权的现值(按无风险利率计算)为 315.48 万元,经过调整的项目净现值为 251.95 万元(-63.53 + 315.48)。

五、案例分析题

现在启动项目净现值 = 10 - 12 = -2(亿元)

根据给定的数据,要求估算扩张项目现金流量现值,以便项目未来扩张期权价值能够弥补现在启动项目的亏损(-2 亿元)。为了计算扩张项目现金流量现值,即标的资产价值,需要先假设一个值,计算出一个扩张期权价值;然后采用模拟分析和插值法计算扩张期权价值等于2亿元时的标的资产价值。

例如,假设扩张项目现金流量现值为20亿元,计算扩张项目期权价值如表1所示。

表1　扩张项目期权价值　　　　　　　　　　　　　　　金额单位:百万元

参数	数额	说明
S	2 000	标的资产价值(项目现金流量现值)
K	2 500	执行价格(追加投资额)
r	5%	无风险利率
T	5	期权到期期限(年)
sigma	25%	项目的波动率
y	0	标的资产价值漏损
d_1	0.3276	$<--$ = (LN(S/K) + (r − y + 0.5 * sigma^2) * T)/(sigma * SQRT(T))
d_2	−0.2315	$<--$ = d_1 − sigma * SQRT(T)
$N(d_1)$	0.6284	$<--$ = NORMSDIST(d_1)
$N(d_2)$	0.4085	$<--$ = NORMSDIST(d_2)
项目期权价值	461.44	$<--$ = S * exp(−y * T) * N(d_1) − K * exp(−r * T) * N(d_2)

表1计算结果表明,由于期权价值(4.6144亿元)大于项目亏损的净现值(2亿元),因此扩张项目现金流量现值应该小于20亿元。首先采用模拟分析法计算期权价值为2亿元对应的扩张项目现金流量现值的区间,假设以15亿元为起点进行模拟分析,模拟结果如表2所示。

表2　期权价值模拟分析　　　　　　　　　　　　　　　　　单位:百万元

扩张项目现金流量现值	期权价值
1 500	195
1 510	199
1 520	204
1 530	208
1 540	213
1 550	217
1 560	222

根据表2可知,扩张项目现金流量现值在15.10亿元和15.20亿元之间,采用插值法计算期权价值为2亿元时,扩张项目现金流量现值(标的资产价值)为15.18亿元(1 510×200/199)。

第十四章 衍生工具与风险管理

[关键知识点]

衍生工具、远期合约、期货合约、互换合约、期权合约、外汇风险、外汇风险暴露、折算风险、交易风险、经济风险、风险对冲、利率风险、久期或持续期、修正久期、凸度、远期利率协议、利率互换、货币互换、利率上限期权、利率下限期权、利率双限期权。

习题与案例

一、单项选择题

1. 一份交割方式为实物交割的股票组合远期合约的买方(　　)。
   A. 必须在将来以远期合约价格买入股票组合
   B. 如果远期合约到期时股票价格等于远期合约价格,则买入股票组合
   C. 如果远期合约到期时股票价格下跌,则获得收益
   D. 必须在远期合约到期时交割股票组合

2. 潜在收益较大,但损失可以限定在一定范围内的风险对冲工具是(　　)。
   A. 期货合约　　　B. 期权合约　　　C. 远期合约　　　D. 货币互换

3. 互换合约实际上是(　　)。
   A. 远期合约的组合　　　　　　　B. 期货合约的组合
   C. 期权合约的组合　　　　　　　D. 有价证券的组合

4. 衡量外汇风险常用的指标是(　　)。
   A. 外币资产　　　B. 风险敞口　　　C. 外币负债　　　D. 利率平价

5. 下列各项中,汇率变化基本上不会给公司带来外汇风险的是(　　)。
   A. 公司外币资产大于外币负债
   B. 公司外币资产小于外币负债
   C. 公司外币资产等于外币负债,但二者在期限上不一致
   D. 公司外币资产等于外币负债,并且二者在期限上一致

6. 在其他条件相同的情况下,到期收益率与久期呈(　　)。
   A. 正相关关系　　　B. 无关系　　　C. 非线性关系　　　D. 负相关关系

7. 票面利率均为10%的两只债券,在市场利率为14%的水平下,面值均为100元,20年期债券的久期为7.90年,则10年期债券的久期应(　　)。
   A. 大于7.90年　　　B. 小于7.90年　　　C. 等于7.90年　　　D. 没有对应关系

8. 假设RH公司20××年1月5日向美国出口一批产品,货款200万美元,约定4月5日收取,此时美元对人民币的汇率为1 USD=6.785 CNY。为避免汇率下跌带来的损失,公司与

银行签订了3个月的远期合约,3个月远期汇率为1 USD = 6.745 CNY。若4月5日,美元对人民币的汇率为1 USD = 6.725 CNY,则公司进行风险对冲使公司的收益(　　)。

A. 减少了8万元人民币　　　　B. 减少了12万元人民币
C. 增加了4万元人民币　　　　D. 增加了6万元人民币

9. 甲公司从乙银行处买入一份利率下限期权,如果市场基准利率低于协定的利率下限,则乙银行应该(　　)。

A. 向甲公司无须任何支付
B. 向甲公司按市场基准利率支付
C. 向甲公司按协定的利率下限支付
D. 向甲公司支付市场基准利率低于协定利率下限的差额部分

10. 远期利率协议是买卖双方约定未来某一时间的协定利率,下列论述中错误的是(　　)。

A. 远期利率协议的买卖双方只是形式上收支本金的交易
B. 远期利率协议的买卖双方交割的仅仅是利差部分
C. 远期利率协议的买卖双方交割的仅仅是本金部分
D. 远期利率协议的结算日通常指名义贷款或名义存款的起息日

二、多项选择题

1. 下列关于债券久期特征的论述中正确的有(　　)。

A. 有息债券久期小于债券到期期限　　B. 有息债券久期大于债券到期期限
C. 息票率与久期负相关　　　　　　　D. 零息债券久期与债券到期期限相同
E. 在其他因素不变的情况下,到期收益率与久期负相关

2. 我国 A 公司在期权市场上购买了一份欧式美元看涨期权,该期权赋予公司在3个月到期时以1 USD = 6.82 CNY 购买10万美元的权利,期权费为每美元0.04元人民币,则在期权到期日会使 A 公司执行该期权但却发生损失的即期汇率可能是(　　)。

A. 1 USD = 6.79 CNY　　　　　　B. 1 USD = 6.81 CNY
C. 1 USD = 6.83 CNY　　　　　　D. 1 USD = 6.85 CNY
E. 1 USD = 6.87 CNY

3. 下列关于远期合约、期货合约、互换合约特征的描述中正确的有(　　)。

A. 期货合约的违约风险小于远期合约的违约风险
B. 期货合约的违约风险大于远期合约的违约风险
C. 互换合约本质上可视为一系列远期合约的组合
D. 期货合约、远期合约买卖双方的权利与义务是对等的
E. 远期合约、期货合约、互换合约买卖双方所承担的信用风险是一样的

4. 引起外汇交易风险的经济事项主要有(　　)。

A. 利率、通货膨胀变化　　　　　B. 以外币计价的商品或劳务收付款活动
C. 以外币计价的国际信贷活动　　D. 待履行的远期外汇合约
E. 待履行的货币互换合约

5. 利率上限期权买卖双方的权利和义务主要有(　　)。

A. 买方为获得该项期权应向卖方支付一定数额的期权费

B. 如果市场基准利率低于或等于协定的利率上限,则卖方无任何支付义务
C. 如果市场基准利率高于协定的利率上限,则卖方按协定的利率上限向买方支付
D. 如果市场基准利率高于协定的利率上限,则卖方向买方支付二者之间的差额部分
E. 如果市场基准利率低于或等于协定的利率上限,则买方向卖方支付二者之间的差额部分

6. 与远期合约市场相比,期货合约市场的信用风险很小,其原因是(　　)。
    A. 期货交易采用逐日盯市制度
    B. 期货合约的买卖双方都要开立保证金账户
    C. 期货合约是在有组织的证券交易所内交易的标准化合约
    D. 期货合约的买卖双方所享有的权利是不对称的
    E. 期货合约较远期合约更受到衍生工具使用者的青睐

7. 一般来说,直接用来衡量利率风险对资产价值影响程度的指标有(　　)。
    A. 债券息票率　　B. 久期　　C. 凸度　　D. 净现值
    E. 债券资本成本

8. 标准利率互换交易的决定因素包括(　　)。
    A. 名义本金　　　　　　　　B. 固定利率
    C. 浮动利率　　　　　　　　D. 固定和浮动利息支付频率
    E. 到期日

9. 利率期权的主要形式有(　　)。
    A. 利率上限期权　　　　　　B. 利率下限期权
    C. 利率双限期权　　　　　　D. 买入利率期权
    E. 卖出利率期权

10. 在外汇风险管理中,风险对冲的基本做法是(　　)。
    A. 分析未来汇率变动的方向与幅度
    B. 确认以外币表示的预期净货币流入或流出量
    C. 明确公司面临的风险及其大小
    D. 合理选择避险工具并设计合理的避险方案
    E. 尽可能使两种走势相反的风险相互制约

三、判断题

1. 远期外汇市场风险对冲在"锁定"风险的同时,也"锁定"了收益。　　(　　)
2. 债券久期越长,利率变化对该债券价值的影响就越小。　　(　　)
3. 货币市场风险对冲是同时借入和贷出两种不同的货币来锁定未来现金流量的本币价值。　　(　　)
4. 外汇交易风险是指对过去会计资料计算时因汇率变动而造成的资产或负债的变异程度。　　(　　)
5. 货币互换是将一种标价货币的债务偿还责任转换为用另一种双方同意的货币标价的债务本金和利息的偿还责任　　(　　)
6. 利用期货进行风险对冲比利用期权进行风险对冲具有更大的主动性和灵活性。
　　(　　)

7. 逐日盯市制度和建立保证金账户制度是降低远期交易市场信用风险的有效途径。
（　　）

8. 如果公司预计未来利率上升会给其筹资带来风险，并且在决定对冲风险的同时又不愿意放弃利率下跌带来的好处，那么此时可以选择利率下限期权交易。（　　）

9. 外汇风险的三种类型按重要性排序，依次为交易风险、经济风险和折算风险。（　　）

10. 购买一个利率双限期权是指在买进一个利率上限期权的同时，卖出一个利率下限期权，从而达到防范风险和降低成本的目的。（　　）

四、计算分析题

1. 20××年3月10日，MIT跨国公司估计9月10日有一笔价值500万美元的应收账款。管理层预测人民币（CNY）与美元（USD）的即期汇率如下表所示。

即期汇率及概率

即期汇率（CNY/USD）	概率
6.80	0.15
6.85	0.25
6.90	0.20
6.95	0.20
7.00	0.20

要求：

（1）预期9月10日人民币与美元的即期汇率是多少？

（2）为规避外汇风险，MIT跨国公司与银行签订了一份远期合约，按9月10日的远期汇率在远期市场上卖出500万美元远期，9月10日后公司将收到货款500万美元，随即在远期市场上履约交割。预期6个月的远期汇率为1 USD = 6.85 CNY，该公司是否应卖出其9月份到期的500万美元应收账款的远期合约？

（3）影响MIT跨国公司风险对冲决策的因素有哪些？

2. 假设2020年8月3日，GW公司签订了一份向德国汉莎公司供应涡轮机螺旋桨的合同。2021年8月3日，GW公司将收到涡轮机螺旋桨的货款1 000万欧元。GW公司对这笔应收账款进行风险对冲。

要求：

（1）远期市场风险对冲。假设欧元的即期汇率为1 EUR = 8.199 CNY，1年期远期汇率为1 EUR = 8.185 CNY；假设1年后实际的即期汇率分别为1 EUR = 8.190 CNY、1 EUR = 8.185 CNY、1 EUR = 8.180 CNY。计算和分析远期市场风险对冲的各种可能结果。

（2）货币市场风险对冲。假设欧元和人民币1年期的利率分别为8%、7.8156%，1年后实际的即期汇率与（1）相同，计算和分析货币市场风险对冲的各种可能结果。

3. DB公司3个月后将收到一笔200万美元的应收账款，预期人民币对美元的汇率将大幅走跌。为此，DB公司决定采取措施进行风险对冲。可选择的风险对冲方法有两种：一是远期市场风险对冲，即签订3个月的远期合约；二是货币市场风险对冲，即当前借入美元贷款，兑换成人民币后投资于货币市场，3个月后以收到的应收账款偿还贷款。相关数据如下：

（1）当前的即期汇率为1 USD = 6.765 CNY。

(2) 3个月远期汇率为 1 USD = 6.695 CNY。

(3) 美元借款年利率为8%(季利率为2%)。

(4) 人民币借款年利率为6%(季利率为1.5%)。

要求:

(1) 比较两种风险对冲措施的效果。

(2) 若使两种风险对冲措施产生相同的风险对冲效果,则人民币借款年利率应为多少?

4. 我国 PLA 公司最近从瑞典一家公司购买了一批电子设备,应付账款为 5 000 万瑞典克朗,1 年后到期。当前的即期汇率为 1SEK = 0.7927 CNY,这笔应付账款的价值为 3 963.5 万元(5 000 × 0.7927)。公司希望为这笔应付账款进行风险对冲,但不知道该如何操作。当前 1 年期远期汇率为 1SEK = 0.7900 CNY。PLA 公司的会计记录上有一笔 1 000 万元的可转让人民币定期存单,年收益率为5%;同时,瑞典一家银行可以为 PLA 公司提供一笔 1 年期的定期存款,年利率为 8.5%。

要求:请为 PLA 公司设计风险对冲方案。

5. 某荷兰公司已经对一份合同报出了美元价格。如果合同顺利成交,则它将在 3 个月后收到 330 万美元的款项。随后这笔美元收入将在现货市场上立刻转换成欧元。当时欧元对美元的即期汇率为 1EUR = 1.05 USD。但该公司担心会出现美元预期走势疲软、汇率大幅上扬的情况。因此公司决定买进美元兑欧元的卖出期权 330 万美元,执行价格为 1 EUR = 1.10 USD,到期期限为 3 个月。

要求:分析在以下不相容情况下,该公司应执行还是放弃期权(假定本例中不考虑权利金):

(1) 合同按计划成交,到期即期汇率为 1 EUR = 1.08 USD。

(2) 合同按计划成交,到期即期汇率为 1 EUR = 1.12 USD。

(3) 合同没有按计划成交,到期即期汇率为 1 EUR = 1.08 USD。

(4) 合同没有按计划成交,到期即期汇率为 1 EUR = 1.12 USD。

6. 假设我国 BEC 公司于某年 10 月 1 日向美国 A 公司销售设备一台,用美元计价,货款为 100 万美元,收款期限为 3 个月,10 月 1 日的即期汇率为 1 USD = 7.285 CNY。由于公司担心美元兑人民币的汇率下降给公司带来损失,因此拟采取一定的方式进行风险对冲。

(1) 假设 10 月 1 日 BEC 公司与银行签订远期合约,合约规定 3 个月远期汇率为 1 USD = 7.245 CNY。

(2) 假设 10 月 1 日 BEC 公司在柜台交易市场签订 3 个月美元卖出期权合约,合约的履约价格为 1 USD = 7.255 CNY,期权费为每美元 0.015 元(不考虑货币时间价值)。

假设预期 3 个月后(12 月 31 日)即期汇率为 1 USD = 7.225 CNY。

要求:

(1) 计算签订远期合约给公司带来的损益。

(2) 计算签订美元卖出期权合约给公司带来的损益,并分析和(1)相比,哪一种风险对冲方式对公司更有利。

7. 某进出口公司向美国出口一批货物,3 个月后将收到对方支付的货款 100 万美元。为避免 3 个月后美元贬值造成结汇时人民币收入减少,公司拟采取一定的风险对冲措施。锁定未来结汇汇率的备选方案有两种:一是签订一份远期汇率为 1 USD = 6.665 CNY 的远期合约;二是采用期权组合规避风险,即买入行权价格为 1 USD = 6.683 CNY、期限为 3 个月、名义本金为100万美元、期权费为每美元0.015元的卖权合约,同时卖出行权价格为1 USD = 6.683 CNY、期限为3个月、名义本金为100万美元、期权费为每美元0.02元的买权合约。

要求:假设你是公司的财务主管,请你对选择何种风险对冲方案进行决策(不考虑期权费净收入的再投资收益)。

8. 张先生有一张面值100元的债券,息票率为8%,每年付息一次,到期还本,期限为3年。债券投资者要求的收益率为5%。

要求:

(1) 计算张先生所持债券的现值和久期。

(2) 计算该债券的修正久期。

(3) 张先生的止损策略是债券市场价值下降5%时出售该债券。请问债券收益率变动多少时,债券市场价值会下降5%?

9. 假设你的投资组合中包括三种不同的债券,面值均为100元,其他有关资料如下表所示。

债券其他相关资料

债券	数量(张)	利率	每年付息次数	期限(年)	债券必要收益率
A	10	0	零息债券	5	6.0%
B	5	8%	2次	3	6.6%
C	8	7%	1次	4	6.2%

要求:

(1) 计算每种债券价值。

(2) 计算每种债券的久期。

(3) 计算投资组合的久期。

(4) 计算投资组合的加权平均折现率。

(5) 计算投资组合的修正久期。

(6) 如果利率下降100个基点,即下降1%,则对投资组合价值有什么影响?

10. 假设现在是2020年4月25日,ABC公司预期在10月28日借入100万美元,期限为3个月。为简化,假设公司在10月28日能以LIBOR的水平借入这笔资金,当前LIBOR为6.75%。为锁定这笔借款的利率,公司从XYZ银行购买了一份远期利率协议(FRA),协议利率为LIBOR=7%,名义本金为100万美元。这一合约的有关信息如下表所示。

合约相关信息

名义本金	100万美元
交易日	2020年4月25日
结算日(起息日)	2020年7月28日
到期日	2020年10月28日
协议利率(LIBOR)	7%
参考利率	3个月美元LIBOR

要求：

(1) 假设 2020 年 7 月 28 日,3 个月美元 LIBOR(即参考利率)分别为 8% 或 6%,计算不同情景下的交割金额(假设每年按 360 天计算)。

(2) 计算在不同参考利率情景下 ABC 公司的借款成本,并对有无 FRA 的借款成本进行简要分析。

11. 假设甲、乙两家公司都需要筹措 500 000 美元,期限 7 年,甲公司的信用等级为 AAA,乙公司的信用等级为 BBB,两家公司贷款利率如下表所示。

固定利率与浮动利率

利率	甲公司	乙公司	利差
固定利率	10%	11%	1.00%
浮动利率	LIBOR + 0.25%	LIBOR + 0.75%	0.50%
利差			0.50%

要求：

(1) 根据相对优势原则,甲、乙两家公司各应筹措何种利率的贷款?

(2) 假设甲公司需要浮动利率,乙公司需要固定利率。甲公司、乙公司和利率互换交易的中介机构商定,甲公司按固定利率贷款,按浮动利率 LIBOR 支付利息,要求节省贷款成本 0.25%;乙公司按浮动利率贷款,按固定利率 10.875% 支付利息,要求节省贷款成本 0.125%;中介机构收取 0.125% 的费用。计算利率互换交易三方成本节约或收益。

12. 根据主教材【例 14-7】,假设一家美国 A 公司需要为其在法国的子公司融资,而另一家法国 B 公司则希望为其在美国的子公司融资,双方都需要融资 1 000 万欧元。经市场询价,两家公司的债务币种及在欧元和美元资本市场上取得贷款的条件如下表所示。

两家公司借款利率比较

项目	A 公司	B 公司	利差
美元借款利率	7.00%	9.00%	2.00%
欧元借款利率	10.60%	11.00%	0.40%
利差			1.60%

假设 A 公司以 7% 的利率发行价值 1 200 万美元的债券,B 公司以 11% 的利率发行价值 1 000 万欧元的债券,然后通过中介机构进行货币互换交易,利差在 A 公司、B 公司和中介机构之间的分配比例分别为 0.6、0.6、0.4。假设当前的即期汇率为 1 EUR = 1.2 USD。如果该中介机构是一家以美国为基地的公司,不希望承担欧元汇率风险,则它可以改变互换设计,以保证确定的美元利息收入。

要求：

(1) 假设 A 公司承担外汇风险,说明这一互换交易对交易各方风险的影响。

(2) 假设 B 公司承担外汇风险,说明这一互换交易对交易各方风险的影响。

13. 在美元市场和日元市场上,A 公司和 B 公司分别申请贷款的利率条件如下表所示。

两家公司美元与日元贷款利率比较

项目	A 公司	B 公司	利差
美元贷款利率	8.00%	10.00%	2.00%
日元贷款利率	5.40%	6.00%	0.60%
利差			1.40%

假设 A 公司需要日元贷款，B 公司需要美元贷款。要求货币互换时，本金在互换的期初进行交换，而在互换的期末又重新换回。

要求：

(1) 请为 A、B 两家公司设计一个货币互换合约，使两家公司贷款成本分别降低 0.5%，其余归中介机构。假设外汇风险由中介机构承担，该中介机构是一家以美国为基地的公司。

(2) 假设外汇风险由 B 公司承担，其他条件同(1)，为 A、B 两家公司设计一个货币互换合约。

(3) 假设外汇风险由 A 公司承担，其他条件同(1)，为 A、B 两家公司设计一个货币互换合约。

14. FIB 公司于 2020 年 6 月 1 日借入一笔 2 年期款项 1 000 万美元，6 月 15 日正式生效，起息日为 2020 年 6 月 15 日，按 LIBOR 计息。假设公司预期市场利率呈上升趋势，便买入一笔利率上限期权，结算日为付息日，半年付息一次，付息时间为每年的 6 月 15 日和 12 月 15 日，期权费为 0.25%（年费率），协定利率上限为 10%。各结算日和相应的 LIBOR 如下表所示。

不同结算日的 LIBOR

结算日	LIBOR
2020.12.15	8.50%
2021.06.15	10.50%
2021.12.15	11.50%
2022.06.15	10.00%

要求：

(1) 计算公司采用利率上限期权后实际借款成本和成本节约额。

(2) 如果公司确定利率呈上升趋势，不太可能下降，在买入一笔利率上限期权的同时卖出一笔利率下限期权。假设利率下限期权协定利率下限为 8%，期权费为 0.2%（年费率），计算公司的实际借款成本和成本节约额。

五、案例分析题

2003 年 8 月 1 日，中国长江电力股份有限公司发行"03 三峡债"30 亿元，期限 30 年，债券的有关条款如下表所示。

"03 三峡债"有关条款

债券全称	2003年中国长江三峡工程开发总公司企业债券	债券简称	03三峡债	债券代码	120303
发行量	30亿元	发行价	100元	计息方式	固定利率
期限	30年	发行票面利率	4.86%	交易市场	上海证券交易所
起息日期	2003.08.01	到期日	2033.08.01	发行起始日	2003.08.01
上市日期	2004.03.15	发行单位	中国长江电力股份有限公司	付息方式	周期性付息
币种	人民币	剩余期限	4 738天	每年付息日	08.01

假设当前是2020年8月11日,债券剩余期限为4 738天,债券市场收盘价为105.69元,公司所得税税率为20%。

要求:对"03三峡债"价值、久期、修正久期等进行分析。

1. 如果你在2020年8月11日购买"03三峡债",请根据当天收盘价计算该债券的税前到期收益率和税后到期收益率。

2. 请分别使用税前现金流量和与其相对应的税前到期收益率,采用Excel中的DURATION函数计算该债券的久期和修正久期。

3. 如果到期收益率上升10个基点(债券到期收益率上升0.10%),计算对债券价值的影响。

4. 根据债券价值基本计算公式计算债券现值,与(3)计算结果进行核对。

5. 建立一张模拟运算表,在该表中久期是作为债券息票率(息票率=0%,1%,…,10%)的函数来计算的,说明债券息票率和久期之间的关系。

6. 债券剩余期限的延长对其久期有何影响?

7. "久期可以被看作债券风险的近似度量,在其他因素一定的情况下,风险较大者久期较小",其经济逻辑是什么?

参考答案

一、单项选择题

1. A 2. B 3. A 4. B 5. D
6. A 7. B 8. C 9. D 10. C

二、多项选择题

1. ACDE 2. CD 3. ACD 4. BCDE 5. ABD
6. ABC 7. BC 8. ABCDE 9. ABC 10. ABCDE

三、判断题

1. √ 2. × 3. √ 4. × 5. ×
6. × 7. × 8. × 9. × 10. √

四、计算分析题

1. 解：

(1) 预期 9 月 10 日人民币与美元的即期汇率为：

即期汇率 = 6.80 × 0.15 + 6.85 × 0.25 + 6.90 × 0.20 + 6.95 × 0.20 + 7.00 × 0.20 = 6.90

(2) 如果 MII 跨国公司卖出其美元应收账款远期合约，那么它将锁定一个收入所得：

$$应收账款收入 = 6.85 × 500 = 3\,425(万元)$$

如果 9 月 10 日即期汇率等于预期的即期汇率，则公司 9 月 10 日在即期市场出售美元应收账款，预期人民币收入为 3 450 万元（6.90×500）。

如果公司管理层相信自己对未来即期汇率的预期，则公司应保留其美元应收账款并在即期市场出售。

(3) 风险规避会使 MIT 跨国公司出售美元应收账款的远期合约来对人民币进行风险对冲。如果 MIT 跨国公司还有美元负债，则它可以采用一种自然的风险对冲方法来减少或消除需要进行风险对冲的金额；或采用其他成本较低的风险对冲方法，如在应收账款存续期间借入美元再兑换成人民币，这样就不需要采用远期合约了。远期合约的外汇收益和损失的税务处理也会影响公司风险对冲的决策。

2. 解：

(1) 远期市场风险对冲。1 年期远期汇率为 1EUR = 8.185 CNY。GW 公司出售 1 000 万欧元的 1 年期远期合约，在 2021 年 8 月 3 日交割时将给公司带来 8 185 万元的现金流量。表 1 列示了在 2021 年 8 月 3 日实际的即期汇率的三种情况下，将欧元应收账款和出售远期合约结合起来所得到的可能的现金流量。

表 1　远期市场风险对冲的各种可能结果（2021 年 8 月 3 日）　　　　　　　单位：万元

即期汇率（CNY/EUR）	最初应收账款价值	远期合约利得（损失）	净现金流量
8.190	8 190	(5)	8 185
8.185	8 185	0	8 185
8.180	8 180	5	8 185

不论汇率如何变化，GW 公司销售涡轮机螺旋桨都将收到 8 185 万元，远期合约的任何外汇利得或损失都将被现汇市场应收账款相应的损失或利得抵消。

如果不进行风险对冲，则期末将有一笔 1 000 万欧元的资产，其价值将随着汇率的波动而波动。远期市场风险对冲虽然会消除汇率下降的风险，但是以放弃潜在的汇率上升收益为代价。

(2) 货币市场风险对冲。货币市场风险对冲是指同时借入和贷出两种不同货币来锁定未来外币现金流量的人民币价值。在本题中，假设欧元利率为 8%，人民币利率为 7.8156%。利用货币市场风险对冲，GW 公司将借入 926 万欧元（1 000/1.08），为期 1 年，然后在即期市场上兑换成人民币 7 592 万元（926×8.199），再将这 7 592 万元投资 1 年。2021 年 8 月 3 日，GW 公司将从投资中收回本利和 8 185 万元（7 592×1.078156），并用这一天收回的欧元应收账款来偿还所欠欧元债务本息 1 000 万欧元（926×1.08）。从表 2 中可以看出，这笔交易产生的外汇利得或损失恰好可以和 GW 公司的欧元应收账款的人民币损失或利得相抵消。

表 2　货币市场风险对冲的各种可能结果（2021年8月3日）　　　　单位：万元

即期汇率（CNY/EUR）	最初应收账款价值	货币市场风险对冲利得（损失）	净现金流量
8.190	8 190	(5)	8 185
8.185	8 185	0	8 185
8.180	8 180	5	8 185

表中，货币市场风险对冲利得或损失的计算方法为：用人民币投资的价值减去偿还的欧元债务。例如，如果年末即期汇率为 1 EUR = 8.190 CNY，则 1 000 万欧元本息相当于人民币 8 190 万元，而人民币投资只能收回 8 185 万元，这样货币市场风险对冲损失就是 5 万元。

远期市场风险对冲和货币市场风险对冲产生了相等的净现金流量，这并非巧合。所选择的利率、远期汇率和即期汇率使得利率平价定理成立。实际上，货币市场风险对冲的同时借入和贷出交易使得 GW 公司能够产生一个"自制"的远期合约。如果利率平价定理成立，那么这份合约的有效汇率将等于实际的远期汇率，否则就存在抵补套利机会。

实际上，风险对冲存在交易成本：远期合约的买—卖汇差和借入—贷出利差。在比较远期市场风险对冲和货币市场风险对冲时，这些交易成本都应考虑进去。比较的关键是确保使用正确的买入、卖出价及借入、贷出利率。

3. 解：

（1）若签订远期合约，则 3 个月后 DB 公司将获得的人民币数额为：

$$200 \times 6.695 = 1\,339（万元）$$

若签订贷款协议，则 3 个月后 DB 公司将持有的人民币数额为：

当期借入美元数额 = 2 000 000 ÷ (1 + 2%) = 1 960 784.31（美元）

借入美元兑换成人民币数额 = 1 960 784.31 × 6.765 = 13 264 705.86（元）

3 个月后 DB 公司将持有的人民币数额 = 13 264 705.86 × (1 + 1.5%)
$$= 13\,463\,676.45（元）$$

由计算结果可知，货币市场风险对冲的效果更好。

（2）13 264 705.86 × (1 + r) = 13 390 000，解得 r = 0.94%。

当人民币借款年利率为 3.76%（0.94% × 4）时，两种风险对冲措施能够产生相同的效果。

4. 解：

（1）PLA 公司可利用远期市场将应付账款成本锁定在 3 950 万元（5 000 × 0.7900）。

（2）PLA 公司可利用货币市场将应付账款成本锁定在 3 835.65 万元，其计算过程如下：

首先，PLA 公司当天在瑞典一家银行存款 4 608.29 万瑞典克朗，以便在 1 年后获得 5 000 万瑞典克朗，即

$$银行存款 \times (1 + 8.5\%) = 5\,000（万瑞典克朗）$$
$$银行存款 = 5\,000 / (1 + 8.5\%) = 4\,608.29（万瑞典克朗）$$

其次，根据当天的即期汇率兑换人民币：

$$兑换人民币 = 4\,608.29 \times 0.7927 = 3\,652.99（万元）$$

最后，PLA 公司从可转让人民币定期存单中提取 3 652.99 万元，这笔资金按 5% 计算的 1 年后的价值为 3 835.65 万元（3 652.99 × 1.05），这相当于将定期存单转换为瑞典克朗的机会成本。

上述计算表明,货币市场风险对冲成本(3 835.65 万元)低于远期市场风险对冲成本(3 950 万元)。

5. 解：

（1）当合同按计划成交时,由于卖出期权的执行价格 1 EUR = 1.10 USD 大于实际即期汇率 1 EUR = 1.08 USD,因此公司应该放弃期权,此时公司将收入 305.56 万欧元(330÷1.08)。

（2）当合同按计划成交时,由于卖出期权的执行价格 1 EUR = 1.10 USD 小于实际即期汇率 1 EUR = 1.12 USD,因此公司应该执行期权,此时公司将收入 300 万欧元(330÷1.10)。

（3）当合同没有按计划成交时,由于卖出期权的执行价格 1 EUR = 1.10 USD 大于实际即期汇率 1 EUR = 1.08 USD,因此公司应该放弃期权。

（4）尽管合同没有按计划成交,但由于卖出期权的执行价格 1 EUR = 1.10 USD 小于实际即期汇率 1 EUR = 1.12 USD,因此公司仍然可以执行期权,此时公司可以按照以下方式进行结算：

执行期权——公司以 1 EUR = 1.10 USD 的价格卖出 330 万美元(3 000 000.00 欧元)。

现汇交易——公司以 1 EUR = 1.12 USD 的价格买入 330 万美元(2 946 428.57 欧元)。

该公司的净收益(现金结算差额)为 53 571.43 欧元。

6. 解：

（1）在签订远期合约的情况下,如果 3 个月后即期汇率为 1 USD = 7.225 CNY,而按远期合约汇率 1 USD = 7.245 CNY,那么公司将减少的损失为：

$$1\,000\,000 \times (7.245 - 7.225) = 20\,000(元)$$

（2）在签订美元卖出期权合约的情况下,如果 3 个月后即期汇率为 1 USD = 7.225 CNY,那么公司应该执行该期权合约,执行合约减少的损失为：

$$1\,000\,000 \times (7.255 - 7.225 - 0.015) = 15\,000(元)$$

结合（1）的计算结果,可知在公司预测准确的情况下,应该采取签订远期合约的方式为这笔交易进行风险对冲,因为远期合约较期权合约更能降低损失。

7. 解：

若采用远期合约进行风险对冲,则 3 个月后公司可兑换的人民币金额为：

$$100 \times 6.665 = 666.5(万元)$$

若采用期权组合进行风险对冲,则

（1）交易期初,公司期权费净收入为：

$$100 \times 0.02 - 100 \times 0.015 = 0.5(万元)$$

（2）期权到期日,若美元兑人民币汇率小于等于 1 USD = 6.683 CNY,则执行卖权,放弃买权；若美元兑人民币汇率大于 1 USD = 6.683 CNY,则放弃卖权,执行买权。两种情况下可兑换的人民币金额均为：

$$100 \times 6.683 = 668.3(万元)$$

（3）采用期权组合方案可兑换的人民币总金额为：

$$668.3 + 0.5 = 668.8(万元)$$

可见,采用期权组合方案较远期合约方案可多兑换 2.3 万元人民币(668.8 - 666.5),因此应选择期权组合方案。

8. 解：

（1）债券现值和久期计算结果如下表所示。

债券现值和久期

年份	现金流量(元)	现金流量现值(元)	权数	久期(年)
1	8.00	7.6190	0.0704	0.0704
2	8.00	7.2562	0.0671	0.1342
3	108.00	93.2945	0.8625	2.5874
合计		108.1697	1.0000	2.7920

张先生持有的债券现值为108.1697元,债券久期为2.7920年。

债券久期也可按下式计算:

$$债券久期 = \frac{7.6190}{108.1697} \times 1 + \frac{7.2562}{108.1697} \times 2 + \frac{93.2945}{108.1697} \times 3 = 2.7920(年)$$

(2) 修正久期 $= \frac{2.7920}{1+5\%} = 2.6590(年)$

(3) 如果债券市场价值下降5%,则债券收益率变动百分比计算如下:

$$债券市场价值变动百分比 = -修正久期 \times 债券收益率变动百分比$$

$$债券收益率变动百分比 = \frac{-5\%}{-2.6590\%} = 1.88\%$$

即债券收益率上升1.88%时,张先生会出售该债券。

9. 解:

(1) 每种债券价值如表1所示。

表1 每种债券价值

债券	息票率	期数	到期收益率	债券价值(元)
A	0.00	5	6.0000%	74.7258
B	4.00%	6	3.2473%	104.0444
C	7.00%	4	6.2000%	102.7594

表1中,B债券每年付息2次,每次付息 $= 100 \times 4\% = 4(元)$;半年到期收益率(折现率)计算如下:

$$B债券到期收益率(半年) = \sqrt{1+6.6\%} - 1 = 3.2473\%$$

每种债券价值是根据Excel中的PV函数计算的,以B债券为例,在Excel电子表中输入"=PV(3.2473%,6,-100*4%,-100)",回车后即可得到债券价值为104.0444元。

其他以此类推。

(2) 每种债券的久期计算如下:

A债券是零息债券,其久期等于债券的期限(5年)。

B债券的久期为2.7323年,现采用两种方法计算久期,计算过程如表2或表3所示。

表2 B债券久期（按期数计算）

期数	现金流量(元)	现金流量现值(元)(3.2473%)	权数	久期(期)
1	4.00	3.8742	0.0372	0.0372
2	4.00	3.7523	0.0361	0.0722
3	4.00	3.6343	0.0349	0.1047
4	4.00	3.5200	0.0338	0.1352
5	4.00	3.4093	0.0328	0.1640
6	104.00	85.8542	0.8252	4.9512
合计		104.0443	1.0000	5.4645

将半年的久期调整为年度久期，即B债券久期=5.4645/2=2.7323。

表3 B债券久期(按年份计算)

年份	现金流量(元)	现金流量现值(元)(6.6%)	权数	久期(年)
0.5	4.00	3.8742	0.0372	0.0186
1.0	4.00	3.7523	0.0361	0.0361
1.5	4.00	3.6343	0.0349	0.0524
2.0	4.00	3.5200	0.0338	0.0676
2.5	4.00	3.4093	0.0328	0.0820
3.0	104.00	85.8542	0.8252	2.4756
合计		104.0443	1.0000	2.7323

C债券的久期为3.6300年，计算过程如表4所示。

表4 C债券久期

年份	现金流量(元)	现金流量现值(元)(6.2%)	权数	久期(年)
1	7.00	6.5913	0.0641	0.0641
2	7.00	6.2065	0.0604	0.1208
3	7.00	5.8442	0.0569	0.1707
4	107.00	84.1174	0.8186	3.2744
合计		102.7594	1.0000	3.6300

（3）投资组合的久期为3.8963年，计算过程如表5所示。

表5 投资组合久期

债券	数量(张)	债券价值(元)	债券价值合计(元)	债券久期(年)	各债券价值比重	投资组合久期(年)
A	10	74.7258	747.2580	5.0000	0.3576	1.7880
B	5	104.0443	520.2215	2.7323	0.2490	0.6803
C	8	102.7594	822.0752	3.6300	0.3934	1.4280
合计			2 089.5547		1.0000	3.8963

（4）投资组合的加权平均折现率(到期收益率)为6.23%，计算过程如表6所示。

表6 投资组合加权平均折现率(到期收益率)

债券	到期收益率	各债券价值比重	加权平均折现率
A	6.00%	0.36	2.16%
B	6.60%	0.25	1.65%
C	6.20%	0.39	2.42%
合计		1.00	6.23%

(5) 投资组合的修正久期计算如下:

$$D_{组合} = \frac{3.8963}{1 + 6.23\%} = 3.67(年)$$

(6) 如果利率下降1%,则债券价值将提高3.67%(=3.67×1%),债券价值将增加76.69元(3.67%×2089.5547)。

10. 解:

(1) 如果3个月美元LIBOR为8%,参考利率(8%)大于协议利率(7%),合约天数为92天(2020年7月28日至10月27日),则FRA的买方(ABC公司)将从卖方(XYZ银行)得到的补偿额为:

$$交割金额 = \frac{1\,000\,000 \times (0.08 - 0.07) \times 92/360}{1 + (0.08 \times 92/360)} = 2\,504.36(美元)$$

如果3个月美元LIBOR为6%,参考利率(6%)小于协议利率(7%),合约天数为92天,则FRA的买方要向卖方支付的补偿额为:

$$交割金额 = \frac{1\,000\,000 \times (0.06 - 0.07) \times (92/360)}{1 + (0.06 \times 92/360)} = -2\,516.96(美元)$$

(2) FRA对公司借款成本的影响如下表所示。

不同参考利率下公司的借款成本 单位:美元

项目	方案1(参考利率=8%)		方案2(参考利率=6%)	
	未用FRA	买入FRA	未用FRA	买入FRA
(1) 名义本金(借款)	1 000 000	1 000 000	1 000 000	1 000 000
(2) 利息	20 444	20 444	15 333	15 333
(3) FRA交割金额		2 504		-2 517
(4) FRA交割金额的未来价值		2 555		-2 556
(5) 利息成本净额=(2)-(4)	20 444	17 889	15 333	17 889
(6) 借款净成本	8%	7%	6%	7%

从表中可以看出,如果交割日3个月美元LIBOR为8%,则不购买FRA比买入FRA的隐含利率高1个百分点。在买入FRA的情况下,其利息为20 444美元(1 000 000×8%×92/360);同时收到卖方支付的补偿额2 504美元,ABC公司可将这笔款项按[2 504×(1+8%×92/360)]进行3个月投资,获得2 555美元;利息成本净额为17 889美元(20 444-2 555),借款成本锁定为7%:

$$实际的借款成本 = \frac{17\,889}{1\,000\,000} \times \frac{360}{92} = 7\%$$

如果不购买 FRA，则借款成本为 8%：

$$实际的借款成本 = \frac{20\,444}{1\,000\,000} \times \frac{360}{92} = 8\%$$

如果交割日 3 个月美元 LIBOR 没升反而跌至 6%，则公司需支付给银行 2 517 美元作为补偿额，同时也丧失了这笔补偿额再投资的机会。这相当于公司在结算日按 6% 的利率借入 2 517 美元，协议到期时支付本息 2 556 美元，加上按名义本金计算的利息，公司支付的利息费用总额为 17 889 美元，即借款成本为 7%。但如果不购买 FRA，则借款成本为 6%。

以上两种情况下买入 FRA 的实际借款成本都锁定在 7%。在第一种情况下，如果公司不买入 FRA，则将会有损失；在第二种情况下，如果公司不买入 FRA，则会有收益。这是因为在第一种情况下公司要按 8% 的利率支付 3 个月期的借款利息，而在第二种情况下公司只需按 6% 的利率支付借款利息。

在以上分析中，假设支付的交割金额为正数时可以投资，交割金额为负数时可以借入，投资和借入都以 FRA 的参考利率计算利息，实际上，借入和借出的利率是不相同的。此外，在上述分析中也没有考虑买入 FRA 可能支付给经纪人的费用等。

11. 解：

（1）无论是在固定利率市场上还是在浮动利率市场上，甲公司的贷款成本都低于乙公司。也就是说，甲公司在两个市场上拥有绝对优势。但两家公司在不同资本市场上的成本差异是不同的，在固定利率市场上，甲公司要比乙公司少支付 1 个百分点的利差，但在浮动利率市场上，利差只有 0.5 个百分点。或者说，甲公司在两个资本市场上具有绝对优势，但甲公司在固定利率市场上的利差比浮动利率市场上的利差大，从而使甲公司在固定利率市场上具有比较优势。如果这时甲公司想要支付浮动利率（原因可能是甲公司对未来利率的预测或本身经营情况的需要），则甲公司便产生了利率互换的意愿。乙公司则在浮动利率市场上具有相对比较优势。

假设甲公司按浮动利率贷款，乙公司按固定利率贷款，没有互换发生，则两家公司总利率为 LIBOR + 11.25%［=（LIBOR + 0.25%）+ 11%］；假设甲公司按固定利率贷款，乙公司按浮动利率贷款，则两家公司总利率为 LIBOR + 10.75%［= 10% +（LIBOR + 0.75%）］；这少了的 0.5%［=（LIBOR + 11.25%）−（LIBOR + 10.75%）］就是利用甲公司和乙公司各自的比较优势获得的。这 0.5% 可以按照双方协商确定分配，或者在互换市场上通过中介机构，由甲公司、乙公司、中介机构三方协商确定分配。

（2）利率互换如下图所示。

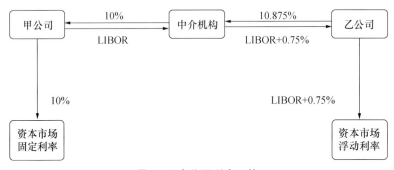

甲、乙两家公司利率互换

利率互换后甲公司、乙公司的成本节约,中介机构的收益如下表所示。

利率互换交易三方成本节约或收益

项目	甲公司	乙公司	中介机构
收到	10.000%		LIBOR
收到		LIBOR+0.750%	10.875%
支付	LIBOR	LIBOR+0.750%	10.000%
支付	10.000%	10.875%	LIBOR+0.750%
净支出	LIBOR	10.875%	-0.125%
市场融资成本	LIBOR+0.250%	11.000%	0
成本节约或收益	0.250%	0.125%	0.125%

12. 解:

在中介机构承担外汇风险的情况下,A公司、B公司货币互换的基本结构如图1所示,货币互换交易三方成本节约或收益如表1所示。

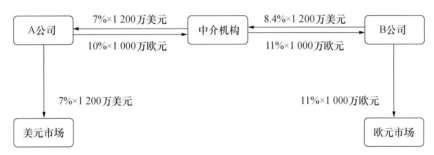

图1 A公司、B公司货币互换的基本结构——中介机构承担外汇风险

表1 货币互换交易三方成本节约或收益

项目	A公司	B公司	中介机构
利息收入(万美元)	84.0		100.8
利息收入(万欧元)		110.0	100.0
利息支出(万美元)	84.0	100.8	84.0
利息支出(万欧元)	100.0	110.0	110.0
汇率(USD/EUR)	1.2	1.2	1.2
利息净支出(万美元)	0.0	100.8	-16.8
利息净支出(万欧元)	100.0	0.0	10.0
利息净支出合计(万美元)		100.8	-4.8
利息净支出合计(万欧元)	100.0		
市场融资成本(万美元)		108.0	0.0
市场融资成本(万欧元)	106.0		
成本节约(万美元)或收益		7.2	4.8
成本节约(万欧元)或收益	6.0		
成本节约或收益	0.6%	0.6%	0.4%

A 公司和 B 公司从中介机构收到的利息收入用来支付贷款利息,而自己的净利息支出是以自己所需贷款的货币来支付的,不承担外汇风险。外汇风险由中介机构承担,如果欧元升值,则中介机构的收益相应减少。只有在欧元兑美元的汇率维持在 1 EUR = 1.2 USD 以下时,中介机构才能得到不低于预期的 0.4% 的收益。

以【例 14-7】的结果为比较分析的基础,根据风险承担要求不同,设计的货币互换交易如图 2 和图 3 所示,货币互换交易三方成本节约或收益如表 2 和表 3 所示。

(1) A 公司承担外汇风险。A 公司以 7% 的利率发行价值 1 200 万美元的债券,B 公司以 11% 的利率发行价值 1 000 万欧元的债券,然后通过中介机构进行货币互换交易。如果 B 公司利息收入和利息支出与图 1 相同,为保证中介机构要求的 0.4% 的收益,则中介机构需要从 A 公司收到按 11% 的利率计算的欧元利息,以便抵消欧元利息支出;同时需要从 B 公司获得 8.4% 的美元利息,支付给 A 公司 8% 的美元利息,这样,中介机构可以获得 0.4%(= 8.4% - 8%)的收益。

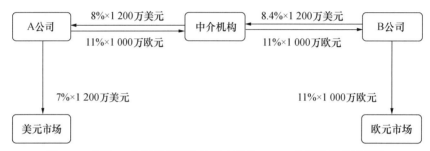

图 2　A 公司、B 公司货币互换的基本结构——A 公司承担外汇风险

表 2　货币互换交易三方成本节约或收益

项目	A 公司	B 公司	中介机构
利息收入(万美元)	96.0		100.8
利息收入(万欧元)		110.0	110.0
利息支出(万美元)	84.0	100.8	96.0
利息支出(万欧元)	110.0	110.0	110.0
汇率(USD/EUR)	1.2	1.2	1.2
利息净支出(万美元)	-12.0	100.8	-4.8
利息净支出(万欧元)	110.0	0.0	0.0
利息净支出合计(万美元)		100.8	-4.8
利息净支出合计(万欧元)	100.0		
市场融资成本(万美元)		108.0	0.0
市场融资成本(万欧元)	106.0		
成本节约(万美元)或收益		7.2	4.8
成本节约(万欧元)或收益	6.0		
成本节约或收益	0.6%	0.6%	0.4%

图 2 与图 1 相比,B 公司欧元债务收支相抵;中介机构确保了 0.4% 的美元利息收入,在欧元上收支相抵;外汇风险由 A 公司承担,因为 A 公司不但要支付 7% 的美元利息,还要支付

11%的欧元利息,只有在汇率保持在1 EUR = 1.2 USD时,A公司才正好与预期相同(利息支出为100万欧元),即减少0.6个百分点的利息支出。

如果欧元升值,则A公司的成本费用就相应增加,例如如果汇率为1 EUR = 1.5 USD,则A公司利息净支出为102万欧元[110 + (-12/1.5)],相对市场利率,节约成本4万欧元(106 - 104),成本降低4%(=4/1 000)。如果欧元兑换美元的汇率低于1.2,则A公司可得到至少0.6%的成本节约。

(2)B公司承担外汇风险。A公司以7%的利率发行价值1 200万美元的债券,B公司以11%的利率发行价值1 000万欧元的债券。然后通过中介机构进行货币互换交易。如果A公司利息收入和利息支出与图1相同,为保证中介机构要求的0.4%的收益,中介机构需要从A公司收到按10%的利率计算的欧元利息,以便抵消欧元利息支出;同时需要从B公司获得7.4%的美元利息,支付给A公司7%的美元利息,这样,中介机构可以获得0.4%(=7.4% - 7%)的收益。

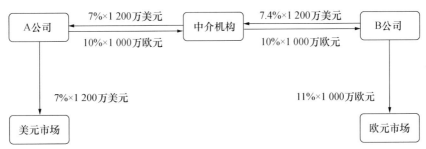

图3 A公司、B公司货币互换的基本结构——B公司承担外汇风险

表3 货币互换交易三方成本节约或收益

项目	A公司	B公司	中介机构
利息收入(万美元)	84.0		88.8
利息收入(万欧元)		100.0	100.0
利息支出(万美元)	84.0	88.8	84.0
利息支出(万欧元)	100.0	110.0	100.0
汇率(USD/EUR)	1.2	1.2	1.2
利息净支出(万美元)	0.0	88.8	-4.8
利息净支出(万欧元)	100.0	10.0	0.0
利息净支出合计(万美元)		100.8	-4.8
利息净支出合计(万欧元)	100.0		
市场筹资成本(万美元)		108.0	0.0
市场筹资成本(万欧元)	106.0		
成本节约(万美元)或收益		7.2	4.8
成本节约(万欧元)或收益	6.0		
成本节约或收益	0.6%	0.6%	0.4%

图3与图1相比,A公司的利息收入和利息支出不变;中介机构确保了0.4%的美元利息收入,在欧元上收支相抵;外汇风险由B公司承担,因为B公司不但要支付7.4%的美元利

息,还要支付 11% 的欧元利息,只有在汇率保持在 1 EUR = 1.2 USD 时,B 公司才正好与预期相同(利息支出为 100.8 万美元),即减少 0.6 个百分点的利息支出。

如果欧元升值,则 B 公司的成本费用相应增加,例如如果汇率为 1 EUR = 1.5 USD,则 B 公司利息净支出为 103.8 万美元(88.8 + 10 × 1.5),相对市场利率,节约成本 4.2 万美元(108 − 103.8),成本降低 0.35% (= 4.2/1 200)。如果欧元兑美元的汇率低于 1.2,则 A 公司可得到至少 0.6% 的成本节约。

13. 解:

(1) 在中介机构承担外汇风险的情况下,A 公司、B 公司货币互换的基本结构如图 1 所示,货币互换交易三方成本节约或收益如表 1 所示。

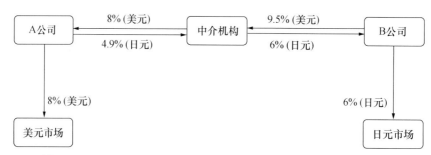

图 1　A 公司、B 公司货币互换的基本结构——中介机构承担外汇风险

表 1　货币互换交易三方成本节约或收益

项目	A 公司	B 公司	中介机构
收到(美元利率)	8.00%		9.50%
收到(日元利率)		6.00%	4.90%
支付(美元利率)	8.00%	9.50%	8.00%
支付(日元利率)	4.90%	6.00%	6.00%
净支出(美元利率)	0.00	9.50%	−1.50%
净支出(日元利率)	4.90%	0.00	1.10%
市场融资成本	5.40%	10.00%	0.00
成本节约或收益	0.50%	0.50%	0.40%

A 公司和 B 公司从中介机构收到的利息收入正好用来支付贷款利息,而自己的净利息支出是以自己所需贷款的货币来支付的,不承担外汇风险。外汇风险由中介机构承担,如果日元升值,则中介机构的收益相应减少。只有在美元兑日元的汇率维持在期望汇率以上时,中介机构才能得到不低于预期 0.4% 的收益。

(2) 在外汇风险由 B 公司承担的情况下,A 公司、B 公司货币互换的基本结构如图 2 所示,货币互换交易三方成本节约或收益如表 2 所示。

图 2 与图 1 相比,A 公司的状况不变;中介机构确保了 0.4% 的美元利息收入,在日元上收支相抵;外汇风险由 B 公司承担,因为 B 公司不但要支付 8.4% 的美元利息,还要支付 6% 的日元利息,如果日元升值,则 B 公司的成本费用相应增加。

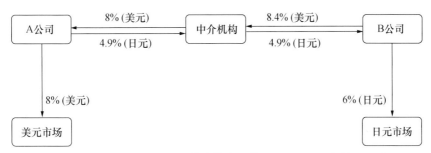

图 2　A 公司、B 公司货币互换的基本结构——B 公司承担外汇风险

表 2　货币互换交易三方成本节约或收益

项目	A 公司	B 公司	中介机构
收到(美元利率)	8.00%		8.40%
收到(日元利率)		4.90%	4.90%
支付(美元利率)	8.00%	8.40%	8.00%
支付(日元利率)	4.90%	6.00%	4.90%
净支出(美元利率)	0.00	8.40%	-0.40%
净支出(日元利率)	4.90%	1.10%	0.00
市场融资成本	5.40%	10.00%	0.00
成本节约或收益	0.50%	0.50%	0.40%

（3）在外汇风险由 A 公司承担的情况下，A 公司、B 公司货币互换的基本结构如图 3 所示，货币互换交易三方成本节约或收益如表 3 所示。

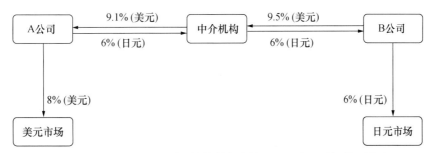

图 3　A 公司、B 公司货币互换的基本结构——A 公司承担外汇风险

表 3　货币互换交易三方成本节约或收益

项目	A 公司	B 公司	中介机构
收到(美元利率)	9.10%		9.50%
收到(日元利率)		6.00%	6.00%
支付(美元利率)	8.00%	9.50%	9.10%
支付(日元利率)	6.00%	6.00%	6.00%
净支出(美元利率)	-1.10%	9.50%	-0.40%
净支出(日元利率)	6.00%	0.00	0.00
市场融资成本	5.40%	10.00%	0.00
成本节约或收益	0.50%	0.50%	0.40%

图 3 与图 1 相比,B 公司的状况不变;中介机构确保了 0.4% 的美元利息收入,在日元上收支相抵;外汇风险由 A 公司承担,因为 A 公司不但要支付 8% 的美元利息,还要支付 6% 的日元利息,如果日元升值,则 A 公司的成本费用相应增加。

14. 解:

(1) 有无利率上限期权借款成本如表 1 所示。

表 1 有无利率上限期权借款成本

项目	2020.12.15	2021.06.15	2021.12.15	2022.06.15
起息日至付息日天数	183	182	183	182
LIBOR	8.50%	10.50%	11.50%	10.00%
买入利率上限期权				
期权费率	0.25%	0.25%	0.25%	0.25%
利差	0.00	0.50%	1.50%	0.00
实际借款成本	8.75%	10.25%	10.25%	10.25%
借款利息(万美元)	44.48	51.82	52.10	51.82
无利率上限期权借款利息(万美元)	43.21	53.08	58.46	50.56

表中:

如果付息日 LIBOR < 协定利率上限(10%),则利差 = 0;否则,利差 = 付息日 LIBOR − 协定利率上限。

借款实际成本 = LIBOR + 期权费率 − 利差

借款利息 = 借款实际成本 × $\dfrac{实际天数}{基础天数}$ × 名义本金

在本题中,基础天数按 360 天计算。

买入利率上限期权时第一个付息日的借款利息:

$$借款利息_1 = 8.75\% \times \dfrac{183}{360} \times 1\,000 = 44.48(万美元)$$

无利率上限期权时第一个付息日的借款利息:

$$借款利息_1 = 8.5\% \times \dfrac{183}{360} \times 1\,000 = 43.21(万美元)$$

其他各期付息日借款利息计算以此类推。

买入利率上限期权实际借款利息 = 44.48 + 51.82 + 52.10 + 51.82 = 200.22(万美元)

无利率上限期权实际借款利息 = 43.21 + 53.08 + 58.46 + 50.56 = 205.31(万美元)

买入利率上限期权借款利息节约额 = 205.31 − 200.22 = 5.09(万美元)

(2) 有无利率双限期权借款成本如表 2 所示。

表中:

如果付息日 LIBOR < 协定利率下限(8%),则利差(卖出卖权) = 协定利率上限 − 付息日 LIBOR;否则,利差 = 0。

其他各项目计算方法与表 1 相同。

买入利率双限期权实际借款利息 = 43.46 + 50.81 + 51.09 + 50.81 = 196.17(万美元)

无利率双限期权实际借款利息 = 43.21 + 53.08 + 58.46 + 50.56 = 205.31(万美元)

买入利率双限期权借款利息节约额 = 205.31 − 196.17 = 9.14(万美元)

表 2　有无利率双限期权借款成本

项目	2020.12.15	2021.06.15	2021.12.15	2022.06.15
起息日至付息日天数	183	182	183	182
LIBOR	8.50%	10.50%	11.50%	10.00%
买入利率双限期权				
期权费	0.05%	0.05%	0.05%	0.05%
利差(买入买权)	0.00	0.50%	1.50%	0.00
利差(卖出卖权)	0.00	0.00	0.00	0.00
实际借款成本	8.55%	10.05%	10.05%	10.05%
借款利息(万美元)	43.46	50.81	51.09	50.81
无双限期权借款利息(万美元)	43.21	53.08	58.46	50.56

比较表1和表2可知,公司采用利率双限期权降低了期权费,从而降低了借款利率和利息支付额。

五、案例分析题

1. "03三峡债"到期收益率计算结果如表1所示。

表 1　"03三峡债"到期收益率

	A	B	C	D
23	债券价值(元)	105.69		2020.08.11 收盘价
24	债券面值(元)	100		
25	息票率	4.86%		
26	债券期限(年)	30		
27	剩余期限(年)	12.9808	←=4 738/365	
28	所得税税率	20%		
29				
30	(1)"03三峡债"到期收益率			
31	日期	现金流量(税前)(元)	现金流量(税后)(元)	说明
32	2020.08.11	-105.69	-105.69	当天债券收盘价
33	2021.08.01	4.860	3.888	←=$B$24*$B$25*(1-$B$28)
34	2022.08.01	4.860	3.888	
35	2023.08.01	4.860	3.888	
36	2024.08.01	4.860	3.888	
37	2025.08.01	4.860	3.888	
38	2026.08.01	4.860	3.888	
39	2027.08.01	4.860	3.888	
40	2028.08.01	4.860	3.888	
41	2029.08.01	4.860	3.888	
42	2030.08.01	4.860	3.888	
43	2031.08.01	4.860	3.888	
44	2032.08.01	4.860	3.888	
45	2033.08.01	104.860	103.888	←=$B$24*$B$25*(1-$B$28)+B24
46	到期收益率	4.290%	3.348%	←=XIRR(C32:C45,$A$32:$A$45)

2、3. "03 三峡债"久期、修正久期、到期收益率上升对债券价值的影响计算过程和结果如表2所示。

表 2　"03 三峡债"久期、修正久期、到期收益率上升对债券价值的影响

	A	B	C
50	当前	2020.08.11	← = DATE(2020,8,11)
51	剩余期限(年)	12.9808	← = B27
52	到期日	2033.08.01	← = DATE(2020 + 1 + B51,8,1)
53	到期收益率	4.290%	← = B46
54	票面利率	4.86%	← = B25
55	债券面值(元)	100.00	← = B24
56	债券价值(元)	105.69	← = B23
57			
58	久期(年)*	9.9994	← = DURATION(B50,B52,B54,B53,1)
59	修正久期(年)	9.5881	← = B58/(1 + B53)
60	到期收益率上升	0.10%	10 个基点
61	债券价值变化百分比	-0.9588%	← = -B59 * B60
62	债券价值(元)	104.6766	← = B56 * (1 + B61)

* Excel 债券久期函数：= DURATION(结算日,到期日,票面利率,必要收益率,频率,基准)。

上述计算结果表明，"03 三峡债"久期为 9.9994 年，修正久期为 9.5881 年，如果债券到期收益率上升 0.10%，则债券价值将下降 0.9588%，债券价值由 105.69 元降为 104.6766 元 [105.69 × (1 - 0.9588%)]。

4. 如果债券到期收益率上升 10 个基点，则债券到期收益率 = 4.290% + 0.10% = 4.390%，根据债券价值基本计算公式计算债券现值，结果如表 3 所示。

表 3　债券现值

日期	剩余期限(年)	现金流量(元)	现值(元)(4.390%)
2020.08.11			
2021.08.01	0.9808	4.86	4.6595
2022.08.01	1.9808	4.86	4.4635
2023.08.01	2.9808	4.86	4.2758
2024.08.01	3.9808	4.86	4.0960
2025.08.01	4.9808	4.86	3.9237
2026.08.01	5.9808	4.86	3.7587
2027.08.01	6.9808	4.86	3.6007
2028.08.01	7.9808	4.86	3.4492
2029.08.01	8.9808	4.86	3.3042
2030.08.01	9.9808	4.86	3.1652
2031.08.01	10.9808	4.86	3.0321
2032.08.01	11.9808	4.86	2.9046
2033.08.01	12.9808	104.86	60.0347
现值合计			104.6679

从表 3 中可以看出，根据债券价值基本计算公式计算的债券现值为 104.6679 元，债券价

值下降了 0.9671%。两种方法计算结果的误差可视为凸度的影响。

5. "03 三峡债"久期对息票率的敏感性(剩余期限 = 12.9808 年,到期收益率 = 4.29%)如表 4 所示。

表 4　债券久期对债券息票率的敏感性

息票率(%)	久期(年)
0	12.9722
1	12.0186
2	11.3062
3	10.7539
4	10.3130
5	9.9530
6	9.6535
7	9.4004
8	9.1837
9	8.9961
10	8.8320

债券久期是债券息票率的减函数,息票率高的债券久期比较短,因为更多的现金流以利息支付形式提前出现。

6. "03 三峡债"久期对债券期限的敏感性(息票率 = 4.86%,到期收益率 = 4.29%)如表 5 所示。

表 5　债券久期对债券期限的敏感性

债券期限(年)	债券久期(年)
0.9808	0.9722
2.9808	2.8365
4.9808	4.5360
6.9808	6.0879
8.9808	7.5073
10.9808	8.8073
12.9808	9.9994
14.9808	11.0937
16.9808	12.0993
…	…
36.9808	18.6909
38.9808	19.1053

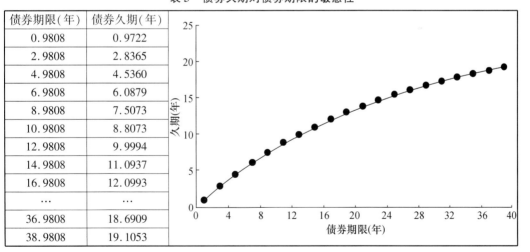

债券期限与债券久期正相关,但随着债券期限的延长,久期以减速度增长,所以期限较长债券的久期通常较长。这种关系并不直接,因为随着债券期限的延长,本金现值将下降。

7. "03 三峡债"久期对债券到期收益率的敏感性(息票率 = 4.86%,剩余期限 = 12.9808 年)如表 6 所示。

表 6　债券久期对债券到期收益率的敏感性

到期收益率(%)	债券久期(年)
1	10.5067
2	10.3586
3	10.2051
4	10.0464
5	9.8827
6	9.7143
7	9.5417
8	9.3652
9	9.1852
10	9.0022
11	8.8166
12	8.6289
13	8.4398
14	8.2496

债券的风险越大，投资者要求的收益率或到期收益率(折现率)就越高，在其他条件相同时，债券各期现金流量的折现现值就会越小，从而导致债券久期越短。

第十五章　公司并购与资产剥离

[关键知识点]

兼并和收购、横向并购、纵向并购、混合并购、内涵式扩张、外延式扩张、收入协同效应、成本协同效应、税赋协同效应、财务协同效应、并购价格、控制权溢价、现金对价、股票对价、资产剥离、股权分割、持股分立。

习题与案例

一、单项选择题

1. 两个或两个以上的公司通过合并创建一个新的公司称为(　　)。
   A. 创新合并　　　B. 吸收合并　　　C. 联合收购　　　D. 换股合并
2. 某汽车公司并购某石油公司,这种并购方式属于(　　)。
   A. 横向并购　　　B. 纵向并购　　　C. 混合并购　　　D. 向前并购
3. 紫金矿业出资购买甘肃礼县金矿100%的股权,这种并购方式属于(　　)。
   A. 横向并购　　　B. 纵向并购　　　C. 混合并购　　　D. 向前并购
4. 生产彩管的深圳赛格集团通过协议控股彩电生产公司深华发,又通过收购方式收购生产彩显玻壳的中康玻璃公司,这种并购方式属于(　　)。
   A. 横向并购　　　B. 纵向并购　　　C. 混合并购　　　D. 向前并购
5. 一家公司直接向目标公司股东提出购买他们手中持有的该公司股份的要约,以达到控制该公司的目的,这种并购行为属于(　　)。
   A. 强制并购　　　B. 要约收购　　　C. 混合并购　　　D. 协议收购
6. A公司拟并购B公司,并购前公司价值分别为V_A和V_B,并购后两家公司合并价值为V_{AB},如果V_{AB}大于(V_A+V_B),则其间的差额是并购的(　　)。
   A. 经济效应　　　B. 协同效应　　　C. 协作效应　　　D. 经营效应
7. 并购谋求财务协同效应,可以提高并购公司的(　　)。
   A. 融资能力　　　B. 经营能力　　　C. 经济实力　　　D. 合作能力
8. 大商集团通过并购快速进入东北地区日用品销售市场,这种并购效应主要是(　　)。
   A. 收入协同效应　　　　　　　　B. 成本协同效应
   C. 税赋协同效应　　　　　　　　D. 以上各项均是协同效应
9. 通过向上市公司注入优质资产取得上市资格,从而提高公司知名度的方式属于(　　)。
   A. 吸收合并　　　B. 协议收购　　　C. 借壳上市　　　D. 要约收购

10. 股票对价对并购双方股东的影响,直接表现为( )。
   A. 并购双方股东承担的风险相同
   B. 并购双方股东分享收益的情况相同
   C. 并购双方股东承担的风险不同
   D. 并购方股东承担了并购的风险

二、多项选择题

1. 根据并购的产业组织特征和行业特点,并购可以划分为( )。
   A. 现金并购
   B. 吸收股份式并购
   C. 横向并购
   D. 纵向并购
   E. 混合并购

2. 并购协同效应具体表现为( )。
   A. 收入协同效应
   B. 成本协同效应
   C. 税赋协同效应
   D. 财务协同效应
   E. 内涵式协同效应

3. 实现并购税赋协同效应的主要方式有( )。
   A. 并购一家亏损公司
   B. 提高产量、降低成本
   C. 并购一家上市公司
   D. 整合市场销售网络
   E. 利用尚未动用的举债能力

4. 并购方通常根据现行市价加上一定比例的溢价支付购买价格,采用溢价并购的观点主要有( )。
   A. 控制权溢价论
   B. 价值增值分配论
   C. 诱饵论
   D. 目标公司价值增加
   E. 目标公司风险降低

5. 与一般价值评估相比,并购价值评估的风险比较大,其风险程度可能取决于( )。
   A. 并购方所获信息的质量
   B. 目标公司是否为上市公司
   C. 筹备并购所花费的时间
   D. 并购行动是敌意还是善意
   E. 对目标公司的审核与估价是否合理

6. 下列关于并购中的现金对价方式的说法中正确的有( )。
   A. 如果并购后的净现值大于零,那么这种并购活动就是可行的
   B. 并购双方股东承担并购的风险
   C. 由并购方支付一定数量的现金,从而取得目标公司的所有权
   D. 通过向目标公司股东增发本公司股票来换取目标公司股东并购前持有的股票
   E. 现金对价的资金可以通过股票融资获取

7. 换股比率的确定对并购各方股东权益的影响主要体现在( )。
   A. 稀释主要股东对并购公司的控制能力
   B. 可能摊薄并购公司的每股收益
   C. 目标公司股东持股比例保持不变
   D. 可能降低并购公司每股净资产
   E. 并购公司股东持股比例保持不变

8. 资产剥离的价值来源体现在( )。
   A. 核心竞争力效应
   B. 信息效应
   C. 市场形象效应
   D. 消除负协同效应
   E. 分割效应

9. 下列各项中,属于资产剥离具体形式的有( )。
   A. 合并　　　　　B. 出售　　　　　C. 兼并　　　　　D. 分立
   E. 收购
10. 分立可以看作一种特殊形式的剥离,分立的具体形式有( )。
   A. 要约分立　　　B. 资产拍卖　　　C. 股权分割　　　D. 持股分立
   E. 资产出售

三、判断题

1. 要约收购是指一家公司直接向目标公司股东提出购买他们手中持有的该公司股份的要约,达到控制该公司目的的行为。　　　　　　　　　　　　　　　　　(　)
2. 纵向并购的公司之间直接的竞争关系是供应商和需求商之间的关系。　　(　)
3. 并购可以通过换股方式获得公司扩张的资本来源,降低公司的财务风险。　(　)
4. 并购中可以利用尚未动用的举债能力,获得税赋协同效应。　　　　　　(　)
5. 根据罗尔的自负假说,并购公司竞价超过目标公司真实价值的原因在于并购公司管理者的风险规避行为。　　　　　　　　　　　　　　　　　　　　　　　(　)
6. 如果并购方相信并购后可以获得更多的协同效应,则应采用股票对价。　(　)
7. 并购中采用部分或全部股票对价可以由主要公司承担并购后的风险。　　(　)
8. 股权分割是指公司创设一家子公司,并将其股份按比例分配给公司的股东。(　)
9. 持股分立是指公司公开出售子公司的部分股票,从而将子公司的股权从母子公司的联合实体中分离出来。　　　　　　　　　　　　　　　　　　　　　　　(　)
10. 如果并购是为了将目标公司分拆出售,则以现金流量折现法较为合理。　(　)

四、计算分析题

1. 甲公司拟并购乙公司,公司价值按市场价值法估算。并购前相关资料如下:甲公司股票每股市价45元,普通股股数250万股,公司市场价值11 250万元;乙公司股票每股市价20元,普通股股数150万股,公司市场价值3 000万元。预计两家公司合并后由于经营效率提高,存续甲公司的价值将达到14 500万元,经并购双方协商,乙公司股东愿意以3 150万元的价格出售该公司。

要求:

(1) 假定甲公司拟采用现金对价方式并购乙公司,预计并购发生的交易成本为80万元,请计算并购的协同效应、并购溢价、并购净现值,并为甲公司做出决策。

(2) 假定甲公司拟采用股票对价方式并购乙公司,预计并购发生的交易成本为90万元,请计算甲公司增发的股票数量,甲、乙公司换股比率,并购净现值,并为甲公司做出决策。

2. 根据上题的相关资料,在不考虑并购交易成本的情况下,分别计算采用现金对价和股票对价方式后并购双方股东价值,以及并购为双方股东创造的价值;如果并购后存续甲公司的价值实际为14 600万元,分别计算并购双方股东价值以及并购为双方股东创造的价值。

3. 从事日用品生产的A公司董事会正在考虑并购同行业的B公司,并购通过换股方式实现,相关信息如下表所示,A公司拟以高于B公司市价15%的溢价进行并购。

并购时 A、B 公司相关资料

项目	A 公司	B 公司
净利润(万元)	6 000	4 000
普通股股数(万股)	3 000	1 600
每股收益(元)	2.0	2.5
市盈率(倍)	20.0	8.0

要求：

(1) 计算换股比率，并确定 A 公司需增发的普通股股数。

(2) 如果并购后预计 A、B 公司的收益分别增长 10% 和 5%，计算并购后 A 公司的每股收益。

(3) 若并购后 A 公司的市盈率为 16 倍，计算其每股市价。

4. 东方公司正在评估并购西南公司的方案，西南公司未来两年预计利润表简表如下表所示。西南公司的投资刚好抵消折旧，同时保持财务杠杆(负债/股东权益)为 2∶3，西南公司的股权资本成本为 18%。东方公司和西南公司税前借款利率均为 10%，所得税税率均为 25%，股利支付率均为 100%。东方公司资本全部为股权资本，其资本成本为 16%，如果东方公司目前并购西南公司，则两年后东方公司预计会将该资产以 550 000 元的价格出售。计算股利、资产和负债价值时，应充分考虑其对应的风险水平。

西南公司未来两年预计利润表简表 单位:元

项目	并购后第 1 年	并购后第 2 年
收入	550 000	620 000
成本	385 000	550 000
折旧	50 000	40 000
息税前利润	115 000	30 000
利息	15 000	15 000
利润总额	100 000	15 000
所得税	25 000	3 750
净利润	75 000	11 250

要求：

(1) 计算东方公司两年内预计收到的西南公司股利的价值。

(2) 计算东方公司两年后预计出售西南公司这项资产的价值。

(3) 计算东方公司两年后预计出售西南公司时应清偿的债务价值。

(4) 计算东方公司目前并购西南公司所能支付的最高价款。

5. 甲公司拟采用股票对价方式并购乙公司，目前甲公司的股票市价为 40 元/股，普通股股数为 1 000 万股；乙公司的股票市价为 24 元/股，普通股股数为 400 万股，每股收益为 0.7 元。预计并购后甲公司稀释后的每股收益为 1.2 元。

要求：

(1) 计算并购后甲公司的预计净利润。

(2) 根据每股收益，你认为乙公司是否应该接受此次并购？

6. A 公司拟以发行股票方式并购 B 公司,A、B 公司的股票面值均为 1 元,其他相关信息如下表所示。

并购时 A、B 公司相关资料

项　目	A 公司	B 公司
净利润(万元)	3 400	720
普通股股数(万股)	1 700	480
市盈率(倍)	10	8

并购成功后,由于规模效应,预计 A 公司每年的费用将减少 400 万元,销售收入将增加 1 200 万元,A 公司的销售利润率为 15%,所得税税率为 25%。B 公司同意将其股票以其目前市价 20% 的溢价由 A 公司以其股票相交换。

要求:

(1) 若并购后 B 公司的净利润保持不变,计算并购后 A 公司的每股收益和 B 公司的每股收益,并做简要分析。

(2) 若并购后 A 公司的市盈率为 12 倍,计算其每股市价。

(3) 若并购后 A 公司保持 70% 的股利支付率,计算市盈率为 12 倍时的股利收益率(每股股利/每股市价)。

(4) 若并购后确保 B 公司每股收益不变,计算换股比率。

7. 甲公司正在评估并购乙公司的一项收购案。甲公司预测未来并购成功以后将会带来每年 160 万元的税后增量现金流量。甲、乙公司目前的市场价值分别为 4 000 万元和 2 000 万元。与增量现金流量相关的综合资本成本为 16%。

要求:

(1) 计算甲、乙公司并购的协同效应(假设永续经营)。

(2) 如果甲公司拟准备以 2 700 万元现金并购乙公司,计算并购的溢价和净现值。

(3) 如果甲公司拟准备将其股票的 35% 支付给乙公司股东,计算并购的溢价和净现值。

(4) 请问甲公司应首选何种对价方式完成并购?简要说明理由。

8. 假设 M 公司预期销售收入为 30 000 万元,投入资本为 6 000 万元,投入资本收益率为 10%,折旧等非现金费用为投入资本的 12%,经营性营运资本追加额为销售收入的 2%,资本支出净额为投入资本的 5%,资本成本为 10%,预期增长率为 5%。为扩大资产规模,增加公司价值,M 公司拟有内涵式扩张和外延式扩张两种投资方式可供选择。

(1) 内涵式扩张方式采取自我投资 400 万元建设一条产品生产线,预期销售收入为 2 000 万元,假设投入资本收益率、折旧占投入资本比例、经营性营运资本追加额占销售收入比例、资本支出净额占投入资本比例、资本成本、预期增长率等指标保持不变。

(2) 外延式扩张方式采取并购一家 N 公司来实现,目标公司价值增长模式与并购公司内部增长模式相同,并购后可使目标公司的投入资本收益率由 10% 提高至 15%,并购价格为 700 万元,其他变量保持不变。

要求:

(1) 假设不考虑最低现金持有量,计算投资前 M 公司当前的自由现金流量,并采用稳定增长模型计算并购前公司价值。

(2) 在持续经营的条件下,计算内涵式扩张方式下 M 公司价值的增加额。

(3) 在持续经营的条件下,计算外延式扩张方式下 M 公司价值的增加额。

(4) 为 M 公司做出投资决策,并简要说明理由。

9. 甲公司欲并购乙公司。如果并购成功,则预计协同效应为 200 万元。乙公司当前有 20 万股普通股,每股市价为 68 元。甲公司拟采用股票对价和现金对价两种方式实施并购,其中 12 万股股票对价为每股 75 元,余下现金对价为每股 60 元。

要求:

(1) 如果并购成功,计算甲公司的并购净现值。

(2) 如果甲公司的股票对价为 78 元、现金对价为 52 元,则乙公司的股东是否会接受此并购价格?甲公司的最低出价应为多少?

10. 正大公司 2021 年年末拟并购威远公司 100% 股权,以开拓市场。正大公司准备聘请中介机构对威远公司进行估价,相关资料如下:

(1) 威远公司 2021 年度的财务报告显示,该公司 2021 年度的主营业务收入为 3 000 万元,主营业务成本率为 60%,销售、管理及财务费用率为 10%,公司所得税税率为 25%,经营性营运资本追加额占主营业务收入的比率为 1%。假定上述比率在预测期保持不变。

(2) 预测并购后威远公司的各年主营业务收入情况如下:2022—2024 年主营业务收入增长率分别为 7%、8% 和 9%,2024 年以后主营业务收入增长率维持在 4% 不变。

(3) 威远公司 2021—2024 年的折旧费分别为 35 万元、32 万元、29 万元和 26 万元;各年追加的固定资产投资分别为 60 万元、65 万元、58 万元和 55 万元;不考虑最低现金持有量。

(4) 根据测算,预测期的资本成本为 10%,存续期的资本成本为 8%。

(5) 威远公司自由现金流量在 2024 年以后保持固定增长速度,其增长率与主营业务收入增长率相同。

要求:

(1) 预测威远公司 2022—2024 年各年自由现金流量,根据公司自由现金流量稳定增长率计算 2025 年公司自由现金流量。

(2) 计算威远公司的价值。

(3) 如果威远公司并购时核实的负债账面价值为 1 000 万元,计算正大公司愿意支付的最高价格。

五、案例分析题

美的集团收购小天鹅:定价与收购目的①

2018 年 10 月 24 日晚,美的集团发布公告,拟以发行 A 股方式,换股吸收合并小天鹅,即美的集团向小天鹅除美的集团及 TITONI INVESTMENTS DEVELOPMENT LTD(以下简称"TITONI")外的所有换股股东发行股票,交换该等股东所持有的小天鹅 A 股股票及小天鹅 B 股股票。交易作价合计 143.83 亿元,对应的小天鹅市值 303.85 亿元。美的集团及 TITONI 所持有的小天鹅 A 股及 B 股股票不参与换股,该等股票将在本次换股吸收合并后予以注销。

本次换股吸收合并完成后,小天鹅将终止上市并注销法人资格,美的集团或其全资子公司将承继及承接小天鹅的全部资产、负债、业务、人员、合同及其他一切权利与义务。美的集

---

① 本案例改编自美的集团关于收购小天鹅发布的相关公告及网上相关资料。本案例的目的主要是帮助学生了解实务界并购定价及并购动因等理论与实务问题。

团因本次换股吸收合并所增发 A 股股票将申请在深交所主板上市流通。

本次换股吸收合并不会导致实际控制人变更,不构成美的集团重大资产重组及关联交易,构成小天鹅重大资产重组及关联交易,不构成重组上市。

1. 美的集团收购小天鹅历程

始建于 1958 年的小天鹅最早是一家国有企业。1978 年,中国第一台全自动洗衣机就在这里诞生。2008 年,小天鹅经历了历史上的一次重大变革,美的电器(2013 年更名为美的集团)以 16.8 亿元收购了该公司 24.01% 的股权,成为公司控股股东,小天鹅也由一家国有企业变成了民营企业。经过 2008 年收购、2010 年资产注入、2014 年溢价收购,美的集团已逐步将持股比例提升至 52.67%。2018 年,美的集团又开启了对小天鹅的全股份收购。美的集团收购小天鹅的历程如图 1 所示。

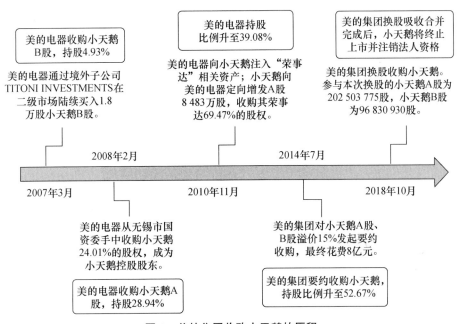

图 1 美的集团收购小天鹅的历程

2. 美的集团换股吸收合并小天鹅方案要点

(1) 换股吸收合并的发行对象。本次换股吸收合并的发行对象为截至换股股权登记日收市后登记在册的除美的集团及 TITONI 外的小天鹅的下列股东:未申报、部分申报、无权申报或无效申报行使现金选择权的小天鹅全体 A、B 股股东;向行使现金选择权的小天鹅股东支付现金的现金选择提供方。

(2) 换股价格及换股比率。本次换股吸收合并中,美的集团于定价基准日前 20 个交易日股票交易均价为 42.04 元/股;小天鹅 A 股于定价基准日前 20 个交易日股票交易均价为 46.28 元/股,并在此基础上给予 10% 的溢价率,即 50.91 元/股;小天鹅 B 股于定价基准日前 20 个交易日股票交易均价为 37.24 港元/股,并在此基础上给予 30% 的溢价率,即 48.41 港元/股,采用 B 股停牌前一个交易日即 2018 年 9 月 7 日中国人民银行公布的人民币兑换港币的中间价(1 港币 = 0.8690 人民币)进行折算,折合人民币 42.07 元/股。换股价格如表 1 所示。

表1　换股价格

交易方	定价基准日前20个交易日股票交易均价	溢价率	换股价格
合并方			
美的集团	42.04元/股	0	42.04元/股
被合并方			
小天鹅A	46.28元/股	10%	50.91元/股
小天鹅B	37.24港元/股	30%	42.07元/股

若美的集团自定价基准日起至换股实施日发生派送现金股利、股票股利、资本公积金转增股本、配股等除权除息事项，则上述换股价格将做相应调整。同样，若小天鹅自定价基准日起至换股实施日发生派送现金股利、股票股利、资本公积金转增股本、配股等除权除息事项，则上述换股价格将做相应调整。①

小天鹅A股换股比率
＝小天鹅A股换股价格/公司本次换股吸收合并的股票发行价格
＝50.91/42.04＝1.2110

根据上述发行价格和换股价格，小天鹅A股的换股比率为1∶1.2110，即每1股小天鹅A股股票可以换得1.2110股美的集团本次发行的A股股票。

同样，小天鹅B股的换股比率为1∶1.0007，即每1股小天鹅B股股票可以换得1.0007股美的集团股票。据此可以得到此次换股股数，如表2所示。

表2　换股股数

	小天鹅A股	小天鹅B股
截至本次董事会决议公告日的股数	441 451 892股	191 035 872股
除美的集团直接及间接持有的小天鹅股份外，参与本次换股的股数	202 503 775股	96 830 930股

参照本次换股比率计算，美的集团为本次换股吸收合并发行的股份数量合计为342 130 784股（202 503 775×1.2110＋96 830 930×1.0007）。

根据表1和表2计算的交易价格为143.83亿元，即：

交易价格＝小天鹅A股换股价格×小天鹅A股股数（除美的集团持有的股份）＋
　　　　　小天鹅B股换股价格×小天鹅B股股数（除TITONI持有的股份）
　　　　＝50.91×2.02503775＋42.07×0.9683093
　　　　＝143.83（亿元）

在表1中，为何A股换股价格较基准日溢价10%，而B股换股价格较基准日溢价30%？并购财务顾问给予的解释是：两者溢价存在差异的原因在于充分考虑了B股市场的特殊性，

---

① 2019年6月，美的集团发布公告，在小天鹅中期利润分配方案以及美的集团2018年年度利润分配方案实施完毕后，本次换股吸收合并涉及的换股价格、换股比率等事项进行如下调整：① 小天鹅A股的换股价格由50.91元/股调整为46.91元/股，小天鹅B股的换股价格由42.07元/股调整为38.07元/股。② 美的集团的股票发行价格由42.04元/股调整为40.74元/股。③ 小天鹅A股的换股比率调整为1∶1.15144821，即每1股小天鹅A股股票可换得1.15144821股美的集团股票，小天鹅B股的换股比率调整为1∶0.93446244，即每1股小天鹅B股股票可换得0.93446244股美的集团股票。

缩小了两市估值差异。

出于历史原因,B股市场近年来交易冷淡,B股公司股价较A股价格普遍存在较大折价。截至2018年9月7日,上交所共计44家A+B上市公司的A股股价较B股股价平均溢价64.25%,深交所共计38家A+B上市公司A股股价较B股股价平均溢价87.14%,上交所及深交所共计82家A+B上市公司A股股价较B股股价平均溢价74.86%。

2018年9月7日,小天鹅A股及B股的收盘价分别为46.50元/股、36.17港元/股,A股收盘价较B股收盘价溢价47.94%。本次交易中,小天鹅A股及B股的换股价格分别为50.91元/股、48.41港元/股,分别较其定价基准日前20个交易日股票交易均价溢价10%、30%,小天鹅A股换股价格较B股换股价格虽仍有21.01%溢价,但相对价差较定价基准日前最后收盘价已有所缩小,充分考虑了市场和历史因素,兼顾了小天鹅A股及B股投资者利益。

(3)异议股东收购请求权和现金选择权。本次换股吸收合并将由美的集团向公司异议股东提供收购请求权。公司异议股东收购请求权价格以定价基准日前1个交易日的收盘价40.30元/股的90%确定,即36.27元/股,公司异议股东可以在收购请求权申报期自行选择以其持有的公司股票按36.27元/股的价格全部或部分申报行使收购请求权。

本次换股吸收合并将由美的集团作为小天鹅A股异议股东现金选择权提供方。小天鹅A股异议股东的现金选择权价格以小天鹅A股定价基准日前1个交易日的收盘价46.50元/股的90%确定,即41.85元/股;小天鹅B股异议股东的现金选择权价格以小天鹅B股定价基准日前1个交易日的收盘价36.17港元/股的90%确定,即32.55港元/股。

异议股东回购请求权和现金选择权价格如表3所示。

表3 异议股东回购请求权和现金选择权价格

美的集团	收购请求权	定价基准日前1个交易日的收盘价40.30元/股的90%	36.27元/股
小天鹅A	现金选择权	定价基准日前1个交易日的收盘价46.50元/股的90%	41.85元/股
小天鹅B	现金选择权	定价基准日前1个交易日的收盘价36.17港元/股的90%	32.55港元/股(折合人民币28.29元/股)*

*采用B股停牌前1个交易日即2018年9月7日中国人民银行公布的人民币兑换港币的中间价(1港币=0.8690人民币)进行折算。

若美的集团(包括其下属公司)作为现金选择权提供方,则其受让的小天鹅A股和小天鹅B股股票不参与换股,将在本次换股吸收合并后予以注销。若由无关联第三方作为现金选择权提供方,则现金选择权提供方通过现金选择权而受让的小天鹅A股和小天鹅B股股票将在本次换股吸收合并方案实施日全部按换股比率转换为美的集团为本次换股吸收合并所发行的A股股票。

根据《深圳证券交易所上市公司现金选择权业务指引》,现金选择权是指当上市公司拟实施资产重组、合并、分立等重大事项时,相关股东按照事先约定的价格在规定期限内将其所持有的上市公司股份出售给第三方或者上市公司的权利。因此,现金选择权在功能上是为资产重组、合并、分立等事项中持异议的股东提供一个出售股份取得现金并退出公司的机会。《深圳证券交易所上市公司现金选择权业务指引》并未对现金选择权价格做出限定。在吸收合并交易中,异议股东有权通过行使现金选择权退出,其退出所得具有确定性,承担的风险相对较小,因此异议股东现金选择权价格通常低于换股价格。

美的集团发布重组预案后,深交所随后发布问询,要求美的集团对以下两个问题进行论证。

问题1 请结合美的集团于2014年要约收购小天鹅、小天鹅近年来财务状况和经营成果等情况,并进一步广泛选取市场案例,说明以定价基准日前20个交易日股票交易均价为确定换股价格基础的合理性,小天鹅A股换股价格溢价10%、B股换股价溢价30%的合理性,并分别从美的集团、小天鹅角度论证定价机制是否充分保护了投资者的合法权益,即是否符合美的集团和小天鹅双方股东利益。

问题2 请结合美的集团、小天鹅的经营现状,对比分析换股吸收合并前后情况,进一步说明本次换股吸收合并的必要性,以及对两家公司的生产经营、品牌延续、上下游关系维护等的影响。

要求:请上网查阅美的集团的复函及相关资料,总结说明深交所提出的两个问题。

参 考 答 案

一、单项选择题

1. A   2. C   3. A   4. B   5. B
6. B   7. A   8. D   9. C   10. C

二、多项选择题

1. CDE   2. ABCD   3. AE   4. ABC   5. ABCDE
6. ACE   7. ABD   8. ABCD   9. BD   10. CD

三、判断题

1. √   2. ×   3. √   4. √   5. ×
6. ×   7. ×   8. √   9. √   10. ×

四、计算分析题

1. 解:

(1) 并购的协同效应 = 14 500 − 11 250 − 3 000 = 250(万元)

并购溢价 = 3 150 − 3 000 = 150(万元)

并购净现值 = 14 500 − (11 250 + 3 000) − 150 − 80 = 20(万元)

由于并购净现值为20万元,大于零,因此甲公司应该并乙公司。

(2) 设甲公司增发的股票数量为 β,则:

$$\frac{31\,500\,000}{145\,000\,000} = \frac{\beta}{2\,500\,000 + \beta}$$

解得:

$$\beta = 693\,833(股)$$

甲、乙公司换股比率 = 693 833∶1 500 000 = 0.4626∶1

并购净现值 = 14 500 − (11 250 + 3 000) − (3 150 − 3 000) − 90 = 10(万元)

由于并购净现值为 10 万元,大于零,因此甲公司应该并购乙公司。

2. 解:

并购价值如下表所示。

并购价值计算表　　　　　　　　　　　　　　　　　　金额单位:万元

项目	预计协同效应 = 250	实际协同效应 = 350
并购后公司价值	14 500	14 600
现金对价方式		
并购方股东价值	11 350	11 450
目标公司股东价值	3 150	3 150
并购后价值创造		
并购方股东价值创造	100	200
目标公司股东价值创造	150	150
股票对价方式		
并购后股数(万股)	319.3833	319.3833
原甲公司股东持有股数(万股)	250	250
原乙公司股东换股数(万股)	69.3833	69.3833
并购后股价(元/股)	45.40	45.71
并购方股东价值	11 350	11 428
目标公司股东价值	3 150	3 172
并购后价值创造		
并购方股东价值创造	100	178
目标公司股东价值创造	150	172

3. 解:

(1) A 公司的每股市价 = 20 × 2 = 40(元)

　　B 公司的每股市价 = 8 × 2.5 = 20(元)

　　换股比率 = $\dfrac{20 \times (1 + 15\%)}{40}$ = 0.575

　　A 公司需增发的普通股股数 = 1 600 × 0.575 = 920(万股)

(2) 并购后 A 公司的每股收益 = $\dfrac{6\,000 \times (1 + 10\%) + 4\,000 \times (1 + 5\%)}{3\,000 + 920}$ = 2.76(元)

(3) 并购后 A 公司每股市价 = 2.76 × 16 = 44.16(元)

4. 解:

(1) 股利价值 = $\dfrac{75\,000}{(1 + 18\%)} + \dfrac{11\,250}{(1 + 18\%)^2}$ = 71 638.89(元)

(2) 西南公司加权平均资本成本 = 18% × 3/5 + 10% × (1 − 25%) × 2/5 = 13.8%

　　资产价值 = $\dfrac{550\,000}{(1 + 13.8\%)^2}$ = 424 695.99(元)

(3) 债务价值 = $\dfrac{550\,000 \times 2/5}{(1 + 10\%)^2}$ = 181 818.18(元)

(4) 东方公司支付的最高价款(未来现金流量现值)

　　 = 71 638.89 + 424 695.99 − 181 818.18 = 314 516.70(元)

5. 解:

(1) 并购后的预计净利润计算如下:

$$换股比率 = \frac{24}{40} = 0.6$$

设预计净利润为 X,依据题意:

$$\frac{X}{1\,000 + 400 \times 0.6} = 1.2$$

解得:

$$X = 1\,488(万元)$$

(2) 并购后乙公司的每股收益 $= 1.2 \times 0.6 = 0.72(元)$

因为并购后乙公司的每股收益将增长 0.02 元(0.72 - 0.7),所以乙公司会同意并购。

6. 解:

(1) B 公司的每股市价 $= \frac{720}{480} \times 8 = 12(元)$

B 公司每股收购价格 $= 12 \times (1 + 20\%) = 14.4(元)$

A 公司的每股市价 $= \frac{3\,400}{1\,700} \times 10 = 20(元)$

换股比率 $= \frac{14.4}{20} = 0.72$

并购后的预计收益 $= 3\,400 + (400 + 1\,200 \times 15\%) \times (1 - 25\%) + 720 = 4\,555(万元)$

并购后 A 公司的每股收益 $= \frac{4\,555}{1\,700 + 480 \times 0.72} = 2.23(元)$

并购前 A 公司的每股收益 $= 3\,400 \div 1\,700 = 2(元)$

并购后 B 公司的每股收益 $= 2.23 \times 0.72 = 1.61(元)$

并购前 B 公司的每股收益 $= 720 \div 480 = 1.5(元)$

A 公司实施并购后每股收益将提高 0.23 元(2.23 - 2),而被并购后 B 公司的每股收益将提高 0.11 元(1.61 - 1.5)。

(2) 并购后 A 公司的每股市价 $= 2.23 \times 12 = 26.76(元)$

(3) 每股股利 $= \frac{4\,555 \times 70\%}{1\,700 + 480 \times 0.72} = 1.56(元)$

股票收益率 $= \frac{1.56}{26.76} = 5.83\%$

(4) 设并购后确保 B 公司每股收益不变时的换股比率为 R,则:

$$\frac{4\,555}{1\,700 + 480 \times R} \times R = 1.5$$

解得:

$$R = 0.66$$

7. 解:

(1) 并购的协同效应 $= \frac{160}{16\%} = 1\,000(万元)$

(2) 现金对价方式下并购溢价 $= 2\,700 - 2\,000 = 700(万元)$

现金对价方式下并购净现值 $= 1\,000 - 700 = 300(万元)$

(3) 股票对价方式下35%股票的价值 = (4 000 + 2 000 + 1 000) × 35% = 2 450(万元)

股票对价方式下并购溢价 = 2 450 - 2 000 = 450(万元)

股票对价方式下并购净现值 = 1 000 - 450 = 550(万元)

(4) 甲公司应该首选股票对价方式,因为此方式下并购净现值比现金对价方式多250万元(550 - 300)。

8. 解:

(1) M公司当前自由现金流量 = 6 000 × 10% + 6 000 × 12% - 30 000 × 2% - 6 000 × 5% = 420(万元)

$$M公司并购前公司价值 = \frac{420 \times (1 + 5\%)}{10\% - 5\%} = 8\,820(万元)$$

(2) 内涵式扩张方式下,M公司价值的增加额计算如下:

M公司自由现金流量 = 400 × 10% + 400 × 12% - 2 000 × 2% - 400 × 5% = 28(万元)

$$M公司自由现金流量现值 = \frac{28 \times (1 + 5\%)}{10\% - 5\%} = 588(万元)$$

M公司价值增加额 = 588 - 400 = 188(万元)

(3) 外延式扩张方式下,M公司价值的增加额计算如下:

M公司自由现金流量 = 400 × 15% + 400 × 12% - 2 000 × 2% - 400 × 5% = 48(万元)

$$M公司自由现金流量现值 = \frac{48 \times (1 + 5\%)}{10\% - 5\%} = 1\,008(万元)$$

M公司价值增加额 = 1 008 - 700 = 308(万元)

(4) M公司应选择并购N公司来完成投资,因为这样M公司价值会增加120万元(308 - 188)。

9. 解:

(1) 甲公司并购乙公司的价格 = 12 × 75 + (20 - 12) × 60 = 1 380(万元)

并购前乙公司的市场价值 = 20 × 68 = 1 360(万元)

并购溢价 = 1 380 - 1 360 = 20(万元)

并购净现值 = 200 - 20 = 180(万元)

(2) 甲公司并购乙公司的价格 = 12 × 78 + (20 - 12) × 52 = 1 352(万元)

由于改变出价后并购的价格低于乙公司的总市值(1 360万元),因此该公司的股东不会接受此并购价格。甲公司的最低出价应为乙公司的市场价值1 360万元。

10. (1)(2)(3) 计算过程如下表所示。

威远公司自由现金流量及公司价值　　　　　　　　　　　　　　单位:万元

项目	实际 2021年	预测期			存续期
		2022年	2023年	2024年	
主营业务收入	3 000.00	3 210.00	3 466.80	3 778.81	
主营业务成本	1 800.00	1 926.00	2 080.08	2 267.29	
销售、管理及财务费用	300.00	321.00	346.68	377.88	
其中:折旧费	35.00	32.00	29.00	26.00	
税前利润	900.00	963.00	1 040.04	1 133.64	

(单位:万元)(续表)

项目	实际 2021 年	预测期			存续期
		2022 年	2023 年	2024 年	
所得税	225.00	240.75	260.01	283.41	
税后净经营利润	675.00	722.25	780.03	850.23	
折旧费	35.00	32.00	29.00	26.00	
经营性营运资本追加额	30.00	32.10	34.67	37.79	
固定资产追加额	60.00	65.00	58.00	55.00	
自由现金流量(FCFF)	620.00	657.15	716.36	783.44	814.78
存续期 FCFF 价值$_{2024}$				20 369.56	
公司自由现金流量	620.00	657.15	716.36	21 153.00	
威远公司价值	17 082.01				
威远公司负债账面价值	1 000.00				
威远公司股权价值	16 082.01				

正大公司愿意支付的最高价格 = 17 082.01 - 1 000 = 16 082.01(万元)

五、案例分析题

问题 1 定价合理性分析。

为了分析换股吸收合并定价合理与否,首先对美的集团、小天鹅 2014—2017 年的营业收入及其增长率、净利润及其增长率、总资产及其增长率、净资产及其增长率进行趋势分析。2014—2017 年,美的集团及小天鹅营业收入及其增长率如图 1、归母净利润及其增长率如图 2 所示。

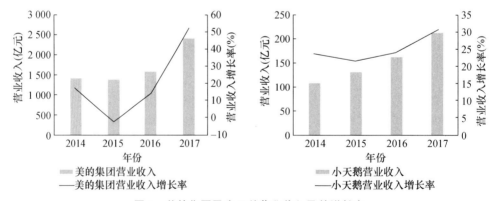

图 1 美的集团及小天鹅营业收入及其增长率

2014—2017 年,美的集团营业收入平均年增长率为 20.34%,小天鹅营业收入平均年增长率为 25.16%,二者平均年增长率相近;美的集团归母净利润平均年增长率为 37.94%,小天鹅归母净利润平均年增长率为 39.15%,二者平均年增长率相近。

2014—2017 年,美的集团及小天鹅总资产及其增长率如图 3、净资产及其增长率如图 4 所示。

2014—2017 年,美的集团总资产平均年增长率为 27.26%,小天鹅总资产平均年增长率

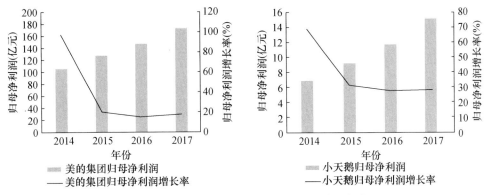

图 2　美的集团及小天鹅归母净利润及其增长率

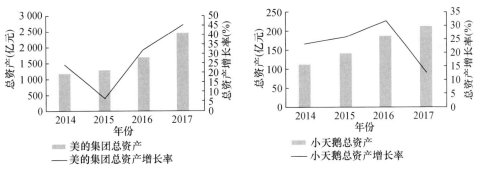

图 3　美的集团及小天鹅总资产及其增长率

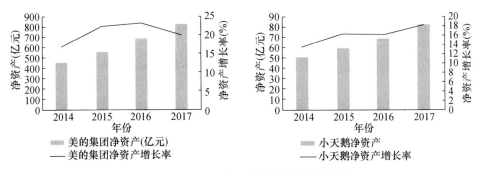

图 4　美的集团及小天鹅净资产及其增长率

为 23.53%，二者平均年增长率相近；美的集团净资产平均年增长率为 20.72%，小天鹅净资产平均年增长率为 16.04%，二者平均年增长率相近。

根据以上分析可以发现，近年来，小天鹅与美的集团的营业收入、归母净利润、总资产、净资产的平均年增长率相近。美的集团、小天鹅作为业绩优良的上市公司，资本市场关注度较高，历史股价已公允反映了其近年业绩及增长趋势。本次交易完成后，小天鹅 A 股、B 股股东参考 2017 年每股收益（未经审计）将分别增厚 33.88%、10.63%，这表明本次换股吸收合并的定价机制已充分考虑换股双方近年的业绩表现。

1. 美的集团两次收购小天鹅定价比较

2014年7月1日,小天鹅公告《无锡小天鹅股份有限公司要约收购报告书》,美的集团宣布自2014年7月3日起向除美的集团及TITONI外的小天鹅全体流通股股东发出部分要约,按10.75元/股的价格收购其所持有的小天鹅A股股份,按10.43港元/股的价格收购其所持有的小天鹅B股股份,预定要约收购数量为126 497 553股,占小天鹅总股本的20%。由于小天鹅2013年度权益分派,小天鹅A股要约收购价格相应调整为10.45元/股,小天鹅B股要约收购价格相应调整为10.05港元/股。

该次要约收购完成后,美的集团直接和间接持有小天鹅333 153 059股股份,占小天鹅总股本的52.67%,美的集团仍为小天鹅的控股股东。

2014年小天鹅要约价格与本次小天鹅换股价格对应的估值水平对比如表1所示。

表1 美的集团收购小天鹅的要约/换股价格

项目	要约/换股价格	市盈率	市销率	市净率
2014年小天鹅A要约价格	10.75元/股	16.54	0.78	1.74
2014年小天鹅B要约价格	10.43港元/股	12.57	0.59	1.33
本次小天鹅A换股价格	50.91元/股	21.38	1.51	4.57
本次小天鹅B换股价格	48.41港元/股	16.99	1.20	3.63

经对比,本次换股吸收合并中小天鹅A股、B股的换股价格对应的估值水平显著高于2014年对小天鹅A股、B股要约收购的要约价格。此外,要约收购系现金收购,小天鹅股东通过接受要约实现退出,其核心考虑因素是要约收购价格。本次换股吸收合并采取的是换股方式,小天鹅股东通过换股成为美的集团股东,影响投资者决策的因素更为复杂,包括但不限于合并双方换股溢价率、对合并双方的估值水平及后续投资价值的判断等。因此,本次换股吸收合并与2014年要约收购的交易本质存在较大差异,可比性较弱。

2. 美的集团换股价格的确定依据

(1) 市场参考价格。根据《上市公司重大资产重组管理办法》(2016年修订)(以下简称《重组管理办法》)第四十五条的规定,上市公司发行股份的价格不得低于发行股份购买资产的董事会决议公告日前20个交易日、60个交易日或者120个交易日公司股票交易均价的90%。根据《重组管理办法》,美的集团和小天鹅可供选择的市场参考价如表2所示。

表2 美的集团、小天鹅可供选择的市场参考价

停牌前交易日	美的集团 A股(元/股)	小天鹅	
		A股(元/股)	B股(港元/股)
停牌前20个交易日均价	42.04	46.28	35.24
停牌前60个交易日均价	46.37	55.38	42.69
停牌前120个交易日均价	49.70	60.46	46.80

由于美的集团和小天鹅均为A股上市公司,其股票在二级市场的历史交易价格可以公允地反映合并双方的价值。在本次交易中,美的集团和小天鹅的换股价格以首次董事会决议公告日暨定价基准日前20个交易日股票交易均价为参考价暨定价基础,主要系考虑到在上述三个可供选择的市场参考价中,定价基准日前20个交易日股票交易均价最能反映市场的

最新情况,特别是体现了家用电器行业的发展现状和前景,因此能够较好地体现合并双方股东的权益并维护该等股东的利益。

(2)美的集团换股价格的可比公司分析。美的集团可比公司的选取范围为 A 股从事家用电器业务的上市公司,选取标准如下:第一,主要从事家用电器业务的 A 股上市公司;第二,以 2018 年 9 月 7 日收盘价为计算基础,筛选总市值超过 100 亿元人民币的 A 股上市公司;第三,剔除 2017 年市盈率为异常值的公司,即剔除市盈率为负、市盈率数据存在明显异常的 A 股上市公司,挑选与美的集团近似可比公司。基于上述标准,截至定价基准日前 1 个交易日的 2018 年 9 月 7 日,美的集团 A 股可比上市公司估值情况如表 3 所示。

表 3 美的集团 A 股可比上市公司各种乘数

公司	2018 年 9 月 7 日收盘价(元/股)	2017 年度 市盈率(倍)	市销率(倍)	市净率(倍)
格力电器	36.54	9.81	1.47	3.35
青岛海尔	14.89	13.11	0.57	2.82
苏泊尔	47.80	30.02	2.77	7.55
TCL 集团	2.77	14.05	0.34	1.26
老板电器	21.07	13.68	2.85	3.80
奥马电器	11.79	19.64	1.08	2.18
九阳股份	16.44	18.32	1.74	3.53
四川长虹	2.70	34.97	0.16	0.97
海信家电	8.35	5.70	0.34	1.77
均值		17.70	1.26	3.02
中位数		14.05	1.08	2.80

资料来源:Wind 资讯。

注:2017 年度市盈率 = 2018 年 9 月 7 日收盘价/2017 年度归属于母公司股东的每股收益;2017 年度市销率 = 2018 年 9 月 7 日收盘价/2017 年度每股销售收入;2017 年度市净率 = 2018 年 9 月 7 日收盘价/2017 年度归属于母公司股东的每股净资产。

本次交易中,美的集团的换股价格为 42.04 元/股,对应美的集团 2017 年度的市盈率为 15.96 倍,处于 A 股可比上市公司市盈率均值与中位数之间;对应美的集团 2017 年度的市销率为 1.14 倍,处于 A 股可比上市公司市销率均值与中位数之间;对应美的集团 2017 年度的市净率为 3.74 倍,高于 A 股可比上市公司市净率的均值和中位数。

(3)美的集团换股价格的可比交易分析。为了分析换股价格的合理性,本次交易吸并方美的集团为 A 股上市公司,因此选取 A 股上市公司吸收合并 A 股或 B 股上市公司的交易进行参考分析。在该类交易中,吸并方换股价格较定价基准日前 20 个交易日股票交易均价的溢价率区间为 -38.17%—116.48%,各种吸收合并交易中吸并方停牌前交易均价、换股价格及溢价率如表 4 所示。

表4 吸并方交易均价、换股价格及溢价率

交易类型	交易名称	交易均价*（元/股）	换股价格（元/股）	换股溢价率
A 吸并 A	攀钢钢钒换股吸并长城股份	9.59	9.59	0.00
	攀钢钢钒换股吸并攀渝钛业	9.59	9.59	0.00
	百视通换股吸并东方明珠	32.43	32.43	0.00
	东方航空换股吸并上海航空	5.28	5.28	0.00
	济南钢铁换股吸并莱钢股份	3.44	3.44	0.00
	中国南车吸并中国北车	5.63	5.63	0.00
	中国医药吸并天方药业	20.74	20.74	0.00
	长城电脑吸并长城信息**	21.09	13.04	-38.17%
	宝钢股份吸并武钢股份	5.11	4.60	-9.98%
	新湖中宝吸并新湖创业	3.85	3.85	0.00
	广州药业吸并白云山	12.20	12.20	0.00
A 吸并 B	城投控股吸并阳晨 B	7.16	15.50	116.48%
	南山控股吸并深基地 B	6.48	5.83	-10.03%
吸并方换股溢价率最大值				116.48%
吸并方换股溢价率第三四分位数				0.00
吸并方换股溢价率均值				4.48%
吸并方换股溢价率中位数				0.00%
吸并方换股溢价率第一四分位数				0.00%
吸并方换股溢价率最小值				-38.17%

*指停牌前20个交易日股票交易均价。
**长城电脑吸并长城信息交易中定价基准采用的是停牌前120个交易日股票交易均价。考虑到数据的统一性，本表重新测算了该交易中吸并方停牌前20个交易日股票交易均价，为21.09元/股，以便对比分析。

本次交易中，美的集团的换股价格为42.04元/股，较定价基准日前20个交易日股票交易均价未有溢价，与上述可比交易中多数案例的吸并方换股溢价率相同，且处于可比交易吸并方换股溢价率水平的第一四分位数和第三四分位数之间，符合市场操作惯例。

3. 小天鹅估值及换股价格的确定依据

（1）小天鹅换股价格的可比公司分析。本次交易中，小天鹅A股的可比公司选取范围为A股从事家用电器业务的上市公司，选取标准、选择的可比公司与美的集团的可比公司相同，如表3所示。

本次交易中，小天鹅A股的换股价格为50.91元/股，对应小天鹅A股2017年度的市盈率为21.38倍，高于A股可比上市公司市盈率均值和中位数；对应小天鹅A股2017年度的市销率为1.51倍，高于A股可比上市公司市销率均值和中位数；对应小天鹅A股2017年度的市净率为4.57倍，高于A股可比上市公司市净率均值和中位数。

（2）小天鹅换股价格的可比交易分析。表4从吸并方角度列示了吸并方交易均价、换股价格和换股溢价率，表5则从被吸并方角度列示了被吸并方交易均价、换股价格和换股溢价率。在A股上市公司吸收合并A股上市公司的交易案例中，被吸并方换股价格较定价基准日前20个交易日股票交易均价的溢价率区间为 -33.70%—25.09%。相关交易具体如表5所示。

表5 被吸并方交易均价、换股价格及溢价率

交易类型	交易名称	交易均价*（元/股）	换股价格（元/股）	换股溢价率
A 吸并 A	攀钢钢钒换股吸并长城股份	6.5	7.85	20.77%
	攀钢钢钒换股吸并攀渝钛业	14.14	17.08	20.79%
	百视通换股吸并东方明珠	10.63	10.63	0.00
	东方航空换股吸并上海航空	5.50	6.88	25.09%
	济南钢铁换股吸并莱钢股份	7.18	8.35	16.30%
	中国南车吸并中国北车	5.92	6.19	4.56%
	中国医药吸并天方药业	6.39	6.39	0.00
	长城电脑吸并长城信息**	36.26	24.04	−33.70%
	宝钢股份吸并武钢股份	2.86	2.58	−9.79%
	新湖中宝吸并新湖创业	7.11	7.11	0.00
	广州药业吸并白云山	11.55	11.55	0.00
被吸并方换股溢价率最大值				25.09%
被吸并方换股溢价率第三四分位数				20.77%
被吸并方换股溢价率均值				4.00%
被吸并方换股溢价率中位数				0.00
被吸并方换股溢价率第一四分位数				0.00
被吸并方换股溢价率最小值				−33.70%

* 指停牌前20个交易日股票交易均价。

** 长城电脑吸并长城信息交易中定价基准采用的是停牌前120个交易日股票交易均价。考虑到数据的一致性，本表重新测算了该交易中被吸并方停牌前20个交易日股票交易均价，为36.26元/股，以便对比分析。

本次交易中，小天鹅A换股价格较定价基准日前20个交易日股票交易均价溢价10%，高于上述可比交易被吸并方换股价格的平均溢价率水平，且处于可比交易被吸并方换股溢价率水平的第一四分位数和第三四分位数之间，符合市场操作惯例。

对于小天鹅B股定价的合理性，以定价基准日前20个交易日股票交易均价为定价基础，美的集团做出了类似的可比分析。

问题2 换股吸收合并的目的。

在经历较长时间的快速增长后，我国家电行业逐步进入调整期，整体表现出增速放缓、市场集中度上升的态势，行业内竞争加剧，龙头企业相对中小型企业优势凸显，初步形成了"强者恒强"的行业集中趋势。

中怡康零售数据显示，美的系洗衣机市场份额从2014年的16%逐步提高至2018年的26.4%。2018年上半年，海尔、美的系合计市场份额已接近60%，外资品牌市场份额逐年缩水。但美的系收割的是中端和中低端市场，在高端市场上的份额相对较低。2014年至2018年上半年洗衣机市场各价位竞争格局如表6所示。

表6 2014年至2018年上半年洗衣机市场各价位竞争格局

2018年上半年各价位竞争格局	全部品牌	海尔系	美的系	博西	惠尔普系	其他外资	其他内资
合计	100.00%	30.40%	26.40%	9.90%	6.50%	12.90%	13.80%
0—2000元	40.30%	27.60%	27.10%	0.10%	5.90%	10.70%	28.60%
2000—3500元	28.40%	33.00%	33.80%	6.60%	8.70%	11.60%	6.30%
3500—5500元	23.50%	29.70%	19.90%	25.70%	5.90%	16.70%	2.10%
5500+元	7.80%	37.70%	15.80%	25.00%	3.60%	17.30%	0.60%
2016年各价位竞争格局							
合计	100.00%	26.80%	27.00%	9.40%	9.80%	12.20%	14.80%
0—2000元	51.00%	24.80%	31.30%	0.20%	11.20%	6.90%	25.70%
2000—3500元	26.90%	30.60%	28.50%	8.60%	10.30%	16.40%	5.60%
3500—5500元	17.50%	25.60%	17.00%	32.00%	6.50%	17.60%	1.20%
5500+元	4.70%	30.20%	8.50%	29.10%	4.30%	27.00%	0.90%
2014年各价位竞争格局							
合计	100.00%	26.70%	20.80%	8.10%	11.60%	16.90%	15.80%
0—2000元	55.30%	26.00%	22.30%	0.10%	13.10%	11.60%	26.90%
2000—3500元	26.00%	31.20%	24.40%	7.50%	11.80%	21.70%	3.50%
3500—5500元	14.60%	23.80%	13.30%	29.90%	7.20%	24.90%	0.80%
5500+元	4.20%	18.50%	4.80%	41.30%	5.00%	29.90%	0.50%

资料来源:中怡康,海通证券研究所。

受行业大趋势影响,美的集团作为家电行业龙头、小天鹅作为洗衣机细分行业龙头,总体经营情况虽保持良好,但成长速度表现出一定程度的下降。2018年上半年,小天鹅的洗衣机业务收入为112亿元,增长率为15.7%,毛利率为28%;海尔的洗衣机业务收入为163亿元,增长率为17.6%,毛利率为33.2%。可见,小天鹅在规模、增速和毛利率方面全方位落后,美的系在和海尔的竞争中遭遇了瓶颈。小天鹅的竞争对手从外资、杂牌变成了行业巨头海尔,竞争从渠道、价格转向了产品本身。另外,整个美的集团正面临品牌重塑、多品类协同和全球化挑战,此时小天鹅的回归具有极强的现实意义,具体主要表现在以下四个方面:

1. 加强产业协同,提升竞争力

针对行业新趋势,美的集团提出"智慧家居+智能制造"战略,并推动公司全球化布局,在全球范围内为消费者提供更为全面、智能且具有竞争力的产品组合,提升美的集团全球市场成长性。洗衣机是白色家电的核心产品之一,美的集团的全球化"智慧家居+智能制造"战略需借助小天鹅在洗衣机行业的发展基础,在品牌效应、规模议价、用户需求挖掘、全球性战略客户网络及研发投入等多方面实现内部协同效应,进一步提升美的集团在家电行业的地位,实现美的集团未来的长远发展和提升美的集团股东的整体利益。

面对洗衣机行业增长明显减缓的局面,以及在当前国内外智慧家居系统要求全品类发展模式的大趋势下,小天鹅受限于单品(洗衣机)经营模式,难以在未来的国际竞争中充分展现其产品、成本、效率等方面的优势,未来成长空间受到较大限制。为了摆脱产品线单一的限制,小天鹅需借助于美的集团在全球多个领域的战略布局和渠道优势,融入美的集团智慧家居系统全品类发展的广阔平台,进一步增强国际化发展的实力,通过协同效应实现长远发展,并提升小天鹅股东的整体利益。

一些专业人士分析，美的集团选择与小天鹅进行资产合并，交易完成后，会最大限度地放大 2016 年美的集团并购东芝后的产业价值。那场并购主要涉及洗衣机方面的专利。如果美的集团将这部分生产链转移给小天鹅，那么通过内销渠道可实现并购重组，增加美的集团自身的价值，也有利于洗衣机行业的积极发展。收购小天鹅也能够在很大程度上缓解前期美的集团外延并购的资金压力，并为后续产业链整合构筑更为强势的现金流基础。小天鹅对洗衣机行业的专业态度及多年技术的积累沉淀，加上其在各大渠道的铺货情况，将有助于美的集团打通洗衣机下游渠道生意。

2. 降低上市公司监管的合规成本，提升公司经营决策的效率

根据美的集团发展战略，美的集团和小天鹅在未来需要进行深度融合，在全球化"智慧家居+智能制造"领域开展全面协同合作，以充分实现美的集团和小天鹅股东的整体利益。但美的集团和小天鹅作为独立的上市公司，美的集团及小天鹅的协同发展将涉及关联交易、潜在同业竞争等问题，不利于美的集团对小天鹅各项资源的全面投入及双方业务的深度融合和发展。私有化小天鹅可以降低上市公司监管的合规成本，提升公司经营决策的效率。

3. 整合生产经营，维护上下游关系

本次交易完成后，吸并双方将全面整合全球业务，并在全球化"智慧家居+智能制造"领域开展全面协同合作。

从生产经营方面来看，美的集团或其全资子公司将承继及承接小天鹅的全部资产、负债、业务、人员、合同及其他一切权利与义务。交易完成后，通过智能家居布局和智能生产线及数字化建设等，美的集团将在全球范围内提供更为全面且具有竞争力的家电产品组合，并在全球范围内进行业务运营、原材料采购及产品销售；通过研发能力的提升和覆盖区域、客户群的优势互补，美的集团将在销售、研发、采购、供应链、质量控制等方面充分发挥协同效应，扩大市场份额，提升美的集团全球市场拓展的效率及效果，突破小天鹅单一品类的全球拓展瓶颈，促进美的集团向"智慧家居+智能制造"转型，巩固美的集团在家电行业的领先地位。

从上下游关系维护方面来看，本次交易完成后，小天鹅的采购、生产、经营及技术专利等均由美的集团承接，小天鹅的品牌将继续保留，小天鹅现有的核心采购、销售人员也将留任，因此小天鹅的品牌声誉、质量控制、上游采购渠道、下游销售渠道预期均不会发生实质变化，上下游关系预期将较为稳定；而本次交易完成后，美的集团原有资产、业务、经营、人员均未发生实质变化，不会对美的集团上下游关系造成不利影响；此外，交易完成后，通过资源的统一调配，还将增强吸并双方的品类协同能力，促进吸并双方在上游规模采购、下游用户需求挖掘及全球性战略客户网络维护等方面的协同。

4. 提高"双品牌"延续效应

在本次收购之前，美的集团一直作为小天鹅控股股东的角色存在。在业务上，二者保持一定的独立性。2010 年，美的集团将旗下荣事达与小天鹅进行整合，也旨在将小天鹅打造为旗下洗衣机业务的核心平台。整合完成后，美的集团旗下洗衣机业务便集中在小天鹅身上，但在品牌上仍保留美的与小天鹅的"双品牌"策略。

从品牌延续来看，"美的"和"小天鹅"均系知名品牌，均具有较大的品牌影响力和品牌价值。在本次收购之前，小天鹅系美的集团的控股子公司，美的集团旗下洗衣机业务也主要集中于小天鹅，美的集团和小天鹅实施"双品牌"经营策略，小天鹅洗衣机业务同时使用"小天鹅"和"美的"两个品牌；本次交易完成后，美的集团洗衣机业务将继续实施"双品牌"经营策略，"小天鹅"作为具有良好影响力的知名品牌将继续保留并使用；同时，随着吸并后双方在战

略层面的全面对接和业务层面的深度融合,"双品牌"将贡献更大的价值。

综上所述,本次交易完成后,小天鹅的生产经营体系将纳入美的集团,吸并双方将深度融合、优势互补,美的集团将在全球范围内提供更为全面且具有竞争力的家电产品组合,促进美的集团向"智慧家居+智能制造"转型,巩固其在家电行业的领先地位。

附录　公司理财模拟题

模拟题（A）

题号	一	二	三	四	五	六	总分
题分	10	10	10	15	45	10	100

一、单项选择题(下列每小题的备选答案中,只有一个符合题意的正确答案。请将你选定的答案字母填入题后的括号中。本类题共 10 个小题,每小题 1 分,共 10 分。多选、错选、不选均不得分)

1. 公司是企业形态中一种最高层次的组织形式,下列不属于公司特征的是(　　)。
   A. 股东对公司的债务只承担有限责任
   B. 公司收入要征税,分配给股东的红利也要征税
   C. 公司股份可以随时转让给新的所有者
   D. 公司的存续期受制于公司所有者的生命期

2. 假设市场隐含的风险溢价为 5%,而你所使用的历史风险溢价为 7.5%。如果你用历史风险溢价为股票定价,你可能(　　)。
   A. 高估了股票的内在价值　　　　B. 低估了股票的内在价值
   C. 获得更多投资机会　　　　　　D. 放弃许多投资机会

3. 在债券到期时间和初始市场收益率给定的情况下,(　　)。
   A. 息票率 10% 的债券的利率风险小于息票率 6% 的债券的利率风险
   B. 息票率 10% 的债券的利率风险大于息票率 6% 的债券的利率风险
   C. 息票率 10% 的债券与息票率 6% 的债券的利率风险相同
   D. 息票率与利率风险不存在关系

4. 如果投资组合由 20 种资产组成,则构成组合总体方差和协方差的项目个数分别为(　　)。
   A. 20 和 380　　B. 400 和 20　　C. 20 和 20　　D. 420 和 20

5. 下列各项中不属于投资项目现金流出量的是(　　)。
   A. 经营付现成本　　　　　　　　B. 垫支的营运资本
   C. 固定资产投资支出　　　　　　D. 固定资产折旧费用

6. 某公司拥有一块土地,其原始成本为 600 万元,账面价值为 450 万元。现准备在这块土地上建造厂房,但如果现在将这块土地出售,可获得收入 500 万元,则建造厂房的机会成本为(　　)。
   A. 600 万元　　B. 500 万元　　C. 450 万元　　D. 150 万元

7. 采用风险调整现金流量法进行投资项目风险分析时,需要调整的项目是(　　)。
   A. 无风险的折现率　　　　　　　B. 有风险的折现率

C. 无风险的现金流量   D. 有风险的现金流量

8. 下列关于资本资产定价原理的说法中错误的是(　　)。
   A. 股票的预期收益率与 β 值线性相关
   B. 在其他条件相同时,经营杠杆较大的公司 β 值较大
   C. 在其他条件相同时,财务杠杆较大的公司 β 值较大
   D. 若投资组合的 β 值等于 1,则表明该组合没有市场风险

9. 公司发行可转换债券时附加的可转换条款,对于投资者而言相当于一种(　　)。
   A. 买入买权   B. 买入卖权   C. 卖出买权   D. 卖出卖权

10. 假设你购买了一张执行价格为 60 元的看涨期权合约,合约价格为 2 元。忽略交易成本,这一头寸的盈亏平衡价格为(　　)。
    A. 54 元   B. 57 元   C. 62 元   D. 120 元

二、多项选择题(下列每小题的备选答案中,有两个或两个以上符合题意的正确答案。请将你选定的答案字母按顺序填入题后的括号中。本类题共 5 个小题,每小题 2 分,共 10 分。多选、少选、错选、不选均不得分)

1. 下列关于零息债券的论述中正确的是(　　)。
   A. 零息债券持有者可以避免再投资风险
   B. 任何一只附息债券都可分解为几只不同期限零息债券的组合
   C. 附息债券价值应当等于零息债券价值之和
   D. 零息债券一般折价发行
   E. 折价发行的零息债券可以通过折价摊销获得税收优惠

2. 下列关于投资组合的论述中正确的是(　　)。
   A. 两种证券完全相关时可以消除风险
   B. 投资组合的风险是各单项资产风险的加权平均数
   C. 投资组合的收益率为组合中各单项资产预期收益率的加权平均数
   D. 两种证券正相关的程度越小,其组合产生的风险分散效应就越大
   E. 当两种证券的相关系数为零时,其组合可以完全消除风险

3. 根据 MM 理论,在无公司所得税的条件下,资本结构的变化不会影响(　　)。
   A. 公司价值   B. 负债比率   C. 债务资本成本   D. 股权资本成本
   E. 加权平均资本成本

4. 在其他条件一定的情况下,与买权价值呈正向变动关系的因素有(　　)。
   A. 利率   B. 行权价格
   C. 标的资产市价   D. 合约剩余有效期
   E. 标的资产价格波动性

5. 下列各项中,属于计算股权自由现金流量中的非现金调整项的有(　　)。
   A. 折旧   B. 债券溢价摊销
   C. 无形资产摊销   D. 资产减值类重组费用
   E. 长期资产处置损失

三、判断题（本类题共 10 小题，每小题 1 分，共 10 分。请将你的判断结果填入题后的括号中。你认为正确的，填"√"；你认为错误的，填"×"。每小题判断结果符合标准答案的得 1 分，不判断不得分也不扣分。）

1. 附有赎回条款的债券的票面利率通常高于纯债券的票面利率。（ ）
2. 根据项目资本成本进行投资选择时，应采用公司加权平均资本作为决策的依据，而不是采用项目特定资本来源的成本作为决策依据。（ ）
3. 假设其他因素保持不变，销量超过盈亏平衡点以后，销量越大则经营杠杆系数越大。

（ ）

4. 投资组合的风险可以用该组合收益率的方差来衡量，它是投资组合中各单项资产收益率方差的加权平均数。（ ）
5. 无论是买权还是卖权，当期权处于平价或无价状态时，其价值完全由时间价值构成，内含价值为零。（ ）
6. 股东为防止控制权稀释，往往希望公司提高股利支付率。（ ）
7. 股权自由现金流量是指公司支付所有的经营费用和所得税后，向公司的权利要求者支付现金之前的全部现金流量。（ ）
8. 名义无风险利率与真实无风险利率之间的差异主要与预期的通货膨胀率有关。

（ ）

9. 公司预期股利增长率是公司留存收益比率和由该留存收益带来的报酬（总资产收益率）的函数。（ ）
10. 远期外汇市场风险对冲在"锁定"风险的同时，也"锁定"了收益。（ ）

四、简答题（本类题共 2 小题，第 1 小题 8 分，第 2 小题 7 分，共 15 分）

1. 采用市盈率法进行估价时应注意哪些问题？决定市盈率的因素是什么？
2. 简要说明债券投资必要收益率或债务资本成本的决定因素。

五、计算分析题（本类题共 3 小题，第 1 小题 18 分，第 2 小题 14 分，第 3 小题 13 分，共 45 分。凡要求计算的项目，均须列出计算过程；计算结果有计量单位的，应予标明，标明的计量单位应与题中所给的计量单位相同；计算最终结果出现小数的，除特殊要求外，均按四舍五入的要求保留小数点后两位数字；凡要求解释、分析、说明理由的，必须有相应的文字阐述）

1. 假设 Allstate 公司股票的 β 系数为 1.2，这是从 Allstate 股票的收益率与上证综指的收益率回归中得到的。股票当前价格为 93 元/股，流通在外的普通股为 4.3 亿股。

公司未偿还的债务为 25 亿元（账面价值等于市场价值），公司信用评级为 AAA 级，AAA 级债券利率与国债利率的差为 0.2%。

假设长期国债利率为 6%，市场风险溢价 5.5%，公司所得税税率为 40%。

要求：

（1）估计 Allstate 公司的股权资本成本。
（2）估计 Allstate 公司的加权平均资本成本。
（3）假设公司发行债券回购股票 1 亿股，回购价格为 93 元/股，重新估计 Allstate 公司股票的 β 系数，将其与回归得到的 β 系数相比，说明发生差异的原因。

2. ABC 公司上年每股收益为 4 元，支付的每股股利为 2 元，每股账面价值为 40 元，预期收益和股利每年增长 6%，且长期保持不变。公司股票的 β 系数为 0.85，国债利率为 7%，市场风险溢价为 5.5%。目前公司股票的市场交易价格为 60 元/股。

要求：

(1) 根据稳定增长模型估计股票价值，据此计算股票价值/账面价值（市净率）。

(2) 如果股票的市场交易价格为 60 元/股，根据稳定增长模型，计算其隐含的增长率。

(3) 假设股利支付率保持不变，公司未来的净资产收益率（ROE）为多少时才能达到这一增长率[指(2)中计算的增长率]？说明根据稳定增长模型计算的股票价值与当前股票市场交易价格发生差异的原因。

3. XYZ 公司为一家生产保健用品的中国企业，近期拟在法国投资设立一家分公司，研究开发一种新型的保健式学生用椅。该投资项目的厂房、设备等投资共需 2 100 万元，运营 5 年，税法规定期满有净残值 100 万元，按直线法计提折旧。该项目投资即可投产使用，即无建设期。预计投产后每年可实现收现销售收入 2 400 万元，发生经营付现成本 1 800 万元，公司的所得税税率为 25%。公司预计期满后所有资产处置后可得到的残值收入仅为 80 万元。

要求：

(1) 计算该投资项目各年的现金流量。

(2) 假设投资该项目所要求的必要收益率（或项目资本成本）为 15%，计算该投资项目的净现值，并根据净现值进行投资决策。

(3) ABC 银行提出愿意向公司在法国的项目投资提供年利率 8% 的优惠贷款，如果以 8% 为折现率，该投资项目的净现值大于零，你认为公司是否应该改变决策？你认为项目评价的折现率是项目的贷款利率还是项目的资本成本？该投资项目的内部收益率为 10.69%。

六、论述题（本类题共 1 题，10 分）

1981 年 6 月，美国通用汽车承兑公司（GMAC）首次向公众发行面值为 1 000 美元、期限为 10 年的零息债券，每张债券售价为 252.5 美元。1982 年，美国百事可乐公司发行面值总额为 8.5 亿美元、期限为 30 年的零息债券，每张债券面值为 1 000 美元，售价为 60 美元。两种债券发行均获得成功。请根据财务管理理论解释以下三个问题：

(1) 美国通用汽车承兑公司和美国百事可乐公司发行的两种零息债券的到期收益率分别为 14.76%、9.83%。你认为两种零息债券收益率不同的原因是什么？

(2) 如果你是一个投资者，你会购买零息债券吗？为什么？

(3) 公司为什么愿意发行零息债券？在两个案例中，发行零息债券有什么好处？

模拟题（A）答案

一、单项选择题

1. D   2. B   3. A   4. A   5. D
6. B   7. D   8. D   9. B   10. C

二、多项选择题

1. ABCDE   2. CD   3. ACE   4. ACE   5. ABCDE

三、判断题

1. √   2. ×   3. ×   4. ×   5. √
6. ×   7. ×   8. √   9. ×   10. √

四、简答题

1.（1）对于那些偶发事件导致的非正常收益,在计算每股收益(EPS)时应加以剔除；(1分)

（2）对于受商业周期或行业周期影响较大的公司,应注意不同周期(如成长期和衰退期)对EPS的影响；(2分)

（3）对于会计处理方法变更引起的EPS的差异,应进行相应的调整；(1分)

（4）如果公司有发行在外的认股权证、股票期权、可转换优先股或可转换债券,应注意这些含有期权性的证券行权后对EPS的影响,即EPS稀释(Diluted EPS)。(2分)

（5）决定个股市盈率的重要因素或指标是公司的增长率、风险及留存收益比率。(2分)

2. 债券投资的必要收益率主要包括补偿债券投资者的时间价值(纯利率)和风险溢价。(2分)

纯利率是指无通货膨胀、无风险时的均衡利率,本质上是指资本使用的"机会成本",主要受资本预期收益能力、资本供求关系、消费的时间偏好等因素的影响。(2分)

风险溢价主要指与宏观经济有关的预期通货膨胀风险溢价、与债券特征有关的违约风险、流动性风险、到期期限风险,此外,还要考虑外汇风险和国家风险的影响。(3分)

五、计算分析题

1. 解：

（1）Allstate公司的股权资本成本 = 6% + 1.2 × 5.5% = 14.25%   (2分)

（2）Allstate公司的债务资本成本 = 6% + 0.2% = 6.2%   (1分)

税后债务资本成本 = 6.2% × (1 − 40%) = 3.72%   (1分)

加权平均资本成本 = 3.72% × 25/(25 + 93 × 4.3) + 12.6% × (93 × 4.3)/(25 + 93 × 4.3) = 12.08%   (3分)

（3）发行债券回购股票：

发行债券回购股票 = 1 × 93 = 93(亿元)   (1分)

发行债券回购股票前负债/股东权益 = 25/(4.3 × 93) = 6.25%   (2分)

无负债 β 系数 = 1.2/[1 + (1 − 40%) × 6.25%] = 1.16   (3分)

发行债券回购股票后负债/股东权益 = (25 + 93)/(4.3 × 93 − 93) = 38.45%　（2 分）
发行债券回购股票后 β 系数 = 1.16 × [1 + (1 − 40%) × 38.45%] = 1.43　（2 分）
公司发行债券回购股票后,公司的财务风险加大,反映风险的 β 系数也会变大。（1 分）

2. 解:

(1) 股权资本成本 = 7% + 0.85 × 5.5% = 11.68%　（2 分）

$$P_0 = \frac{2 \times (1 + 6\%)}{11.68\% - 6\%} = 37.32(元/股)　（3 分）$$

市净率 = 37.32/40 = 0.93　（1 分）

(2) 隐含增长率（g）计算如下:

$$60 = \frac{2 \times (1 + g)}{11.68\% - g}$$

解得:

$g = 8.08\%$　（3 分）

(3) $g = ROE \times$ 留存收益比率,则:

$$ROE = \frac{8.08\%}{2/4} = 16.16\%　（3 分）$$

根据稳定增长模型计算的股票价值(37.32 元/股)与市场交易价格(60 元/股)存在差异,其原因或者是市场价格被高估了,或者是根据稳定增长模型估价时,低估了增长率或高估了资本成本等。（2 分）

3. 解:

(1) 年折旧额 = $\frac{2\,100 - 100}{5}$ = 400(万元)　（2 分）

该投资项目的现金流量计算如下:

NCF_0 = −2 100(万元)　（1 分）

NCF_{1-4} = (2 400 − 1 800 − 400) × (1 − 25%) + 400 = 550(万元)　（2 分）

NCF_5 = 550 + 80 + (100 − 80) × 25% = 635(万元)　（2 分）

(2) NPV = −2 100 + 550 × (P/A,15%,4) + 635 × (P/F,15%,5)
　　　　= −2 100 + 550 × 2.855 0 + 635 × 0.497 2
　　　　= −214.03(万元)　（3 分）

由于该投资项目的净现值小于零,因此不应该投资。（1 分）

(3) XYZ 公司应拒绝这一项目,因为优惠贷款既没有提高这个项目的预期收益,又没有降低该项目的风险,即没有改变该项目的价值。因此,不应以贷款利率为折现率,而应以反映风险的项目资本成本为折现率。该项目的预期收益率(10.69%)低于项目的资本成本(15%)。　（2 分）

六、论述题

(1) 两家公司零息债券收益率不同的影响因素很多,除宏观经济因素外,主要取决于行业特点和公司特征。不同的行业收益率不同,美国通用汽车承兑公司与百事可乐公司处于两个不同的行业,收益率发生差异是正常的;此外,公司管理能力不同也是债券收益率存在差异的原因。　（4 分）

（2）对投资者来说，购买零息债券应考虑风险因素，特别是再投资风险，债券期限越长，未来不确定性越大，特别是发行公司的未来发展情况也是决定是否购买的重要原因。（3分）

（3）对发行公司来说，折价发行零息债券，形成的财务费用获得的抵税作用比较大，此外在债券期间没有偿债压力，但债券到期时的偿债压力较大。（3分）

模拟题（B）

题号	一	二	三	四	五	六	总分
题分	10	10	10	15	45	10	100

一、单项选择题（下列每小题的备选答案中，只有一个符合题意的正确答案。请将你选定的答案字母填入题后的括号中。本类题共10个小题，每小题1分，共10分。多选、错选、不选均不得分）

1. 无论是从市场功能上还是从交易规模上看，构成整个金融市场核心部分的是（　　）。
   A. 外汇市场　　　　　　　　B. 商品期货市场
   C. 期权市场　　　　　　　　D. 有价证券市场

2. 在债券的息票率、到期期限和票面价值一定的情况下，决定债券价值的唯一因素是（　　）。
   A. 红利率　　B. 票面利率　　C. 市场利率　　D. 实际收益率

3. 某企业一次投资10万元建造一车间，预计投资后每年税后利润为1.5万元，年折旧率为10%，则投资回收期为（　　）。
   A. 2年　　　B. 3年　　　C. 4年　　　D. 5年

4. 当折现率为8%时，某投资项目的净现值为50万元，则该项目的内部收益率（　　）。
   A. 小于8%　　B. 大于8%　　C. 等于8%　　D. 不确定

5. 如果企业的经营杠杆系数为1.5，总杠杆系数为3，息税前利润变动10%，则普通股每股收益变动率为（　　）。
   A. 10%　　　B. 15%　　　C. 20%　　　D. 30%

6. 假设同等期限政府债券的市场收益率为5.5%，估计公司的信用风险溢价为1.3%，则该公司税前债务资本成本为（　　）。
   A. 6.80%　　B. 6.70%　　C. 6.65%　　D. 5.52%

7. 如果标的资产的现时市场价格（S）小于期权行权价格（K），则说明（　　）。
   A. 看涨期权处于有价状态　　　B. 看涨期权处于平价状态
   C. 看跌期权处于有价状态　　　D. 看跌期权处于无价状态

8. 如果市场利率上升，那么将会使（　　）。
   A. 买权和卖权的期权价值都上升
   B. 买权和卖权的期权价值都下降
   C. 买权的期权价值下降，卖权的期权价值上升
   D. 买权的期权价值上升，卖权的期权价值下降

9. 如果投资者预期未来的通货膨胀率将上升，并且投资者的风险厌恶程度增强，那么证券市场线（SML）的变化为（　　）。
   A. 向上移动，并且斜率增大　　　B. 向上移动，并且斜率减小
   C. 向下移动，并且斜率增大　　　D. 向下移动，并且斜率减小

10. 根据有效市场假说，下列具有半强式有效市场特征的主要是（　　）。
    A. 股票价格包含该只股票相关的历史信息

B. 股票价格包含该只股票相关的历史和公开的信息

C. 投资者可以分析股票的历史信息获得超额收益

D. 投资者可以分析股票所有公开的信息获得超额收益

二、多项选择题(下列每小题的备选答案中,有两个或两个以上符合题意的正确答案。请将你选定的答案字母按顺序填入题后的括号中。本类题共 5 个小题,每小题 2 分,共 10 分。多选、少选、错选、不选均不得分)

1. 与实物期权有关的投资机会主要包括( )。
   A. 开发后续产品的机会　　　　　　B. 扩大产品市场份额的机会
   C. 扩大或更新厂房设备的机会　　　D. 延续投资项目的机会
   E. 放弃投资项目的机会

2. 下列关于债券久期特征的论述中正确的有( )。
   A. 有息债券久期小于债券到期期限　　B. 有息债券久期大于债券到期期限
   C. 息票率与久期负相关　　　　　　D. 零息债券久期与债券到期期限相同
   E. 到期收益率与久期负相关

3. 投资项目现金流量预测的原则主要有( )。
   A. 实际现金流量的原则　　　　　　B. 增量现金流量的原则
   C. 不考虑沉没成本和制造费用的原则　D. 税后的原则
   E. 会计利润的原则

4. 下列关于股东、经营者、债权人的代理问题的说法中正确的有( )。
   A. 公司在追求自身目标的同时,也会使社会各方同时受益
   B. 为防止股东伤害债权人利益,债权人往往会限制发行新债的数额
   C. 股东给予经营者的股票期权是协调股东与经营者矛盾的方式之一
   D. 债权人可以通过降低债券支付价格或提高资本贷放利率,反映他们对股东行为的重新评估
   E. 股东与经营者之间冲突的主要原因是资本的所有权和经营权相分离,以及两者信息不对称

5. 下列因素引起的风险中公司不能通过组合投资予以分散的有( )。
   A. 经济衰退　　　　　　　　　　　B. 市场利率上升
   C. 新产品试制失败　　　　　　　　D. 劳动纠纷
   E. 国家政治形势变化

三、判断题(本类题共 10 小题,每小题 1 分,共 10 分。请将你的判断结果填入题后的括号中。你认为正确的,填"√";你认为错误的,填"×"。每小题判断结果符合标准答案的得 1 分,不判断不得分也不扣分。)

1. 财务危机直接成本主要包括公司破产时为所需要经历的各项法律程序及其他有关工作支付的费用。　　　　　　　　　　　　　　　　　　　　　　　　　　( )

2. 认股权证的持有者享有投票权和股票分红权。　　　　　　　　　　( )

3. 利用算术平均数预测公司历史增长率时充分考虑了发生在各个时期的复利。( )

4. 投资回收期虽然没有考虑现金流量的时间价值,但考虑了经营期内全部现金流量。
　　　　　　　　　　　　　　　　　　　　　　　　　　　　　　　　( )

5. 股权自由现金流量是指公司在履行了所有的财务责任、满足本身再投资需求之后的剩余现金流量。　　　　　　　　　　　　　　　　　　　　　　（　）

6. 名义利率一般可以分解为纯利率、预期通货膨胀率和风险溢价三部分。（　）

7. 在公司价值乘数计算公式中,"公司价值"是指股权市场价值加上债务市场价值。
　　　　　　　　　　　　　　　　　　　　　　　　　　　　　　　（　）

8. 通常一个期权的时间价值在它平价时最小,而向有价期权和无价期权转化时时间价值逐步增加。　　　　　　　　　　　　　　　　　　　　　　　　　（　）

9. 可转换债券中的售回条款是事先约定的一种旨在保护发行人利益的附加条款。
　　　　　　　　　　　　　　　　　　　　　　　　　　　　　　　（　）

10. 远期合约的损益只有在到期日才能表现出来,而期货合约的损益在每天交易结束时就表现出来了。　　　　　　　　　　　　　　　　　　　　　　　（　）

四、简答题(本类题共2小题,第1小题7分,第2小题8分,共15分)

1. 简要说明在信息不对称的情况下,项目的融资顺序;你认为财务状况较好的公司应发行什么证券?财务状况较差的公司应发行什么证券?为什么?

2. 简要说明外汇风险的类型,并按其对公司影响的重要性进行排序。

五、计算分析题(本类题共3小题,第1小题10分,第2小题18分,第3小题17分,共45分。凡要求计算的项目,均须列出计算过程;计算结果有计量单位的,应予标明,标明的计量单位应与题中所给的计题单位相同;计算最终结果出现小数的,除特殊要求外,均按四舍五入的要求保留小数点后两位数字;凡要求解释、分析、说明理由的,必须有相应的文字阐述)

1. ABC公司上年的每股收益为2.40元,每股股利为1.05元,预计股利每年稳定增长6%;股票β系数为1.05,国债利率为7%,市场风险溢价为5.5%。

要求:

(1) 估计股票投资的必要收益率。

(2) 计算该公司股票价格和市盈率。

(3) 假设目前该股票交易价格为每股收益的10倍,其他因素保持不变,试计算市盈率所隐含的长期增长率。

2. XYZ公司有关数据如下表所示:

XYZ公司有关数据　　　　　　　　　　　　　　　　　　　　单位:万元

项目	金额	项目	金额
收入	6 000	负债	1 200
成本	4 500	股东权益	8 800
息税前利润	1 500	总计	10 000

XYZ公司正在考虑将资产负债率提高至60%(假设通过发行新债回购股票改变资本结构,资本总额保持不变)。目前股票以账面价值每股25元交易,资本结构改变前后的利率均为9%,公司所得税税率为25%。

要求:

(1) 如果资产负债率提高至60%,计算公司需要发行多少新债回购股票(以当前股价回购)。

(2) 计算资本结构改变前后的普通股股数。
(3) 计算资本结构改变前后的每股收益。
(4) 计算资本结构改变前后的财务杠杆系数。
(5) 如果息税前利润下降5%,你认为资本结构改变前后的每股收益会发生什么变化?

3. 你用 Amgen 公司(一家大型生物技术公司)的月收益率对上证综指的月收益率进行回归,得到:

$$r_{股票} = 3.28\% + 1.65 r_{市场}, \quad R^2 = 20\%$$

目前1年期国债利率为4.8%,市场风险溢价为5.5%,30年期政府债券利率为6.4%。公司发行在外的普通股为2.65亿股,每股价格为30元。

要求:
(1) 计算下一年度公司股票的预期收益率及公司不可分散风险。
(2) 如果为一个30年期投资项目计算一个折现率,则在风险一定的情况下,你的预期收益率会改变吗?
(3) 当前公司的负债/股东权益比率为3%,所得税税率为40%。公司打算发行20亿元的新债务以收购一个同样价值的新行业,该行业的风险水平与公司现处行业的风险水平相同,计算收购后的公司 β 系数。
(4) 假设公司发行新债后,又支付现金股利10亿元,估计公司支付股利后的 β 系数。

六、论述题(本类题共1题,10分)

英特尔公司是专业生产芯片的厂商,公司在纳斯达克上市,公司资本成本为10.5%。公司正在考虑在华投资一座新的芯片厂,该工厂的总投资额为25亿美元,预期在建成后的3年里每年可以获得净现金流量10亿美元,项目的预期收益率(IRR)为9.7%。请根据财务管理理论解释以下四个问题:
(1) 英特尔公司是否应该在华投资?
(2) 假设摩根大通银行向英特尔公司提出愿意向该公司在华芯片厂项目提供年利率5%的优惠贷款,英特尔公司是否应该改变决策?
(3) 有人认为英特尔公司至少可以获得9.7%的收益,而只需支付5%的贷款利息,为什么不投资赚取4.7%的价差利润? 你同意这一观点吗? 为什么?
(4) 你认为在投资项目决策中,是采用项目的资本成本还是公司加权资本成本作为折现率?

模拟题 (B) 答案

一、单项选择题
1. D   2. C   3. C   4. B   5. C
6. A   7. C   8. D   9. A   10. B

二、多项选择题
1. ABCDE   2. ACDE   3. ABD   4. BCDE   5. ABE

三、判断题
1. √   2. ×   3. ×   4. ×   5. √

6. √ 7. × 8. × 9. × 10. √

四、简答题

1. 答题要点：

在信息不对称的情况下，企业的融资顺序：首先是内部融资，即采用留存收益进行项目融资；其次是从银行借款间接融资；再次是发行债券直接融资；最后是发行股票直接融资。
(4分)

财务状况较好的公司可发行债券融资，财务状况较差的公司应发行股票融资，其原因在于前者的破产概率较低。 (3分)

2. 答题要点：

外汇风险主要有经济风险、交易风险和折算风险。经济风险主要是指宏观经济风险，如汇率变动、利率变动、通货膨胀、贸易条件变化等引起的风险。对公司而言，经济风险是指由于未能预料的汇率变动，引起公司价值（未来现金流量的现值）变动的风险。 (2分)

交易风险是指汇率变动引起的，以外币表示的未履行合约价值（即合约带来的未来外币现金流量）变动的风险。 (2分)

折算风险又称会计风险，是指财务报表中的某些外汇项目，因汇率变动而引起的转换为本币时价值变动的风险。 (2分)

在这三种风险中，按其影响的重要性不同排序，依次为经济风险、交易风险和折算风险。 (2分)

五、计算分析题

1. 解：

(1) 股票投资必要收益率 = 7% + 1.05 × 5.5% = 12.78%   (2分)

(2) 股票价格 = 1.05 × (1 + 6%)/(12.78% - 6%) = 16.42(元/股)   (3分)

市盈率 = 16.42/2.40 = 6.84   (1分)

或：$\dfrac{P_0}{EPS_1} = \dfrac{1-b}{r_s - g} = \dfrac{(1.05 \div 2.40) \times (1 + 6\%)}{12.78\% - 6\%} = 6.84$(倍)

(3) 股票价格 = 2.4 × 10 = 24(元/股)   (1分)

$\dfrac{1.05 \times (1 + g)}{12.78\% - g} = 24$ (2分)

$g = 8.05\%$ (1分)

2. 解：

(1) 公司需要发行新债 = 10 000 × 60% - 1 200 = 4 800(万元)   (2分)

回购股数 = 4 800/25 = 192(万股)   (2分)

(2) 资本结构改变前股数 = 8 800/25 = 352(万股)   (2分)

资本结构改变后股数 = 352 - 192 = 160(万股)   (2分)

(3) 资本结构改变前 EPS = (1 500 - 1 200 × 9%) × (1 - 25%)/352 = 2.97(元)   (2分)

资本结构改变后 EPS = (1 500 - 6 000 × 9%) × (1 - 25%)/160 = 4.50(元)   (2分)

(4) 资本结构改变前财务杠杆系数 = 1 500/(1 500 - 1 200 × 9%) = 1.08   (2分)

资本结构改变后财务杠杆系数 = 1 500/(1 500 - 6 000 × 9%) = 1.56   (2分)

(5) 如果息税前利润下降5%，则资本结构改变后的每股收益下降幅度会大于资本结构

改变前每股收益下降幅度。因为前者的财务杠杆系数大于后者。（2分）

3. 解：
(1) 下一年度股票预期收益率 = 4.8% + 1.65 × 5.5% = 13.88%　（2分）
　　公司不可分散风险为20%　（1分）
(2) 项目折现率 = 6.4% + 1.65 × 5.5% = 15.48%　（2分）
(3) 无负债 β 系数 = 1.65/[1 + (1 - 40%) × 3%] = 1.62　（3分）
　　股票价值 = 2.65 × 30 = 79.50（亿元）　（1分）
　　发行20亿元新债后负债总额 = 79.50 × 3% + 20 = 22.39（亿元）　（2分）

　　发行新债后负债/股东权益比率 = $\dfrac{22.39}{79.50}$ = 28.16%　（1分）

　　发行新债后公司 β 系数 = 1.62 × [1 + (1 - 40%) × 28.16%] = 1.90　（2分）

(4) 支付股利后负债/股东权益比率 = $\dfrac{22.39}{79.50 - 10}$ = 32.22%　（1分）

　　公司 β 系数 = 1.62 × [1 + (1 - 40%) × 32.22%] = 1.93　（2分）

六、论述题

答题要点：

(1) 英特尔公司在华芯片厂项目要求的最低收益率为10.5%，由于项目投资的预期收益率(9.7%)小于投资者要求的最低收益率，项目净现值小于零，因此英特尔公司不应该在华投资。（2分）

(2) 如果英特尔公司在华芯片厂项目的风险与公司风险相同，则应采用10.5%作为项目的资本成本(折现率)，即决定项目或资产价值的关键因素是预期收益和风险。由于摩根大通银行的优惠贷款既没有提高该项目的预期收益，又没有改变该项目的价值，因此英特尔公司应拒绝该项目。（3分）

(3) 持有这种观点的人可能是受了微观经济学中有关"边际成本等于边际收益效益最大"的影响。事实上，微观经济学中的边际成本不考虑风险因素而将收益和成本视为确定性现金。在这个例子中，英特尔公司所支付的贷款利息是确定的，而公司从芯片厂项目获得的收益是不确定的。即使公司使用利率5%的优惠贷款建成了该芯片厂，也很难与拥有10.5%的预期收益率的芯片厂竞争，公司可能在价格战中失败。（3分）

(4) 在投资项目决策中，如果项目风险与公司风险相同，则可采用公司加权平均资本成本作为折现率；如果项目风险与公司风险不同，则应采用项目资本成本作为折现率。(2分)